［新装版］
政策分析入門

E.ストーキー＋R.ゼックハウザー［著］
佐藤隆三＋加藤寛［監訳］

A Primer for Policy Analysis

A Primer for Policy Analysis
by **Edith Stokey and Richard Zeckhauser**

Copyright © 1978 by W. W. Norton & Company
Japanese translation rights arranged
with W. W. Norton & Company
through Japan UNI Agency, Inc., Tokyo

日本語版への序文

　東京の地下鉄のラッシュアワーの混雑ぶりは有名である。もし，この時間帯の輸送能力が，たとえば５％増強されたとしたら，どの程度地下鉄の混雑度が緩和されるであろうか。これについては本書の「待ち行列」の章で議論されるが，その答えは意外なものになるかもしれない。つまり混雑度は予想以上に激減するであろう。このようなサーバーの供給能力とユーザーの待ち時間の劇的な関係は，いたるところで見出すことができる。東京の地下鉄においても，トペカのスーパーマーケットにもあてはまる。大人数の会合で，ブッフェテーブルがひとつしかないような場合には必ず，こうした状況を体験することになるだろう。

　『政策分析入門』はこれらの幅広い，多様な公共問題を対象にしている。内容としては，公共分野の課題を理解，もしくは決定するために，最も重要と思われる経営科学，そして決定分析の技法およびモデルを示している。このアプローチの源は数学であるが，この本自体は，高度に数学的ということはない，まして，日本の読者のように数学の卓越した教育を受けた人々にとっては，なおさらそうである。むしろここでは，われわれの周りの世界を概念的に理解する能力を高めるモデル，というものに重点を置いている。

　この本は世界中の人を対象にしており，これまで多くの国で使用されているが，その対象のひとつは明らかにアメリカ人である。ここでは，アメリカの実際の問題の解明に必要な範囲においてのみ，理論を適用している。重要なポイントは賢明な意思決定をすることであり，それゆえ概念的な材料と応用例が組み合わされている。例えば，マルコフ連鎖の概念は，地域における就業・失業という例で議論され，運輸当局の修理工場の例では，線型計画法の技法を取り上げている。また医療上の困難な意思決定の場においては，決定分析という技法に焦点をあてている。

　この本の結論部分にあたる"目的と手段"においては，原理・原則という課題を扱う。ここでは，公共プログラムの目的とは何であろうか，政府の果たすべき役割とは何か，が検討されている。21世紀への移行をひかえ，日本を含

めたすべての政府は，自分たちの使命とは何か，についての再定義を模索しつつある。いかなる手段でこれらの政府は，自国の市民に最も適切に奉仕できるのであろうか？　これこそが本書が取り上げる中心的な問題であり，大局的あるいは部分的な視点で議論されている。

『政策分析入門』は1978年に出版されて以来，これまで多くの国で使用されてきた。この本は政策決定をする際の有用なツールのハンドブックであって，この本のとおり実行すれば最適な決定ができることが保障されている処方箋を集めたものではない。本書の多くのユーザー（意図的に読者といわないでユーザーといっているのだが）がこれまでわれわれ著者に寄せてきた意見を，ここで1つ2つ列記するのも意味があるだろう。「ここでのモデルは，一般的な問題ではなく特定な状況への応用に非常に役立った。そしてその応用をするのに時間的余裕がある場合は，さらに有用であった。」その理由は，「どうしていけないのか」，「何が悪いのか」，「考慮の中に入れなかった部分があったのか」，等々の自問をする余裕があるからである。確かに，良い問いかけは，問題に関する理解を深めることに役立つものだ。

この本がいま，日本の読者に広く利用される機会を得たことを，誇りに思うとともに深い感謝の念を抱いている。この翻訳の指揮にあたった佐藤隆三教授，加藤寛教授，また翻訳作業を担当してくださった青井倫一教授に，改めて深謝する次第である。そして今後，本書の内容が日本における多くの課題に，適切かつ創造的に適用されることをわれわれは切望している。

　　　　　　　　　1998年
　　　　　　　　　ケンブリッジ，マサチューセッツにて
　　　　　　　　　エディス・ストーキー，リチャード・ゼックハウザー

序　　文

　公的部門の政策策定者は，公的な資源がどのように配分されるべきかを決定する際に難問に直面する．もしこれらの資源——土地，人的資源，エネルギーなど——が無際限であったならば，あるいはそれらを購入するための資金が何の犠牲もなしに手に入れることができたならば，何らの選択もする必要はなかろう．しかしわれわれの有限の世界では，ある価値を持った目的を追求することは，通常，他の目的を犠牲にすることによってのみ可能なのである．洪水を防止し湖上でのレクリエーションを提供するためにデラウェア川のトックス島でダムを作れば，自然の荒々しさが失われるであろう．大学が資金をシェークスピア祭に支出するとすれば，その資金は学生の奨学金や教員の給与などのその他の支出目的から振り向けられねばならないであろう（もちろん教員の給与からの拠出は避けるべきである！）．連邦政府が発電プラントを石炭を使うものに転換するよう指令を出せば，石油が温存され発電費用は低下するが，大気汚染が急速に進み，けがをする坑夫が増えるであろう．これらのケースのすべてにおいて各行為それぞれのメリットとデメリットを慎重に検討しなければ，賢明な選択を行うことはできない．このような分析をどのように行うかが本書の主題である．

　近年，政策分析が話題にのぼることがますます多くなっている．政策分析に対する関心が大きくなったために，大学の学部の段階でも大学院の段階でも，各種の応用分野において新しいコースの講義科目が開設されるに至っている．そしてまた全国的な規模で，公的部門の職種のための人材を育成することを目的とした公共政策部門の新しいプログラムや学部が設置されていることも事実である．新しいコースの多くのものはいまだ実験段階にあり，それを教える側もこの分野の解説的な文献が欠如していることを痛感している．公共政策分析の個別事例は豊富に存在し，一方，民間部門の意思決定を体系的に扱ったものもまた数多い．本書はこのギャップを埋めようとする試みである．われわれの目的は，公的部門における政策分析の原理の包括的な全体像を述べ，分析のための重要な用具と，これら用具と固く結び付いた政策問題に共通の構造を読者

に紹介することである．

　本書は自習書である．つまり，読者が努力をすればするほど，よりよく理解することができる．読者の中には，単に一般原則を理解するために本書を速読し，参考書として利用することを望む人もいるであろう．しかし願わくばほとんどすべての読者が1つ1つの例題にあたり分析用具をより完全に理解し，さらに進んで実際に読者自身のいくつかの問題にこの用具を適用してほしいものである．エネルギーを節約し建物をより快適にするために雨戸を取り付けるかどうかの決定問題は，その建物が市庁舎であるか読者自身の家であるかに関係なく同種の分析が必要とされる．そしてそれは，本書で示されるいくつかの分析用具の助けをかりて初めて取り組むことができる問題である．その他の面については，読者の役割は，現在の基本的な争点のいくつかについて自分自身の考え方を明確にするという一市民の役割であるかもしれない．たとえば，ある特定の発電方法にともなって健康が脅かされることと，別の技術を用いることによる資源費用（resource costs）の増大をどのようにトレードオフさせるべきかという問題である．読者が本書で取り組むいくつかの概念が，このような問題を理解するのに有効であることが明らかになるであろう．

　読者が前もって本書を一瞥し，図表や数値や記号が散らばっているのを発見していたとしても驚くにはあたらない．必要な数学のレベルは高校の代数程度である（これは正直な話である！）．われわれがこうした方法を採用するのは，このような簡略化されたシステムによってわれわれの言いたいことが最も容易に伝達されるからであり，また読者がひとたびそれに習熟すれば読者もそれが有用であることに気づくと思うからである．

　本書においては，"彼女（she）"，"彼ないし彼女（him/her）"あるいは男女の別を避ける意味で"スポークスパーソンズ（spokespersons）"という言い方を用いない．これは，このような言語上での女性に対する蔑視を主張したところで，女性の地位を向上させるにはあまり有効な方法とはなりえないと信ずるからである．筆者達は1人の女性と1人の男性であるが，"彼（he）"を性別のない代名詞として扱うことに何の抵抗も覚えない．

　本書『政策分析入門（*A Primer for Policy Analysis*）』は完全な共同作業であり，われわれの名前はアルファベット順に並んでいるにすぎない．われわれは本書のほとんどすべてについて共同して作業を行い，一語一語入念にチェックした．本書で用いられている題材は，ハーバード大学ケネディー・スクールお

序　文

よびロー・スクールの両校での長年の授業において開発され磨き上げられてきたものである．この点，われわれの同僚および学生達の貢献は計り知れないものがある．多くの人々が原稿を読み有効なコメントを下さった．特にオーナンド・ハイランド（Aanund Hylland），ナンシー・ジャクソン（Nancy Jackson），そしてアール・スタインバーグ（Earl Steinberg）には記して感謝申し上げたい．また，われわれの友人であるホリー・グラノ（Holly Grano）とリンダ・ジェイコブソン（Linda Jacobson）は，卓越したタイピング技術を持ち無限に繰り返される訂正にも驚くほどの自制心を示した．そのことに対し別の謝意を示す次第である．

マサチューセッツ州ケンブリッジ
1977 年 9 月

目　　次

日本語版への序文
序　　文

第 I 部　基　　礎

第 1 章　政策選択の考察 …………………………………………3
われわれの政策分析の方法　3
本書の構成　5
分析の枠組み　5
いくつかの実践的助言　7

第 2 章　モデル：概論 …………………………………………9
モデルの形式　10
「適切な」モデルの選択　21
モデルの利点と限界　23

第 3 章　選択のモデル …………………………………………28
意思決定者にとって選択可能な選択肢　29
意思決定者の選好　36
最善の選択　43
選択のモデルの現実への適用　55

第 II 部　基本的技法

第 4 章　差分方程式 …………………………………………61
概略といくつかの例　61
差分方程式の一般型　64
差分方程式を「解く」　66
均衡と安定性　69

ストックとフローに関わる政策問題　76
　　モデル構築の際の差分方程式の使用　79

第5章　待ち行列　…………………………………81
　　有料橋という簡単な確定型モデル　82
　　確率型待ち行列モデル　84
　　待ち行列の本質的特徴　84
　　政策変更への待ち行列の応用　86
　　デッドウェイト・ロスとしての待ち時間　88
　　在庫モデルに対する注　94
　　待ち行列モデルの展望　94

第6章　シミュレーション　…………………………………96
　　コンピュータ・シミュレーションの一例：高血圧診療所　98
　　マクロ経済学的なシミュレーション　102
　　分析用具としてのシミュレーション　103

第7章　マルコフ・モデル　…………………………………104
　　マルコフ連鎖　105
　　マルコフ連鎖を用いた長期分析　108
　　長期均衡確率　109
　　マルコフ過程　116

第8章　選好の定義　…………………………………120
　　多属性の問題　122
　　多属性問題の攻略法　128
　　可能な行動による特定の結果の比較　130

第9章　プロジェクト評価：便益・費用分析　…………………………………138
　　手　　順　140
　　便益・費用基準：大原則　141
　　大原則にしたがって：副次的選択基準　143
　　大原則の応用：4つの例　144
　　便益と費用の推定　153
　　費用・効果分析　161

便益・費用分析と再分配目標　164
便益・費用分析の位置付け　167

第10章　将来の結果の評価：割引　169
方法：現在価値の計算　171
割引と基本的選択モデル　176
割引率の選択　179
関連問題と留保事項　182

第11章　線型計画法　187
線型計画問題の要素　190
線型計画の技法：運輸局の修理工場　191
影の価格（shadow prices，潜在価格）　199
一般的接近方法としての線型計画法　202
線型計画法の限界　207

第12章　決定分析　211
決定の樹（デシジョン・ツリー）：記述モデル　212
決定分析：後戻り法（後向き帰納法）と望ましい行動の選択　216
リスク回避という考え方の導入　223
情報の価値　227
不完全なテストからの推察　228
決定分析と現代の政策課題　236
決定分析の利用　244

第III部　目的と手段

第13章　公共選択——何の目的のためにか？　247
社会：それは何か？　249
予測の差違 vs 価値の差違　251
社会選択に対するガイドライン　253
個人の厚生：評価のための基石　254
さらに困難な問題：社会的厚生の評価　259
パレート基準：個人的厚生に対応する社会的厚生　264
社会選択のための基準の明確化：社会的厚生関数　268

社会的厚生の推定のためのアドホックな手続きの開発　273
　　　社会選択のための満足しうる諸過程　283
　　　要　約　285

第14章　望ましい結果の達成 …………………………………………286
　　　一体なぜ政府なのか？　287
　　　市場システムと効率性　288
　　　市場はいかに失敗するか　294
　　　市場の失敗の対処策　308
　　　市場の失敗に対処する政府の役割　308
　　　政府活動が肯定的となる諸形態　310
　　　望ましい結果の達成における政府の役割に関する展望　321

第15章　分析の適用 ………………………………………………………323
　　　枠組みの設定　324
　　　代替案の提示　325
　　　帰結の予測　329
　　　結果の評価　331
　　　選択の決定　334

推薦文献 …………………………………………………………………………336
監訳者あとがき …………………………………………………………………347
索　引 ……………………………………………………………………………349

第1部 基　　礎

第1章　政策選択の考察

　連邦政府は石油火力発電所を石炭のものへと転換するよう要請すべきだろうか．出生率の低下に直面して，メモリアル病院は産科病室を心臓病の病棟に変更すべきだろうか．州立大学は公共政策の修士課程プログラムを開発すべきだろうか．運輸局は地下鉄システムをより郊外地区まで拡張すべきだろうか．アメリカは極端な価格変動を削減するために，穀物を備蓄すべきだろうか．これらの問題に意見を述べるためには，政策分析の原理を理解しなければならない．そしてそれらの原理を紹介するのが本書の目的である．

われわれの政策分析の方法

　この入門書でいう政策分析の方法は，目標を設定し，その目標を達成する最良の方法を論理的に探し出す合理的意思決定の方法である．意思決定者は自分で分析を行うかもしれないし，分析の一部ないし全部を自分のためにやってくれるよう，他者に委託するかもしれない．意思決定者は個人かもしれないし，本質的に統一体であるようなグループかもしれない．ここでは，対立する目的をもった数名の意思決定者が決定に参加する状況は明示的には取り上げない．にもかかわらず，われわれの方法は，そのような組織的意思決定過程に参加する個人にとって役立つことが明らかとなろう．投票方法を決定する立法者であろうと，ある提案に対する支持を取り付けようとする官僚であってもそうである．

　いずれにせよ，本書の強調点は，意思決定に対して投入物として役立つ情報の詳細より，むしろ意思決定がいかに分析され，行われるかにある．この枠組みを確立する際には，経済学，数学，オペレーションズ・リサーチ，システム分析で開発された分析技法に大いに依拠する．実際に行う場合には，確かに政策分析はかなり折衷的なものとなり，法学，社会学，政治・組織分析を含むさまざまな学問を利用する．現実の分析者は，これらの補完的な学問が重要であ

ることを認識すべきだが，それらについては本書ではほとんど言及しない．もし分析者が厚生改善のプログラムを設計しているのならば，彼はそのプログラムを実施する国家官僚の能力を考慮しなければならないだろう．もし彼が安全規制を作成しているならば，彼はその規制が究極的に実施される際の行政過程や裁判手続きを理解しなければならない．たとえ排気口から排出される汚染物質と煙突から漏出する汚染物質がどのように混ざり合っているかを理解することが，環境規制の作成にとって決定的だとしても，ここでは自然科学については論じない．簡単に言うと，世界が実際にどのように作動するかを理解し予測することが，政策策定過程にとって本質的なことなのである．ここでのわれわれの関心は，意思決定者が政策選択についての思考をどのように構造化すべきかということにあり，また理解や予測を助けるための分析モデルにあるのであって，有益な情報を提供すると考えられる学問にあるのではない．

　本書の材料のほとんどは社会主義，資本主義，混合経済社会に等しく適用できるし，民主制，独裁制にも等しく適用できる．実際，厳密な政策選択が行われなければならない所なら，どこにでも適用できるのである．恐ろしい伝染病の流行を止めるためにワクチンを使うべきかどうかを決定するとき，われわれは予防接種を受ける人々の政治的あるいは経済的イデオロギーについて思いわずらう必要はない．廃棄物回収トラックの最適なスケジューリングは，回収されるごみが資本主義のものか社会主義のものかには，依存しないだろう．

　それにもかかわらず，価値の問題は政策分析において重要で避けて通れない部分である．少なくとも暗黙的にでも価値判断を行うのでないならば，政策分析については何も書けない．ここでは，特定の政策が勧告されるのではない．政策の争点は単に例証のために使用される．それでも，われわれが詳述する道具や概念の性格そのものは，哲学的偏向や特定の倫理的関心を反映する．第1には，政策分析という主題それ自体が，ある政治経済制度の中で活動するための原理であり，それを改革するためのものではないということである．第2に，この数世紀の西欧の知的伝統にしたがうということであり，その伝統によれば，個人の厚生が公共政策の究極目標と見なされる．後半のいくつかの章で，この問題について深く考察しよう．もちろん，政策分析と価値の連関を探究する人々には，終わりの章から，この本の主題である，より手法自体に比重をおいた章へとつながる細い流れが見いだされよう．

本書の構成

　『政策分析入門』は3つの主要な部分から成り立っている．第Ⅰ部「基礎」では，政策問題について考えるための，そして選択を行うための枠組みを確立する．最も長い部分である第Ⅱ部「基本的技法」は，現実世界の現象を記述するモデルの使用と，意思決定の全過程において役立つより一般的な分析方法に焦点を合わせる．非常に単純な状況から始めて，徐々に不確実な結果や将来期間にわたる結果のような重要で複雑な状況を加えていくことによって，技法の道具箱を作り上げる．最初は，意思決定者の選択とはどういうものなのかをはっきりさせるための技法を扱い，次に，意思決定者の選好を確定し定式化する技法を扱う．それぞれの技法は，政策選択を考えるための全体構造の一部として理解されるべきである．それは，その構造のいくつかの部分を決定する手段として理解されるべきであり，それ自体目的として理解されるべきではない．

　第Ⅲ部「目的と手段」では，広い範囲を扱うがあまり技法的ではない．政策分析が適用される現象の背景を検討するために，次のような倫理的問題を考える；誰がいかなる政策選択を，いかなる根拠に基づいてなすべきか．そこでは，政策選択の基準を設定し，政府が社会の資源を配分する役割を果たすことができる状況を確定し，政府介入がとりうる形式を簡潔に吟味する．このような一層哲学的な議論から，この本を始めた方が良かったかもしれない．だが，この入門書は，政策分析の構造的側面を強調する，本質的に実践的な書であることを意図しているので，そうはしなかった．さらに，いますぐにでも分析方法にしたがって考えることを望むものである，とりわけこれがあなたにとって不慣れな思考様式ならばそうしてほしい．

分析の枠組み

　あなたの机の上に複雑な政策問題が置かれたとき，あなたはどうするか．それがあなたにとって，ニューヨーク州政府のある機関で，政策分析者としての仕事の第1日目だとしよう．あなたはハドソン川のさまざまな汚染規制手段を探査し，評価するよう命ぜられている．その問題にはあまりに多くの選択肢があるので，どのように分類するか，そしてどこから始めるかについてさえ困惑するだろう．状況についての閃きが突然起こることを期待して，常に試行錯誤をやっていくこともできるだろう．しかし，そのような方法では実りが少ない．

少なくとも，複雑な問題を掘り下げるためのきっかけを与えるのに役立つ標準的手続きがあればと思うだろう．

多くの政策分析者はこれと同様の複雑な問題を構造化するさまざまな方法を試行してきた．出発点として，以下のような5つの部分からなる枠組みを示唆しよう．政策選択を分析的に考えるための訓練を積むにつれて，自分自身の作業方式に合うように修正したくなるだろう．それなら一層良いことである．

1. 論脈の確定．取り上げなければならない基礎的な問題は何か．この問題に直面するとき，いかなる特定の目的が追求されるべきか．
2. 選択肢の列挙．選択できる行為にはどのようなものがあるのか．さらに情報を収集する可能性はどのようなものか．
3. 帰結の予測．それぞれの選択された行為の帰結はいかなるものか．どのような技法が，これらの帰結を予測するのに適切か．結果が不確実な場合，それぞれの結果の頻度はどれくらいになるか．
4. 結果の評価．それぞれの目的を追求するうえでの成功を，いかなる基準で測定すべきか．いくつかの選択肢は，ある目的からすれば優れているが，別の目的からすれば劣っているという事態が，不可避的に生じるが，それを認識すれば，価値のある目的のさまざまな組み合わせをどのような方法で相互に比較すべきか．
5. 選択．分析のあらゆる側面を検討した後，どの行為が好ましい選択であるのか．

分析者が分析の1つの段階から次の段階へと常に順序よく進んで行くとは，われわれは考えていない．現実の人々は——管理効率性の見本のような人でさえ——滅多にそれほど手際よく行動することもないし，またそうすべきでもない．しかし，これら5つの重要な分野に対処しなければならないという点を強調しておこう．分析という行為は，通常，実践的には繰り返しの過程になる．分析者は問題の確認，目的の定義，可能な選択肢の列挙，帰結の予測，基準の設定，トレードオフの評価という仕事を，行きつ戻りつしながら，洗練された分析に到達する．これが方法というものである．われわれはただ次の点を主張したい．すなわち，もしあなたが，分析のそれぞれの局面が関連づけられた基本的な枠組みを心にとどめておくならば，この繰り返しの過程のどこにいるかを見失わないですむことになり，堂々巡りを避けることが容易になる（最も優れた分析者でも，時折り苦しむ病気である）．さらに，あなたの分析を読む人

は，一目でわかるような構造を維持したことで読みやすく理解しやすくなり，評価と討論の道が開かれるといって，あなたに感謝するだろう．

　われわれは，この概要が，考察される広範囲にわたる方法と概念を結び付け，本書の残りの部分の基礎として役立つと信じる．以下の章で説明される技法は，この概要における疑問に対してより良い答えを与えることを目的としている．以下の章を読み進んでいくときに，あらゆる場所で「この方法は全体図式に適合的であろうか」と自問してほしい．

　確かにここに寄せ集めた質問のすべてが，すべての政策分析で焦点になることはないだろう．分析者はしばしば結果の予測のみを求められるだろうし，可能な行為の範囲がすでに記述されたある中間的な段階で意思決定過程に参加するということもある．最終的決定を行うことではなく，諸目的間のトレードオフの性格を説明するように要請されるかもしれない．このことは，決定が健康や生態系に対する危険のような，時折り「壊れやすい価値」と称されるものについてなされるときには，特に起こりがちである．おそらく意思決定者には時間が不足しており，より多くの情報が得られるのを待つこと（しばしばあまりに強調されない選択である）は選択の対象ではなくなる．そして，全体的な問題への配慮をとばして下位の問題に対する最善の選択を見いだすために，しばしば分析者は「部分的最適化」を要請されるかもしれない．予算決定は，ほとんどすべてこのようにして行われる．地域の図書館管理委員は，高速道路部門が財源をどのように使うかには関係なく，与えられた総予算の範囲内で支出決定を行うことを期待されている．

いくつかの実践的助言

　あなたが出会う政策決定の多くは，ここで紹介するモデルに自動的にうまく適合することはないだろう．なぜなら，現実の世界は多様で複雑だからである．政策分析は，どのような問題がやって来ても，単一目的の道具が繰り返し適用できるような流れ作業の過程ではない．本書での道具は熟練した職人のための道具である．訓練によってその使い方を学ばなければならない．政策分析について読むことは熟練のための第一歩にすぎない．学問的に道具を修得しても，決して十分ではないだろう．道具を適用する際の判断と精巧さが，究極の目的となるべきである．それゆえ，われわれの学生に対するやむことなきアドバイスは，「訓練せよ」である．大小，公私を問わず，あらゆる状況で訓練せよ．

日課として新聞の第1面を読み，特筆されている政策問題の1つを真剣に考えよ．おそらく，提案されたエネルギー備蓄計画が論じられているであろう；その計画の当面の目的および根本的な問題との関係をはっきりできるかどうかを考えよ．その計画の実際の結果を予測するために，どのような手法を用いるか．不確実性をどのように扱うか．いかなる追加的情報を必要とするか．計画は逐次実施されるべきか．いかなる基準によって，提案された政策の成功度を評価するか．いかなる根拠に基づいて，決定がなされるべきか，等と．

日々の仕事において目的という点から，インフォーマルに考える訓練をせよ．ある予算過程，たとえば委員会や自発的組織の予算過程に参加しているとき，組織の目的は何か，さまざまな支出によって何を達成しようとしているのかを考えよ．たとえば，あなたは限られた学生援助基金を配分する委員会のメンバーとしよう．その委員会の諸目的は何か．それら諸目的がどのようにトレードオフされるべきか．さまざまな形や量の援助が，これらの目的をどういうふうに満たすだろうか．

あなた自身の決定問題で訓練してみよ．モデルを用いて，あなた自身の思考を整理し，また日常の出来事を解説するようにせよ．たとえば，列を作って待っているとき，追加的なサービス能力で何が達成されうるか，そしてそのような方法の便益は何かを考えてみよ．地域の学校委員会が，維持費は高いがあまり高価でない建物を主唱しているとき，含意される現在と将来の支出の間のトレードオフについて考えよ．

特に，あなたの結論を体系的に表現するよう訓練せよ．才能のある洗練された分析者になることによってあなたのアウトプットの質を高めることができよう．毎日少なくとも一度，上で説明した概要を直面する問題に慎重に適用するよう決意しなさい．知覚力と良き判断についてのあなたの評判にそのことがどれだけ役に立つか驚くだろう．

第2章　モデル：概論

　政策分析者が用いるあらゆる術語の中でも，モデルという言葉ほど門外漢に混乱をもたらすものはなかろう．モデルという言葉はわれわれ1人1人にとって違った意味を持っているからである．モデルは現実世界の何らかの側面の単純化された表現であるが，ある物体についての場合もあれば，ある状況ないしプロセスについての場合もある．それは実際に物理的表現——たとえば地球儀——かもしれないし，表，概念，あるいは1組の数式であるかもしれない．モデルは，大量の情報を何らかの目的のために制御可能なサイズ，形式に縮小するものであり，それゆえ分析者の道具箱の中の1つの重要なツールとなっている．事実われわれも，本書を通じてモデルを利用することになる．

　多くの場合，事実と推量が戸惑うほどに入り交じった状況で政策提言をしなくてはならない公共政策の分析者にとって，モデルは特に重要である．公共政策の分析者は，特定の政策を選択した結果を予測するために，問題を不明確にしている本質的でない部分を取り去り，重要な変数の間の構造的な関係を明らかにしなくてはならない．"何が起こるかは誰にも予測できない"という表現は，きわめて狭い意味では正しいかもしれないが，非常に危険である．もしそうなら，疑問が呈せられないまま現状維持が続くか，おそらく必然的にその時点で最も人気のある選択肢が選ばれることになろう．われわれは予測なしになされた決定のリスクよりも，予測，不確実性を考慮に入れた予測に基づく決定のリスクを選好するのである．

　われわれは皆，日常生活においてモデルを使用している．親は成長していく子供達の身長を壁に刻む；あなたは友人に，自分の家への道筋がわかるように地図を描く；将来の計画を立てるために，過去の何らかの一連の事象の平均値（たとえば天候）を使うことも多い．政策分析者のモデルは——きわめて洗練されている場合もあるが——このような単純なモデルを拡張したものにすぎない．スミス夫人の果物市場での行動を記述するためにモデルを利用する場合で

も，エネルギー部門の研究開発に関する連邦政府の審議に情報を提供する場合であっても，モデルを使うことを正当化するためには，常に，同じ基本的な疑問に立ち返らなくてはならない．それは詳細な記述を削ぎとってしまうことによって得られる洞察力や制御可能性という面の利得が，現実主義の点での犠牲を上回るであろうかという疑問である．

モデルの形式

　モデルの議論は分類学的記述から始まるのが普通である．モデルの違いには無限に多くの次元が存在するから，われわれは正式な作表をするつもりはない．そのかわり，難易度あるいは抽象度が増すと思われる順序で，一般的に用いられるモデルを何種類かリストアップしよう．

　1つのモデルは，われわれが幼い頃からその言葉を使ってきた正にその意味でのモデルであろう；つまり，何らかの実存する事象の多少なりとも正確な物的表現ないしイメージとしての物理的モデルである．模型飛行機のように，縮尺がきわめて小さいモデルもある．一方，人間の眼球のモデルは普通拡大されている．都市計画家達はしばしば，提案されている計画のモデルを使って景観がどのようになるかを示し，公的な論議を進める．多くの学校の教務係は，教室の空き時間に関するもう少し抽象的なモデルを使って教室を割り当てる．各教室について1週の各時間ごとにこまがある大きな壁掛けの表を用いるのが一般的で，空いた部屋はこまを一目見ればわかる．

　このようなモデルから一歩進んだのが図によるモデルである．道路地図がおなじみの例である．普通の地図は，ある地点から他の地点へ到達するのを補助するため，道路網の重要な特徴を取り込もうとする．どの道に最高のレストランがあるかというような細かい問題は，たとえグルメの旅行者向けのガイドでは高い優先順位が与えられるとしても普通の地図では重要でないとみなされる．普通の地図では，高速道路と田舎道が区別されているけれども，どの道路が最も混雑しないかを推量できるのがせいぜいである．それでもたいていは当面の目的のためには十分である．家の青写真はこのタイプのモデルの別の例で，建築業者に必要な情報を与える．しかし，ペンキ職人にとってはあまり有効ではなかろう．

　フローチャートは図によるモデルのきわめて有用な一種である．特に，母集団のうちのいくらかの分量あるいは一部がある条件から他の条件へある割合で

第2章 モデル：概論

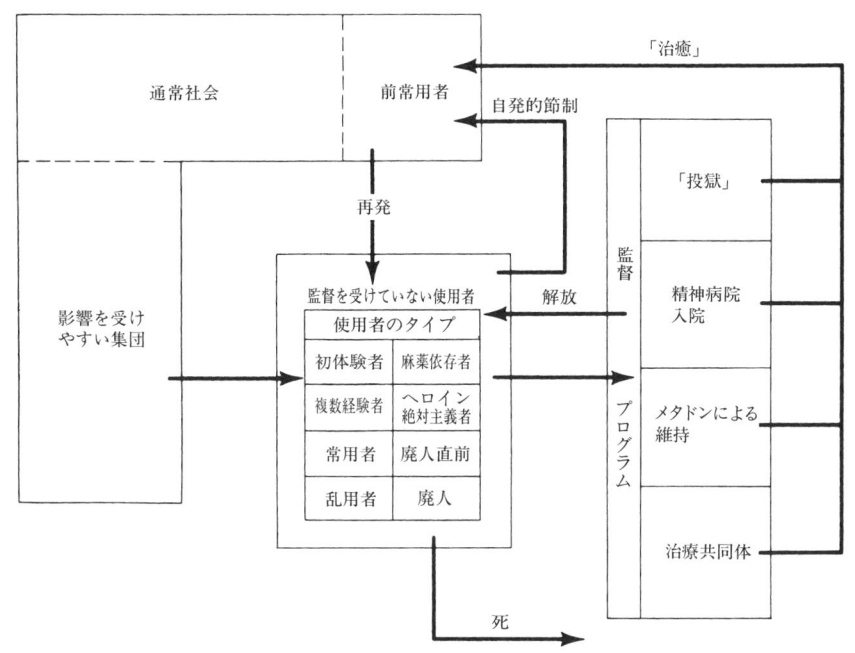

図2-1 ヘロイン使用集団の動態モデル

資料: Mark H. Moore, "Anatomy of the Heroin Problem: An Exercise in Problem Definition," *Policy Analysis* 2, no.4 (Fall 1976): 656.

流れていく状況では有効である．最近よく目にするフローチャートとして，原油がガソリンやその他の石油精製物となるプロセスを示すものがある．フローの図は，罪を侵して逮捕された人間が刑事裁判システムの各段階をいかに進んでいくかを記述するのに有効であろう．図2-1には，ヘロイン使用の動態をモデル化するためにデザインされたフローチャートが示されている．母集団は3つの主なカテゴリーに分けられる．ヘロインに関わりのない者，何の監督も受けていないヘロイン使用者，および監督プログラムの下にある使用者である．これらのカテゴリーはそれぞれ細分化される．さらに，このモデルには死の可能性が含まれる．矢印は1つのカテゴリーから他のカテゴリーへの人の移動を示す．ここで政府の目的は，これらの移動が生じる割合に対し望ましい影響を与えることであると考えられよう．

　ボックスを描くこととその間の関係を示すことは，数多くの問題にとりかかるきっかけとして優れた方法である．懐疑論者でさえ，このプロセスを利用す

れば，それがいかに強固で魅力的なものか，それを試すことによっていかに多くのことを学びえるかを知る．もし読者がこのようなモデルを作るのが困難だと感じたならば，読者はモデル化しようとしているシステムのすべての側面を理解しているわけではないことになる．

　デシジョン・ツリーはフローチャートにもっとも近い親戚である．両者とも複雑なプロセスの中の各段階を明確に識別する．図 2-2 には，電力会社の発電部門にとっての単純なデシジョン・ツリーが示されている（図は左から右へ読む）．発電部門は，発電施設計画において，従来型の発電機を設置するかまだテストが済んでいない新型の発電機を設置するかを決定しなくてはならない．当局がもしアクション B を選択し新型を取り付けるならば，確率事象の結果（円で示されている）を待たねばならない．すなわち，新型の発電機がうまく機能するかどうかである．それでも，デシジョン・ツリーは最良の選択を示すことに関してフローチャートより優れている．デシジョン・ツリーは，主として外部世界の確率事象を考慮に入れねばならない意思決定を補助するために開発されてきた．第 12 章では，決定分析という一般的なタイトルの下にこの種のモデルが論じられる．

図 2-2

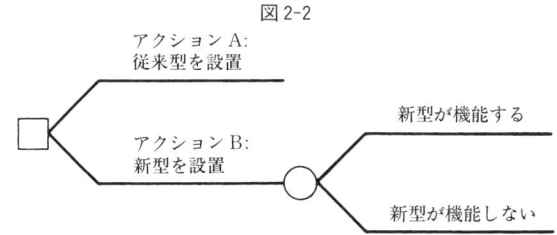

　グラフとチャートは図によるモデルのもう 1 つのタイプである．次章においてわれわれは，エコノミストが選好に関する図によるモデルとして無差別曲線図を用い，達成可能な産出量の組み合わせを図形化するために可能性フロンティアを用いることを考察する．

　モデルという言葉はまた，本質的に概念上のモデルにも用いられる．単純に言えば，パイを切り分ける人はどこか頭の片隅に円を思い浮かべる．パイを均等に分ける一番簡単な方法はくさび型に切ることだということを，その人は知っているのである．丸いパイを同心円に切り分けようとする人にはめったにお目にかからないものである．

長除法（long division）が概念上のモデルの役割を果たす場合がある．この方法は簡単に適用することができ，ほとんどの場合に有用である．支出の水準とタイプを所与として，どのくらい利得を得られるかを見いだそうとする場合には，たいていの人が本能的にこの方法を使っている．桁の大きい数は時として混乱をきたす．われわれは，小数点の前に多くのゼロが並んだ数に遭遇すると，思い通り聡明に思考することができない．しかし，それを把握できる状態になるまで転換しようとする．インフルエンザ予防注射プログラムの連邦政府にとってのオリジナル費用は1億3,000万ドルであった．ほとんどの人はこのようなお金やこの種のプログラムには縁がない．しかし，たいていの人はちょっとした長除法を本能的に使う．もし米国の人口の半分が予防接種を受ければ，1億3,000万ドルは1人当たり1ドル強になる．40世帯に住居を提供する200万ドルの住宅建設プロジェクトは1世帯住宅当たり5万ドルになるが，この数字はわれわれが理解し容易に代替案と比較できるものである．

　より複雑な段階では，一般に理解されているプロセスの概念上のモデルとしてフィードバック（feedback）やコンタジオン（contagion）という述語がしばしば用いられる．サーモスタットはフィードバック・メカニズムのお馴染みの例である．郊外の消防署の多くは類似した相互援助システムを持っており，1つの消防署では処理できない事態が発生した場合に，他の町から消防車が機械的にかけつける．図2-1で引用したヘロインの研究には，甘い言葉に乗りやすい人々の間にヘロインの使用がいかにひろがるかを示すコンタジオン・モデルが含まれる．このような概念は，表面上はまったく異なる各種の状況において適切な暗喩として機能する．

　近年の最も有名な概念モデルの1つは，中世のイギリスの村における共有地，共同放牧地に関するギャレット・ハーディンのモデルである[1]．畜牛の所有者は自分達の家畜を共有地で放牧する権利を持つが，自らが共有地を利用することによって他の利用者に課される費用を無視する．このことは公共の高速道路を使用する権利を持つ自動車保有者も同様である．この結果必然的に牧草の過大な消費や道路の混雑が生じ，これはすべての人に費用を課す．そしてハーディンが考察したように，共有地に関するこの問題は，畜牛や自動車とは関係なく，数え切れないほど多くの状況において発生するのである．

---

1) Garrett Hardin, "The Tragedy of the Commons," *Science* 162, no. 3059 (December 13, 1968): 1243–48.

概念モデルは個人や組織の行動について非数量的予測を行うために用いられることが多い．社会学や政治学の理論構成の多くはこのような行動の理解を助けるようにデザインされている．

単純なモデル：複利計算

われわれのモデルの定義はだんだん広くなってきたようである．そこで，そろそろ，多くの分析者がモデルという場合に実際に意味するもの，より限定された形のモデルに立ち返るのが適切であろう．それは，さまざまな刺激に対する特定の変数ないしシステムにおける数量的な変化を明示的に記述する形式的な数学モデルである．たとえば，われわれの目的は，貯蓄銀行にお金を何年間か預けた場合，資金の合計はどうなるかを考察することであるとしよう．（われわれは慎重に考慮してこの単純な状況を選んだ．読者の誰もがこの状況になれ親しんでいるためである．）必要な事実は何か．最初の資金合計（S_0 とする），元利合計に対して支払われる利子率（r とする），その資金はどのくらいの期間銀行に預けられているか（年数を n とする）がわからねばならない．これらは問題のパラメータである．パラメータという語を用いることは，少なくともこの例題では，特定の変数が固定されることを意味する．意思決定者はそれを所与のものとみなす．それを変化させることはできない．しかしながら，このことは，モデルはパラメータの変化が生じた場合にもそれを扱えるように定式化されていることを意味する．

上の表記にしたがえば，S_n は n 年末の元利合計になる．最初の預金額から n 年後の元利合計までの変化を下図のように示すことができる．

$$S_0 \rightarrow \boxed{\text{model}} \rightarrow S_n$$

（r, n が model への入力）

実際にこのモデルはどのようになるであろうか．$r = 0.05$ としよう．第1年目の末に S_1 という合計を得るが，これは，

$$S_1 = (1.05)S_0$$

という式によって，最初の所持金との関係で示される．つまり，1ドルはちょうど1.05ドルになるのである．（この例に登場する旧態依然たる銀行は1年単位で複利で利子をつける．現実世界で競争相手となる銀行は，1日単位で複利で利子をつけている．）2年目の末には，

$$S_2 = (1.05)S_1 = (1.05)(1.05)S_0 = (1.05)^2 S_0$$

を得る．そして，n 年目の末に得る元利合計は，

$$S_n = (1.05)^n S_0$$

となる．ここで，この式は5％の複利計算に対する分析モデルである．任意の利子率 r に関する一般型のモデルは，

$$S_n = (1 + r)^n S_0$$

である．

　次章以降に登場する数学モデルはもっと複雑であるが，定義と説明のために単純な複利計算モデルを続けて使うことにする．統計的推論を含むものなど一部の数学モデルは本書では扱われない．それらは多くの初歩的な教科書において十分に扱われているからである[2]．

　複雑な問題を研究する場合，重要な変数の変化を予測したり，さまざまな政策選択の結果や現実世界に関する別の仮定の結果を予測するために，複数の副次的な数学モデルが利用されることが多い．特定の状況では，たとえばフローチャートを試してみることを考えなくてはならないにもかかわらず，多くの人が物理的モデルや概念的モデルを自然に使うようになっている．これは数学モデルや，その数量的な関係がむずかしく思えるからであり，このため，以下の議論では他のモデルよりも多くの注意がそれに向けられるのである．

　先に進む前に，モデルという語のさらに進んだ使用法を紹介しなくてはならない．それが政策分析の一部の学生を混乱させることはわかっている．この分野に携わる人の一部には，1つの共通の問題に向けられた複数の別々のモデルに言及するために，この語を広い意味で使うようになった人がいる．たとえば，アリス・スミスがブラウンベリーという町の公共交通機関の問題を分析していたとしよう．人口増加率，土地利用パターンの変化，あるいは財産の大きさを予測するために多くの副次的なモデルが用いられている．たとえ彼女が，交通システム全体の包括的なモデルを提示しなくても，彼女の業績全体が「スミス・モデル」と呼ばれることは多いであろう．これは，この言葉の厳密に正確な使い方ではないが，ほとんどの人はそのような使い方に馴れ親しんでいる．

　公的なシステムの分析において，定式化されたモデルを利用するケースが増えている．それに関連した分野の人達にとって，言葉を使いこなすためだけに

---

[2] たとえば Ralph E. Beals, *Statistics for Economists* (Chicago: Rand McNally, 1970).

も，モデルに精通することが重要になりつつある．モデルに精通するために，学生は必然的に，いろいろなモデルを狭く特定の範囲に適用することからスタートしなくてはならない．そこで学生は，モデルを設定し解を得るという面を強調しすぎるというリスクを冒す．これは実際には，最も重要でない側面である．もっと重要なことは，問題，特にどこから手をつけたらよいかわからないような広範で厄介な問題を，より良く定式化するためにモデルをどのように利用したらよいか，そして他の人が本質的に重要であると感じているものについて議論するためにモデルをどう利用するかを学ぶことである．さらに思わぬ成果として，読者がモデルを利用する機会が増えるにつれ，モデル設定に意識的にかかわらない他の状況においても，分析的な洞察を展開しはじめていることに気づくであろう．

ここで提示するものは，決して，読者が遭遇すると思われるあるいは利用すると思われるすべての種類のモデルの包括的なリストではない．けれども，繰り返すが，すべてのモデルは1つの基本的な共通の特徴を持っている――すなわち，モデルは，われわれが，重要な変数の基本的な動向を特徴づける点に集中できるように，非本質的な点を取り去ることによって複雑な問題を扱いやすくすることを目的としているのである．

記述的（descriptive）vs 規範的（prescriptive）モデル

意思決定力を向上させることがモデル構築の目標である．モデルが正当化されるかどうかは，最終的には決定を補助するのに有効かどうかにかかっている．ある種のモデルでは，どのような選択をしなくてはならないか，どのような行動の結果どのような帰結となるかをより明らかに示すことによって，選択の問題が解明される．これらのモデルは記述的と呼ばれる．すなわち，これらのモデルは世界がどのように動くかを記述するのである．これとは別に，さらに進んで最適な選択をするためのルールを提供するモデルがある．これらは規範的モデルに分類される．この分類は追求するだけの価値がある．さらに明確にしてみよう．

記述的モデルはまさに読者が予想すると思われるものである．それは，何かを記述ないし説明しようとする，あるいは，システムの他の部分の変化に対し変数がどのように反応するかの予測を試みる．この「何か」とは，システム全体かもしれないしその一部にすぎないかもしれない．われわれは以前に，行為

とその結果との関係はきわめて複雑であると述べた．記述的モデルが焦点をあてるのは，まさにこの関係であり，関係全体の場合もあれば一部の場合もある．たとえば，環境主義者は特定の水域について汚染物質のフローをモデル化するであろう．計量経済学者は，代替的な税制案の効果の予測を試みるために，経済全体のモデルを構築するであろう．

　規範的ないし基準的 (normative) あるいは最適化モデル——どのように表現するかは問題でない——は，2つの部分からなる．第1の部分は，意思決定者にとって可能な選択を含み，それぞれの選択の結果を予測する記述的モデルである．（もし，とりうる行為に選択の余地がないなら，あるいはすべての行為から同一の結果が導かれるなら，何も問題はなく，規範的モデルの必要性はない．）規範的モデルの第2の部分は，結果に関する意思決定者の選好を所与として，代替的な行為の中で選択をするための一連の手順である．規範的モデルの構築には，意思決定者が選好を分類することを補助する手順も含まれる．

　これらの定義を，以前に論じた複利計算の記述的モデルを使って説明することができる．任意の利子率 r について成立するようモデルを一般化すれば，

$$S_n = (1+r)^n S_0$$

が得られる．ここで，S_0 は資金の初期額で，S_n は S_0 から n 年後に累積された額である．このままであれば，これは単純な記述的モデルである．すなわち，所与の額が所与の利子率で所与の年数銀行に預けられた場合に，累積される元利合計を示す．それは，(1)このような構造では，意思決定者が r ないし n ないし S_0 に関して何らかの選択をするという指針が与えられない．言い換えれば，このモデルは選択肢の形で定式化されているわけではない．選択はあるかもしれないが，あるとしてもそれがどのようなものか示されているわけではない．さらに，(2)結果である S_n が，r，n あるいは S_0 に関する何らかの選択に関連づけられるようにモデルを書き換えたとしても，複数の S_n を評価する基準が得られるわけではない．

　不自然ではあるが，このモデルを規範的モデルに変換する状況を考えよう．まず，われわれの意思決定者は，総額1万ドルを持っているとしよう．このお金は，2年間貯蓄銀行に預けることになっている．彼は，5つの銀行のいずれにもこの金額を預け入れることができる．5つの銀行は，意思決定者にとって重要なすべての面で基本的に等しいが，例外が1点だけある．すなわち，すべてが同一の利子を払うわけではないのである．第1の銀行は r_1 ％の利子を支

払い,第2の銀行は r_2,等々である.さて,われわれの複利計算モデルは,
$$S_{2i} = (1+r_i)^2(10,000), \quad i=1,\cdots,5$$
となる.ここで S_{2i} は,1万ドルが第 i 銀行に預けられ,第 i 銀行によって支払われる利子率が r_i であった場合の2年目の期末の元利合計である.今や意思決定者にはとるべき行為について(すなわち銀行について)選択の余地があり,各行為から別々の結果が導かれる.この部分で,上で議論された規範的モデルの最初の部分が処理される.

規範的モデルの第2の部分を満たすために,行為の間で選択をするためのルールが必要となる.このルールは,結果ないし複数の S_{2i} に関する意思決定者の選好を反映するものである.われわれの意思決定者は正直な人間で,少ないよりも多いことを選好すると仮定しよう.この場合の決定のルールは明らかである.S_{2i} を最大化するために,r が最大である銀行を選択する.モデルは今や,自明ではあるが,規範的である.

このモデルをもっと複雑にするとどうなるだろうか.1つには,各銀行は自行の預金口座に関して他行とは違った種類のサービス料金を持っている場合があろうし,預金者に対してそれぞれ異なった融資の特恵を与えているかもしれない.新規の預金者に対し電気毛布をプレゼントする銀行もあろうし,別の銀行はワールド・シリーズの入場券や折り畳み式のゴムボートを提供するかもしれない.利子率が保証される期間の単位が違うかもしれないし,引き出しの通知に関する制約が違うかもしれない.最も重要なことは,含まれるリスクの種類と程度が異なることであろう.このことは,特に貯蓄銀行の中だけでなく,違った種類の投資方法の中から選択する場合には重要である.以上のような複雑化のためには,たとえば所得,利便性,リスク等々に関する意思決定者の選好を扱うためのずっと複雑な決定ルールだけでなく,より精巧な記述的モデルが必要となろう.

このようなことが容易であると思われるとしたら,誤解のないよう注意されたい.それは決して容易なものではない.記述的モデルを構築することがきわめてむずかしいときもある.特に,行為と結果の間の関係が複雑であったり隔たっている場合には困難であろう.目的を決定し,その目的に関して結果を評価する方法を見いだすことはもっとむずかしい場合が多い.しかしながら,うまい具合に複雑さを1つ1つ導入していくことが可能なら,段々と複雑になっていく状況を扱うことを学ぶことができる.

決定論的（deterministic）モデル vs 確率論的（probabilistic）モデル

われわれはモデルを現実の単純化された表現と定義してきた．そして，現実を確かな事実と確実な実態からなるものと考えることは自然である．多くのモデルは，各行為が1つの確定的な結果を持つ状況を扱う．スイッチを入れれば電気がつく．自動車製造プラントに一定量の原料と労働を投入すれば，組み立てラインから所与の数の自動車ができてくる．このことは，機械の調子が悪くならないことを意味しているのではない．時にはどこかが故障することは明らかである．上の記述の本当の意味は，モデルで確実とみなせるほどに，ある行為の結果が確実に近いということである．

別の状況では，実態は決して確実ではない．それにもかかわらず，読者は，それを確実なものとして扱うことで満足する．モデルのいくつかの要素が不規則に動いたとしても，読者はおそらく，平均値を使えば十分に良好な近似が得られることを知っているだろう．たとえば，学校制度のモデルでは，生徒1人当たりの支出がしばしば使われる．あるいは，読者は，さまざまな代替的な仮定の含意をテストすることを好むかもしれない．たとえば人口予測では，将来人口がどのように変化するかというモデルにおいて，出生率・死亡率に関してのいくつかの代替的な仮定のセットが使用される．仮定のセットの中でどれが最も可能性が高いかについては，特に触れられない．これらの仮定のセット1つ1つがどれだけ正確かという確率を評価すれば，それぞれのセットに対応する結果が生じる確率を予測することができる．しかしながら，仮定の各セットに対してその結果は確実に生じると仮定されている点に注意されたい．

上のようなモデル，すなわち結果が確実であると仮定されるモデルは，決定論的と呼ばれる．関係，初期条件および行為（それは，人口モデルの場合のように，単なる時間の経過かもしれない）を所与とすれば，結果は一様に決定される．

読者は，モデルに関する限りこの関係が成立すると考えるかもしれない．しかしながら，それは誤っている．特定の行為の結果が一様ではない状況もある．起こりうる結果は一通りではなく，ある範囲にわたっていたり複数であったりする．そしてそれぞれについて，確率が推定される．公衆衛生政策に関する多くのモデルがこの類である．たとえば，伝染病の蔓延過程をモデル化したいとしよう．ある病気に冒された人と接触のあった人のうち，平均して30％の人が感染すると仮定する．もし10人が感染の危険にさらされれば，平均3人が

病気にかかるであろう．しかし，2人ないし4人が病気になる場合もあるし，確率は小さいが10人全員が発病する場合もある．可能性のあるさまざまな結果を考慮に入れたモデルは，公衆衛生の計画家がいろいろな規模での状態の確率を予測するための助けとなる．

以上のようなケースでは，確率的な結果を持ったさまざまな行為の重要性を追跡するために有用なモデルを構築できる場合が多い．このような確率モデルによれば，単純に平均値に依存するモデルと比べて，われわれが直面する選択の種類がより良く解明されるであろう[3]．インプットの一部と過程の一部が元来確率的であるから，結局われわれは必然的に起こりうる結果の確率分布とかかわることになる．

複利計算のモデルからもう1つ例を引き出すことにしよう．地方銀行に1万ドルを預け2年間そのままにすることを決定したとしよう．現時点で銀行は年間複利で5％の利子を支払うが，実際に読者は来年の利子率が変化することを知っている．読者は，利子率が5％のままである確率は0.6，5.25％に上昇する確率が0.3，4.75％に低下する可能性が0.1と評価する．式の形にすれば，

$p(0.05) = 0.6$
$p(0.0525) = 0.3$
$p(0.0475) = 0.1$

である．ここで $p(0.05)=0.6$ は，「第2年目の利子率が0.05である確率が0.6である」ことを意味する．

資金がどれだけ増えるかを予測するモデルは，

$S_2 = (\$10,000)(1.05)(1 + r_2)$

となる．ここで S_2 は，2年目末における元利合計で，r_2 は，第2年目の利子率である．

われわれは，単純に S_2 が到達する可能性のある値の平均を簡単に見つけることができよう．各利子率についてわれわれの確率推定値を所与とすれば，

$p(S_2 = \$11,025) = 0.6$

---

[3] 決定論的モデルと確率論的モデルの違い自体は重要ではない．しかし読者は，確率変数を扱うには，単に平均をとり，それで済ませる以外にも多くの手法が存在することを知るべきである，というのが適切な見方であろう．決定論的モデルは，さまざまな結果の確率が0％か100％である単純な確率論的モデルである．たとえば，投げたボールは，落ちる可能性は100％であり，永久に上がり続ける可能性は0％である．

$p(S_2 = \$11,051.25) = 0.3$

$p(S_2 = \$10,998.75) = 0.1$

と予測することができる．以上より，この基礎的な確率モデルにおいては，モデルから出てくる S_2 の確率分布は，たまたま，r_2 の変化に関する確率分布と等しくなる．

　より複雑な確率モデルの例として，所得税還付の準備の補助のために人々が順番待ちの行列を作っている IRS オフィス（税務署）を考えよう．人は不規則に到着するが，何らかの確率分布にしたがう．各納税者へのサービスの時間もまた不規則であり，別の確率分布にしたがう．もし待ち行列の過程をモデル化すれば，待ち時間，あるいは待ち行列の長さをさらに別の確率分布によって予測することができる．ただし，この確率分布は，始めのものと同一ではないしまたそれほど単純なものではない．最終的な確率分布は，そのオフィスの責任者が人件費と顧客の待ち時間をバランスさせる助けとなって価値を発揮するであろう．

　以上の確率モデルは記述的なものである．これに追加されるインプットがなければ，確率的な結果の中でどのように選択するかについては何の情報も与えられない．本書のより進んだ段階で，不確実性のもとでの意思決定のための重要な規範的モデルを考える．これは，一般に決定分析として知られるものである．

「適切な」モデルの選択

　どのようなモデルを選択するかは，われわれが直面している状況，何を知りたいか，どの程度の詳細さが必要か，どの変数を制御できるかに依存する．モデルは，コンピュータに入力される複雑な方程式体系であっても，封筒の裏のわずかばかりの単なる走り書きであっても，それがどれだけうまく機能するか，あるいはどれだけ正確に予測できるかによって評価されるであろう．このことは，良好なモデルを導出するための仮定は正確でなくてはならないことを意味する．モデルにおいて予測を決定するのに重要な役割を演ずる仮定については，十分に注意しなくてはならない．このような仮定のうち，あるものは量的なもの――より明確にわかる――であろう；費用の推定値がよく知られた例である．これとは別に，そのモデルから何を取り除いてもよいかを決定するという形をとる重要かつきわめて微妙な仮定の場合がある．言い換えれば，モデルのデザ

イン自体がわれわれの仮定を反映するのである．この点にモデル構築の技法の主要部分がある．地域道路地図は，ジャクソンビルからアトランタへ行くには素晴らしいものであるが，ピーチツリーとポンセ・ド・リオンの交差点にたどり着くには，特別の地図が必要である．多くの場合，道路地図の製作者はこのことを承知しており，大都市の詳細な地図を地図の端に掲載している．それでも，要所となる交差点に左折禁止のサインが表示されていないことにより不便を感じることが多いのである．

ある都市の将来人口を予測するモデルを考えよう．新しい学校の立地に関心があるなら，モデルでは低年齢の児童や将来親になる人々，およびその人々が地域にどのように分布しているかに焦点があてられねばならない．主たる関心が都市病院の近代化にあれば，その地域の地理的状況はあまり関心の対象とはならないであろう．そのかわり，病気の種類や医療施設の利用状況についての内訳が必要になる．あるいは，郊外計画プロジェクトの一部として，10年後の人口を予測する必要があるとしよう．ある人は，出生率 b，死亡率 d ならびに現在の人口 P_0 に基づく単純なモデル

$$P_{10} = P_0(1 + b - d)^{10}$$

を提案するであろう．おそらく読者は，即座に，移住のような他の要素を無視すれば，出生率と死亡率をどんなに正確に予測しても，このモデルでは誤った値が導かれることに気づくであろう．一方，人口の移動が閉鎖されている場合——たとえば，試験管の中の微生物のように——には，移動を無視することが完全に正当化されるであろう．ついでながら，人口モデルは，必ずしも人間に限られるものではない点に注意されたい．このようなモデルは，微生物，うさぎ，さらに言えば企業にもあてはまる．

ほとんど誰もが，毎日，天気予報モデルのアウトプットを利用して（あるいはそれによって悩まされて）いる．クランベリーの栽培者は，クランベリーの沼地に水を満たすか，今後もっと緊急の増水が必要になったときのために限りある用水を確保しておくかを決定しようとしている．このような栽培者にとっては，長期の予報が望まれる．もしわれわれが，たとえば雲の中に人工降雨の種を撒くことによって天候自体をコントロールしようとするのであれば，大気の状態についてきわめて詳細な情報を確保することが要求されるであろう．

認識すべきポイントは，1国の人口であろうが都市の犯罪パターンであろうが，あるいは身体の免疫機能であろうが，1つのシステムないし過程に関する

モデルは，すべてが同一ではないしまた同一であるべきでないということである．容易に扱えるように，すべてのモデルは単純簡素でなくてはならない．どのようなモデルにおいても，どの要素が除外され，どの要素が強調されるかは，政策目的にとって重要となる変数に依存するであろう．これらの変数は，それ自体が価値を持ったアウトプットであるために，あるいは選択の対象となる変数と重大なかかわりを持つために，決定的に重要であろう．他の要素を等しいとすれば，下されるべき意思決定が重要であればあるほど，そのモデルを洗練させ正確さを増すために費やされる資源の量は大きくなるべきである．傘を持って行くかどうか決めねばならない場合には，通常空を一目見れば十分な天気予報が与えられる．しかしながら，ぶどうのようなデリケートな作物を何エーカーも刈り取る場合には，もっと精巧で高価な予測が正当化されることはまず間違いがなかろう．

　ある特定の状況でどのようなタイプのモデルを利用すべきかを知るにはどうしたらよいであろうか．選択が簡単な場合もある．顧客が列をなしてサービスを待っているなら，待ち行列モデルが必要なことは明らかである．あるプロジェクトの費用と便益が何年間かにわたって発生するなら，便益・費用分析を想起し，将来時点で感じられる影響がどのように評価されるべきか，あるいは割り引かれるべきかを考えねばならない．不確実性が重要な要素の場合には，決定分析が示唆される．以下の章で説明される一連のモデルは，きわめて豊富であり，ほとんどの状況はそのうちの1つないし組み合わせによって対応することができる．他のものと比べてより進んだ判断を必要とするケースもあるが，読者の分析の基本とすべきモデルあるいはその組み合わせを選び出すことは，決して秘密の技法ではない——それは経験と単なる日常の一般常識の問題である．この経験を得るための出発点を読者に提供することがこの節でのわれわれの目的である．一般常識については，読者自身で用意しなくてはならないであろう．

モデルの利点と限界

　以上の議論から読者は何を得るべきであろうか．まず最初に，モデルを利用することの利点を理解すべきである．主たる利点の1つは，モデルを構築する訓練はわれわれの思考を直截的にするのに役立つということである．それによって，われわれは基本的な原則に立ち帰るのである．モデルは複雑な状況の中

での本質的に重要な特徴の記述を経済的に与えてくれる．特に，形式の整った分析モデルによってわれわれは，頭の中で行うよりも多くの変数を扱うことができる．このようなモデルは，重要でない変数を一時的に無視することによって，重要な変数同士の相互依存関係を分析するための強力な用具として機能する．

　モデルによってある種の簿記のメカニズムが与えられる．インプットはなくなってしまうことはない——どこかに行かなくてはならない．そして，アウトプットを見逃してしまうことも少ないであろう．たとえば，公共交通の長所とされるのは，それがドライバーの一部をハイウェイから呼び戻すことである．それで混雑が緩和されれば，公共交通によって，道路を利用し続ける人およびその近くの空気を呼吸する他の人々に正の便益が与えられる．しかしさらに，バスに転換したドライバーがもはや道路を渋滞させることはないとしても，交通量の減少によって今度は別のドライバーが引きつけられる．読者が交通状況をモデル化することをいとわないとしても，これらの要因のいくつかを落とすかもしれない．モデルは，人々の動きとその人々が利用する交通機関の動きを追跡するのに役立つであろう．さらに，複雑な状況では，モデルなしにすべての選択がどのようなものであるかを述べること，あるいは選択がどのようなものになるかを体系的に考えることが不可能な場合がある．モデル構築によって読者は，結果に影響を与える手段を確認するようになる．この手段こそが現実世界では政策代替案である．いずれにせよ，代替案を十分正確に記述できなければ，その中で賢明に選択することはできない．

　モデルを構築することによって，意思決定が行われる前に，どのような種類の情報が必要か，各タイプの情報はどのような価値を持っているかについて多くを知ることができる．状況についてのわれわれの知識がいかに少ないかに注意が向けられる．近い将来より多くの情報が利用できるようになるなら，柔軟な対応の余地を残しておくために意思決定の全部ないし一部を先に回すのが望ましいことが明らかになる．意思決定の前にもっと情報を得るために時間と資金を使うようアドバイスすることさえ可能かもしれない．

　さらに進んだ利点は，システム自体ではなく，モデルで実験ができるということである．この点は，病院のような公共施設を計画する場合に特に価値があると思われる．計画者は，集中治療の割合，急患が到着する比率等のような多くの仮定を設定することの意味を知る必要がある．このような場合，病院自体

で実験することは不可能であろうし，時間，資金，道徳および治療の面から高い費用がかかることは確実であろう．モデルでは，慢性病治療患者の長期入院と出産の場合の入院を1日延ばすこととの関係のような，本質的なトレードオフに焦点があてられるのである．

別の状況では，モデル上の実験によって，何らかのシステムにおいて，ある方向へ注意深く移行する措置をとれば，潜在的な便益をもたらされることが示唆されるであろう．この種のケースの結果としては，1965年，インドのノースイースト・フロンティア鉄道が提供するサービスが劇的に改善されたという例がある．この単線の鉄道では，反対方向に動く列車はすれちがい駅でしかすれちがうことができなかった．したがって，必然的に少なくとも一方の列車が停車していなくてはならなかった．遅れは途方もなくひどいものであった．分析者達は，単純化された数学モデルによって実験を行い，このようなすれちがいによる遅れの数は，その路線を利用する列車の本数にしたがって急激に上昇することを突き止めた．実際，遅れの数は，列車本数の2乗よりも急速に増大する．つまり，1日10本から11本へ列車本数を増発すれば，すれちがいの遅れがちょうど10％増加するのではなく，$(11^2 - 10^2)/10^2$ すなわち21％増大する．この発見から，鉄道会社はその15本の列車のうち2本を一緒にして運行することを試みるべきことが示唆された．実験の結果，機関車が1日に走るキロ数で20％以上の改善が達成されたとき，この計画は拡大された[4]．

モデルを構築することによって，ある政策問題に関心を持っているものの間での情報の伝達が促されることが多い．モデルは，問題（あるいは少なくともその一部）の定義を特定化し，それがなければ分析者の心の中に埋もれていたかもしれないものを紙の上ではっきりと説明する．（世界経済の動きをモデル化した有名な著作『成長の限界』に対しては賞賛と批判があるが，分析者の心の中にあるものをはっきりさせたという点に関しては見解の一致があるように思われる[5]．）さらに，しばしば利用される古典的モデル――たとえば，線型計画――に関して言えば，共通の言語を使うことによって情報伝達の近道をすることができる．確かに，正確さが増すことによって，いくつかの要素をぼかし

---

4) モデルの解説については，Jagjit Singh, *Great Ideas of Operations Research* (New York: Dover Publications, Inc., 1968), p.165 を見よ．

5) Donella H. Meadows, Dennis L. Meadows, Jørgen Randers, and William W. Behrens III, *The Limits to Growth* (New York: Universe Books, 1972). （大来佐武郎監訳『成長の限界』ダイヤモンド社，1972.）

てしまうことはむずかしくなるが，ある状況では（特に，まさに政治的な場面等では），それが利点であると同時に欠点であるかもしれない．

　おそらく，最も重要なのは，モデルの構築を経験することが，われわれにとって馴染みのない状況にも適用できる一般的な洞察力を養うのに役立つということであろう．たとえば，われわれは間もなく，待ち行列を含んだシステムはほとんど直感に反した動きをすることを学ぶ．提供されるサービスの容量をほんのわずかに増大させるだけで，施設の前での待ち時間は急激に減少するのである．

　政策分析の深い理解ではなく広い理解を望んでいる人は，実際のモデルについてどの程度知る必要があるのだろうか．特に優先順位を付けずに，次の5つの目標を示しておく．

　1．読者は，いくつかの概念モデルを理解しておく必要がある．これらのモデルでは，われわれの社会に一般に見られる状況やプロセスが手短に記述されているため，広範な利用価値がある．以前にわれわれは，概念モデルとして広く用いられているフィードバックとコンタジオンについて述べ，ハーディンの有名な共有地のモデルを紹介した．読者は，統計学，プロジェクト評価およびオペレーションズ・リサーチにおいて，最も一般的に利用される形式的なモデルが存在することについて精通すべきである．費用便益分析，線型計画，決定分析等このうちのいくつかのものについては，本書において後に若干詳しく論じられる．

　2．読者は，次のように自問する習慣を身につけるべきである．すなわち，複雑な問題に直面した場合，モデルを構築すれば問題に何らかの光明がさすのか，あるいは自分自身の理解をテストする訓練にさらされるだけなのか，である．読者は，自分自身の単純なモデルを構築する能力と同時に，問題が技術的になったならば，モデルを洗練させ実証的データをうまく利用するために専門家に頼るという習慣の両方を身に付けるべきである．

　3．読者は，思考を数量化の段階まで進めることがない場合でも，問題の構造を考えるためにより何らかの基本となる形式的なモデルを利用することを学ぶべきである．このような決して厳格とはいえない概念のモデル化を利用することによって得られた洞察が，モデル構築の研究で最も価値がある結果となる可能性は十分にある．

　4．技術的に進歩，熟達したら，それに伴って読者は，モデルに対し健全で

情報に基づいた懐疑主義の視点に立ち，モデルの限界を十分に意識すべきである．その手始めとしては，そのモデルが意味する関係についてのすべての仮定と用いられるデータについての理解を確実なものにすることが良い方法である．単純な条件のもとでそのモデルがどのように機能するかを見て，モデルが的確かどうかをテストするのである．そして，いくつか確認のための質問をしてみるのがよい．読者に提示されているモデルの最も重要な特徴は何か．読者の推論を惑わすように，そのモデルが現実から乖離するのはどの点なのか．因果関係についてはどうか——読者が扱っている状況では，あるシステムの変数がなぜそのように動くのかを理解することが本質的に重要なのか，それとも読者の目的のためには観察された関係を単純にモデル化することで十分なのか．それを変化させれば，モデルによる予測，あるいは示唆される選択を劇的に変えるという意味で，重要なパラメータの値はどれか．自分自身のモデルを展開するにあたって，読者は，これらの疑問に答えられるよう細心の注意を払うべきことは確かであろう．

　5．モデルを構築するあるいは利用する場合，政策策定をする現実世界を常に念頭に置くべきである．きわめて広範で複雑なために誰もどのように作動するかわからないモデルでは，モデル設計者も分析の依頼者も利益を得ることはない．

　次章においてわれわれは，数理モデルの形式をより詳細に論じることから始める．そして，現実にきわめて有効であることが実証され，広く利用されている各種のモデル構築の技法を紹介しよう．

第3章　選択のモデル

　エコノミストは、"欲するものは何で、何を手に入れることができるかを"考えて意思決定にアプローチする[1]。われわれは通常、手に入れられる以上のものを欲するが、能力は限られており利用可能な資源は希少であるから、競合する欲望の中の1つを選択しなければならない。空港を管理する公団は、空港の運営を拡大すると同時に騒音レベルを引き下げることを望んでいる。しかし両者を同時に達成することはできないのである。本章の表題が物語っているように選択はむずかしいものである。選択はどのようになされるべきか——競合する目的のために希少な資源を配分するというすべての問題——は経済学の題材であり、まさに本章の主題である。ここでは、公共部門における選択、つまりあらゆるレベルでの政府および非営利機関はいかに決定を下すべきかに的を絞って述べることにする。周知のように、政府は企業ではなく、企業のように行動できない面も多い。その目標は企業とは異なっており、また企業とは違った制約のもとで運営されねばならない。しかし、優れた意思決定のための基本的な要因はすべての領域において同一であり、以下で述べるその決定の方法は、官民を問わずあらゆる意思決定者に適用することができる。

　出発点は選択のための基本的モデル、すなわち経済学を学んだものにとってはもとよりお馴染みのモデルである。これまでわれわれは、モデルは現実世界の一面を簡潔に表現するものであり、ある状況において本質的に重要な特徴を引き出すために慎重に選び抜かれた現実のエキスだということを見てきた。基礎となる選択のモデルは特に重要である。なぜなら、選択行動に関する基本的な要素、すなわち

　　1. 意思決定者にとって選択可能な選択肢、および

---

[1] 本章のいくつかの例は、Richard Zeckhauser and Elmer Schaefer, "Public Policy and Normative Economic Theory," in Raymond Bauer, ed., *The Study of Policy Formation* (New York: The Free Press, 1968) からの引用である。

2．この選択肢の中での意思決定者の選好

という2つの要素に基づいて問題を考えるための普遍的でしかも簡潔な方法がそれによって与えられるからである．

　さらに――これは容易なことではないが――モデルにおいて意思決定者は，自分が直面する選択肢を表現し，その中での選好を比較できる形で示さねばならない．われわれが提示する例から明らかになろうが，選択肢には実体的な形を持った言葉で，つまり電気や水，あるいはアレルギー検査や心電図のように見て数えられる実際のアウトプットとして表現されるものもある．しかし，その他の場合には，選択肢は，知能や美しさ，味覚や栄養，安全性や速度のように実体の明らかにならない属性を持った用語で表現される．このような無形の属性のうちには，多少なりとも客観的に測定できるものもあるが，できないものもある．モデルは柔軟性に富んでいる；モデルを用いれば，意思決定者の選好が選択肢と同様の述語によって表現されている限りは，厳格な数字で示されようと一節の散文で示されようとすべてのタイプの属性を簡単に扱うことができるのである．

　本章では，選択のモデルについて述べ，それから最善の決定のための特性を導き出す．まず，結果を図に示すことができるように，きわめて単純化した状況において変数を慎重に2つ――2つの産出量または属性――に限定したモデルを考えることにする．トレードオフ――通常は苦悩に満ちたものである――は決定の困難さの本質であり，このトレードオフの性質を明視化するにはグラフによる方法をおいて他に明確なものはない．当然ながら，政策策定者は，2つの変数以上に多くの変数を考慮するのが一般的であろう．しかし，ここでの概念は他のいくつかの変数として容易に拡張することができ，幾何学的な表現も多次元に拡大することができる．

　ここで扱われるのは，個人の場合でも法人の場合でも，重大な不確実性に直面しない単独の意思決定者のケースである．モデルは，自分自身の消費や職業を選択しようとしている人にも，生産量や調査研究あるいはマーケティング上の選択をしようとしている企業にも，さらに政府プロジェクトの決定を強いられている公務員の場合にも同じように適用することができる．

意思決定者にとって選択可能な選択肢

　基本モデルの第1の要素は，意思決定者が選ぶことができる選択肢を記述す

ることである．もし本書が標準的な経済学の教科書であるなら，リンゴとオレンジを引き合いに出し，読者に対し，食料品店でこれら2つの財の間で果物のための予算を配分しなくてはならない買物客の困った状態を分析することを求めるであろう．しかし本書は公的意思決定に関するものであり，かわりに読者には，複数のダム・プロジェクトの選択肢の中から1つを選択しなくてはならない公務員の役割を演じてもらうつもりである．これらのダム計画はすべての点——費用や環境上の影響など——において同一であるが，発電量と灌漑用水の供給量の2点については異なっている．換言すれば，意思決定者は発電量と灌漑用水の供給量について，いくつかの選択肢に直面しているのである．産出量に関して5つの可能性があり，表3-1のように示されるとしよう．これら5

表 3-1

ダム	発電量 1,000 kwh/日	用水供給量 100万ガロン/日
A	22	20
B	10	35
C	20	32
D	12	21
E	6	25

図 3-1

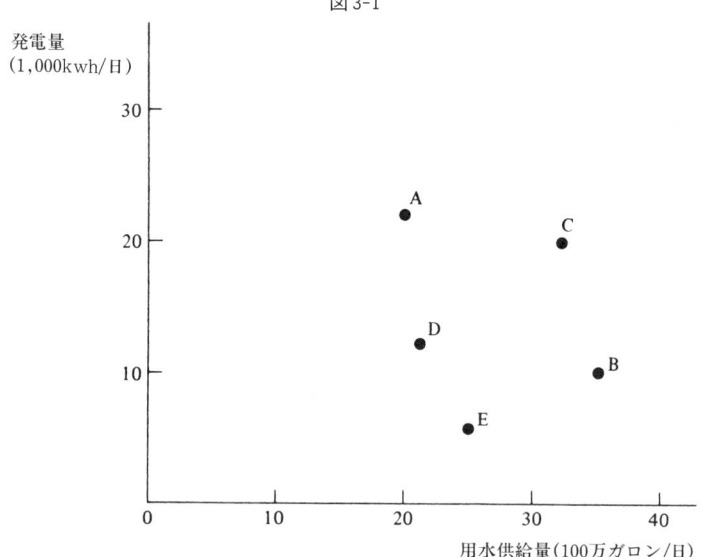

つの選択肢をグラフに記すと図3-1のようになる．この図の点Aは，1日22,000キロワット時の発電量と1日2,000万ガロンの用水の供給量を表している．

意思決定者にとっては，両方の産出量が増加することが望ましいのは明らかであろう．（これらの計画は，費用を含む他のすべての要素について同一であると仮定したことを想起されたい．）このことは，もう1つの点（たとえば点D）の北東に位置する（点Cのような）点はすべて，点Dより優れていることを意味している．専門用語で言えばCはDを優越する，つまり，すべての面でCの方が優れているということである．発電量と用水の供給量に関する意思決定者の選好がどのようなものであれ，彼がCよりDを選択することは決してないであろう．産出量あるいは何らかの属性の組み合わせは，選択可能な選択肢を所与として，少なくとも他の1つを犠牲にすることなしにある1つの産出量を増加させることが不可能な場合に，効率的であるといわれる．図3-1において点A，B，Cは効率的であるが，点Dは効率的でない．これは点Cを選択することによって，同一の費用で用水と発電量の両方についてより多い産出量を得ることができるためである．同様に，点Eは，点Bないし点Cを選択することによって用水と発電量の両方についてより多い産出量を得ることができるため，効率的でない．優越される点が効率的でありえないのは明らかである．したがって，すべての点は優越されるか効率的かのいずれかである[2]．

意思決定者にとっての選択肢は非連続的で少数しかないというのは必ずしも真実ではない．産出量の組み合わせを小刻みに変化させることができ，したがって常に灌漑用水をほんの少し犠牲にして水力発電量を若干余計に得ることが可能なことも大いにありえよう．このような連続的なトレードオフを設定することが可能な場合には，それぞれ分離した5個とか8個とか25個というような点に限定されず，効率的な点の位置を辿る曲線全体を描くことができる．この曲線（図3-2にEWとして示されている）によれば，あらゆる発電量に対し達成可能な用水の最大の産出量が明確になる．たとえば点Fは，8,000キロワット時の発電量の場合に用水の最大産出量は3,200万ガロンである，あるいはその逆も成立することを示している．このような効率的な点の集合は可能

---

[2] "XはYを弱く優越する" という表現にぶつかることがある．これはXはいくつかの側面でYと同様に望ましく，少なくとも1つの側面で優れており，劣った点はないことを意味する．

図 3-2

発電量
(1,000kwh/日)

用水供給量(100万ガロン/日)

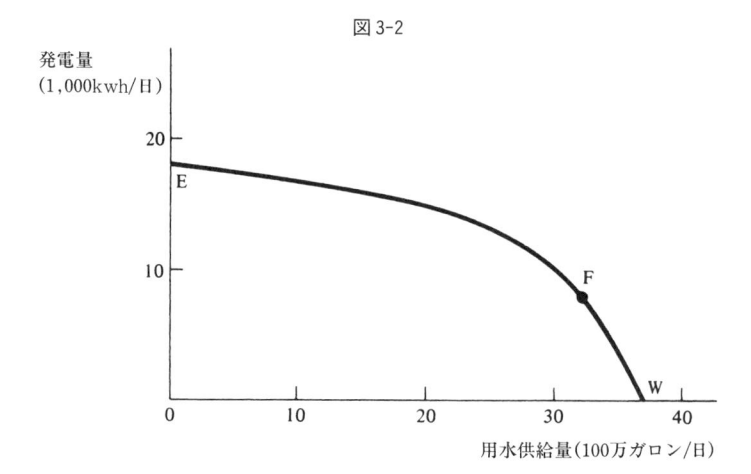

性フロンティアと呼ばれる[3]．

　可能性フロンティアは，非常に多くの局面に適用することができる．有形の財も無形の財も表現することができるし，この例にあるような公共プロジェクトの場合にも民間企業や個人の場合にも適用が可能である．さらに，消費者にとって選択可能な財の組み合わせとか，提案されている公共のビルディングに関する無形の属性の間のトレードオフ，たとえば事務所のスペースとプライバシーとの間の関係などを記述することも可能である．可能性フロンティアは直線の場合もあれば曲線の場合もあり，連続の場合もあれば非連続の場合もある．さらに孤立したいくつかの点から構成されることもある．どのような形状をしているにせよ，可能性フロンティアは効率的な選択肢の集合であり，可能なものの中で最善の選択を行うために競合関係にあるものの集まりである．

　以下の例は，可能性フロンティアの適用範囲の広さを示すものである．

　1．交通局には新規車両の購入用の予算が 1,000 万ドルある．バスは 1 車両当たり 65,000 ドルの費用を要し，地下鉄用の車両は 1 両当たり 46 万 5,000 ドルかかる．この予算においての効率的な選択は，可能性フロンティア――図 3-3 の線分 CB ――によって示される．交通局は，もし可能であっても内部の組み合わせに 1,000 万ドルを支出することはしないであろう[4]．

---

[3]　一部の読者は，この曲線は実際にはエコノミストがしばしば話題にする生産可能性フロンティアであることに気づくであろう．われわれは熟考の末に生産という語を削除した．それは，可能性フロンティアという述語を若干広い意味に使うためである．

第 3 章 選択のモデル

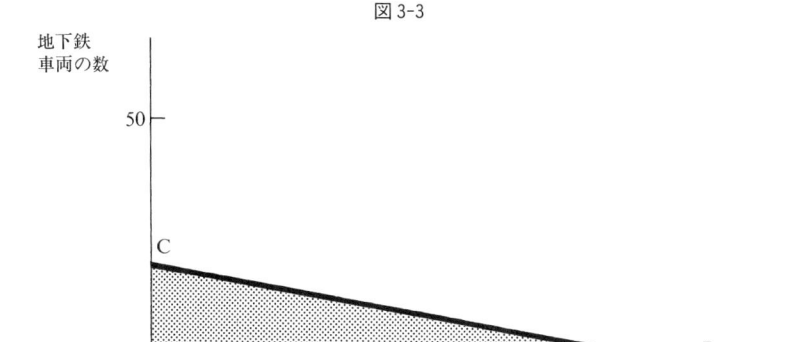

図 3-3

地下鉄
車両の数

これと同様の直線の可能性フロンティアは，必要に応じて人員や機材を道路の修繕から除雪作業へと容易に転用できる自治体の道路担当部局の場合にもあてはまる．

親しみやすい例を引くと，直線は，資金の合計額を所与として，消費者が現行価格において購入することができる最大のりんごとオレンジの組み合わせを示す．この種のフロンティアは，しばしば予算線と呼ばれる．

2．都市再開発計画には高層ビルが含まれる．低い方のフロアは商業スペースとして賃貸され，高い方のフロアはアパートとして使用される．商業スペースとして賃貸されるのは一応 5 階以下ということになっているが，その線を何階で引くかは決まっていない．商業スペースの賃貸価値額と利用できる居住スペースとの間のトレードオフは図 3-4 の曲線 CR によって表される．この曲線の曲率は，エスカレーターとエレベーターの配置との関係で，商業スペースは高くなるにつれて価値が下がるという事実を反映している．

自治体の道路局の場合，保守用の機器と除雪用の機器が完全に転用可能でないならば，結果的にトレードオフ曲線はこれと類似した形状となるだろう．吹

---

4) この可能性フロンティアは，購入されるバスの車両数を B，同じく地下鉄の車両数を C として，等式 $65,000 B + 465,000 C = 10,000,000$ ドルで表される直線にすぎない．読者は，滑らかな線とバスと地下鉄の 1 車両以下の部分について疑問を持たれるかもしれない．多くの場合，産出物の分割が不可能であれば，モデルによって示される最善の選択は単に近似にすぎなくなるであろう．それでも，基本原則は守られる．

図3-4

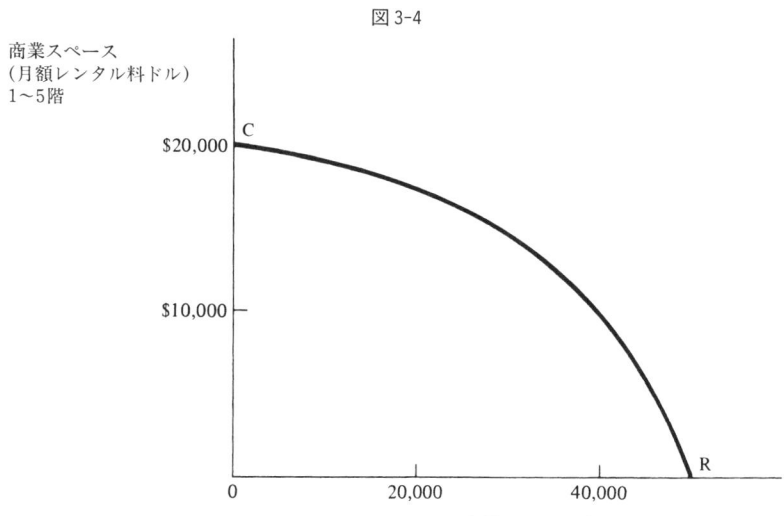

商業スペース
(月額レンタル料ドル)
1～5階

```
$20,000 ─ C
$10,000 ─
        0      20,000    40,000
                              R
```

居住スペース(平方フィート)1～5階

雪に見舞われたときにすべての機器が道路の保守のために使用されていたとすれば，除雪のために最初に転用されるトラックは，犠牲にされる保守能力との相対的な関係で見て，最大の距離を除雪することができるものとなろう．もし吹雪が本当に激しいものであるなら，保守をより多く犠牲にして，満足に除雪能力のないトラックまでも除雪サービスに投入されねばならないであろう．

3．法律援助事務所（legal aid office）は，依頼者に対して"家庭関係"と"賃貸借関係"に関する2種類のサービスを提供する．両ケースの最大の組み合わせは図3-5の曲線 DL によって示される．このような曲率は，1つの種類の訴訟を処理するのに要する平均時間が，法律専門家のスタッフがこの種の訴訟を多く扱うほど短縮される場合に生ずる．

4．新しい診療所のために3ヵ所の用地（1, 2, 3）が利用可能である．各用地は，関連すると思われる2つの特徴，つまり地域社会へのアクセスと静穏性に関して A, B, C, D というように格付けがなされる．図3-6に示された可能性フロンティアは3つの点で構成される．（この図はたまたま，文字による格付けあるいは序数的な順序付け――第1，第2，等――しか使えない場合に図表を作るための共通の方法を示している．文字あるいはナンバーが原点から"逆順"になっているが，これはわれわれが，習慣的に北東へ移動するにつれて事態が改善されることにしているためである．）

第 3 章　選択のモデル

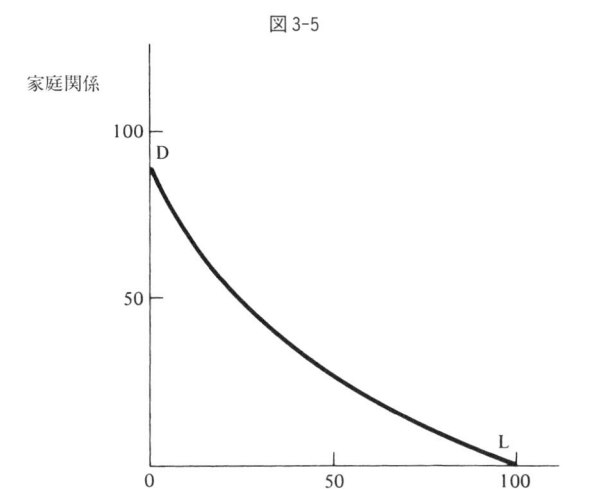

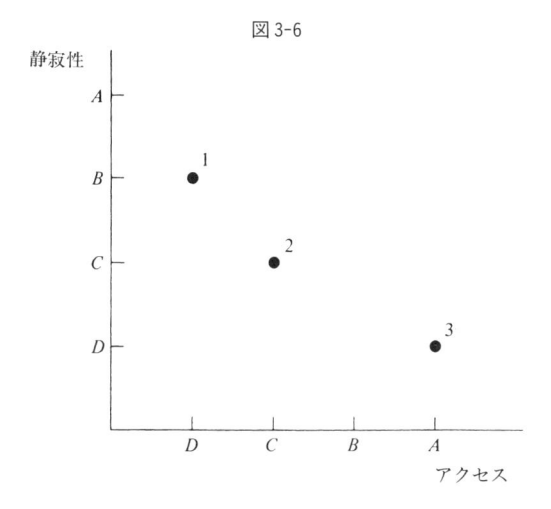

図 3-5

（縦軸：家庭関係、横軸：賃貸借関係。点 D は (0, 約90)、点 L は (約100, 0)、減少する凸曲線）

図 3-6

（縦軸：静寂性 A, B, C, D、横軸：アクセス D, C, B, A。点1 (D, B)、点2 (C, C)、点3 (A, D)）

　要約すれば，実行可能な選択肢の集合は種々の方法で特定化することができる．効率的な選択とは，ある1つの側面を改善するには他の何らかの側面を犠牲にしなければ不可能であるような選択である．

意思決定者の選好

　選択の基本的なモデルの第2の要素は，意思決定者の選好を表現するものである．選好を定義するのに何らかの技法が有効であるケースが指摘されることもあるが，われわれは，本書の技法的部分全体を通じて選好は所与であると仮定する．この選好の根源については，本書第Ⅲ部において立ち帰ることにする．

　これまで見てきたように，多くの場合実行可能な選択肢は産出量や属性に関する数多くの組み合わせであり，そのすべてが意思決定者によって評価される．選択の問題は，もし1つの選択肢が他のすべての選択肢に対しすべての側面で優っている場合には，換言すれば，1つの選択肢が優越的である場合には，むずかしいものではない．先に考察した5つのダム・プロジェクトのうち，C は D に優越し，B は E に優越するが，単一の選択肢がその他すべてに優越しているわけではない．われわれは，D および E を削除することができるが，それでもさらに2つ以上の効率的な選択肢が残る．

　残念なことに，優越的な選択が提示されることはまれである．アンダーソン，バーカー，コーコランという3人の就職希望者の例を考えてみよう．3人はどの属性においても同等に評価されるが，技術的能力と（事務を）処理する能力の2つの属性については別である．これら2つの属性についての順序付けは表3-2にまとめられている．この場合優越的な選択は存在しない．就職希望者3人のうち技術者として最良のものが，事務処理上の最高の能力を有しているわけではない．ある雇い主は，アンダーソンやコーコランよりも，最良の技術者でもなければ最大の事務処理能力を有しているわけでもないバーカーを選ぶかもしれない．

表 3-2

就職希望者	属性	
	技術的能力	事務処理能力
アンダーソン	1番	3番
バーカー	2番	2番
コーコラン	3番	1番

　属性のランク付けにおけるこのような対立は，公共部門でなされねばならない多くの困難な選択の中心にあるものである．公共部門での決定は多くの人に影響を及ぼすことからこの対立が生じると考えられる．つまり，政策 A は社

会のあるグループにとって望ましいものであるとしても，他のグループにとっては政策 B の方が良いのである．空港の立地をめぐる論争などはこの1つの例である．"グループ1にとって望ましい"属性と"グループ2にとって望ましい"属性との間でどのようにウェイト付けをしたらよいのであろうか．あるいは，時間が決定的な要因である場合には，たとえば政策 A（膀胱がんの検診）はより短い期間のうちに便益をもたらす一方，政策 B（がんの基礎研究）は今から20年間というような長期を考えれば政策 A より望ましいというようなこともある．"現時点で望ましい"という属性と"将来時点で望ましい"という属性に対しどのようにウェイト付けを行ったらよいのであろうか．第3の状況として，何らかの不確実な事象があり，これが望まれる結果となった場合にはある政策 A が優れており，政策 B ——たとえば，洪水の際に水浸しとなる氾濫源の区域指定等——は不幸な結果となった場合に適切な損失防止措置になるというケースが考えられる．この場合も，"洪水がない場合に望ましい"属性と"洪水が発生した場合に望ましい"属性との間でどのようにウェイト付けを行うかということになる．概念的には，属性間のこのような対立も，アンダーソン，バーカー，コーコランの属性のランク付けでの対立と変わるところはない．すべての組み合わせに適用可能で完全に一般的な公式を開発すれば，それを今後登場するいく分複雑な問題に適用することができるのである．

　前節と同様に，ここでの議論を，関係する属性が2つだけの場合に限ることとする．こうすることによって図示することが可能となる．もちろん考え方は容易に多くの次元に拡大することができる．

　5つのプロジェクトを比較検討することを任され，途方にくれているダムの計画者に話を戻そう．問題となっている特定のダムのことはしばらく忘れて，発電量と灌漑用水に対する制約のない場合の選好のみを考えることとする．産出量の1つの組み合わせとして，たとえば，1日当たり11,000キロワット時の発電量と1日当たり2,500万ガロンの用水という組み合わせを考えるとしよう．この組み合わせは図3-7において点 P として示されている．このモデルは，意思決定者に関する限り，他にも同程度に望ましい——より優れたものではない——発電量と用水の組み合わせが存在することを前提としている．たとえば，意思決定者は点 P と点 Q に対して中立である．この場合，点 Q は1日当たり7,000キロワット時の発電量と3,600万ガロンの用水の組を表す．そして彼は，点 P と点 Q と点 R（19,000キロワット時と1,700万ガロン）お

よび点 S（24,000 キロワット時と 1,400 万ガロン）と同じ程度に望ましいものと考える．図 3-7 の曲線 I_1 は，これら 4 つの点と意思決定者が同じ程度に望ましいとみなす他のすべての点を通るように引かれたものである．われわれはこれを・無・差・別・曲・線と呼ぶ．この曲線に描かれた満足の量については，何も言うことはできないということに注意されたい．われわれが言えるのは，意思決定者の観点からすれば，その曲線上のすべての点が同様に望ましいということだけである．しかしこのことからわれわれはそれを，利用できるものとして描いたのである．因果関係が本質的に重要である；1 つの無差別曲線上の点が等しく望ましいのは，それらの点が同一の曲線上にあるからではない．そうではなく，それらの点は同じ程度に・望・ま・し・い・と・いう理由で，同一の曲線上に存在するのである．さらに，I_1 のような滑らかな曲線を描く場合には，実際には，意思決定者の選好が連続であることが仮定されていることを忘れてはならないであろう．

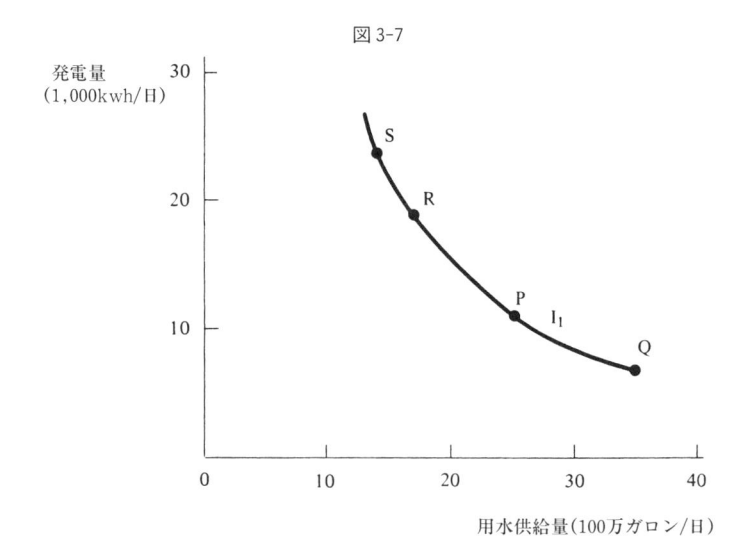

図 3-7

同様にして，図 3-8 に示されているように，より低い満足度とより高い満足度を示すその他の無差別曲線 I_0, I_2, I_3 を描くことができよう．

この場合も，これらの満足の水準に対し特定の値を付与することはない．I_1 は I_0 よりも，I_2 は I_1 よりも，I_3 は I_2 よりもそれぞれ望ましいと言いうるだけである．特に，グラフ上の等距離の移動は等しい価値を表すというような意味

第3章 選択のモデル　　　39

図 3-8

発電量
(1,000kwh/日)

縦軸: 0, 10, 20, 30
横軸: 用水供給量(100万ガロン/日) 10, 20, 30, 40

曲線: I_0, I_1, I_2, I_3

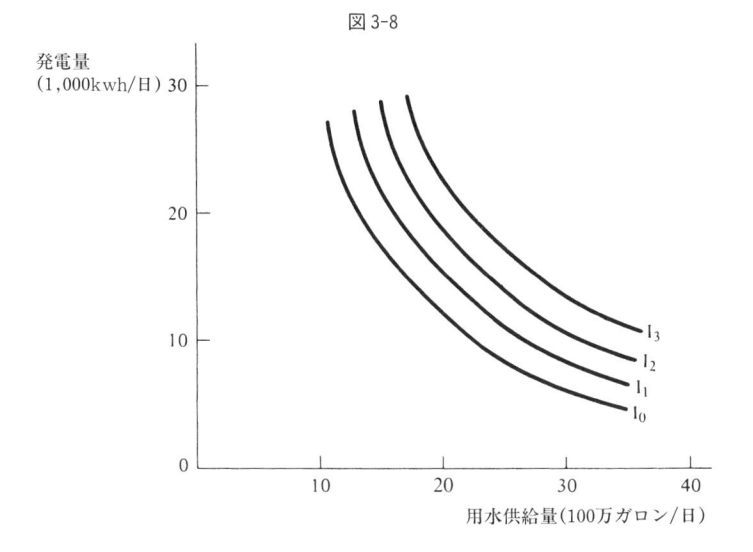

は含まれていない．発電量―用水"空間"におけるすべての点を通る1つの（そして唯一の）無差別曲線が引かれるまで，さらに多くの曲線を引くことができるであろう．利用可能な選択肢の図の場合と同様に，北東へ行けば行くほど事態は良いものとなる．このようにして，発電量と用水の可能な組み合わせに対する意思決定者の選好はグラフに描くことができるのである．このような曲線群は•無•差•別•曲•線•図と呼ばれる．この先で簡単に考察するが，別の関係では選好が等利潤線または等費用線の形をとることもある．これらの曲線はいずれも，概念的には，天気図の上で温度が等しいすべての点を示す等温線や，地形図において同じ標高の地点を示す等高線と同一である．意思決定者の選好について得られる情報がどのようなものであれ，われわれは•選•好•関•数という一般的な述語を用いることになろう．（厳密に言えば，関数とは，2つの変数の集合の間の数学的な関係である．ここでのケースのように若干不正確に用いるとすると，関数は単に，われわれは意思決定者の選好が何に依存するかを描きうるということを意味するにすぎない．）可能性フロンティアと同様，選好関数は有形のものにも無形のものにも用いることができ，どの程度完全かに応じてさまざまな形で示すことができる．ある場合にそれは全体図であり，別の場合には図の一部であろう．さらに別の場合には，いくつかの孤立した点がわかるだけかもしれない．選好関数の例を示すと以下のようになる．

1．温度計と気圧計を製造しているある会社は，温度計1個につき1ドル，気圧計1個につき3ドルの利潤をあげている．同社が利潤極大を目的とするなら，その選好関数は図3-9に示されているような平行な直線（P_{1000}，P_{2000}，P_{3000}）から構成される．それぞれの選好に関する等高線上の利潤は等しい．P_{2000}上のいかなる点もP_{1000}上のすべての点よりも選好される，等々となる．

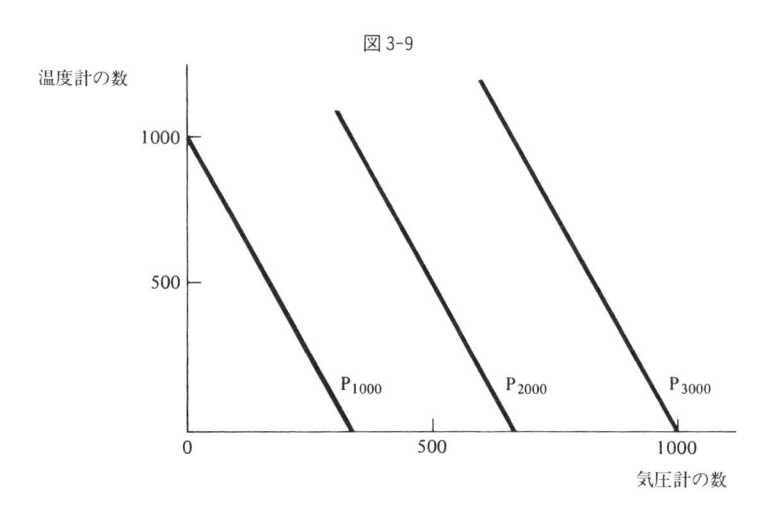

図3-9

2．ある地方政府は，現在計画中のレクリエーション施設を最大限利用してもらうことを望んでいる．施設はテニスコートとソフトボール場からなる．基準となるのは，施設を同時に利用できる人の数である．図3-10の直線N_{100}は，等しい満足をもたらすテニスコートとソフトボール場の組み合わせを結んだものである．これらの組み合わせのどの場合も，1度に100人の人がプレーすることができる．N_{200}上のいかなる点もN_{100}上のすべての点よりも選好される，等々となる．（ついでに言うと，32-33ページにおいて紹介した交通局が，分数で表現されるバスや地下鉄車両を購入することがないのと同様に，分数で表現されるようなテニスコートやソフトボール場は作られはしないということを銘記されたい．各等高線は実際には非連続な点の連続からなる．）

3．ある人は水泳と演劇を愛好している．彼は好んで両方に少しずつ時間を割いている．水泳の時間を長くするには，観劇の時間を減らしてその分を水泳にまわす．彼の選好は図3-11のようにグラフにすることができる．I_2はI_1よりも選好される，等々である．

第3章 選択のモデル

図 3-10

テニスコートの数

25

N_{100} N_{200}

0   5   10
ソフトボール場の数

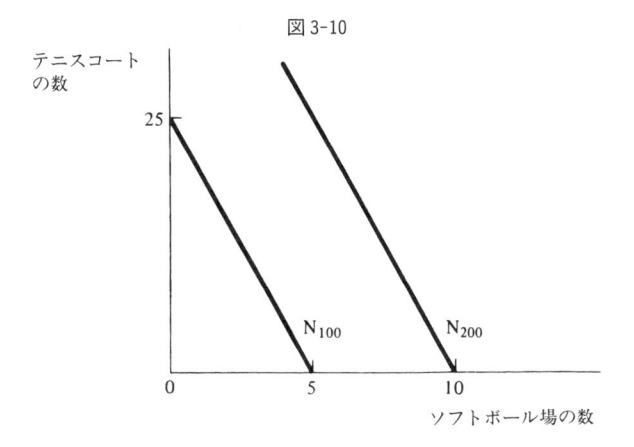

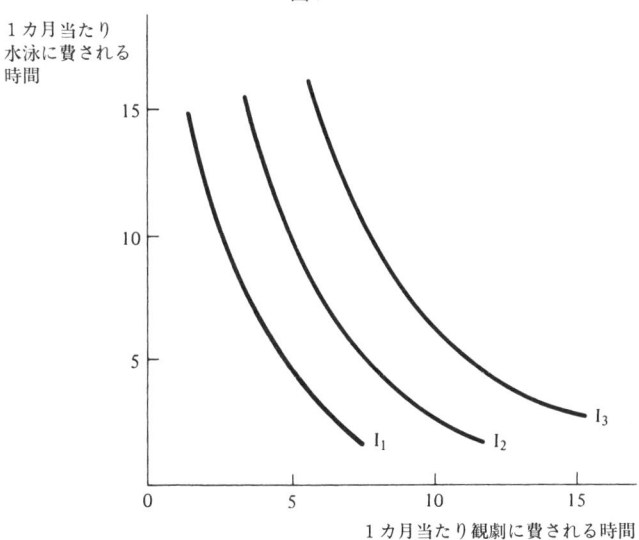

図 3-11

1カ月当たり水泳に費される時間

15

10

5

I_1 I_2 I_3

0   5   10   15
1カ月当たり観劇に費される時間

4．ある外来患者専門の診療所は，2種類の医療サービス，すなわち，アレルギー検査と心電図検査を行っている．当初，同診療所の理事会は，スペースと職員について3種類の可能な配分を考察した．それによると，表 3-3 に示されるようなサービスの組み合わせが可能となる．理事会は，3つの組み合わせのうち B が最も望ましく，A が最も望ましくないという結論を下した．理事会には現在，さらに多くのサービスの組み合わせを検討する機会が与えられて

表 3-3

選択肢	1日当たり心電図検査	1日当たりアレルギー検査
A	80	20
B	65	30
C	40	65

いる．すでに決定されたランク付けに基づいて，理事会の選好関数について何を言うことができるであろうか？ 厳密に言えば，われわれが知っているのは，点 B は点 C より選好され，さらにその点 C は点 A よりも選好されるということだけである．このことから，その無差別曲線図は図 3-12 に示されているものとある程度の類似性を有することが示唆されるが，われわれが確実にすることができるのは示された順序付けだけである．

まとめれば，意思決定者の決定をモデル化できる状況は広範囲に及んでいるということになる．次の節においては，どのように選好と選択肢を組み合わせれば最善の選択を行うことができるかを考察する．

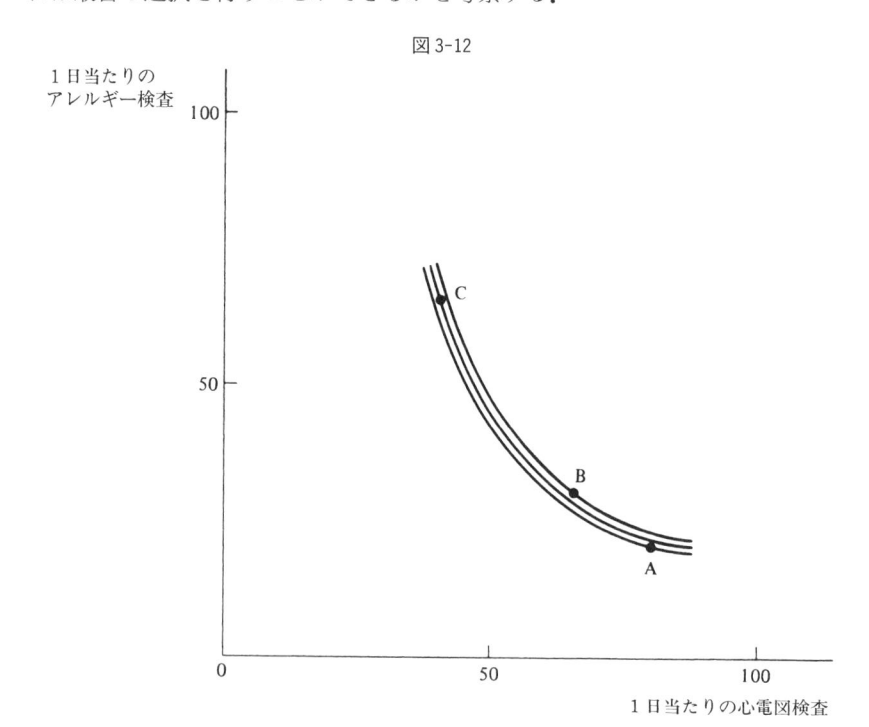

図 3-12

最善の選択

これまで選択行動における2つの要素，つまり，選択の対象となるべき選択肢の集合と選択者がそれらの選択肢をランク付けするための基準となる選好の集合について，幾何学的な図表を用いて説明してきた．選択対象と選好に関するこのような表現をどのように利用することができるであろうか．たとえばダムの事例における1日当たりの発電量のキロワット時と1日当たりの灌漑用水量のガロンのように，選択対象も選好も同一の単位で測られていることから，両者を同一のグラフにプロットすることができる．（これはきわめて重要な点である．しばらくしてこの問題に立ち帰ることになろう．）そしてその後，最善の選択の性質が示される．もし選択肢が最初考えていた5つの特定のダムに限定されるなら，そのグラフは，図3-1と図3-8を組み合わせた図3-13のようになろう．政策策定者は選択肢 C を選択すべきである．これは，同案が彼自身のランク付けにしたがって選好されるプロジェクトであり，そのプロジェクトによって最高次の無差別曲線に到達することができるためである．

一方，図3-14は，別の無差別曲線図によって違ったランク付けがもたらされることが十分ありえることを示している．（ここでは，この無差別曲線の集

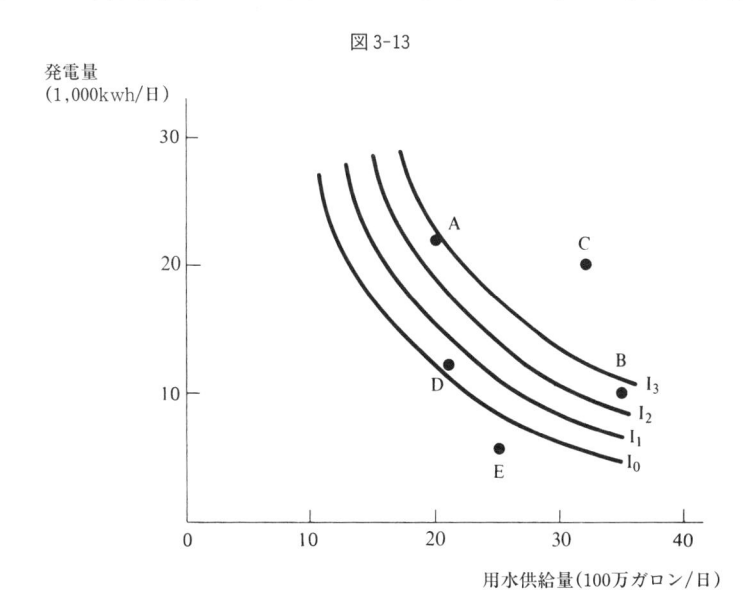

図3-13

発電量
(1,000kwh/日)
用水供給量(100万ガロン/日)

図 3-14

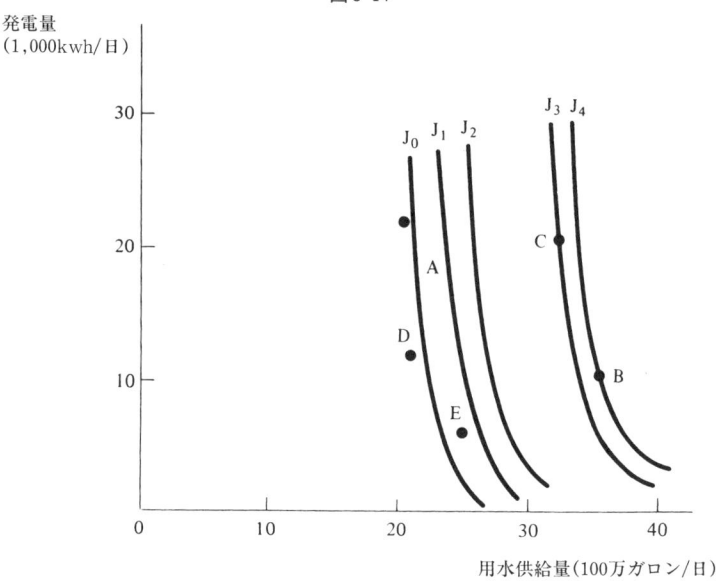

発電量
(1,000kwh/日)

合を示すために J という記号が用いられている．）いまや，C よりも B が選好される．もちろん D や E を最善の選択とする無差別曲線図はありえない．何ページも前から，D や E をグラフに記すのをやめていた方がよかったかもしれない．ちなみに図 3-14 には，灌漑用水量が心から好きな意思決定者が示されている．彼を説得してわずかばかりの用水を諦めさせるには，かなりの量の電力が必要である．

　図 3-13 と図 3-14 は，意思決定者が離散的な選択肢に直面した場合に選好される選択を示している．図 3-2 のように，発電量と灌漑用水量の間で連続的なトレードオフが可能な場合にはどうなるであろうか．図 3-15 は図 3-2 の連続的な可能性フロンティアと図 3-8 の無差別曲線図を組み合わせたものである．この複合グラフを考察することによって，ダムの計画者にとって最善の選択は点 T で示される発電量と用水の組み合わせであることがわかる．なぜなら，ダム計画者はその点においてのみ達成可能な最高次の無差別曲線に到達することができるのである．合理的な意思決定者であれば，決してフロンティア内部の点——非効率な点——を選択することはないであろう．なぜなら，フロンティアの上では，追加費用なしに両方の属性についてその内部の点より大きな産

第3章　選択のモデル

図 3-15

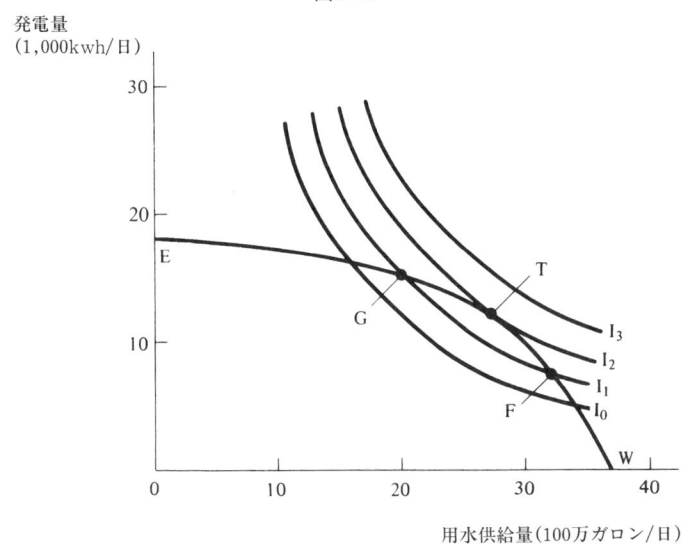

発電量
(1,000kwh/日)

出量を得ることができるのである．そして彼は，フロンティアの上での別の点（たとえば点 F）を選択することもないであろう．無差別曲線図からわかるように，フロンティアの線分 FG 上のすべての点が意思決定者にとって点 F よりも望ましいからである．意思決定者は I_3 上の点を選択することを望むであろうが，それはできない——彼は，可能性フロンティアを越えて動くことはできないのである．可能性フロンティアと無差別曲線図の間の関係には細心の注意を払う必要がある．両者とも相手に向かって盛り上がって行き，点 T において初めて接触する．つまり，その点において可能性フロンティアは無差別曲線図に接し，その勾配は等しくなるのである[5]．

---

[5] 曲線の点 P における傾きは，いかなる位置にある場合でも，点 P でその曲線に接する直線の傾きに等しい．両者が接する点においては，両者は方向的にぴったりとあてはまるためである．それでは直線の傾きとは何だろうか．それは，直線上の 2 点間における垂直方向の増分と同じ 2 点間の水平方向の増分との比である．（直角三角形の好運な性格によって，このためにどのような点を選ぼうとも問題にならない．）したがって，直線 AB の傾きは BC を AC で割ったものであり，この場合 2/4 である．これは点 P における曲線 DE の傾きでもある．直線の傾きは一定であるのに対し，曲線の勾配は曲線上を移動すれば変化するということに注意されたい．右方向に上がって行く線分は正の傾きを持つが，これは 2 つの軸上で測られた変数が同一方向に動くことを意味する．右に行くにしたがって下がって行く線分の傾きは負であり，2 つの変数が反対の方向に動くことを意味する．垂直な線分の傾きは無限大，水平な線分の勾配はゼロである．

先へ読み進む前に読者は，接点は確かにこのグラフにおいて最善の選択であり，両曲線がそのグラフに示されるような一般的な形状をしている場合には，常に接点が最善の選択になるということを確認すべきである[6]．

われわれは，点 T において可能性フロンティアは政策策定者の無差別曲線に接し，これらの曲線の勾配は等しいことに注目した．これは，最適な選択の重要な属性に関する幾何学的な表現である．選択のモデルに関するこのような等号性がいかに重要であるかを論ずる前に，これらの勾配の意味を解釈しなくてはならない．

可能性フロンティア EW を再び考察しよう．フロンティアは図 3-16 に再現されている．この曲線上を E から W に向かって下ってくることを考えると，実際にはわれわれは灌漑用水の生産を増加させるかわりに発電量を減少させているのである．このトレードオフが行われる比率は，・変・換・率と呼ばれ，可能性フロンティアは・変・換・曲・線と呼ばれることがある．可能性フロンティアについてわれわれは，点 G と点 F が表 3-4 に示される数値を持つものと仮定した．

G から F までの全値域における灌漑用水に対する電力量の変換率は，1,200 万ガロンに対して 7,000 キロワット時，あるいは 1,714 ガロンに対して 1 キロワット時ということができる[7]．しかしながら，われわれが扱うのは，

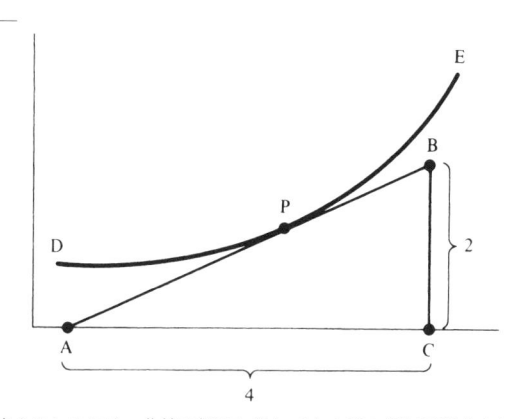

---

6) この記述が成立するためには，曲線の傾きに対してある種の仮定が要求されるのではないかと思われるであろう．それは正解である．幸いなことに，これらの仮定は通常十分に現実的である．それらについては次節で論じられる．
7) 厳密に言うと，変換率は負の数である．これは，曲線上を移動した場合 2 つの変数の変化は反対の符号となるためである．ここでのモデルの本質的な考え方はトレードオフ，つまり何かを多く得ようとすれば他の 1 つを犠牲にしなくてはならないというトレードオフであるから，正確さを

第3章　選択のモデル　　47

図3-16

発電量
(1,000kwh/日)

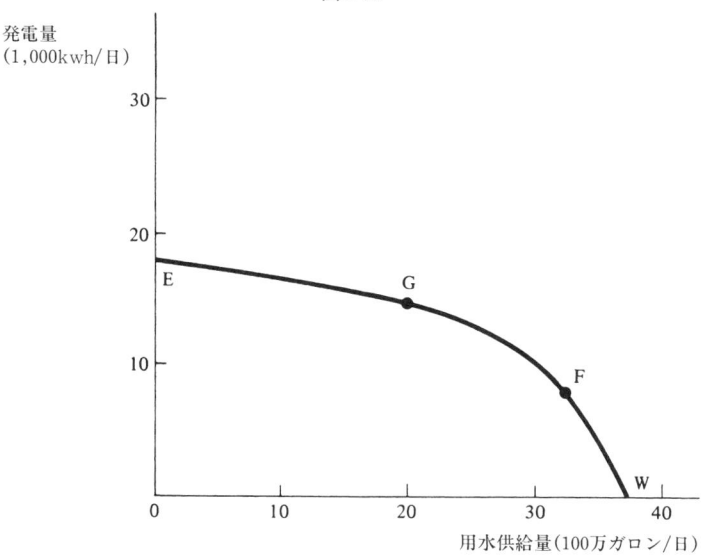

(グラフ：縦軸 発電量、横軸 用水供給量(100万ガロン/日)、曲線上に点E、G、F、Wが示されている)

表3-4

点	発電量 1,000 kwh/日	用水供給量 100万ガロン/日
G	15	20
F	8	32
変化	7	12

曲線に沿って動くにつれ連続的に変化する変換可能性である．GF 全値域について見れば，1キロワット時の電力を犠牲にすることによって平均して用水を1,714 単位だけ増大させることができるとしても，点 G においては，最初の追加的な 1,714 ガロンの用水を得るために犠牲にしなくてはならない電力量は1キロワット時よりも小さいであろう．（これに似た例をあげると，ある人がシカゴからデンバーまで平均時速 50 マイルでドライブしたとしよう．そのドライブのうちある時間は 50 マイル以上——たとえば 60 マイル——で走行し，それ以外の時間はもっとゆっくりと走行するのである．）曲線のいかなる点においても，1つの産出物が他の産出物に変換されうる割合は可能性フロンティ

追求するなら，これらの割合はすべて負の符号を持つことになろう．勾配はすべて負であるから，この場合のように言葉で論ずる場合には，負の符号を落とすことが習慣となっている．

ア上のその点の勾配によって与えられる．点 F のように傾きが大きいということは，その点で電力が用水と交換される変換率は点 G における変換率よりも大きいことを示す．われわれは，ある特定の点において1つの産出物が他の産出物に変換される割合を・限・界・変・換・率あるいは MRT (marginal rate of transformation) と呼ぶ．限界という言葉を使うことによって，われわれはきわめて微小な領域を考えており，有意な距離だけ曲線上を移動すれば MRT は変化するということに十分注意しなくてはならないことが示される．自分の買うものの価格に対して影響力を持つことがない個々の消費者にとっては，購入する量に関係なく MRT は一定である．したがって，彼の予算線は直線である．

　無差別曲線の勾配も同じように理解することができよう．それは，意思決定者が同様の満足度を保持しながら，言い換えれば同一の無差別曲線上に留まったうえで，用水と電力とを交換してもよいと考える過程を表す．無差別曲線の勾配の大きさによって，意思決定者が2つの産出物を交換してもよいと考える比率が示される．曲線の傾きが大きくなればなるほど，意思決定者が1単位の用水の生産と交換してもよいと考える発電量が大きくなる．したがって，図3-17の点 M において意思決定者は，追加的な用水1単位に対して点 N よりも多くの発電量を諦めるであろう．われわれは，この種のトレードオフを2財

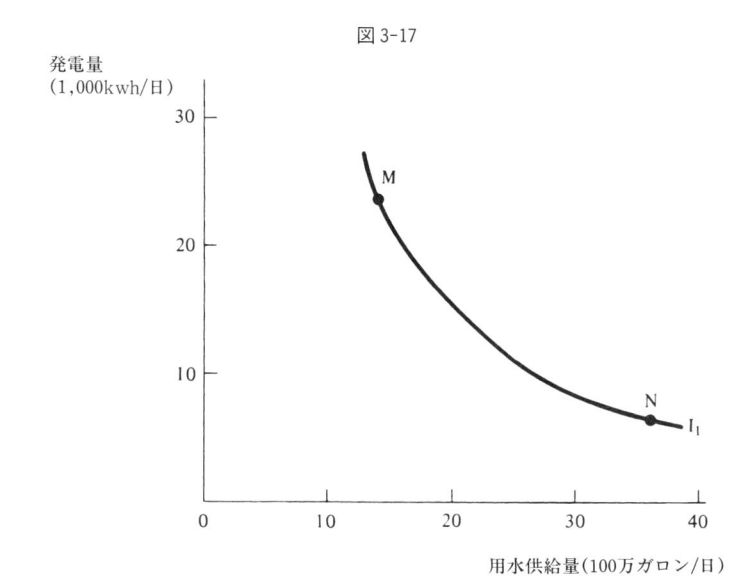

図 3-17

間の個人の代替率と呼ぶ．そして，特定の点におけるトレードオフの比率は，限界代替率，あるいは MRS（marginal rate of substitution）と呼ばれる．これは，限界変換率（MRT）と論理的に対となるものである．

　限界変換率と限界代替率の関係は十分深く理解すべき重要な関係である．MRT は，ある特定の点において，1つの財を他の財と交換することができる割合である．一方 MRS は，意思決定者が1つの財を他の財と交換してもよいと考える比率である．前者は生産過程に特有の制約によって定義され，後者は意思決定者の主観的な選好によって定義される．公的な意思決定者の選好が彼自身のものであってはならないことは確かである．彼は消費者ではないのである．そうではなく彼の選好には，彼が代表する社会の選好についての彼の見解が反映されるべきである．社会的選好がどのように決定されるべきかという問題は，決して容易なものではない．それについては，第 13 章で詳細に論じられる．

　最適な選択のためには，可能性フロンティアと無差別曲線の勾配が等しくなるということをみてきた．なぜなら，2つの曲線はその点で接するのである．したがって最善の点においては，2財の限界変換率は意思決定者の両財の間の限界代替率と等しくならなくてはならない．政策策定者が電力と用水の間でトレードオフさせることができる客観的な比率が，彼がこの2つの産出物の間で代替してもよいと考える主観的な比率と正確に一致するのである．なぜこうならなくてはならないのだろうか？　図 3-18 の点 G を考察しよう．この点では電力と用水の間の変換率（電力の産出量が用水の産出と交換される比率）は意思決定者の代替率よりも小さい．意思決定者は，用水を多くし発電量を少なくするという選択を続けることが自分にとって有利であることに気づくであろう．点 G において彼は 1 キロワット時の電力を諦めることによって 2,200 ガロンの用水を得られるが，彼はわずか 1,050 ガロンの用水が得られれば 1 キロワット時の電力を犠牲にしてもよいと考えているのである．したがって，点 G において達成可能でありかつ有利な比率で電力を用水と交換することが彼の利にかなうことは明らかである．このようにして，意思決定者は点 T に到達するまで可能性フロンティアに沿って移動し続け，点 T において，意志による比率と可能性による比率が等しくなるのである．もし意思決定者が点 T を越えた点でさ迷っているならば，同種の限界分析によって接点まで引き戻すことができるであろう．

図 3-18

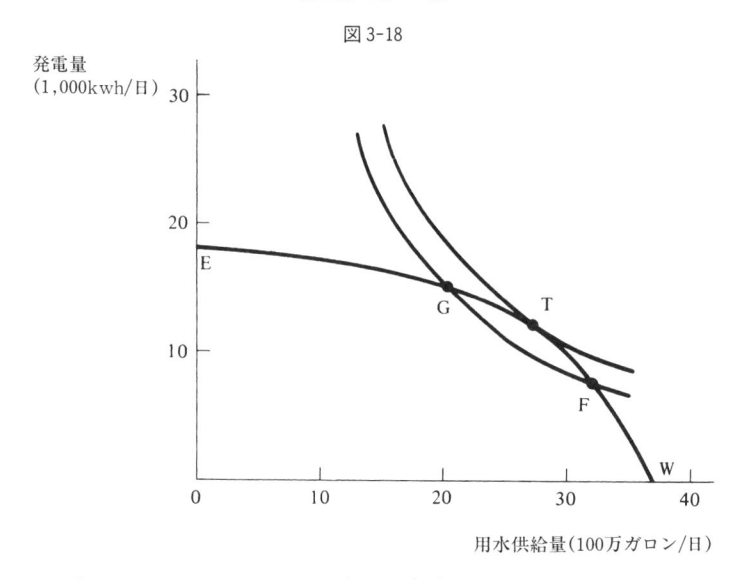

発電量
(1,000kwh/日)

用水供給量(100万ガロン/日)

　以上,選択のモデルはさまざまな方法で解釈できることを見てきた.選択を行う主体は個人であるかもしれないし,1つの単位として運営されているグループかもしれない.あるいは,政府の場合もあろう.選択肢も,われわれがここで考察したような財ないし産出物の単純な組み合わせの場合もあるが,もっとずっと複雑なものかもしれない.二択式の賭のように不確実な予測,個人の周到な生涯設計の選択,あるいは包括的な社会改革計画に関する意思決定等,これらの問題はすべてモデルに取り込むことができるものである.意思決定者は,達成可能な選択肢のうち彼自身の選好において最も価値の高いものを選択するよう努めるべきなのである.

限界分析

　以上の限界変換率,限界代替率の議論は,伝統的なミクロ経済理論の中核を形成する典型的な分析の一例にすぎない.簡単に言えば,最適な結果を達成するためには,競合する利用目的の中での希少な資源の配分においてある種の限界における均等条件が満たされねばならないということになる.たとえば,消費者は,オレンジジュースに支出する最後の1ドルから得られる満足とバレーを見るために使う最後の1ドルから得られる満足が等しくなるように,自分の予算を配分すべきである.そして合理的な消費者は,たとえ意識してそうする

ことはまれであっても，ちょうどこのように行動するであろう．農民であれ鉛筆工場の管理者であれ，最後の1ドルの売上が正確に1ドルの費用を課すようになる点まで生産を拡大するであろう．さらに多く生産すれば利潤を減ずることになり，これ以下の生産では，本来獲得できたはずの若干の利潤を看過することを意味する．同様に，公的な意思決定者——たとえば市長——も，公園の維持管理と消防に対する支出を，両者への最後の1ドルによって彼が代表する社会に等しい満足が与えられるように配分すべきなのである．

限界分析は，伝統的に民間部門に関して説明されてきた．数多くのミクロ経済理論の教科書がこの問題をきわめてみごとに扱っているため，本書では詳細に至るまでこれを追求するつもりはない[8]．けれども，第9章においてわれわれはこの問題に簡単に立ち帰ることになろう．第9章では，限界便益と限界費用の概念が論じられる．

異常なケース

これまでわれわれは，伝統的な慣例にしたがって無差別曲線と可能性曲線の形状を構築してきた．つまり，可能性フロンティアは原点に対して凹（原点から遠ざかるように弧を描く）であり，無差別曲線は原点に対して凸（原点に向かって弧を描く）である．ほとんどの意思決定者は，無差別曲線がこのような形で描けるよう確かに行動することがわかっている．言い換えれば，産出物Ⅰを多く得るために意思決定者が犠牲にしてもよいと思う産出物Ⅱの量は，産出物Ⅰの絶対量が増えるにしたがって減少するのである．さらに経験によれば，可能性曲線は通常，原点に対して凹であるか直線であるかのどちらかであることが示されている．可能性曲線の曲率は，単に技術的な事実関係の帰結である場合が多い．つまり，産出物Ⅰの生産を増加させ続ければ，生産される産出物の追加的な単位ごとに諦めなくてはならない産出物Ⅱの単位は連続的にだんだんと大きくなるのである．これとは別に，産出物が一定の割合でトレードオフの関係にあり，可能性フロンティアが直線になる場合もあろう．このケースが個々の消費者の場合にあてはまることは先に指摘したとおりである．無差別曲線と可能性フロンティアが以上のように近似できる形状であれば，MRT が MRS と等しくなることによって最善の選択が示される．

---

8) たとえば，Edwin Mansfield, *Microeconomics* (New York: W.W.Norton, 1975)を参照．

図 3-19

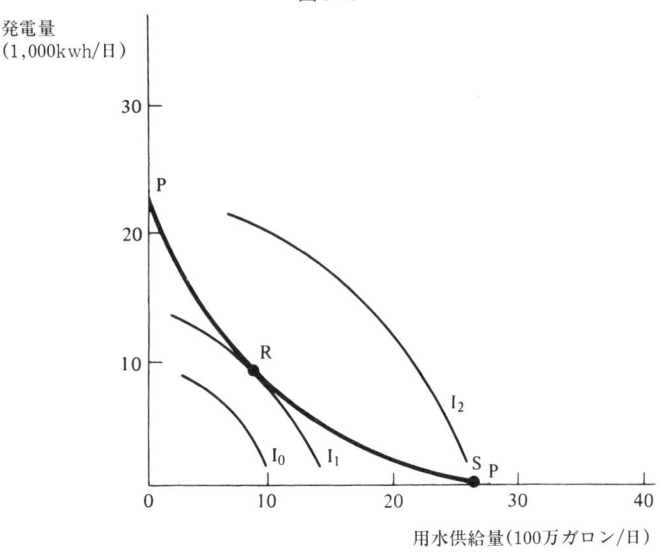

発電量
(1,000kwh/日)

しかしながら，時として，最適点において MRT が MRS と等しくならない異常なケースに遭遇することがある．もし何らかの意思決定問題に関して，可能性曲線と無差別曲線が通常の形状でなければ，接点は最善ではなく最悪の点，最適ではなく最不適（pessimum）になる．図 3-19 には，異常なフロンティア PP（原点に対して凸）と異常な無差別曲線群（原点に対して凹）が示されている．（PPはグラフを読み取りやすくするため太線で引かれている．）MRT と MRS は接点 R で等しくなるが，R は実にひどい点で，可能性フロンティア上のすべての点のうちで最悪の点である．達成しうる最高次の無差別曲線には点 S で到達できることが確認できるであろう．最適解は灌漑用水のみの生産を意味する．点 S は，最善の選択が実現可能な点の集合のコーナーにあるという理由で，コーナー解である．用水と発電の両方を含む実現可能な選択は，どのようなものであれこれより劣ったものである．

両曲線が通常の形状をしている場合でさえも，最善の選択がコーナー解によって示される可能性がある．図 3-20 にはこのような状況が示されている．この場合，接点すなわち MRT と MRS が等しくなる点は存在しない．最善の選択は点 Q における選択である．

第3章　選択のモデル

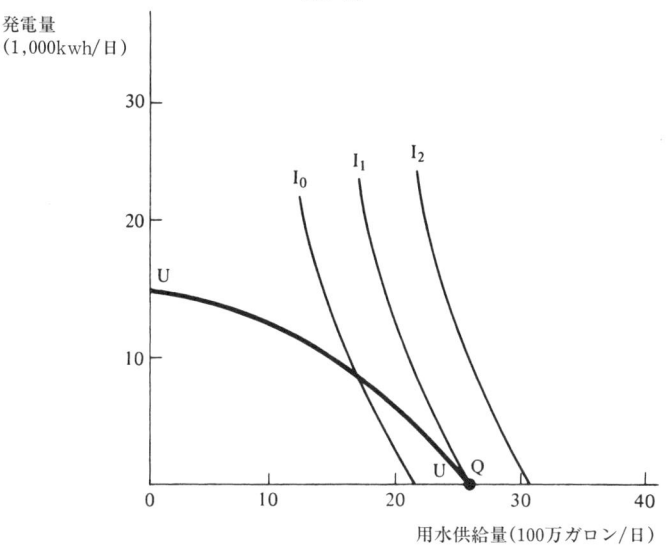

図3-20

発電量
(1,000kwh/日)

用水供給量(100万ガロン/日)

不可分性

　もっとしばしば見受けられるのは，産出物の間の連続的なトレードオフが不可能な場合の問題である．たとえば，産出物が旅客機と爆撃機であるとか，羊と山羊である場合には，接点が達成されそれによって最善の選択が決定されるまで，連続的に一方を他方と交換することはできない．爆撃機を3分の2飛ばすことや，山羊を半分飼うことは不可能である．産出物が分割不可能であれば，連続的な可能性フロンティアではなく（厳密に言えば）一連の点として表されるべきである．たとえ増分による最適化という手続きが利用できなくとも，効率的な点が原点に対して凹の曲線によって結ばれるならば，意思決定者は段階的に点から点へ移動して最善の選択に到達することができる．このような曲線は，図3-21において W, X, Y および Z を通って引かれている．無差別曲線 I_1 がこの破線の曲線に接する点 P は近似解であり，最善の選択は2つの隣接しあう選択肢 X ないし Y のうちの1つとなるであろう．

次元についての補論

　選択のモデルでは，提案されているさまざまな選択肢が提示する結果と同じ

図 3-21

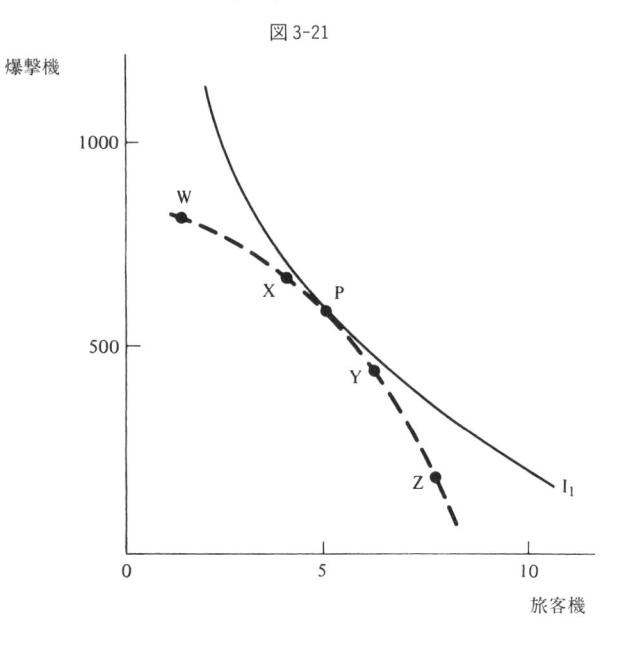

単位で選好が表現される必要がある．したがって，意思決定者がりんごとオレンジを一緒にした組み合わせの中から選択するよう求められるとすれば，彼の選好もまたりんごとオレンジによって表現されねばならない．反対に，意思決定者が属性のよくわからない珍しい果物の組み合わせを選択しなくてはならない場合には，たとえばビタミンや果汁分についての自分の選好がわかっていれば，選択可能な複数の選択肢は果物の組み合わせではなくこのような属性の組み合わせとして表現されねばならない．つまり，彼は自分が理解し，関心を持ち，選択の対象とする属性によってこれらの果物を測ることができなくてはならないのである．

　誰にとってもりんごとオレンジは馴染みの深い財である．もし一定の組み合わせを選べば，われわれは何が得られるかを知っており，直接にその内容についての選好によって判断することができる．対照的に，政策選択の帰結が明確になっていることはまれで，はっきりと捉えにくい場合も多い．ボストンの港湾地区に新しい国立公園を建設するという提案を検討する場合，この地区を開発することと現状のままにしておくことの間で選択が行われるということからは，この2つの方針の究極的な帰結がどうなるかほとんど何の情報も得られな

い．開発か現状維持かというだけの選択では意味がないのである．考察の対象となるのは，その選択がレクリエーションに与えるインパクト，環境に与えるインパクト，そして地域経済に与えるインパクト等々なのである．ダムの提案の場合には，発電量と灌漑用水に関する政策策定者の選好は，おそらくこれらの産出物がどのように使われるかに依存するであろう．つまり，彼の真の選好は，その発電によって電力が供給される家庭の数や灌漑用水が提供されるエーカー数に関係するということである．しかし，この選好を発電量のキロワット時と灌漑用水のガロンに変換しなければ，どのようなダムが最善の選択であるかを決定することができない．もちろん，これとは別に，意思決定者は電力が供給される家庭の数と灌漑されるエーカー数によってそれぞれのダムの特性を表現することができたかもしれない．

このような次元の問題はわかりきったことのように思われるかもしれないが，決して些細な問題ではない．公的なプログラム——たとえば，公的な住宅の建設——の実施についての論争は日常茶飯事となっている．この論争において賛成派ははっきりとは目に見えない目的を自慢気に賞賛するが，一方の反対派は割れた窓ガラスやエレベーターの中の暴力スリ等の数を数え上げるのである．要するに，選択のモデルに無理やりはめ込むことが役に立つのである．なぜなら，それによってわれわれは，何を評価するか，そして目の前にある選択肢がその面でどれだけ価値があるかについて，基本原則をそのまま適用せざるをえなくなるからある．

選択のモデルの現実への適用

選択のモデルは意思決定者にとってどのような役に立つのだろうか．もともと意思決定者は，相反する目的の中から困難な選択を下すという能力，彼にとってのいわば資質を持っていたからこそ，政策を策定するという立場に置かれたのではないのか．エコノミストに尋ねれば，体系的な分析と手続きを公式に明確にすることに価値があると答えるであろう．エコノミストは，帆走とその背後にある理論との関係をアナロジーとして引き合いに出すかもしれない．つまり，熟達したヨット乗りでさえも空気力学から学びうるものはあるのである．

われわれは通常，説明のために単純な選択に関する基礎的なモデルを示すことにしている．このモデルはきわめて単純であるため，分析の方法に頼ることなく容易に構築することができる．（つまるところ，いろいろな風味のアイス

クリームの中から選択するには，理論もモデルも必要としないのである．けれども，こういう選択も，実際には目に見えないモデルによって確かに支配されているといえるであろう．）さらに選択のモデルでは，個々の意思決定者は，彼にはどうすることもできない世界で決定され，固定された一連の選択肢に直面していると仮定される．重大な不確実性は存在せず，自分の選好について完全に実現することができる．これらは不可欠な条件であるが，一般的，現実的状況においては満される可能性は小さい．それにもかかわらず，条件の整った状況において最善の決定を下すための枠組みを理解することは重要である．このモデルはより複雑な状況のもとで選択の手続きを構築するための基礎の働きをする．そして，複雑な状況における選択の手続きの多くは，本書の残りの章で考察されることになっている．

　公共政策の選択においては，新たにどんな複雑な問題が生じるであろうか．何よりもまず，可能性フロンティアと選好関数を作る過程そのものがはるかにむずかしくなる．職業訓練計画に1億ドル拠出するか，それともその資金を恵まれない子供達のための教育助成金タイトルIのテコ入れに使うかという選択は，直接われわれの価値体系の根幹に関わる問題であるばかりでなく，非常に違ったグループの人々に対して発生する費用と便益を予測するという困難な問題にわれわれを巻き込むことになろう．1つ1つのプロジェクトを評価する場合でさえ，一般には考えられないほどの困難に見舞われるかもしれない．われわれが考えている都市再開発プロジェクトによって移転を余儀なくされる家族の損失を，完成した住居に住み生活環境の改善を享受する住民達の利得と比較し，どのようにウェイト付けすることができるのであろうか．どのようにしたら基本モデルを現実の意思決定の問題，つまり生物医学の研究にどのように資金を配分するか，自動車の安全装置をどのように規制するかといった問題に適用することができるのであろうか．

　われわれの接近方法は，このような複雑な意思決定の問題を分析し決定を下すための規範的なモデルとして基本的なモデルを利用し，そのモデルを拡張するというものである．このようなアプローチは，経済理論におけるモデルを記述的に用いるのとは逆の方向であることに十分注意されたい．エコノミストは，実現可能な選択あるいは実際になされる選択を観察することによって可能性フロンティアと意思決定者の選好表を構築し，意思決定者はあたかもこのモデルにしたがって行動すると論じるであろう．したがって，経済モデルは行動に関

する記述的理論と解釈され，この理論は，現実の選択がモデルによって予測されるものと合致するかどうかを確認することによってテストされるのである．われわれは意思決定者に対し，この過程を逆にするよう求めている．選択肢自体，およびその帰結がどのようなもので，意思決定者自身がその帰結についてどのような選好を持っているかを考え，決定し，それにしたがって選択することを期待しているのである．公的な領域においては，このような責務はなみはずれて困難である場合が多いものである．本書の以下の部分は，この種の決定を下すうえで分析者や意思決定者の補助となることを目的としている．

第II部　基本的技法

第4章　差分方程式

　交通量を予想する幹線道路技師，細胞の増殖率を観察する生物学者，GNP成長率を分析する経済学者，投資機会を見積もるビジネスマン——これらすべての人々は，差分方程式を頼みの綱としている．差分方程式は事物が時間を通じて変化する仕方を探究するための道具であり，静態的な状況よりもむしろ動学過程に関係する．また，強力な洞察力を提供すると同時に，理解しやすく，扱いやすい．さらにそのうえ，差分方程式は無視できない教育上の利点をもっている．数学的表記法に関わる一般的な主題を含む，さまざまな概念を導入するのに便利な伝達手段であり，言葉から成る主張を方程式に翻訳する技術の良い練習となる．したがってこのように特に重要なタイプの数学的モデルであり，かつ広範囲の分野において動学過程をモデル化するにあたって有用であることが証明されてきた差分方程式に，われわれは「基本的技法」を扱う最初の章を捧げることにする．

概略といくつかの例

　動学過程を表現しうる2つの方法が存在する．われわれは，事物が時間を通じて連続的に変化すると見なすことができ，それは実際のところ一般に事実である．あるいは，過程または体系を特定の時間間隔で区切り，各時点における事物の状態を見ることもできる．たとえば両親は，子供が1年を通じて成長し続けていることを知っているが，子供の背の高さを毎年その子の誕生日に測ったりする．
　差分方程式は，1期間ごとの離散的なアプローチを採る．すなわち，ある与えられた期間におけるある変数の値を，それよりも過去の諸期間におけるその変数の値に関連づける．それは金融の世界の本質的な特徴であり，実際，第2章においてわれわれが用いた複利モデルは，単純な差分方程式なのである．すなわち

$$S_1 = (1+r)S_0$$

ここで年末における貯蓄銀行口座の貨幣総額 S_1 は，初期の総額 S_0 と関係づけられており，また r は利子率である．われわれの主張をより一般的に適用可能なものとするため，数字そのものではなく文字を用いることにする．たとえば，この方程式は r が5％でも7％でも，あるいは100％のいずれでも有効である．変数の記号の右斜め下に記される添字，数，あるいは文字の使用に注意せよ．これは変数の値が観測された，特定の時点を表している．それらは差分方程式を象徴している．すなわち，たとえ問題となっている貨幣総額の正確な値が異なる時点で異なっているとしても，特定の貨幣額についてわれわれは述べているのだということを変数を見ることによって想起しうるように，A とか B のような全く異なる記号でなく，添字が付された変数 S_0 および S_1 を使用している．他の単純なモデルは，毎年2マイルずつ自転車道を付設しているある町における，その自転車道の総マイル数 M を記述しているものである．すなわち

$$M_1 = M_0 + 2$$

すでにお気づきと思うが，可能な限りそれが何を表していたか思い出しやすい記号を用いている．これは単に便宜上の問題である．マイルに対しては M が，あるいは合計額に対しての S や率に対する r の方がよりありふれた x，y および Z よりも，それらが何を表しているか思い出しやすいのである．細かな言い回しにもまた注意せよ．すなわち，貯蓄銀行の貨幣総額は定率で成長するのであり，それに反して自転車道の総マイル数は定数分だけ増加するのである．

差分方程式において用いられる適切な時間間隔――時点0と時点1の間に経過する時間――の選択は，手元にある特定の問題に依存する．たとえば，もしわれわれが流行性感冒の広がりを検討しているのなら日や週が適切であろうし，それに反して世界人口の成長に対しては，年や10年単位で見ることがより適当であろう．

先に進む前に，あなた自身が興味を持っている分野で，差分方程式を使ったモデルによって解明されうる動学的な状況を，思い浮かべてみたらよいだろう．

記号の表示についてひと言

煩わしい表示は，差分方程式を用いる際の障害となる．それは数学者でない人達を驚かしてしまうかもしれない．そして多くの門外漢は，添字を見ると体

第4章 差分方程式

の向きを変え逃げ出してしまい，もし添字が対になどなっていたらなおさらそうしてしまう．もし彼らが単に我慢さえしたら，そのむずかしさは現実のものというよりはむしろ見かけ上のものであることがわかるだろう．そして，添字にはほんのちょっと馴染んだだけで慣れるのである．ここではいくつかのヒントを挙げておく．

変数の期間は，通常添字により表される．すなわちたとえば，S_0，S_1，S_n および S_{t+1} のように，モデルに関するどんな立派な論考でも，すべての変数が何で，すべての添字が何を表しているのかをあなたにはっきり伝える．（もし，そうでないならば，あなたはそれに「粗悪な」著述という烙印を押す権限を有する．）あなたが自分自身のモデルを構築する際に，推測させるのではなしに，自分の記号が何を表すのかを読者に述べるという慣例にしたがうべきである．われわれの単純な複利モデルでは，初期の貨幣額を表すのに S_0 を用い，1年後の額を表すのに S_1 を用いていた．添字"0"の使用は通常初期あるいは出発状態を意味する．もしあなたがそれを音読するのならば "S ゼロ" と言うか，あるいはゼロがどこにあるか聞いている人に正確に知らせるために "S サブゼロ" と言うか，もしくは，英国調に "S ノート (nought)" と言う．ある人々は，自分達のモデルを第0期からではなく第1期から始動させる．それでもかまわないのである——伝わりさえすれば．

しばしば単一の添字では十分でないことがある．振り返ってわれわれが第2章で論じた複利モデルの銀行選択の例を引き合いに出してみるならば，n 年後の貨幣総額はそれがどの位長く銀行に預け置かれていたかということと，その預け入れ先の銀行とに依存するということが思い出されるであろう．それで i 番目の銀行において n 年後に蓄積された貨幣総額に対して，われわれは S_{ni} と書くことにしたのだ．われわれが n および i に，たとえば2年後3番目の銀行においてというように実際の数字を割り当て，それから S_{23} と書いたとき，あたかも単一の添字"23"がそこにあるかのように見えるかもしれない．この混合を避けるためにわれわれは "$S_{2,3}$" あるいは "$S_{2\ 3}$" と書くであろう．コンマが挿入されるのか，あるいはスペースが挿入されるのかは個々の状況に依存する．もっともそうしたことがなされなくとも，応々にしていかなる混同も生じない場合が多い．他にも複数の添字を処理するのに，$S_{i(n)}$ と書くやり方がある．ただし添字 i はどの銀行なのかを示し，カッコ内の値 n は期間を示している．われわれの複利問題のケースで，$S_{2(5)}$ あるいは $S_{4(3)}$ のような表現

の意味するところをあなたが理解するのは確実である．

添字に関わる問題を処理するにあたってのさらに別のやり方は，上付きの添字の使用である．べき指数と混同されないように，時として上付きの添字はカッコされるが，しかしそれにこだわってはならない．すなわち S_{ni} は $S_{n(i)}$ とも $S_n{}^i$ とも書かれるであろう．

対の添字がもっともよく用いられることの1つは，長方形の表（いわゆる行列）において数の位置を記述する場合である．通常"a_{ij}"は i 行 j 列の数を表す．もし表が3次元であるならば，3番目の添字が必要とされ，一般項は"a_{ijk}"となるであろう．

添字について重要なことは，それらがあなたをおどかしているということではない．ロシアの小説の中で登場人物に出会うときに，あなたが読み進めていく過程で彼らがどのように定義されているかをしばしばノートに書き留めておくのは役に立つ．分析を進めていく際に，あなたがたやすく自分のノートを参照できるからである．

さらにもう1つコメントを加えると，コンピュータは以上に述べたような添え字を書くことができない．すべての記号や数字が同じ行にそろわなければならないからである．そして，コンピュータはそのかわりにカッコを使用する．たとえば S_0 は $S(0)$ となるし，また S_{ij} は $S(i,j)$ となる．これもまたコンピュータの世界の慣習上の問題であるが，一度説明されると，後は同じこととなる．

差分方程式の一般型

ここまでわれわれが論じてきた差分方程式は，初期時点（0）および1期後（1）といった特定の期間についての諸変化をモデル化したものであった．われわれは任意の期間における変数の値を，それに先んずる期間のその変数の値に関係づける一般的な主張に，通常より多くの関心がある．複利モデルにおいては，n 期における総額 S_n の $n-1$ 期の S による表現をうることは有益であろう．もちろんこれは，式の適用に当たってより多くの柔軟性を与える．この場合は式がどうあるべきかは明らかであり，単純に書くと，

$$S_n = (1+r)S_{n-1}, \quad \text{任意の } n \geq 1^{1)} \text{に対して}$$

---

1) 記号 > は "〜より大きい" を意味し，< は "〜より小さい" を意味する．同様に ≧ は "〜より大きいか，もしくは等しいに"，≦ は "〜より小さいか，もしくは等しい" の意に訳される．

ただし，S_{n-1} は第 $n-1$ 期末における預け入れ総額である．この方程式は，差分方程式の一般型と呼ばれる．なぜならば，それは一般的に成立し，n の特定の値に対してだけ成立するのではないからである．変数 S_n は単に1期前のその値からのみ決定されうるので，それは，1階の差分方程式である．われわれはそれ以前のその値の経緯を知る必要がない．

高階の差分方程式

以下の主張を考察しよう．

> ボンネックス社では，売り上げさえ良ければ以下のルールにしたがって配当が支払われることになっている．そのルールとは，去年の配当の90％に配当の前年の変化額の1.5倍を加えた額を，普通株1株当たりの配当とすべきであるというものである．

この練習問題は，先に出会ったものよりも，若干複雑な状況を描き出すよう企てられている．ここではわれわれは配当 D に関わっているが，それは1期前のその値に依存しているのみならず，前々期の値にも依存しているのである．差分方程式の一般型は，

$$D_n = .90 D_{n-1} + 1.5(D_{n-1} - D_{n-2}) = 2.4 D_{n-1} - 1.5 D_{n-2}, \quad n \geq 2$$

この方程式は第2期以降有効である．というのも，D_1 と D_0 の双方が D_2 を決定するために必要とされるからである．われわれは D_1 および D_0 を初期条件と呼ぶ．そして，もしわれわれが D_2 の数値を計算しなければならなくなったら，D_1 と D_0 のおのおのの値が何に等しいかを知らなければならない．たとえば，ボンネックス社の配当が去年1株当たり2.10ドル，一昨年1.50ドルであったと想定しよう．今年度の配当はどうあるべきかについて，会社の配当政策は何を示すか[2]．これはいわゆる2階の差分方程式である．その方程式におけるもっとも大きい数の添字ともっとも小さい数の添字の差が2であるからである．そして，われわれは今期の値を予測するためには，2期前に戻らなければならない．したがって上述の議論から差分方程式は十分な大きさの n に対してのみ有効であろう．この場合は $n \geq 2$ に対して有効であり，それに反してわれわれが前に出会ったものは，$n \geq 1$ に対して有効であった．階数が高くなればなるほど，既知でなければならない初期条件の数はより多くなり，そし

---

[2] 答えは1株当たり2.79ドルである．

て方程式の一般型が有効であるために n はより大きくなければならない．

時としてわれわれは，ある方程式の一般型が，n のある特定の値，たとえば奇数の n に対してのみ有効であったり，他のものはそれとはまた違った n の値についてだけ有効であることを知るであろう．この章においてわれわれは，後ほどこのようなケースに出くわすであろう．ここに，一般的な差分方程式の他のいくつかの例がある．

$$w_{n+1} = w_n - .1\, w_{n-1} + 5 \tag{4-1}$$
$$x_{n+1} = 1.05 x_n + n \tag{4-2}$$
$$y_n = y_{n-1} + y_{n-2} - y_{n-4} \tag{4-3}$$
$$z_n = 1.2 z_{n-1} - .000002(z_{n-1})^2 - 1500 \tag{4-4}$$

4つの変数 w, x, y および z は特定化されていない．w は新車の付属品の売り上げかもしれないし，x は年々の誕生日のプレゼントの結果として蓄積された，独特の楽しみな経路を辿る貨幣総額であるかもしれないし，そして y はある短命の動物種の個体数であるかもしれない．方程式（4-4）は非線型方程式である．すなわち，変数の1つが1とは異なるべき乗をなされている．(4-4) の一般型の方程式は，人類活動によって抑制されない場合の多くの生物種——たとえば鯨——の成長パターンを記述するのによく用いられる．

差分方程式を「解く」

今まで論じてきたような継続的な期間に対する適用だけでなく，もっと多くの事柄に適用するために通常われわれは差分方程式を使用する．われわれは将来の，大概ははるか遠い将来のある時点の状況に関する含意を探究することに，通常より多くの興味がある．もちろんわれわれは最初の期から始めて1期間ずつ将来値を計算しうるであろう．たとえば複利モデル

$$S_n = (1 + r) S_{n-1}$$

において S_0 を1万ドルに等しく，r を .05 に等しくおくと想定せよ．初めの預入額が20年間でどのくらいの総額に蓄積するか，換言すれば，S_{20} がどれくらいになるか，われわれは求めてみる．もしわれわれが1期ごとに答えを求めていくなら以下を得る．すなわち

$$S_1 = (1.05)(10,000) = 10,500$$
$$S_2 = (1.05)(10,500) = 11,025$$
$$S_3 = (1.05)(11,025) = 11,576.25$$

$$\vdots \qquad \vdots$$
$$S_{20} = (1.05)(25{,}269.49) = 26{,}532.96\ [3]$$

これは面倒である．そしてわれわれが間に狭ったすべてのステップをこつこつとこなさなくても良いように，S_{20} を S_0 に直接関係づける式を得ておくと便利であろう．それをより一般的にするには，われわれは S_n を初期条件に関係づけた式を必要とする．このケースでは求める方程式は，一見したところ明白である．すなわち

$$S_1 = 1.05\, S_0$$
$$S_2 = 1.05\, S_1 = 1.05^2\, S_0$$
$$\vdots \qquad \vdots$$
$$S_n = 1.05^n\, S_0, \ 任意の\ n \geq 1に対して$$

S_n に対するこうした表現は差分方程式の一般解としてよく知られている．そして元の差分方程式自体が有効であるような n のすべての値に対して，それは有効である．

　差分方程式の一般解を見つけるための特別なテクニックはあるのであろうか．ある領域では，われわれがちょうど見たものののように解が一見して明らかであるかもしれない．他では，解を見つけるのが困難か，あるいは不可能であるかもしれない．猛烈な勢いでとりかかられんことをわれわれは勧める．すなわち，2，3の期間について方程式を書き出し，はっきりしたパターンが現れているかどうかを見てみよう．

　しばしば，差分方程式の一般解は，容易に明らかにはならないであろうし，あるいは一般解があまりにごちゃごちゃしているので1期ごとに値を生成していく方がより容易であろう．もし一般解がわかりにくいならば，単純に直前の1期間もしくは数期間の項をもつ n 期の方程式を求め，それからその方程式を0期からスタートすべくコンピュータにかけてしまうのが最良の道である．（もっとましにやりたいのなら，あなたのかわりにそれをやってくれる誰かを見つけることだ．）66ページの3つの差分方程式(4-1)，(4-2)，および(4-3)は，簡単には解けない線型差分方程式の諸例である．解が求められているときでさえ，何がしか役に立つにはそれらはあまりに厄介な形をしている．非線型

---

[3] 縦あるいは横の3つ並びのドットは，(1)何がしかが省略された，そして(2)それが何であれ，多分あなたが自分自身で解きえるであろう論理上のステップに符合するということを示すために用いられる．

方程式の場合はさらに期待できない．というのも，解析的な解がより一層求められそうにないからである．そして相互連関するいくつかの変数の全時間にわたった値を計算する必要があるとき，たとえば人口の年齢分布を扱うならそうするであろうように，あなたは何はさておきコンピュータに頼りたいと多分思うであろう．これについては，シミュレーションに関する議論においてわれわれはより多くのことを述べるであろう．

　差分方程式を解くことは，今日そうであるよりも 25 年前により価値のある仕事であった．古風な卓上計算機ですべての計算が苦労してこつこつ成されねばならなかった時代には，能率的なやり方を骨を折りながら追求することすら価値があった．現在では，たまの使用者が一般解を見つけるために苦闘するのはほとんど価値のないことである．コンピュータが 1 秒かそこいらで 1 期間ごとの反復計算を成し遂げ，人間が誤りを犯す機会ははるかにわずかであろう．差分方程式を解くことは，いまだ立派な練習問題にはなっているかもしれないが，計算速度の面でのその優位性の多くを失った．この 1 秒の 100 万分の 1 の時代においては，解を求める，あるいは少なくともその形を捜し出すよう試みる主な理由は，もしわれわれが単に数値を眺めているだけでは得られない洞察を得るということである．一連の数値からある一定のパターンもしくは規則性を識別することは困難であるかもしれない．たとえば，次第に減少している動物の種が無情にも絶滅の危機に脅かされているかどうかとか，あるいは，それは単に変化した環境に順応しているだけであり，恒久的に低水準で，もしくは場合によっては高水準で数が安定すると予想されるかどうかについて，われわれは数値を見ることからでははっきりわからないであろう．

　多くの問題について解の性質はあまり重要ではないであろう．そして，われわれはまさに数値を知ることの方を望むであろう．たとえば，未決定の州年金法案の，今後 50 年間にわたっての各年度ごとの予算費用を決定したいとわれわれは思うかもしれない．この種の計算が，退職年金給付がしばしば主要な争点である，公務員との労働交渉の基礎となっている．交渉の真最中に，コンピュータを動かすことは不可能かもしれない．携帯用計算機は，すばやい概算をもたらす点で，十分満足いくものとなりうる．手っ取り早い計算の方法が盛んに活用されるであろう．

第4章　差分方程式

均衡と安定性

　差分方程式を用いたモデルは，時間の経過にしたがって変数を追跡するのに有用であるということを，われわれは見てきた．変数の長期的な動きを吟味するにあたって，時としてわれわれは，それが均衡値と呼ばれている極限値に徐々に近づいていくのを発見する．

　均衡はもっとも重要な概念である．均衡に到達したシステムは，何がしか外的な攪乱が加わらない限りそこに留まる．すなわち，その変数の値は同一のままである．もし均衡が安定的であるなら，一度攪乱がやむと（非常に迅速である必然性はないが）そのシステムは均衡に戻るであろう．（子供のブランコを想像せよ．すなわちそれは押したり引いたりされなくなると常に同じ場所に留まるようになる．）たとえ均衡が不安定であっても，攪乱されない限りにおいて，そのシステムはそのままでいるであろう．しかし一度それがそっと突かれたりあるいは軽く揺さぶられたりすると，システムがこの均衡に戻るような傾向は存在しないであろう．（もしできることなら，ナイフの刃の所でバランスをとっているオレンジを想像してごらんなさい．それを傾ければ永久にナイフの刃から遠ざかってしまう．）あるシステムはもし外的攪乱が小さければ安定であり，また大きければ不安定であるような均衡をもつ．（テレビ塔は風で揺らぐが，結局は元の位置に戻る．ただし，風があまりに強すぎてその塔を倒したりしない限りにおいてである．）

　均衡という用語は，何ら好意的な言外の意味をもたず，そのことはまた，しばしば忘れられる点でもある．均衡は良い状態かもしれないし，悪い状態かもしれないし，あるいは中立的な状態かもしれない．もちろん予測がわれわれの唯一の目標であるならば，均衡にあることはわれわれの仕事を十分に楽にするであろう．

　差分方程式を使ってモデル化されうる体系で，しばしばわれわれの主要な興味は，そのシステムが均衡に近づくか否かにある．たとえば現在12億ガロンの水を保有している貯水池を考えよ．泉，小川，降雨および深い井戸からのくみ出しは，月に2億ガロンの流入を供し，消費は月に1億5千万ガロンである．漏出や蒸発からの目減りは1ヵ月当たり5％である．水資源局の役人はその貯水池の水面の高さが目立って落ちてきていることに気がつき，長期的にこの貯水池に何が起きようとしているかについて気をもんでいる．

差分方程式モデルは、この状況に、ある光を投げかける．W_m を m 月における貯水池の 100 万ガロン単位の水の量に等しくするなら、次のように書けるであろう．

$$W_0 = 1200$$
$$W_1 = .95 W_0 + 50$$
$$W_2 = .95 W_1 + 50 = .95^2 W_0 + .95(50) + 50$$
$$\vdots \qquad \vdots$$
$$W_m = .95^m W_0 + 50 \left(\frac{.95^m - 1}{.95 - 1} \right) = .95^m W_0 - 1000(.95^m - 1)$$
$$\qquad = .95^m (W_0 - 1000) + 1000$$

いま、非常に多くの年月が経過し、m がとても大きくなるにしたがって、$.95^m$ はどんどん小さくなっていき、ついには $.95^m(W_0 - 1000)$ の項は、もう 1 つの項である 1000 と比較して無視しうるまでになる[4]．このように長期においては、その貯水池の水の量は、だんだんと 10 億ガロンに近づいていく．均衡を計算するに当たって、われわれは全く $W_0 = 1200$ という事実を利用せず、それとは無関係であったことに注意せよ．しかしながら、これは非常に長期にのみわれわれの関心が向けられていたことによる．貯水池の現在の水面の高さ W_0 が、その究極的な均衡に近ければ近いほど、その水準により迅速に近づくであろう．さらにそのうえ、別の体系においては、（じきにわかるであろうように）出発点がついには到達する均衡を決定する役割を演ずるかもしれない．

この貯水池の水面の高さ——もしくは任意の変数——が、このような均衡値に到達するかどうか、そして、その均衡が安定的かもしくは不安定的かをわれわれが直接に確定することができるであろうか．これらの問いに答えるのに必要とされる論理は簡単なものである．均衡において変数は、定義により毎期毎期同じ値をとるであろう．換言すれば、変数の均衡値は以下に続く期間でその同じ値を示すであろう．

貯水池のケースにおける差分方程式の一般型は，
$$W_m = .95 W_{m-1} + 50$$
もしこの体系が W_e と表示する均衡水準に到達するならば、きっとその後は毎

---

[4] たとえば $.95^{10} \approx .599$，そして $.95^{100} \approx .006$．

月，その貯水池にはまた W_e ガロンの水が存在するということになるであろう．このことは均衡の定義にしたがっている．換言すると，次のようになるに違いない．

$$W_e = .95 W_e + 50$$

この方程式を解くと，$W_e = 10$ 億ガロンであることがわかる．

　子供のブランコのケースのように時折り攪乱を受ける場合でさえ，変数が長期にわたって均衡値に向かう傾向があるならば，均衡は安定的である．数学の記号でわれわれはこの条件を次のように表現する．

$$\lim_{n \to \infty} P_n = P_e$$

ただし，P はわれわれが調査研究しているどんな母集団でもよい．(これは「n が無限に近づくにしたがって，P_n の極限は P_e に等しくなる」と読まれる．)「母集団」という語は，ここでは人類はおろか動物を暗示することすらない．そして上の貯水池の例におけるように，まさに水でありうるし，あるいは複利の例におけるようにドルでもありうる．

　単純な次の型の差分方程式群全体をつぶさに検討することによって，われわれは安定均衡および不安定均衡に関するこの自分達の大雑把な理解を改善することができるし，同時に（もしわれわれがほんのわずかな常識をもって当たれば）単純なモデルが提供しうる洞察力を実際に示すことができる．

$$P_n = aP_{n-1} + b$$

ただし，P は現在検討中の母集団であり，a および b はこの特定の母集団のふるまいを記述するパラメータである．均衡値は次の式によって与えられる．

$$P_e = aP_e + b \quad \text{もしくは} \quad P_e = \frac{b}{1-a}$$

　図を用いるのがこの状況を眼前にありありと浮かび上がらせるもっとも容易な方法である．図 4-1 においてわれわれは横軸に沿って P_n を記し，縦軸に沿って P_{n+1} を記す．図上の曲線，この例では直線 L は P_n の値が与えられたときに，P_{n+1} の値がどの値をとりうるかをわれわれに教えてくれる．たとえばもし P_n が C ならば P_{n+1} は D となるであろう．

　差分方程式

$$P_{n+1} = aP_n + b$$

は切片 b，傾き a の直線の方程式である．（これを証明するには，上の方程式

図 4-1

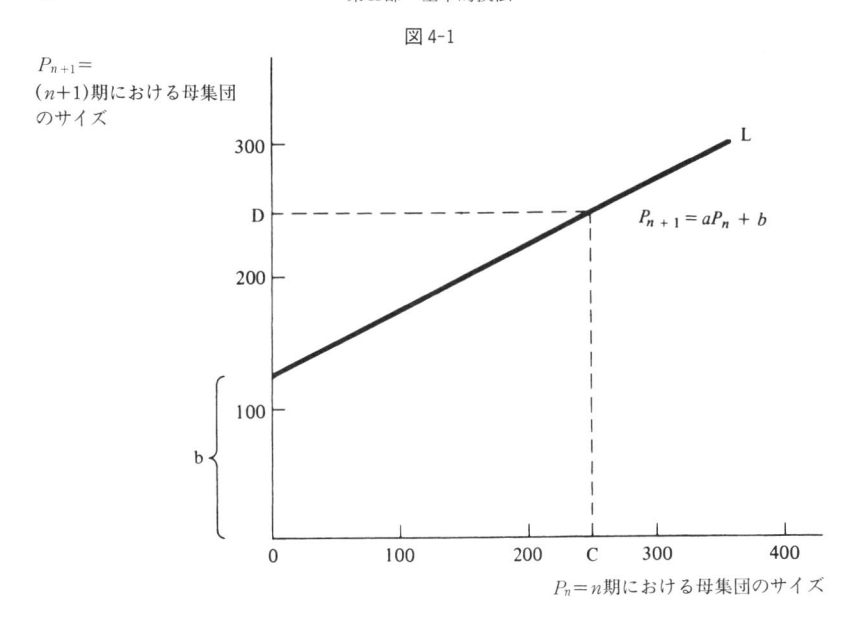

$P_{n+1}=$
$(n+1)$期における母集団のサイズ

縦軸: 100, 200, D, 300
横軸: 0, 100, 200, C, 300, 400
直線 L: $P_{n+1} = aP_n + b$
$P_n = n$期における母集団のサイズ

について P_n を 0 に等しくおく，そのとき P_{n+1} は b に等しくなるであろう.）だが，a と b が何であるかを知ることなしには，われわれは実際のところ，この線を正確に引くことはできない．図 4-2 における直線 L は $a = \frac{1}{2}$ かつ $b = 125$ のケースを表している．

われわれは均衡条件が単純に

$$P_{n+1} = P_n$$

であることを見た．この方程式は原点を通る 45°線によって表されるであろう．というのもその線に沿ったすべての点で $P_{n+1} = P_n$ が成立しているからである．このように，図 4-2 における点線によって示されているように，45°線は 1 つの軸上の所与の値（たとえば 100）を他の軸上の同一の値に対応させるための巧妙な工夫である．それはまた，図の 2 本の線の交点が均衡点であるということを意味している．というのも，この点でのみ n 期において P のとる値が，$(n+1)$ 期において同一となるであろうからである．この場合の特別な状況では，$P_e = 250$ [5]．

---

[5] 2 本の直線の交点は，それらの直線によって表される 1 対の同次方程式を解くことによって求めうることを思い起こせ．このケースでは，これらの方程式は，

第4章 差分方程式

図 4-2

$P_{n+1}=$($n+1$)期における母集団のサイズ

$P_{n+1} = \frac{1}{2} P_n + 125$

$P_n = n$期における母集団のサイズ

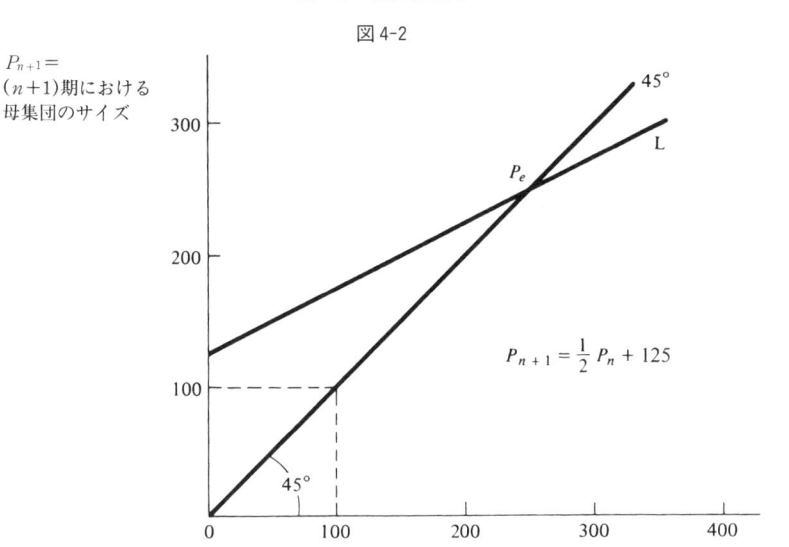

　われわれは図 4-3 を用いて均衡の安定性を調べることができる．初期条件として $P_0 = 300$ が与えられているものと想定しよう．われわれは P_n 軸上に P_0 の位置を示すことから始める．それからわれわれは，L 線に達しそこから縦軸に至る矢印にしたがって，対応する P_1 の値を読み取り，$P_1 = 275$ であることを知る．もちろん，われわれはそれを代数的にも求めうるであろう．今われわれはそのプロセスを繰り返し，P_n 軸上の $P_1 = 275$ から出発し，縦軸上の $P_2 = 262.5$ に移る．われわれはこれを無期限に続けられるであろうし，やってみるとこのプロセスは L 軸に沿って繰り下がり P_e に徐々に近づいていくが，決して完全にそこに到達したりはしないことが明白である．

$$\begin{cases} P_{n+1} = \frac{1}{2} P_n + 125, \text{ および} \\ P_{n+1} = P_n \end{cases}$$

である．これは即座に代入することによって，$P_n = \frac{1}{2} P_n + 125$ もしくは，均衡値 $P_e = 250$ に換算される．

　より一般的には，一対の方程式

$$\begin{cases} P_{n+1} = aP_n + b \\ P_{n+1} = P_n \end{cases}$$

を解くと，均衡値 $P_e = b/(1 - a)$ が得られる．

図 4-3

$P_{n+1} = \frac{1}{2} P_n + 125$

$P_1 = 275$
$P_2 = 262.5$

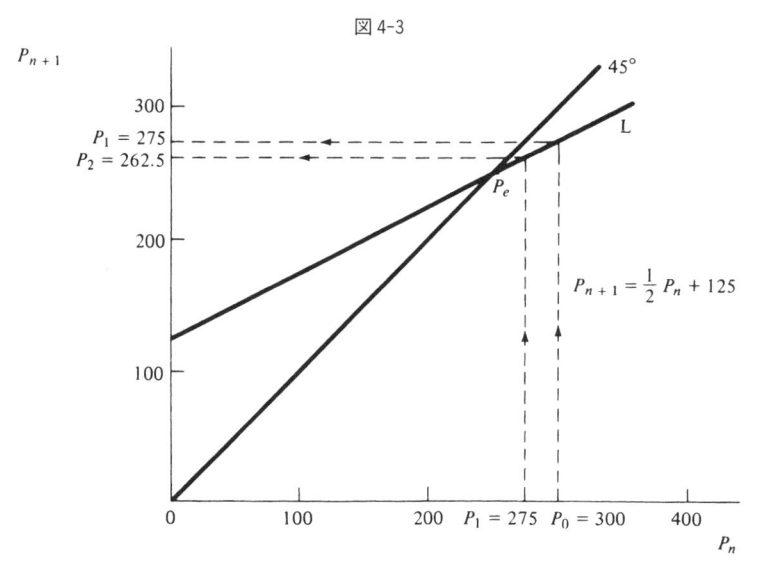

しかしうまい具合に，われわれは 45°線を使用してこのプロセスを短縮することができる．図 4-4 において矢印付きの実線は，もしわれわれがステップの繰り返し部分を削除するならこれがルートとなるという意味において，その

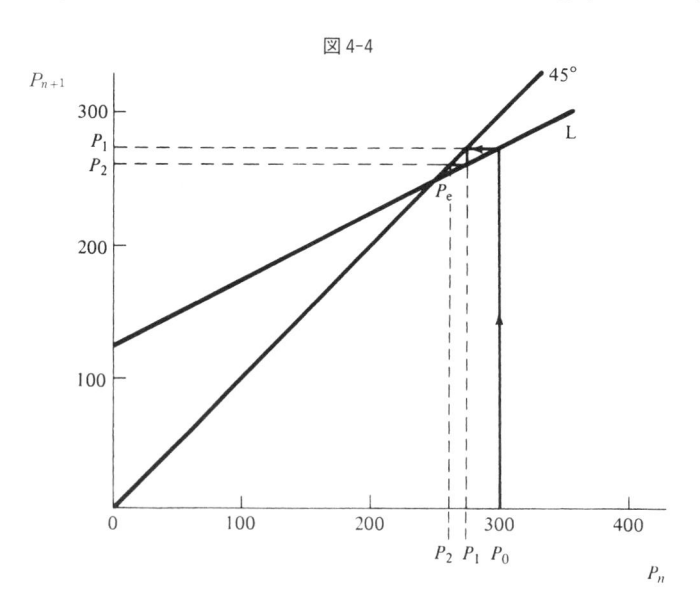

図 4-4

反復過程が辿る純ルートを示している．

　われわれはここでは a および b に関して特別な値を取り扱ったけれども，得られた教訓はもっと一般的に適用されるものである．$0 < a < 1$ および $b > 0$ であるときはいつでも，図は本質的にこのようなものになるであろう．そして，体系はその均衡値に向かうであろう．もし $b < 0$ ならば，均衡値は負になるであろう．これは意味を成す場合もあるし意味をなさない場合もある．もし P が兎を指すなら，負の数は何の意味ももたない．すなわち，その母集団のサイズは 0 を下回らず，0 が安定均衡となる．しかしながら，もし P が貨幣総額であるならば，銀行の顧客が預金を引き出しすぎたことに気がついた分だけ，負の数は可能であろう．

　P_n は常にこうした仕方でその均衡値に収束するであろうか．決してそうではない．$a > 1$，$b < 0$ のケースを考慮せよ．図 4-5 は不安定な状況を示している．ただし $a = 2$，$b = -100$ である．L 線と 45°線の交点 $P_e = b/(1-a)$ に，やはり均衡は存在しているけれども，それは不安定である．もし P_0 が $b/(1-a)$ よりも大きければ，矢印が示しているように，n が増加するにしたがって P_n は際限なくどんどん大きくなっていく．もし P_0 が $b/(1-a)$ よりも小さければ，その母集団は減少しついには，一掃される[6]．その後は 0 に留まるので 0 は実際のところ安定均衡である．もし P_0 が $b/(1-a)$ に等しければ，その事態を覆すようなことが生じない限りにおいてのみ，その母集団のサイズは $b/(1-a)$ に留まる．均衡は不安定であり，結局何が起こるのかが決まるのに初期点が決定的な役割を演ずる．

　このように，a および b についてのさまざまな仮定のもとで何が起こるのかを検討することによって——もっともあなたはさらにいくつか他の仮定についても自分で検討してみたいと思っているかもしれない——われわれはこうした一般的な仕方でふるまうシステムについて貴重な洞察を得る．

　ここで手短に水資源局およびその貯水池の問題に立ち返ってみよう．さらに立ち入った政策決定のために，差分方程式モデルはどのように用いられるであろうか．計画立案者が向こう 10 年間の水の消費の増加を 20％と見なしていると想定しよう．貯水池の水の容量を常に最低でも 2 億 5,000 万ガロンに維持す

---

[6] P が貨幣総額を指し負債が生ずるかもしれないときのように，時として P は負の値をとりうる．そのとき，体系がその不安定な均衡をひとたび下回るなら，負債は際限なく増加するか，少なくとも貸す人々が見出されうる限り増加するであろう．

図 4-5

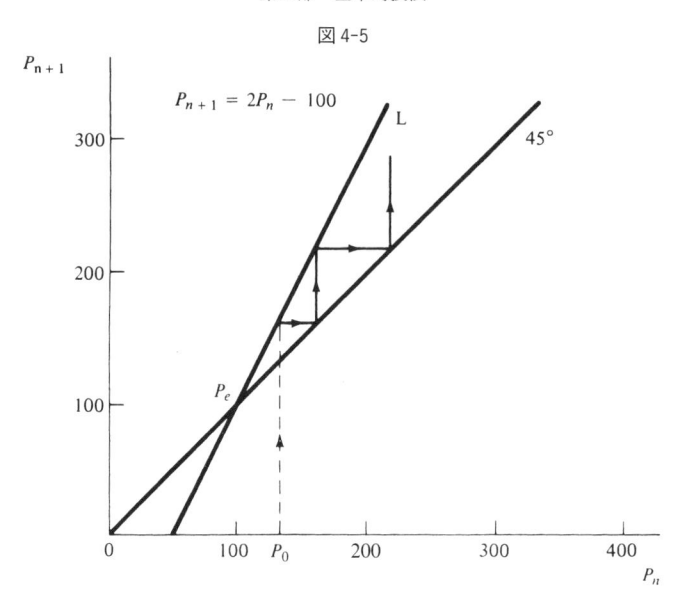

ることに関心のある水資源局は，もっと多くの井戸やポンプを付設するための資金を要求している．その要求はもっともなものであろうか．水の消費の 20 ％の増加は，月にして 1 億 8,000 万ガロンの総使用と 2,000 万ガロンの純流入を意味する．それゆえ他に特別な水源がなければ将来の均衡は，

$$W_e = .95 W_e + 20$$

あるいは，まったく心配のない 4 億ガロンである．水資源局の要求は，時期尚早であると思われる．

ストックとフローに関わる政策問題

あなたが出会うかもしれない多数の政策的状況は，ストックとフローを用いたモデルで効果的に分析される．ストックとは財の現存している総供給量であり，フローとは各期ごとの，その供給量への付加分あるいはその供給量からの控除分である．ストックは，このようにドルであるとかガロンであるとか人とかの単位で測られる量である．フローは 1 期間当たりの量であり，1 年当たりのドル，もしくは 1 分当たりのガロン，あるいは 1 日当たりの人数のような単位で測られる．ストック・フローの問題は，多くのさまざまなタイプの活動の場で発生する．たとえば，腎臓透析機器を使用している患者，開業医の数，大

学の学生，運転使用中の地下鉄車両，貯水池の水，軍の兵隊，あるいは社会保障基金のドルといったもので，ストック・フローの問題が見出されるかもしれない．

差分方程式を援用することによって，ストックとフローから成るモデルをたやすく作り出すことができる．ストックとフローの間の基本的な関係は，数学的には次のように表されうる．

$$S_{t+1} = S_t + I_t - O_t$$

ただし，S はストックであり，I は流入フロー，そして O は流出フローである．今挙げたばかりの諸ストックに関わる流入フローと流出フローの典型的な例が，表4-1に示されている．

表 4-1

ストック	流入フロー	流出フロー
透析患者	新しい患者	移植，死亡
開業医	新しい医学部卒業生	引退，死亡
大学の学生	新入生，再入学者	卒業生，中退者
運転使用中の地下鉄車両	購入，再使用	故障，廃棄
貯水池の水	雨，泉，小川	余水吐き，使用，蒸発
軍の兵隊	新兵，再入隊	退役，死亡
社会保障基金	被雇用者および雇用者の保険料，そして恐らくは一般歳入	支払い給付

流入フローが長期間にわたってストック内に滞留するときにありそうなことであるが，ストックがフローと比較して大きければ，流入フローもしくは流出フローにおける劇的な変化がストックの規模に重大な影響を及ぼすことはないであろう．この単純な洞察への留意が，医学部の入学クラスの規模を拡大することによって医療サービスの門戸を人々に広げようとする連邦政府の努力を抑制してきたかもしれない．医者の人口が30万人であるとき，医学部新入生の数を1年につき1万3,000人から1万8,000人に引き上げることが，近い将来医者の数を有意味に増加させることにはならないであろう．

石油の埋蔵

「石油は一体いつ尽きるのであろうか？」という厄介な問題を調査・研究するに当たって，差分方程式は非常に貴重な分析用具である．1977年における石油に対する世界全体の総需要は，およそ年間150億バレルであった．そして世界全体の埋蔵量は，確認されたもので6,000億バレルと推定された[7]．も

し世界全体の需要が一定に保たれるならば,確認されている埋蔵量は,2017年までには使い尽くされてしまうであろうことを,簡単な算術がわれわれに教えてくれる.しかしながら,需要は一定のままではなく,目下のところ毎年5％ずつ増大していることをわれわれは知っている.世界的な規模での節約努力をもってしても,石油に対する需要は世界の総人口や発展途上国の工業化の進展に伴って増大し続けるであろう.石油に対する需要の継続的な増加率5％のもつ含意は,一体いかなるものであろうか.

この状況を記述する差分方程式は,

$$D_n = 1.05\, D_{n-1} \qquad (4\text{-}5)$$

ただし,D_n は n 年における石油に対する世界全体の（10億バレル単位で測った）総需要である.さらに,

$D_0 = 15$ が付け加わる.そして,

$$C_n = D_0 + D_1 + \cdots + D_n \qquad (4\text{-}6)$$

ただし C_n は,石油についての現在から n 年までを通した世界全体の（これもまた10億バレル単位で測った）累積消費量である.確認されている埋蔵量は

$$C_n = 600 \qquad (4\text{-}7)$$

となるときに尽きる.(4-5)(4-6)を(4-7)に代入すると,次の式が与えられる.

$$D_0(1 + 1.05 + 1.05^2 + \cdots + 1.05^n) = 600 \qquad (4\text{-}8)$$

そして,括弧内の式は次の値に等しい.

$$\frac{1.05^{n+1} - 1}{1.05 - 1}$$

簡約化し,$D_0 = 15$ であることを思い起こすと,次を得る.

$$15\left(\frac{1.05^{n+1} - 1}{.05}\right) = 600$$

$$1.05^{n+1} = 3, \quad \text{もしくは}$$

$$n \approx 22$$

手短に言えば,もし石油に対する世界全体の総需要が毎年5％ずつ増大すると

---

7) これらの数字は,非共産世界の側だけのものであり,共産諸国については信頼のおける数字が利用可能でない.ここで与えられた数字は,見積もりに関して合意の得られたものであり,それ以上のものではない.(*Newsweek*, May 23, 1977, pp. 48 and 53, and June 27, 1977, pp. 71-73 を見よ.)しかしながら,厳密に正確な数字が決定的に重大なものでないことは明白であり,見積もりに多少の幅があっても結論は本質的には変わらない.

したならば，確認されている埋蔵量は1999年頃に尽きるであろう．

各界の大方で，厳格な管理対策が講じられる旨が提唱された．需要の増大を毎年3％に制限する（恐らく，石油価格の値上げを含む）政策的処置の効果は，一体いかなるものであろうか．同じ方程式を増加率3％の場合について解くと，$n \approx 26$ 年が得られ，これは確認されている埋蔵量が大体2003年に尽きることを意味している．もしきわめて厳格な需要管理対策により，需要の増加率を2％にまで引き下げることに成功するならば，枯渇する時期は2006年まで引き延ばされるであろう．

もちろんこれらすべての計算は確認されている埋蔵量にのみ基づいており，新しい鉱脈発見の可能性を考慮に入れていない．潜在的に取得可能なという意味での世界全体の石油資源の量の推定値が，必然的に曖昧なものになることは不可避である．しかしながら，1兆6,000億バレル近辺に総量を設定することで，現在合意が成されている．もしわれわれがこの石油資源の大きさのもつ意味を調査・研究するために同じ差分方程式を使用するならば，需要の増加率5％で世界の石油供給は2014年に枯渇するであろうし，増加率3％では2025年に，また2％では2034年に枯渇するであろうことがわかる．2034年という推定値には，ことによると元気づけられるが，しかし，われわれは次の戒告的な注意を肝に命ずるべきである．すなわち，もし埋蔵量の推定値が次々と上方に修正され続けることになれば，節約量を設定することははるかに困難となるであろう．3％／1兆6,000億バレルのシナリオは，大変楽天的なものであり，2％のものは，それ以上である．

モデル構築の際の差分方程式の使用

通常，差分方程式は，システム全体よりもむしろシステムの部分部分を予測するために補助的なモデルとして用いられるものとわれわれは思っている．このことは差分方程式の重要性をいささかも減ずるものではない．実際，将来の石油利用の可能性についての予測を重要でないとみなす人はあまりいないであろう．合衆国人口の年齢構成の変化が，ある将来時点で社会保障体系を深刻に脅かすことを多くの人々が懸念している．というのも，相対的に小規模な勤労者世代が，膨れ上がった老世代に対して，あまりにも重い社会保障税負担を担うことを要求されるであろうからである．それらのモデルを構築するに当たって政策分析者は，主要な役割を演ずる差分方程式とともに，現存している年齢

構成や，各世代固有の出生率，死亡率，移住率，有給で雇われた人々の人口比率，退職比率，賃金率その他の変数の将来の動きについての予測に依存することになる．

　地域レベルの話で言えば，人口の構造変化に関する的確なモデルを作り出すのに失敗したことが，多くの郊外の町にとって高いものについてきた．人口増加の単純素朴な見積もりは，主に住民委員会が適切な疑問を発しなかったがゆえに，今現在，空の教室となって具現化されている．

　差分方程式を利用することにより洞察が得られる3番目の領域は，何かを命ずる際の指針を作り出す場にある．もし連邦政府が女性もしくは少数民族の義務的雇用を請け負う旨をある組織に命ずるならば，そのことの将来の雇用および昇進のパターンに対する含意はいかなるものであるか．あるいはまた，特定の期間にそのようなパターンが見受けられるには，現在の雇用および解雇の組み合わせはいかなるものであるべきか．

　この章においてわれわれは，主としてさまざまな概念や技法を導入するための媒体として，差分方程式を用いてきた．これらのモデルを案出するにあたってのわれわれの主な目標は，まさに政策の代替案から帰着するところの，結果に関するより良き予測であるということに，心を留めねばならない．

第5章　待ち行列

　個人へのサービス提供を業務とする機関は，多くの場合サービスの能力をどの程度保有したらよいかについて決定を下さねばならない．その他ちょっと名前をあげただけでも，免許証発行所，診療所，裁判所等の機関もすべて，人々を待たせることを快く思わない．しかし，そのために処理能力を拡大するには費用がかかる．この種の選択は，相反する目的を含んでいるため常に難しいものであるが，サービス提供のプロセスをモデル化しどのような種類のトレードオフが存在するかを知れば，より深い理解が得られる．

　待ち行列の問題は，サービス能力が限られており，顧客全員にいつでも即時的サービスを提供できない場合には必ず生じるものである．顧客が，サービスを受ける間隔よりも速い間隔で到着するならば，待ち行列が発生する．ボトルネックは誰もが体験している――公共サービスを受けるためにわれわれは辛抱強く行列を作って待たねばならず，待ち時間が浪費される．信号が青に変わるのを待つというような日常的なこともあろうし，未処理の裁判が多すぎて公判が早急に行われない場合のように，憲法で規定された権利が侵害されるというきわめて重要なケースもあろう．診療所のように待つ人が物理的に行列を作ることもあるが，他のケースでは待つということはサービス確保の遅れという形をとる．つまり，高齢者用の公的住宅への入居許可を得るために，多くの老人が数カ月あるいは数年間も待たされるのである．

　待つことにより費用が発生する．それを避けるために支払いをすることもしばしば見られる．交通信号の例では，待つことはせいぜい苛立ち程度である．しかしこの費用がより重要となる場合もある．OAPECによるオイル・ショックのときに長蛇の列を作ったことは記憶に新しい．そして時には，待たなくてはならないことから不幸に見舞われることもある．病院の緊急病床が混雑している場合や，通報を受けて消防車が出動している間に別の火災が発生する場合などがこの例である．

当然ながら，待つことを完全になくしてしまうことは不可能である．そのための費用は非常に高いので現実的ではない．いなかで各家庭に1台ずつ消防車を備えれば，すべての消防車が一度に必要となるという確率1兆分の1の事象に対する備えにはなるが，これは明らかに望ましいことではなかろう．このような例は，トレードオフに関する簡単な事例である．待ち時間をより短くしようと思えば，利用可能な施設をより大きくしなくてはならない．結果的にわれわれは，待ち時間を短くすることとサービスのための施設への投資を制限することとの間で，注意深くバランスをとらなくてはならないのである．このトレードオフをうまく扱うためにはどうしたらよいだろうか？　待ち行列のモデルによってわれわれ自身の選好がはっきり示されるわけではないが，あて推量のままの状態から，きわめて明確な形でトレードオフの性格が示されるようになる．もっと正確に言えば，あるサービスの待ち時間が，利用可能となる施設の水準によってどのように反応するかがわかるのである．たとえば，ある地区の社会保障事務所が新しい窓口を設けることによって，利用者の待ち時間をどれだけ減らすことができるかということである．サービスに要する時間を変更することが可能な場合もある．つまり，サービス時間を2分間短縮するような手続きの改善によって，結果はいかなるものになるかということである．

　待ち行列がどのようになるかを学習することは公共政策にとって重要である．なぜなら，追加的な施設を供給する費用が莫大であるにもかかわらず，待ち時間とサービス能力との関係は明確にされているというにはほど遠いためである．たとえ単純なモデルでも現実世界のさまざまな状況を理解するために有効であり，得られる結論が驚くべきものである場合も多いのである．

有料橋という簡単な確定型モデル

　単一車線で一方通行の有料橋があり，街から西方へ向かって利用できるのはこの橋だけであると想定しよう．料金所では10秒間に1台が処理される．毎日7,200台の自動車が橋を利用する．この平均利用台数では12秒当たり1台ということになり，24時間を単位とするとこの橋の最大処理台数よりも少ない．問題は，半分の3,600台が，街が空になる午後4時から6時の間に橋を渡ることである．その他の3,600台は残りの22時間に一様に分散しており，したがって1時間当たりの平均利用率は3,600/22≒164台である．もし市当局が愚かにも1つのブースしか運営しないとしたら，一体何が起こるであろうか．

第5章　待ち行列

図5-1

午後6時に橋に到着する車にとっての待時間（時間）

料金ブースの数

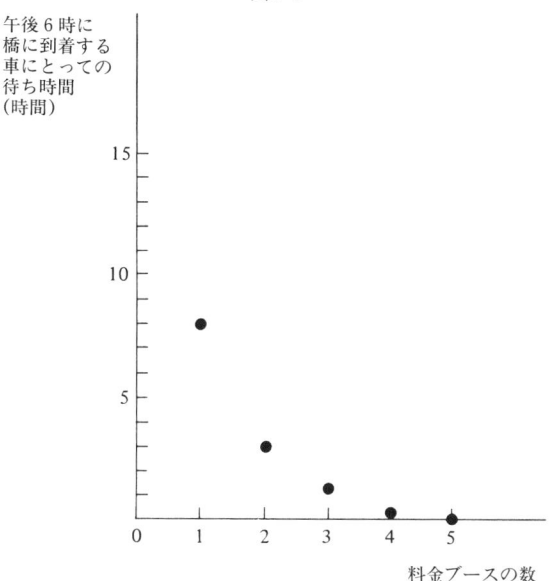

ラッシュが始まる午後4時には待っている車はない（この可能性はきわめて高い）と仮定すると、混雑が解消し待たずに橋を渡れるようになるのは何時だろうか。それは何と翌朝午前8時を過ぎてからになる！（正確に何分になるかは読者の楽しみとして残しておくことにする。）

料金ブースが追加されれば交通渋滞はどのようになるだろうか。たとえば、ブースが2つになれば1時間当たり720台を処理することができる。したがって、午後6時には3,600−(2×720)＝2,160台が列を作っていることになる。それに続く車の流入量が1時間当たり164台であるとすれば、処理しきれない部分は大まかに言って1時間当たり720−164＝556台の割合で減っていくことになろう。図5-1では、読者が不幸にも午後6時に橋に到着した場合に何時間待たねばならないかが、ブースの数別に示されている。ブースが4つ開いていても30分以上待たねばならないであろう。5番目のブースにより待ち時間はなくなるであろう。もう少し計算すると興味深い結果が得られる。つまりブースがたった1つであれば、待ち時間は、ラッシュ・アワーのピークである午後5時に列に到着した場合よりも、ラッシュ・アワーをかなり過ぎてから到着した場合——たとえば午後9時——の方が長くなるのである。

確率型待ち行列モデル

　顧客が一定の予測可能な割合でサービスを求めて到着するならば，単に数の問題から長い行列ができるかもしれない．つまり，予想される到着数がサービスの供給能力を上回るのである．不確実性に注意を払わない確定型モデルでは，サービス窓口を追加したり削減したりすることによる効果を直接予測することができる．しかし，待ち行列問題の大多数はこのように扱いやすいわけではない．顧客が到着する割合は通常一定ではない．利用者が等間隔で到着すれば1時間当たり12人にサービスを提供することができる施設の例を考えよう．ある日，3人が最初の1時間のうちに到着し，次の1時間に18人がやってきたとしよう．平均してみれば十分な容量がある場合でさえ，結果的に利用者は待たねばならない．つまり，顧客が規則的に到着するという条件の下では，施設は理論上ある一定の顧客数にサービスを供給する能力を有するであろう．しかし顧客の到着が規則的でなければ，現実には施設はその理論上の容量よりもずっと少ない人にしかサービスを提供することはできないであろう．サービスを需要する人の1日当たり平均人数が増加するにしたがい，待ち時間は許容しがたいものとなる．

待ち行列の本質的特徴

　現実世界において待ち行列のシステムはより複雑であり，いくつかの異なった種類のランダムな事象を含むのが常である．それでも，コンピュータのプログラミングは退屈でいやな作業ではあるが，原則においては問題は単純である場合が多い．待ち行列システムにおいて生じる典型的なランダムな事象や複雑さのチェックリストを心に留めておくことが有用である．それらは，以下の3つに分類できる．

1. 到着．到着の間隔はそれぞれ独立であるかもしれないし，あるいは1人の到着は次の人がいつ到着するかについての確率に影響するかもしれない．後者は，空港の税関のように顧客がグループで到着することが多い場合には常に妥当する．免許証登録所における到着は，運転免許はその所持者の誕生日で期限切れになるという仮定の下では独立である．これとは対照的に，高血圧診療所の患者の20％は2人，あるいはそれ以上のグループでやってくる．これは，人々がその施設まで

一緒に移動する見込みが大きいことを反映するものである．また，1日のうちの時間によって，あるいはサービスを待っている人の数によって到着のパターンが変化する可能性もある．（ある人は長い列の最後に並ぶよりも，別の日にまた来ることを選択するであろう．）したがって，モデルをより洗練されたものにすることを望むならば，患者の到着頻度を待っている患者の数に関連づけることが考えられよう．たとえば，待っている人が5人以下の場合にはある頻度分布が利用でき，5～10人のときは別の分布が利用できるというようになるかもしれない．このような方法によれば，サービスの特性が到着の行動に及ぼす影響が理解されるであろう．いろいろと工夫を凝らしたモデルのためのコンピュータ・プログラムを作ることは骨の折れる仕事ではあるが，概念上問題はそれほど難しいものではない．

2．・サ・ー・ビ・ス・時・間．サービスに要する時間は1人1人異なるであろう．さらに，ある人へのサービスの時間は待っている人の数，あるいは彼の前の人になされたサービスの性質によって影響されるかもしれない．（もし慎重にそしてゆっくりと髪の毛を刈ってもらおうと思うならば，昼食時に床屋へ行ってはならない．）この場合も，基本モデルをこのように飾りたてることによってプログラムはよりやっかいなものとなり，サービス時間の頻度分布に関するデータを開発する必要が生じよう．けれども，モデルの基本的な変更が要求されるわけではない．

3．"・待・ち・行・列・の・ル・ー・ル"．待ち行列が形成され動いていく過程は，列の最後から始まって列の先頭でサービスを受けるという簡単なものではないだろう．列は1つだけでないかもしれないし，また飛び越すことが許されるかもしれない．あるいは，サービスを受けた人は第2のサービスのために別の列に加わらねばならないという場合もあろう．高血圧診療所に昼休みがある場合には，診察台の数が変化する確率を導入しなければならない．顧客をことわることもあれば優先順位を付ける手続きもあろう．たとえば，VIPはレストランで待っている人より先に席につくかもしれないし，救急病院では腕を骨折した患者よりも心臓を負傷した被害者の方が先に手当を受ける．このような複雑性にあわせるためには，頻度分布を追加し，さらに長いコンピュータのプログラムが必要となるが，基本モデルはもとのままである．

サービスの質の変化は，到着，サービス時間あるいは待ち行列のルールが影響を受ける場合にのみ，待ち行列の反応の変化として登場するということに注意すべきである．このようなサービスの質はモデルにおいて独立に現れるとは限らない．

政策変更への待ち行列の応用

現実に決定を下す場合には，当然ながら待ち行列モデルによって与えられる情報も1つのインプットにすぎない．政策を体系的に表現する場合には，費用に関する2種類の問題が考慮されねばならない．ここでの費用は最も広い意味の費用である．まず第1に，サービスの供給能力を拡大するためにどのくらいの費用がかかるかである．供給能力の拡大は診察台の追加という形をとるかもしれないし，あるいは能力拡大のために，サービス時間を短縮するよう1つの診察台ごとにより優れた装置と人材を配置することが必要となるかもしれない．第2に，待ち時間の長さの違いにどれだけの価値を付与すべきかである．

たとえば，読者が高血圧診療所の所長であり，この診療所は現在2台の診察台でかなりの待ち時間を発生させて運営されていると想定しよう．読者は，待ち時間が平均して耐え難いほど長く，技師達は長い間食事もできず空腹のままでいることに気づいている．読者は，3番目の診察台を導入すべきかどうか，もし導入するなら昼休みのスケジュールをどのようにするかを決定しなくてはならない．会計担当者の計算によれば，1台の診察台を維持運営するには，技師の給料の他に1日当たり平均10ドルの費用がかかる．技師との契約では，1時間の昼休みをとる場合には1日30ドル，作業をしながら昼食をとる場合には1日36ドルが支払われる．単純化のために，患者の待ち時間は1時間当たり3ドルに評価されるとしよう．3つの代替案とそれぞれに要する費用が表5-1にまとめられている．

結果は政策策定者にとって驚くべきものかもしれない．診察台を3つにし昼休みをとった方が2台で昼休みなしよりも優れており，3台で昼休みをとらない場合の方がさらによいのである．診察台を4つにすればもっと改善されるだろうか．ちょっとチェックしただけでも，4番目の診察台は決して価値のあるものではないことがわかる．待ち時間を完全になくしてしまっても，そのことから得られる追加的な価値は10.80ドルにすぎない．この4つ目の診察台の追加的費用は，診察台の維持運営のために10ドル，給料として12ドル（昼休み

表 5-1　1日の診療所の費用

	診察台2台の ケース	診察台3台の ケース	診察台3台で 昼休みをとるケース
(1)運営・維持費用（ドル）	20	30	30
(2)技師の賃金（ドル）	72	108	90
予想総待ち時間			
（分）	72×20＝1440	72×3＝216	72×11＝792
（時）	24	3.6	13.2
(3)待ち時間の価値（ドル）	72	10.80	39.60
営業日1日当たりの 　総費用（ドル） 　＝(1)＋(2)＋(3)	164	148.80	159.60

なしの3人分の給料と昼休み付きの4人分の給料との差，すなわち120－108)で，全部で22ドルである．この追加的費用は10.80ドルを上回る．

　診察台が3台で昼休みをとらないケースでも所長を悩ませる問題がある．3人の技師はそれぞれ平均して1日123分の遊休時間を持つが，これは営業している時間の3分の1を上回る．一方，各技師に昼休みを与えれば遊休時間は67分まで減少するであろう．しばらくの間はモンモグラフィー（X線）技師の労働意欲への影響もうまく回避できると判断されるかもしれない．そうすれば昼休みをとるために，追加的に10.80ドル（159.60ドル－148.80ドル）を支出するための正当な理由はない．所長は，1ヵ月もすればこの決定を見直すことに合意するであろう．もしそれが望ましいと思われれば簡単に昼休みを導入できるであろうし，あるいはモンモグラフィー技師に割増し賃金が支払われるであろう．

　このように費用の推定値が利用できる高血圧診療所の場合には，診療所にとって最高の配置を決めることができる．われわれは，待っている人にとって1分の待ち時間が他のあらゆる1分と正確に同じ費用を課すと仮定した．もちろんこれは過度の単純化である．30分の待ち時間はある特定の個人にとっては10分の3倍以上に負担になるものであろう．それは6人の別々の人にとっての5分ずつの待ち時間よりも費用が大きいかもしれない．人が違えば待ち時間の価値が違うのは明らかである．このように待ち時間の費用についてのより厳密な評価が必要とされるであろう．もう1つ待ち時間について重要な問題が考慮されねばならない．列が長くなるままにしておけばその施設を利用することを思いとどまる患者がいるということである．すべてのタイプの費用の推定値

が意思決定プロセスのインプットとして必要である．待ち行列モデルはわれわれにとって物理的に利用可能な選択肢を記述するにすぎないのである．

デッドウェイト・ロスとしての待ち時間

　人を待たせることは希少な財あるいはサービスを割り当てる1つの方法ではあるが，それはお粗末なほどに非効率な方法である．待ち行列を理解する上で最も重要なポイントは，列にいる人が負担する待つことの費用からは何の便益も得られないということである．何らの制限も受けずに機能する民間の市場においては，長い列ができていることは価格が引き上げられるべきとの信号であると理解され了承されるであろう．しかし，公共サービスを提供する場合には，この原則にしたがうには抵抗がある場合が多い．

　待つことが発生させる文字どおり役に立たない費用を強調するために，引退者のコミュニティ（retirement community）が管理しているメンバーのための公営のゴルフ・コースのケースを考えよう．コミュニティのレクリエーション委員会は，追加的なゴルファーの限界費用をゼロと仮定して，メンバーである市民に対しては無料でこのコースを使用させるよう指示を出している．会員の資格を維持するためには年間名目75ドルの費用を要するが，町にいる1,000人のゴルファーはすべてが加入している．1日にプレーできるのは多くても150人までである．到着時間が不規則ならば平均待ち時間はサービスを需要する人が増えるにしたがって劇的に増加する．この公営ゴルフ・コースの場合ももちろん例外ではない．容量が一杯になれば何人かの人にとっての待ち時間が無限大に近くなることは確実である．その人々は決してスタートできないのである．

　図5-2の曲線 SS は，平均待ち時間がサービスの需要者数に対しどのように反応するかを示している．待つ時間が長くなれば長くなるほどこの非本質的なサービスを欲する人の数が減るというのは自然である．図5-2の曲線 DD は，サービスを需要する人の数が，待たなくてはならない時間の長さにどのように反応するかを示す．この例では，需要は待ち時間の単純な線形関数であると仮定されている．曲線 DD のもとになっている式は，$N = 235 - (5/2)W$ であり，これはもちろん $W = 94 - (2/5)N$ とも書ける．N はゴルフのプレーを待つ人の数で，W は分単位の待ち時間である[1]．この場合，点 E（曲線 SS と DD の交点）は安定的な均衡であるが，われわれが前章までで見てきた均衡と

図 5-2

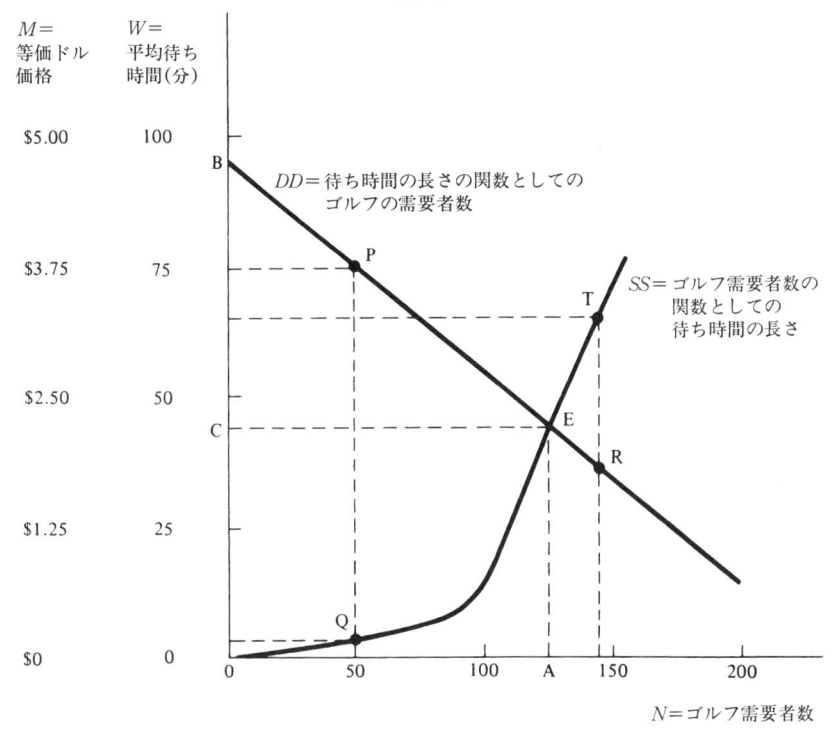

$M=$ 等価ドル価格 / $W=$ 平均待ち時間(分)

DD＝待ち時間の長さの関数としてのゴルフの需要者数

SS＝ゴルフ需要者数の関数としての待ち時間の長さ

$N=$ ゴルフ需要者数

は若干性質が異なっている．DD は，平均してたとえば 75 分待つと予想される場合に，点 P で示されるように 50 人がゴルフをするのを望むということを示している．しかしサービスの需要者が 50 人しかいなければ，SS により待ち時間は 3 分にすぎないことがわかる（点 Q）．このよい噂が広がるとより多くの人がプレーをしたいと望むようになり，したがって待ち時間は増大するであろう．一方，人々が待ち時間を 36 分と予測した場合には 145 人がやってくる（点 R はこの結果を示している）．待ち時間は 65 分に急上昇する（点 T を見よ）．この待ち時間は多くのゴルファーの許容限界をかなり越えており，その人々はもはややってこなくなるであろう．究極的に点 E において均衡が達

---

1) 厳密に言うと，需要曲線は 1 つの近似にすぎない．なぜなら，ゴルフ・クラブは 1/2 といった端数の人数を受け入れないからである．しかしながら，その結果生じる不一致はきわめて小さい．

成される．このときサービスを需要する人は125人であり，その結果としての平均待ち時間（44分）はちょうど125人にサービスを需要させるものである．この点においてのみ，誰にとっても待つかあきらめるかという決定を変更する誘因はなくなる．これは，点 E において，期待と現実が一致するからである．

単純化のために誰もが待ち時間を1時間当たり3ドルと評価しているとしよう．さらに，ゴルフ・ゲームのための「支払い」を待ち時間という形で支払おうが現金で支払おうが，あるいはこの2つの組み合わせで支払おうが誰もまったく無差別であるとする．問題となるのは金銭換算された場合の額の大きさだけである．当然ながら，ゴルファーの中には他の人よりもプレーを強く望んでいる人もいるであろうが，この人々はその結果より多くのドルを組み合わせて支払う意志があることになる．ドルによるスケールを縦軸に別に目盛り，ある人が列に並ぶ場合に実質的に支払う等価ドル価格（the equivalent dollar prices）M を示すことができる．このドル・スケールも図5-2に描かれている．$M = 0.05W$ となっており，待ち時間1分は実質的に0.05ドルの費用を課すことになる．

点 E における44分という待ち時間は，待っている人各々にとって2.20ドルの価値となる．このことは，限界的なゴルファー――それ以上支払いをしなくてはならなければ完全にプレーをやめてしまうゴルファー――は，まったく待たないですむならば2.20ドルの現金を支払うであろうことを意味する．多くのゴルファーはこれ以上に支払う意志をもっているであろう．最も高い価値を抱いているゴルファーは，ぜんぜん待たずに1番ホールの第1打を打ち出すためには4.70ドルまで支払うであろう．需要曲線によって示されているとおり，次に高い価値を持っている人はこれより2セント少ない額まで支払うであろう．そして101番目の人の支払い限度は2.70ドルとなろう．需要曲線は線型であるから，この例でゴルフをすることになる125人各々にとっての支払限度の時間ないし現金を合計することはきわめて容易である．かくしてある1日にゴルフをすることの総価値は431.25ドルと計算されよう．（この額は図5-2の領域 $OAEB$ によっても示される．）ゴルフ・コースを利用することに対して「支払う」総額は2.20ドル×125＝275.00ドル（あるいは領域 $OAEC$）である．以上より，このコースは1日に156.25ドル（領域 CEB）の純価値を生み出していることになる．この価値はしばしば「消費者余剰」（consumers' surplus）と呼ばれるもので，第9章において進んだ議論がなされる．

さて，誰かがレクリエーション委員会に対し，もし45分の待ち時間を減らすことができたら素晴らしいのだがと進言するとしよう．委員会のメンバーの1人はスタート時間をスケジュール化することを提案するが，市民達は2つの理由からこれは受け入れ難いと感じる．すなわち，市民がある特定の日にゴルフをしたいと思えばそれはゴルフをしたいのであって，今日はすでにいっぱいですと言われたいのではないのである．さらに，引退したことの利点の1つは，もはや特定の時間，特定の場所にいることを要求されないということなのである．それでもレクリエーション委員会は何かをしなくてはならないと感じている．そして待ち行列の問題を詳しく調べ，待ち時間はデッドウェイト・ロスであることを認識する．もしゴルファーが料金を現金で支払うならば，この資金を市の会計部門ないしレクリエーション部門に回すことができよう．しかし時間による料金の支払いは浪費されるだけであり，資源が失われるのである．

このロジックにしたがって，レクリエーション委員会はゴルフ1ラウンドに対して2ドルのグリーン・フィーを提案する．これとともに，現行の会費を引き下げる手続きをとるとしよう．2ドルのフィーが課されると，ゴルファーはおのずとそれほど長い時間待とうとはしなくなるであろう．ゴルファー達の待つ意志のある時間曲線はこの場合，図5-3の曲線 $D'D'$ により示される．この曲線はその前の曲線 DD の2.00ドル分ないし40分分下方に位置する．新しい待ち時間均衡は点 F で生じる．この点において100人の人が平均14分，平均時間費用にして0.70ドル待ち，同時に2.00ドルのフィーを支払う．したがってゴルファーの平均支払い額は点 G で示された額で2.70ドルである．総「価格」は0.50ドル上昇する．けれども重要なのは，待ち時間コスト，つまり各ゴルファーにとっての価格に関連して発生するデッドウェイト・ロスが30分ないし1.50ドル減じられるということである．

ゴルフ・コースは今や1日当たり 100×2.00 ドル＝200ドルの収入を得る．これは，雨，雪，冬の寒い日があるとして年間合計約50,000ドルとなる．レクリエーション委員会はこの50,000ドルを使って1,000人の会員それぞれについて年会費を50ドル引き下げる．それによってほとんどの人がゴルフを満喫することができるのである．ゴルフをする人の数は1日当たり約25人少なくなることは確かだが，(1)プレーをやめた人々はそのゲームに対する価値がより低いゴルファーであること，(2)その人達が失う純価値は部分的に会費の引き下げで相殺されること，(3)このコミュニティのすべてのゴルファーに対する総

図 5-3

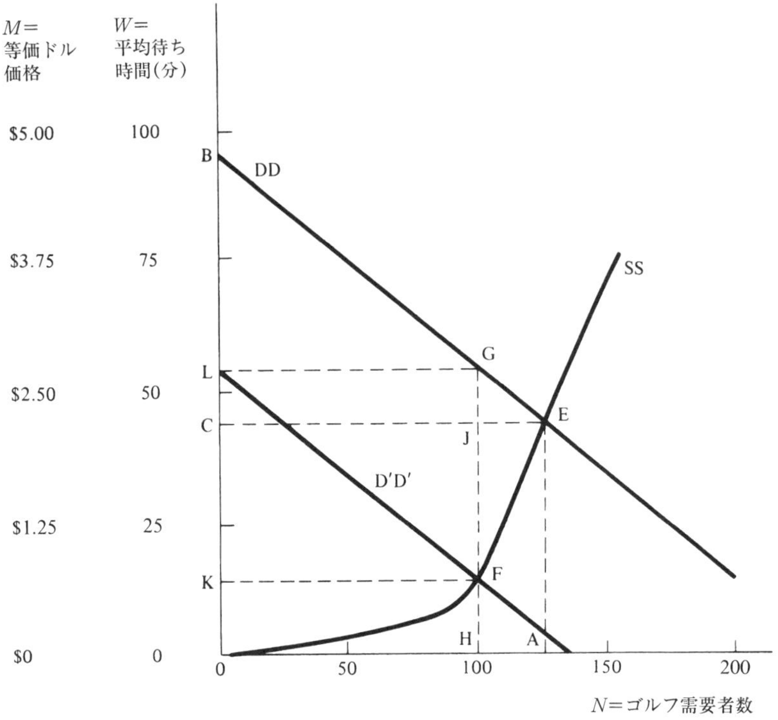
M=
等価ドル
価格
W=
平均待ち
時間(分)
$5.00
100
$3.75
75
$2.50
50
$1.25
25
$0
0
B
DD
SS
G
L
C
E
J
D′D′
F
K
H
A
0
50
100
150
200
N=ゴルフ需要者数

利得がこれらのゴルファーにとってのわずかばかりの損失を優に上回ること，これら3点に注目されたい．図を使って正確にこの比較をすることができる．レクリエーション部門が収受する料金総額は図5-3における領域 *KFGL* に対応する．料金以上にゴルファーが認める価値について，ゴルファーは全部で *LGB* の領域の純便益を得る．つまり，ゴルファー達は1ラウンド当たり2.00ドルの料金でゴルフをするために，全体でこの額まで支払う意志があることになろう．したがってこのゴルフ・コースが生み出した純価値は領域 *KFGB* である．これは明らかに料金が課されずに均衡が点 *E* である場合の純価値である *CEB* を上回る．料金システムに移行することによる利得は，領域 *KFJC* から領域 *EGJ* を引いたものである．

最後に，年会費を50ドル引き下げることは，メンバーにとって同額の所得の増加と同じであることに注目する必要がある．メンバーはこのお金を何でも

好きな目的に支出することができる．ある人は間違いなくもっと多くゴルフをするためにその一部を使うであろう．この場合には，需要曲線 DD と $D'D'$ は若干上方へシフトするであろう．たとえこのようなことが生じたとしても，デッドウェイト・ロスの大部分は除去されてしまっていることを確認されたい．さらに以上の結果は完全に一般的なものである．あるサービスに対する待ち時間コストが金銭的コストに置き換えられるならば，効率性はネットで必ず増大するのである．

　それでは，なぜわれわれは公共サービスに対する長い待ち行列を放置したままにしておくのだろうか．これらの浪費的なコストを減ずるために価格に頼るようになって日が浅いのはなぜなのだろうか．待ち行列が生じるのはある施設に対する需要量を誤って推定している場合，あるいは需要を満たすための供給能力を過大に推定している場合が多い．価格はただちに調整されはしないのである．しかし待ち行列が事前に予測され，しかもお役所的手続きのなせるわざとして当然のように受け入れられる場合がある．これに対してはさまざまな説明が可能である．政策策定者の中には待ち行列によるデッドウェイト・コストを認めないものがいる．待ち行列は通常――もし誰かが疑問を提示した場合には――分配上の観点から正当化される．ある一定の公共サービスを利用する権利は，そのサービスに対する支払い能力によって制限されてはならない，あるいは低所得者は高所得者ほど時間を高く評価しないから長い待ち行列は所得の再分配目的にかなうと主張されるのである．（このような議論はサービス料金が顧客に還元される仕組みのゴルフ・コースのような場合にはあてはまらない．）

　行列を作って待たせることは，所得の再分配のためにはきわめて非効率なりかたである．高所得者が待ち時間に対して抱いている価値を最終的に低所得者が受け取るわけではない．さらに，低所得者が自分自身の時間に対し低い価値しか与えていないかどうかは必ずしも明確でない．たとえば低所得でも仕事をしている人の場合には，仕事から離れて行列で待つための時間を作ることを裕福な人達よりも難しいと思うかもしれない．政治的な現実性から公共サービスを割り当てるメカニズムとして価格を用いることができないとしても，何らかのより戦略的な代替案を試みることができよう．たとえば，一方は無料で一方には価格が課されるというように，1つのサービスが2つの方法で供給されるならば，待ち時間の少ないサービスに対して支払い意志のある人から集めら

れるお金を，支払いよりも待つことを選好する人に対してより優れたサービスを提供するための補助として利用することができるであろう．

まとめれば，行列で待つために費やされる時間はデッドウェイト・ロスである．これは浪費された時間によって誰も便益を得ることがないためである．公共の意思決定者は可能な場合にはいつでも，何とかして待つことによる割り当てを避ける方法を探るべきである．

在庫モデルに対する注

待ち行列と在庫モデルは性質上似通っている．事実，両者は1つのコインの表裏の関係にある．典型的な待ち行列の状況では，政策策定者は到着率とサービス時間に直面し，それらは所与とみなされるものである．政策策定者はサービスのための施設の供給能力をコントロールするのであり，それゆえ彼はその施設からの退出率をコントロールすることになる．在庫という状況では，反対に意思決定者は退出率——財ないし供給物が棚から出て行く状況——が所与となる．意思決定者はいつどのように再注文をするかによって，これらの財の到着率をコントロールする．在庫の問題は公的部門においては，防衛施設における予備部品の貯蔵，薬局での薬品在庫の維持あるいは血液銀行の血液のストックなどに関連して生じる．待ち行列は公共部門において在庫よりも広範に見られる．これは，政府および非営利団体はまさにその性質上，人々に財を提供するよりもサービスを提供することに従事することが多いためである．読者が待ち行列の背景にある一般原則を理解するならば，在庫モデルもよく理解できよう．

待ち行列モデルの展望

待ち行列モデルはそれ自体興味をそそるものであるが，それ以上に公共政策に広範な応用が可能である．待ち行列はシミュレーションに向いている；コンピュータのための基本的なモデルは容易に構築することができ，扱いも楽しく，そして問題に対して卓越した洞察を与えてくれることも多い．以下の章においてわれわれは，高血圧診療所のモデルをより詳細に考察し，コンピュータを用いてどのようにそれに取り組むかを知ってもらおうと思う．待ち行列は教育上きわめて有用な性質をもってはいるが，ここではこれ以上この問題に立ち入らない．すでに読者は待ち行列の理論について知る必要のある主要な事項——モ

デルを構築することがこの分野において有用であること，待ち時間は驚くべき過程で変化すること，待ち時間と追加的サービス能力の間のトレードオフを最適化する手続きを容易に導くことができること，そして待ち時間を減じるためには価格の設定が効率的な手段であること——については十分な知識を得たはずである．

　現実世界のあらゆる局面において，読者は専門家に意見を求めることを望む場合があろう．あるいはコンピュータを確実に利用できるようにしようとすることも十分に考えられる．読者が政策分析者あるいは政策策定者であれば，その役割は，待ち行列の問題はどのような場合に生じるかあるいは生じる可能性が大きいか，そしてそれを処理するためにいかなる代替的手段があるかを認識することである．読者の関心事が，公判を待っている刑事被告人にあるにしても，SEC（証券取引委員会）で棚上げになっている申請書にあるにしても，診療所でサービスを待っている人にあるにしても，あるいは交差点で渋滞に巻き込まれている自動車にあるにしても，待ち行列の知識によって有用な洞察が与えられるに違いないのである．

第6章　シミュレーション

　政策が施行される場である現実社会に対しては，分析的手法を単純に用いていれば，常に事足りるとばかりもいえない．分析者は，直接的に解くにはあまりにも複雑な問題に直面するかもしれない．システムの営みを記述する方程式を書き留めることができ，そしてこのことはそれ自身で有益な訓練であるかもしれない．しかしシステム内部の複雑な相互依存関係がある場合，現代的な数学的テクニックですら，任意の政策選択から導かれる結果を予測するのに十分な力はない．

　このような場合には，われわれはシステムの実験用モデルの構築を試みることができる．モデルには有形のものがあり，しばしば船または飛行機の設計の具合が水槽または風洞の中の縮尺モデルでテストされる．またモデルは高度に抽象的であるかもしれず，時として軍事戦略は本来ゲーム板にすぎぬものの上に戦場の条件を再現することによってテストされる．もし敵味方の部隊間の個々の衝突がいかなる展開を示すかに関してさまざまな代替的予想がなされるならば，ゲーム板の表示は軍の戦略家が同時に多発する遭遇戦の総体的な結果を考察することを可能にする．この種のモデルはまた，新しいバイパスの便益を測定するために，交通の流れを予測しなければならない運輸計画者の手助けになる．たとえば，自動車運転者は交通量にいかに反応するであろうか──彼らが自分達の運転時刻，あるいは道筋，もしくは行き先をいかに変更するであろうかを予測するために，行動方程式が用いられる．他の諸方程式は，運転者の選択を通じて交通量を予測する．運転の出発地点がさまざまであるところにもってきて，無数の運転者が含まれるであろうから，そのシステムは分析的アプローチにとってはあまりに御しがたいものとなる．このような状況の下で唯一の頼みの綱は，方程式および諸々の関係をすべてコンピュータに放り込むことである．その迅速な演算能力をもって，コンピュータは実際のところ何千もの運転者の選択を再生し，それらの選択によって生み出された渋滞のパターン

への彼らの対応を跡付ける．このようにシミュレーションによって，実験室と同等な環境の下で1つのシステムが再生されるべく試みられる．

　コンピュータ・シミュレーションを実行するにあたって，分析者はまず第1に，そのシステム内の本質的な諸関係を記述する諸方程式を用いて，自分が研究したいと考えているシステムの数理モデルを構築する．これらの方程式はある場合にはかなり洗練されたものであるかもしれないが，多くの場合は，主要部分を計算するかもしくは経過時間を測定するためにコンピュータに命令すること以上のものは何も含んでいない．そのとき方程式はプログラム化され，コンピュータにかけられる．このようにしてある事例の一例が生み出される．事例の多くの過程はしたがって2，3秒に縮約されるのである．

　時としてわれわれは，代替的な政策の選択から生ずる結果を考察したいと思うことがある．たとえば，多数の異なった汚染物質が，川に沿った別々の場所から排出されていると想定せよ．下流のさまざまな地点における水質をこれらの排出水準と関連づける1つのモデルが構築されうる．この川の流域に関するモデルは，さらに規制排出水準の効果を研究するためにも用いられうるであろう．排出水準の可能な組み合わせといった形式の政策選択の山が調査・研究され，それらの成果が評価されるであろう[1]．シミュレーションは実際において1台の機械であり，政策を行うにあたって用いる器具は，特定の値，このケースでは許容される排水のさまざまな水準，にセットされうるダイヤルである．コンピュータの例外的なスピードが，われわれに非常に多くの種類にわたるダイヤルの値の組み合わせの結果を考察させることを可能にする．

　また，ある主要なパラメータの変化に関する影響を調査・研究したいと望むときもあろう．たとえば，川はそれ自身並はずれた浄化能力をもっている．──ただし汚染がある水準を越えない限りにおいてであるが．たとえ上流全域にわたって汚染されているとしても，川はその河口では比較的汚染を免れることができる．多分，市の下水汚物の排出量が，この再生能力に対して決定的なものになっている．コンピュータのシミュレーションは，われわれがこのような排出量や他のパラメータの変化に対する汚染水準の感度を研究することを可能にする．加えて，たまにではあるが，重要な数字の推定値が常に確定してい

---

1) たとえば，デラウェア川流域のモデルに関する議論について，Bruce Ackerman, Susan Rose-Ackerman, James Sawyer, Jr., and Dale Henderson, *The Uncertain Search for Environmental Quality* (New York：The Free Press, 1974) を見よ．

るとは限らない．コンピュータ・シミュレーションは，政策結果がこれらの推定値に対していかに敏感なものであるかを示すであろう．

　（待ち行列の問題の中で通常出くわすもののように）ランダムな状況に振り向けられたシミュレーションにおいては，一般に，諸々の結果の度数分布についての感じを得るために非常に多くの試行がなされる．高血圧診療所に対しては，診察場所に関する特定の選択に伴って待ち時間がどのようになりそうかを見るために，われわれは 100 回のシミュレーションを行った．表 6-1 において示されているように，インプトは確率的な形式で与えられた．確率的なインプットを用いるシミュレーションは，時としてモンテ・カルロモデルと呼ばれる．というのも，話に名高いギャンブルの本場で，ルーレット板から生み出されるランダムな結果を思い起こさせるからである．もしわれわれが数えきれないほどの試行を重ね，そしてもしわれわれの最初の確率評価が合理的で正確なものであれば，われわれのシミュレーション結果の平均的な分布が，長期的には現実世界のそれに近似していくだろうと期待することができる．このようなプロセスの所産である諸分布は，全部で 300 回の試行により得られたものであるが，コンピュータが必要とした総計算時間は 7 秒未満，総費用は 1 ドル未満であった．

　われわれは普通シミュレーションを行うためにコンピュータに頼るけれども，しばしばこれは必要というよりはむしろ便宜上の問題である．高血圧診療所の待ち行列問題を研究するためにわれわれが用いるモデルは，あなたがすぐにわかってしまうようなしごく単純なものである．その問題全体は，もし 2，3 日暇があれば，卓上計算機すらなしに手で解かれえたものであろう．

コンピュータ・シミュレーションの一例：高血圧診療所

　コンピュータ・シミュレーションについて理解するための第 1 点は，それについて神秘的なことは何もないということである．かりにあなたに十分に時間がある場合でも，あなたが自分自身でやれないことに対してはコンピュータは何も役に立たない．このことをはっきりさせるために，われわれは高血圧診療所に関するシミュレーションのための単純なモデルを，骨の折れる方法——普通のやり方で計算してみることにしよう．

　その診療所は 1 日 6 時間営業しており，診察時間終了の時刻に待っていた患者は見てもらえるが，それより遅れて来た者はだめである．検査は 10 分間か

第6章　シミュレーション

表 6-1

| 分 | 確率 |
m	p
0	.2
1〜5	.5
6〜10	.2
11〜27	.1

かる．ある1人の来院者が前の来院者の m 分後に来院する確率 p が表6-1に示されている．単純化のために2つの診察室しかないと仮定する．

　その診療所で生ずる待ち行列の性質をモデル化するために，われわれは乱数を用いることによって患者の来院をシミュレーションする．乱数とは，まさにあなたが予想しているとおりのもの——完全に無作為に抽出される数字である．あなたは，10枚のポーカーチップを手に取り，それらに0から9までの番号を付けてそれらを容器の中に入れるものと想定しなさい．もし何も見ずに1枚のチップを引き，その数を書き留め，再びそれを元に戻し，別のチップを引くといったことを続けて行くと，乱数の1つの数列が生まれるだろう．もしあなたがこのプロセスを長時間続けるなら，それぞれの数は全体の10％に非常に近い割合で抽出されることがわかるだろう．しかし短時間でやったのでは，ある数は別の数よりもしばしば多く抽出されるかもしれない．

　われわれは高血圧患者の来院をシミュレーションするためにこのような数列をどうやって使うことができるのだろうか．表6-1から見てみると，ある1人の患者が前の患者の0分後に来院する確率は.2である．われわれはそれゆえもし0あるいは1いずれかが記されたチップを抽出するならば，ある患者がその前の患者の0分後に来院したと見なすことにする．長い時間にわたって見ると，このことは全体の20％の割合で，1人の患者が他の患者の来院直後に来院するということを保証している．同様に来院が1分後から5分後までの間の確率は.5であり，われわれはそれゆえ，2，3，4，5もしくは6と記されたチップを抽出することで，患者が前の患者の（その時間間隔の平均である）3分後に来院することを意味するものとする．（各時間間隔に対する平均値——1分から5分までの時間間隔に対しては3分などといった——を用いることが，われわれにその時間間隔に対する十分良好な近似を与えると仮定していることに注意しなさい．もし事実がそうでないなら，より短い時間間隔を用いることによって，われわれはその問題を除去することができる．）この手順に

表 6-2

m	p	平均 m	乱数
0	.2	0	0, 1
1〜5	.5	3	2, 3, 4, 5, 6
6〜10	.2	8	7, 8
11〜27	.1	19	9

したがってわれわれは，表6-2の中で示すように，可能となるすべての来院間隔を含むように表6-1を拡張することができる．

われわれはいままさに記録用紙——これは単に診療所に対する記録であるが——を据え，そして結果を絞り出す準備が整った．その記録は，表6-3の中に示されている．まず2つの診察室をもつ診療所を0時に開業すると想定しよう．（開業時刻は9時かもしれないし9時半であるかもしれないが，それは問題ではない．）われわれは自分達の容器に手を伸ばし，たとえば7と記してあるチップを取り出す．そしてこれは表6-3の第2列に記録される．表6-2を調べて，第3列に最初の患者が08分に来院すると記録する．もちろん最初の患者はす

表 6-3

| 患者の番号 | 乱数 | 来院間隔 | 来院時刻 | 第1診察室の診察 || 第2診察室の診察 || 患者の待ち時間 | 累積された遊休時間 ||
				診察開始時刻	終了時刻	診察開始時刻	終了時刻		第1診察室	第2診察室
1	7	8	08	08	18	—	—	0	8	8
2	2	3	11	—	—	11	21	0	8	11
3	4	3	14	18	28	—	—	4	8	11
⋮	⋮	⋮	⋮	⋮	⋮	⋮	⋮	⋮	⋮	⋮
77	0	0	347	409	419	—	—	62	29	42
78	2	3	350	—	—	412	422	62	29	42
79	4	3	353	419	429	—	—	66	29	42
80	8	8	361	閉室		閉室		診察拒否		

すべての時間は分単位で測られている．

	0	1-10	11-20	21-30	31-40	>40
上述の試行を通じて得られたデータ：						
待ち時間の度数	11	8	8	10	6	36
待ち時間の相対度数	.14	.10	.10	.13	.08	.46
コンピュータによる100回の試行を通じて得られたデータ：						
待ち時間の相対度数	.15	.22	.20	.15	.10	.18

診察患者数の平均——72
1診察室当たりの平均遊休時間——37

ぐに診察してもらえる．われわれは便宜上彼に第1診察室を割り当て，記録には診察は08分に始まり，18分に終わると記しておく．また彼は0分待つとも記録しておく．最後にそれぞれの診察室が最初の患者の来院まで8分間暇であったと記録に書き留める．（あなたは，その診察室がどのくらい忙しいかどうかについて気にかけないかもしれない．その場合は，これほど包括的な記録は必要ではないだろう．）抽出された次の乱数をたとえば2とする．それゆえ，2人目の患者が最初の患者の3分後，すなわち11分で来院すると考える．彼もまたすぐに診察してもらえ，11分に診察が始まり21分に終わる．しかし彼が来院するまで第2診察室は暇であり，したがってその累積された遊休時間は11分である．乱数の3番目の抽出はたとえば4とすると，それゆえ3人目の患者は11＋3＝14分に来院することになる．しかし診察室は双方とも忙しく，彼は18分まで診察してもらうことができない．そのため彼は4分間待ち，28分に診察が終わる．われわれは来院時刻が360分になるまで乱数を抽出し，時刻を記録し続ける．360分で診療所の扉は締められる．つまり一度360を過ぎてしまうと，すぐに抽出は中止されるということである．だがそのときに待っていた患者は診察してもらえる．われわれは諸結果をすべて書き込むことによって記録を完成させる．表6-3の下に示されるように，これは単に，受診した患者の数を数え，待ち時間の度数分布を記録するといったことにすぎない．

　このようなやり方で，高血圧診療所での1日の活動の本質的特徴を，シミュレーションしてきた．しかしこれが典型的な1日であると確信することはできない——つまりある日の乱数の順序は，どのような特定の日であれ既知の来院頻度にはあまり密接にはしたがわないかもしれない．それは忙しい日かもしれないし，暇な日かもしれない，あるいはちょうど平均的な1日であるかもしれないのであり，それがその内のどれであるかについては確信できないのである．われわれは，1日の活動を多数シミュレーションし，各タイプの情報に対する諸結果を平均化することによって，この不確実性を除去することができる．そのときわれわれはその予測値，たとえば待ち時間の分布が，かなり正確なものであるということをより強く確信することができる．コンピュータによる100回の試行を通じて得られた平均もまた表6-3の下に示されているが，それによると，われわれの試行した特定の日は，異常に忙しい日であったということがわかる．

　100もの診療の結果をシミュレーションすることは，もし上記の方法で行わ

なければならないとしたら，もちろんあまりにも退屈であまりにも多くの時間がかかりすぎてしまうであろう．ところがひとたびプログラミングがなされるならば，コンピュータはその仕事を2，3秒で行うことができる．必要とされるときにはいつでも，コンピュータは乱数を事実上たちどころに生成することができるのである．促される手続きは，来院頻度の表や，待ち行列のシステムがどのように稼働していくかを示す典型的な記録用紙を，コンピュータ・プログラマーに手渡すということである．あなたがどんな物を出力してもらいたいかをコンピュータ・プログラマーに告げなさい——たとえば待ち時間の度数分布，平均待ち時間，すべての診察室の総遊休時間，受診した患者の数，あるいはそのモデルが生み出しうる情報なら何でも．もし彼が機敏な人である——そしてあなたが成し遂げようと試みていることに共鳴している——ならば，彼は後に行う試行のためにあなたが入力変数の中のどれを替えたいと思っているかをあなたに尋ねるだろう．彼はまたパラメータの中のどれが曖昧な推定値となりやすいかもあなたに尋ねるだろうし，それによって彼は，これらの推定値に対する諸結果の感度を調査して確認することができる．彼はそれからプログラムを組み直すことなしに新しい値を提供することができるだろうし，一方あなたは単にのんびり座って出力を待っているだけでいいのである．

マクロ経済学的なシミュレーション

　前四半世紀に，アメリカ経済さらに世界経済のコンピュータ・シミュレーションの試みは，ますます顕著なものとなってきている．数四半期先あるいは数年先にわたって経済の主要諸変数——投資，消費，雇用，輸入と輸出，政府支出等——の動きを予測するために，これらのモデルは非常に多数の方程式を使用している．ある典型的モデルは，t 年の消費をたとえば同年の賃金と利潤に関連づけたり，t 年の投資を t 年および $t-1$ 年の利潤に関連づけたりするかもしれない．元来は学究的な教材である（その場合，完全に機能するモデルを得ることが真の偉大な成功と考えられる）よく知られたモデルのいくつかは，今日公的および私的双方の決定において，主要な役割を演じている．政府支出の最適水準を決定しようと試みている政府のエコノミストや，投資の最適水準を決定しようと試みている法人組織の企画担当者は，それらのモデルにたよっている．それらのモデルは，意思決定者達が自分達の予測に反応するがゆえに，自己達成の要素をある程度組み入れている．

同種のマクロ経済モデルが，あるきわめて重大な資源，特に石油の世界的な使用の将来予測を試みるために，いまでは用いられている．『成長の限界』[2]では，あまり遠くない将来，われわれの天然資源の多くが枯渇するということを予測するのに，複雑な世界経済モデルが用いられた．言うまでもなく，多くの人々は，そのモデルの諸仮定や結論に強い異議を唱えている[3]．

分析用具としてのシミュレーション

分析者は，有益なシミュレーションを定式化するにあたって多くの問題が存在することを認識しており，通常それを単に最後の手立てとして用いている．モデルを構築するにあたって出くわす困難は手ごわいものでありえ，しばしばモデルの正確さを独立に立証することは不可能である．加えて，シミュレーションから生ずる通常のアウトプットの型式である確率論的なアウトプットは誤用されやすく，特に情報の一部が欠如していた場合はなおさらである．たとえば伝染病の平均的な流行規模について，患者の発生の割合が人口100人につき5人であることがわかっていると想定せよ．この平均値は，4，7，3，5，6等の流行規模に由来したものでありうるだろう．あるいはそれは，20年中19年間にわたって伝染病が発生していないという事実を隠しうるとも考えられるが，そのときはみんな一度に病に倒れ，そして平均をとると流行規模はそれでもやはり5人の患者の発生となる．明らかにこの情報は誤った印象を与えうるものであろうから，用心のため，分析者は最終的な平均値と同様に，試行結果の標本全体を見ることを強調すべきである．これらのリスクを犯しても，多くの状況の下で，シミュレーションは分析者にとって頼みとするにふさわしいものである．広範に用いられ，いくつもの代替的な政策の結果を予測するのに，それは欠くことのできないものである．

---

2) Meadows, Meadows, Randers, and Behrens (New York：Universe Book, 1972).
3) たとえば，H. S. D. Cole, Christopher Freeman, Marie Jahoda, and K. L. R. Pavitt, *Models of Doom* (New York：Universe Books, 1973)，およびWilliam Nordhaus, "World Dynamics：Measurement without Data," *Economic Journal* 83, no. 332 (December 1973)を見よ．

第7章 マルコフ・モデル

単純なモデルは，時として人の心を動かさずにはおかない結論を生み出す．このようなモデルは，もしそれらの基本的な要因がさまざまな状況の下で繰り返し現れるならば，研究するに足るものである．マルコフ・モデルはこういったモデルの中の1つであり[1]，それに対する理解は多くの政策課題への洞察をもたらす．生活圏の中を漂う汚染物質，機能的能力のあるレベルから別なレベルへの移行が生じている精神病患者，常習から足を洗い元の体に戻るための治療を受けるヘロイン使用者——これらすべてのものは，マルコフ・モデルの枠組みの中に投じられることによって解明されうる．

以下の状況を考察してみよう．ただしその状況を，われわれはマルコフ・モデルの助けを借りて記述する．ニューケント市は1万人の労働力を有する．どんな月でも，これら1万人の各々は，雇用されているか（E）あるいは失業しているか（U）のいずれかである．現在3,000人が失業している．現状では，ある年に雇用されていた人々の90％がその翌年にもいままでどおり雇用され，一方，失業していた人々の40％が職を見つけ，翌年に雇用される．これらの割合は毎年変わらない．ニューケントの就業状況は，次の表もしくは行列に集約される．この型の行列は，それがある期から次の期にかけてどのような変化が生ずるかについて記述しているがゆえに，推・移・行・列と呼ばれる．

		来期	
		E	U
今期	E	.90	.10
	U	.40	.60

第1行に書かれてある数は，初めの期に雇用されている人々のどのくらいの割合が次の期にもいままでどおり雇用され，またどのくらいの割合が失業するか

---

[1] マルコフは確率論における仕事で著名なロシアの数学者．1922年没．

をわれわれに教える．このように E 行 E 列の .90 は，初めの期に雇用された人々の .90 もしくは 90 ％ が次の期に雇用されるであろうということを意味している．第 2 行は，初めの期に雇用されなかった人々についていまと同じ情報をわれわれに与える．それらの割合は毎年不変であると規定されているので，われわれはまたその 2 期間を "y" および "$y+1$" と呼ぶこともできた．

われわれは，その推移行列に含まれている情報を示す，1 組の差分方程式を用いることもできた．すなわち，

$E_2 = .90E_1 + .40U_1$
$U_2 = .10E_1 + .60U_1$

行列で記すことの主要な利点は，記述するにあたっての，そして特に演算操作におけるその単純さである．このことは，異なるカテゴリーの数が増すにつれ，はるかに重要となる．

われわれがちょうどいましがた検討してきた状況は，マルコフ・モデルの 1 例である．このケースにおいてわれわれは，ニューケントの労働力という母集団内部での，ある期における就業あるいは失業から次の期における就業もしくは失業への移行を考察してきた．われわれが単一の個人の確率的移行を観察するとき，その過程はマルコフ連鎖と呼ばれる．その 2 つの状況設定に要する算術は，まったく同一のものである．

マルコフ連鎖

ある個人を考察しよう――われわれは彼をスミスと呼ぼう――彼は健康であるか病気であるかのいずれかである．さらにそのうえ，もしある日スミスが健康であれば，彼は次の日 80 ％ の可能性で健康である．もし彼が病気であれば，次の日健康である見込みは 50 ％ である．決定的に重要な仮定であるが，これらの確率は彼の当日の状態にのみ依存し，彼がそれ以前にどうであったかということは問題ではない．スミスの健康状態は次の推移行列によって完全に記述され，それはマルコフ連鎖を定める．すなわち，

		第 2 期	
		W	S
第 1 期	W	.80	.20
	S	.50	.50

慣例的にわれわれはこの行列の呼び名を指定し，P と呼ぶことにして，単

純に

$$P = \begin{pmatrix} .8 & .2 \\ .5 & .5 \end{pmatrix}$$

と書こう．スミスの健康状態についてのこれらの確率は，いかなる継続的な2期間に対しても当てはまる．

有限マルコフ連鎖を定める推移行列の性質はいかなるものであるか[2]．まず第1に，個人が毎期ごとに1つしてただ1つの状態にあるように，有限個のはっきりと定義されたカテゴリーもしくは状態が存在しなければならず，数学者の言い回しにしたがえば「相互に排反で，全体として完結している」のである[3]．これは，その体系が閉じていることを意味する——個人は常にその体系内に留まり，体系外にある状態に移動はせず，それは行列の各行内の数字を足し合わせるといずれも1でなければならぬと述べるのと同じである．時としてこの包括性に関する要求は，行列を増補することによって，言い換えればすべての可能性が考慮されるように状態を加えることによって満たされうる．たとえば，スミスは健康であるとき，次の期に80％の確率で健康であり続け，15％の確率で病気になる．彼はまた5％の確率で死ぬが，それゆえ2つの状態によって構成される体系からははみ出してしまう．われわれは3番目の状態として「死ぬ」を加えることによって，彼をその体系内に留めうる．

2つ目の性質は，推移行列における確率が，いかなる2期の継続的な期間に対しても同一でなければならぬということである．3つ目の性質はいわゆるマルコフ性であり，それらの確率はいかなる記憶も引きずってはならないということである．スミスが昨日健康であったか病気であったかは問題ではなく，彼が明日健康であることの確率は，彼が今日どうであるかにのみ依存する．今日病気にかかっているという条件の下で彼が明日元気になる確率が，彼がどのくらい長く病気にかかっていたかに依存し，今期に健康であるか病気であるかにだけ依存しているわけではないということをあなたが知っていると想定せよ．

---

[2] われわれは状態の数が無限の推移行列を考察するつもりはない．
[3] たとえば，スミスの状態を記述しうる4つの属性，すなわち，健康，病気，就業，そして失業を想定せよ．これらのカテゴリーは全体として完結しているけれども，相互に排反ではない．というのも，スミスは病気にかかると同時に失業しうるだろうからである．その場合の状態は，健康で就業している，健康で失業している，病気で就業している，そして病気で失業している，と定義されねばならない．そのときにのみ，それらの状態は相互に排反でありまた全体として完結しているのである．

あるいは明日元気になる確率は，もし彼が病気になってから1日目であれば50％であるが，もっと長い間病気にかかっていたのならただの30％ということになるかもしれない．一見したところでは，これは打ち勝ち難い困難を示しているが，もし2，3の期間のみの話が問題となるなら，われわれはその状況に対処しうる．この特定の状況の組み合わせにおいて，われわれは「病気」という状態を，「病気になって1日目」($S1$) と「病気になって2日以上経過」($S2$) という2つの状態に置き換える．行列 Q はそのときマルコフ連鎖を表す．すなわち，

		第2期			
		W	$S1$	$S2$	
	W	.80	.20	0	
第1期	$S1$	.50	0	.50	$= Q$
	$S2$	.30	0	.70	

もしその連鎖が「記憶している」状態の数が有限であるならば，このやり方で状態を定義し直すことによって，マルコフの必要条件を満足することが可能である[4]．

　マルコフ連鎖の4番目の性質は，期間の長さが均一でなければならないということである．ここでは期間の長さが自動的に均一となるように定義されているので，これは余計な要求であると思われるかもしれない．しかし時として面倒な問題が生じうる．たとえば，世代はとても扱いづらい時間単位である．さらにそのうえ，もっと長い期間を取り扱う場合には，同一期間内でのある状態からある状態への移行にわれわれは注意を払わねばならない．もしこれらの条

---

[4] この点に関するあなたの理解を確かめるために，以下の状況を考察せよ．すなわち，スミスのとりうる健康状態は，健康，病気，そして重病とする．さらにその上，病気から重病に移行する彼の確率は，前期以前に彼が健康であったか病気であったかに依存する．（さらに先に読み進む前に，マルコフ性が成立するように状態を定義してみよ．）

　われわれはスミスについて4つの状態を定める必要がある．すなわち，健康 (W)，病気になって1日目 ($S1$)，病気になって2日以上経過 ($S2$)，そして重病 (VS) である．次の行列は，いくつかのもっともらしい数値を提唱している．（実際には0のところはもっともらしいなどという以上のもので——それらは議論の余地のないものである．）

	W	$S1$	$S2$	VS
W	.8	.15	0	.05
$S1$	.5	0	.3	.2
$S2$	.3	0	.4	.3
VS	.2	.2	0	.6

件――包括的な諸状態，一定のそして過去の経緯とは無関連な確率，および均一な期間の長さ――が満たされるならば，そのときわれわれはマルコフ連鎖を有する．

マルコフ連鎖を用いた長期分析

上記の推移行列 P によって定義されたマルコフ連鎖が与えられているときに，スミスが明後日に健康である確率はどのくらいか．より大雑把に言えば，われわれは2期間推移行列（the two-period transition matrix）がどんな風なものかに興味がある．すなわち，

		第3期	
		W	S
第1期	W	?	?
	S	?	?

（われわれは2つの期間をそれぞれ d 期および $d+2$ 期と呼ぶこともできた．というのも，日々の確率が時間を通じて一定であるからである．）

もし必要とあらば，1つ1つ数え上げていく骨の折れるやり方でわれわれはこれを算出しうるであろうし，一度はやっておく価値がある．すなわち，ある人が今日健康であり明後日も健康であるのに2通りの場合が考えられるということにわれわれは着目する．彼は，今日健康，明日健康，明後日健康という経緯を辿るかもしれないし，今日健康，明日病気，明後日健康という道筋かもしれない．初めの経緯の確率は.8×.8＝.64 であり，2番目の経緯のそれは.2×.5＝.10 であり，それゆえスミスが今日健康であるという条件の下で明後日健康になる総確率は.64＋.10＝.74 である．それからあなたは，多分続けてこのやり方で他の3つの記載事項を計算し，行列を完成させるだろう．すなわち，

		第3期	
		W	S
第1期	W	.74	.26
	S	.65	.35

もし思いがけずあなたが行列演算に通じているならば（またかりにそうでないとしても気にすることはない），われわれは直接的に2期間推移行列を得られたはずであるということを，あなたは認めるであろう．すなわち，それは単純に $P \times P = P^2$ である[5]．3期間推移行列 P^3 は，

第7章　マルコフ・モデル

$$\text{第1期}\begin{array}{c} \\ W \\ S \end{array} \begin{array}{cc} \text{第4期} & \\ W & S \\ .722 & .278 \\ .695 & .305 \end{array} = P^3$$

この方法にしたがうと，われわれは $P^6 = P^3 \cdot P^3$ を得ることができる．

$$\text{第1期}\begin{array}{c} \\ W \\ S \end{array} \begin{array}{cc} \text{第7期} & \\ W & S \\ .714 & .286 \\ .714 & .286 \end{array} = P^6$$

われわれは続けて P^{10} および P^{20} を示しえたが，これらの行列の各要素が小数点以下3桁まで P^6 のそれらと同じであるがゆえにそうしなかった．

長期均衡確率

行列 P^6，P^{10}，および P^{20} の間にほとんど差がないということのみならず，

---

5) 行列の掛け算は，実のところ直截的ではあるが繁雑なものである．われわれは 2×2 行列の場合についてそれを実演し，1つの例を挙げて説明する．

$$A = \begin{pmatrix} a_{11} & a_{12} \\ a_{21} & a_{22} \end{pmatrix} \text{および} B = \begin{pmatrix} b_{11} & b_{12} \\ b_{21} & b_{22} \end{pmatrix} \text{とする．}$$

そのとき $A \cdot B = \begin{pmatrix} (a_{11}b_{11} + a_{12}b_{21}) & (a_{11}b_{12} + a_{12}b_{22}) \\ (a_{21}b_{11} + a_{22}b_{21}) & (a_{21}b_{12} + a_{22}b_{22}) \end{pmatrix}$

A^2 は単純に

$$\begin{pmatrix} (a_{11}a_{11} + a_{12}a_{21}) & (a_{11}a_{12} + a_{12}a_{22}) \\ (a_{21}a_{11} + a_{22}a_{21}) & (a_{21}a_{12} + a_{22}a_{22}) \end{pmatrix}$$

たとえば，われわれは次の推移行列に対して2期間推移行列を得たいと考えていると想定せよ．

$$\text{第1期}\begin{array}{c} \\ \text{健康} \\ \text{病気} \end{array} \begin{array}{cc} \text{第2期} & \\ \text{健康} & \text{病気} \\ .9 & .1 \\ .4 & .6 \end{array} = T$$

換言すれば，われわれは $T \cdot T$ を求めたい．上記の $A \cdot B$ 公式を適用すると，

$$\begin{pmatrix} .9 & .1 \\ .4 & .6 \end{pmatrix}\begin{pmatrix} .9 & .1 \\ .4 & .6 \end{pmatrix} =$$

$$\begin{pmatrix} (.9)(.9) + (.1)(.4) & (.9)(.1) + (.1)(.6) \\ (.4)(.9) + (.6)(.4) & (.4)(.1) + (.6)(.6) \end{pmatrix} =$$

$$\begin{pmatrix} .85 & .15 \\ .60 & .40 \end{pmatrix} = T \cdot T \text{ もしくは } T^2$$

Leonard E. Fuller, *Basic Matrix Theory* (Englewood Cliffs, N. J.: Prentice Hall, Inc., 1962) は，行列演算についての優れた入門書である．

同一行列内の行どうしの間にもほとんど差がなくなる．任意の所定の日にスミスが健康であるか病気であるかの確率は，もしその日が十分遠い将来であるならば，彼が今日健康であるか病気であるかとはまったく無関係であるということをこのことは示唆している．そして実際，事実はそうである[6]．

これはとても重要な，繰り返し述べるに値するほど重要な結果である．遠い将来のある日スミスが健康であるか病気であるかについての長期確率は，今日の彼の状態に依存しない．すなわち，初期条件は問題でない．その上さらに長期確率は，（長期的に）どのくらいの割合でスミスが健康であると期待しうるかをも直接的にわれわれに物語っている．ちなみに，今のケースでは71.4％の機会である．多くの期間が経過した後，スミスの状態がある状態から他の状態へ移行しなくなるなどということをわれわれは示唆しているのではなく，単に，もしわれわれがずっと先に注目するならば，その時点で彼が特定の状態にある確率は，今日の彼の健康状態に依存しないのだということをきちんと理解してほしい．

われわれはこの結果をニューケントの失業問題に拡張しうる．今日30％の失業率が存在するということが知られているという条件の下で，ニューケントの代表的労働者が今から2年間失業するであろう可能性はどのくらいか．Rと名づけることにする先の推移行列は，次のように与えられていた．

$$\text{第1期} \begin{array}{c} \\ E \\ U \end{array} \begin{array}{cc} \text{第2期} & \\ E & U \\ .90 & .10 \\ .40 & .60 \end{array} = R$$

この場合の2期間推移行列は次のとおりである．

$$\text{第1期} \begin{array}{c} \\ E \\ U \end{array} \begin{array}{cc} \text{第3期} & \\ E & U \\ .85 & .15 \\ .60 & .40 \end{array} = R^2$$

したがって，今から2年後に現在雇用されている人々（全労働力人口の70％に当たる）の15％が失業するであろうとわれわれは予想する．また，現在失

---

[6] 行列代数の知識をもった人達は，方程式 $aP = a$ を解くことによって直接的に長期確率を計算することができる．ただし，a はこれら長期確率の行ベクトルである．この特定のマルコフ連鎖については，$a = (5/7, 2/7)$ である．

業している人々（全労働力人口の30％に当たる）の40％が失業するであろう．それゆえ，全労働力人口の(.70)(.15)+(.30)(.40)=22.5％が失業するであろう．長期的には，この確率は均衡値である20％にまで落ち込むであろう．あなたは，ニューケントの推移行列が失業状態を正確に表していないと感じているかもしれず，他の人々の失業状態が長期にわたるものであるのに反して，ある人々は一時的に失業しているのだと恐らく主張するだろう．この章の後の部分で，われわれはこの個人間の相違の問題に手短かに立ち返る．その間，技法を簡単に説明するために，われわれはすべての個人が同一の確率に直面しているような単純なケースに留まる．

　無限に先の長期確率の値は，その体系の均衡値として知られている．（均衡の概念は第4章において論じられた．それは言外に好ましい意味も好ましくない意味も携えてはおらず，それは単なる数学上の一性質であるということを想起しなさい．）もしわれわれが全体の母集団の動きを考察しているのなら，これらの確率は，たとえその初期分布がいかなるものであったにせよ，その分布が長期的に漸近していくであろう先の均衡分布と考えられるだろう．ニューケントについては，この均衡は20％の失業率である．このケースではスミスだが，個人の場合に関しては，現在彼がどういう状態にあるかにかかわりなく，起きうる状態の各々に自分を見出すであろう長期的な確率を，均衡はわれわれに教えてくれる．さらにその上均衡は，スミスが平均してまた長期にわたって，自分の将来時間のどのくらいの割合を各状態に対して割り当てることになると予想しうるかについても示す．

　スミスに対する長期確率についてのこれらの所説を，われわれはすべてのマルコフ連鎖に一般化することができるか．換言すれば，推移行列は常に長期的には安定的な確率分布を導くであろうか．答えは否である．逐一数学的に微妙な点を根掘り葉掘り調べたりせずに，われわれはマルコフ連鎖が結局均衡に到達する場合と到達しない場合について，直観的に理解することができる．われわれの結論は，母集団全体に関わるマルコフ過程に対しても，等しく完全に成立するであろう．

　本質的には3種類のマルコフ連鎖が存在する．すなわち，(1)正則連鎖 (regular chains)，これはわれわれがすでに見てきたようなものである．(2)吸収連鎖 (absorbing chains)，これには個人が罠にかかって捕われの身になってしまうかもしれない，ある1つの状態もしくはいくつかの状態が存在する．(3)循環

連鎖 (cyclical chains)，ここでは個人は，すべてのもしくはいくつかの状態を経験し，自分の出発点に立ち戻る．

正則連鎖

正則連鎖においてはすべての状態は互いに通じており，2期間以上費やすかもしれないが，ともかく任意の状態から任意の他の状態に移行することが常に可能である．換言すれば，多期間推移行列 P^n が0という構成要素をもたないようになるある n が存在する．たとえば，107ページの行列 Q（健康，病気になって1日目，病気になって2日以上経過という状態が考慮されている）には3箇所0が記入されている．すなわち，

$$\begin{array}{c} \text{第2期} \\ \begin{array}{c|ccc} & W & S1 & S2 \\ W & .80 & .20 & 0 \\ \text{第1期} \quad S1 & .50 & 0 & .50 \\ S2 & .30 & 0 & .70 \end{array} = Q \end{array}$$

しかし2期間推移行列には0要素がない．すなわち，

$$\begin{array}{c} \text{第3期} \\ \begin{array}{c|ccc} & W & S1 & S2 \\ W & .74 & .16 & .10 \\ \text{第1期} \quad S1 & .55 & .10 & .35 \\ S2 & .45 & .06 & .49 \end{array} = Q^2 \end{array}$$

このように1期間では，スミスが病気になって2日以上経過している状態から病気になって1日目の状態に移行することは不可能なはずである——がしかし，2期間の内には可能であろうことを，その2期間推移行列はわれわれに教えてくれる．それゆえ，この特定の連鎖は正則的である．

先に触れたとおり，正則連鎖は結局均衡分布をもたらす．この性質は，単一個人の確率的な動きというよりはむしろ，母集団全体の動きをわれわれが予測する際に特に有用であろう．

吸収連鎖

吸収連鎖では，一度個人が入り込んだら抜け出すことのできない1つ以上の吸収的状態が存在し，必ずしも1期後においてではないかもしれないが，いか

なる状態からでもある1つの吸収的状態に移行することがまた可能でなければならない．

われわれが吸収的状態という言葉で言い表しているものの感じを得るために，正則行列の1例であるスミスの健康-病気行列 P に再び注目せよ．もしわれわれがより現実的であろうと決意し，3番目のカテゴリーである死亡（D）を加えると何が起こるか．新しい推移行列が S であると想定せよ．すなわち，

$$\text{第1期} \begin{array}{c} \\ W \\ S \\ D \end{array} \overset{\displaystyle \text{第2期}}{\begin{pmatrix} W & S & D \\ .80 & .19 & .01 \\ .50 & .47 & .03 \\ 0 & 0 & 1 \end{pmatrix}} = S$$

（機敏な読者は，なぜ第3行の数字がそこにあるようなものであるのかを自分で解明しうる．）これは正則行列ではない——いかに豊富な時間的余裕が与えられようとも，スミスが死亡から健康もしくは病気といった状態に移行しうる道はない．死亡は吸収的状態と呼ばれるが，それというのも一度個人がその状態に入り込むと，彼がそこから抜け出すことは不可能だからである．死亡が公共政策の諸分析において出くわす唯一の吸収的状態ではない．免疫は非常によく類似している．汚染物質は，恒久的に無害なそしてそれゆえ良性の吸収的状態に変容されるかもしれない．他方，別の汚染物質は，一度それを抑制することに失敗するともはや取り返しがつかなくなるかもしれず，そのときその吸収的状態は回避されるべきものである．

吸収的状態に対置するものは経過的状態である．人は多分，ある経過的状態の下で多くの期間を過ごすであろうが，十分に長い時間が経過した後には，彼がその状態にあるであろう確率は0となる[7]．スミスの3種類の健康状態から成る連鎖においては，病気と健康が経過的状態である．ただ1つの吸収的状態といくつかの経過的状態から成る連鎖は，1種の均衡状態に到達する．ただし，それはあまり興味を引くものではない．すなわち，すべての人が吸収的状態に帰着してしまうのである．

---

[7] もし吸収的状態がただ1つだけ存在するならば，われわれは長期確率を計算しうる．見当のつくところかもしれないが，S については，健康，病気，そして死亡の各々に対して長期確率はそれぞれ0，0，および1である．大きな n に対して n 期間推移行列は，すなわち，

循環連鎖

時として，個人の状態は規則正しい移り変わりを示す．たとえば市長は，彼のオフィスアワーを週に一度ずつ4つの小公会堂で順番に公開している．北公会堂，東公会堂，南公会堂，そして西公会堂の順である．この場合の行列は次のとおりである．

		第2期			
		N	E	S	W
第1期	N	0	1	0	0
	E	0	0	1	0
	S	0	0	0	1
	W	1	0	0	0

時には行列全体がこのような循環過程を描くであろう．また時には体系の一部のみが循環するであろうが，一度その循環の罠に捕われると，人はそこから抜け出すことはできない．いずれの場合にせよ均衡は存在せず，循環は無期限に続く．

		第 $n+1$ 期			
		W	S	D	
第1期	W	0	0	1	
	S	0	0	1	$=S^n$
	D	0	0	1	

このようなケースにおいて，たとえば10期間推移行列がどのようなものか，換言すれば，その体系がどの位の速さでその均衡確率に向かって収束していくかに，われわれはより多くの興味をもちそうである．

吸収連鎖かどうかについての手早い診断は，対角線上，すなわち左上隅から右下隅への直線上に存在する1にある．言葉の使い方にうるさい人は，もし対角線上に1をもってくるように2つ以上の状態が併合されうるならば，その連鎖もまた吸収的であるということに注意すべきである．たとえば，行列

		第2期		
		W	S	VS
第1期	W	.8	.2	0
	S	0	.8	.2
	VS	0	.5	.5

は，そのカテゴリーをまとめることによって，明らかに吸収的な次の行列を作り出すことができる．

		第2期	
		W	S もしくは VS
第1期	W	.8	.2
	S もしくは VS	0	1

正則連鎖，吸収連鎖，および循環連鎖を取り扱うにあたって

　要約して言えば，正則マルコフ連鎖に対して，われわれは長期確率に関する2つの結論を引き出しうる．すなわち，(1)特定の状態の下にある確率は，長期的には個人の初期状態とは独立な均衡値に近づく．(2)これらの均衡確率は，非常に長い期間を通して見た場合の，それぞれの状態に留まる時間の百分率表示と解釈されうるだろう．

　吸収連鎖にあっては，均衡はしばしばつまらなく退屈なものである．個人が均衡に吸収されてしまう前に，各状態に各々どのくらいの期間費やすと予想されうるか，あるいはどのくらい早く彼は罠にかかりそうか，前にも増してわれわれは知りたくなりそうである．もし吸収的状態が2つ以上存在するならば，個人が各々の吸収的状態に陥る確率がどのくらいか知ることに，われわれは興味を感じるであろう．

　完全な循環連鎖は，直観的に明らかなこと以上の何ものをもわれわれに伝えはしない．循環は永久に続き，そして任意の個々の時点であなたがどこにいるかは，あなたがどこから出発し，どの位多くの期間が経過したかに依存する．部分的な循環連鎖にあっては個人は結局は循環の罠に捕われることになるであろうが，しかしもし彼がどこから出発したのかを知っているなら，少なくとも彼が循環に巻き込まれてしまう前に経過するであろう予想期間数を，われわれは推定しうるであろう．

　さらに先に進む前に，あなたは長期とはどのくらいの長さのことをいうのかと訝しげに思っているかもしれない．その答えは，「条件次第」である．もし状態間の移行がごくわずかしか生じず，そしてもし状態の数が多数あるならば，その体系は自身の均衡確率になかなか収束しないであろう．たとえば，次の健康-病気推移行列を考えよ．

		第2期	
		W	S
第1期	W	.99999	.00001
	S	.00003	.99997

この体系についての均衡確率は，健康と病気各々に対して，.75 および .25 である．しかしこれは病気の男にとってほとんど慰めにならず，彼が速やかに健康を回復する見込みはほんのわずかしかない．これをわれわれの先に挙げた健康-病気行列と対比させてみよ．そこでも長期確率は完全に好ましいものではなか

ったが（.714および.286），もっとずっと迅速に均衡確率に収束した．もし状態の数が2つだけではなしに多数あり，期間の長さがたとえばかりに1週間であるとすれば，その体系が均衡の近辺に到達するのに数年を要するかもしれない．

マルコフ過程

マルコフ過程によって母集団全体についての研究をすることが可能になるので，政策分析にとってマルコフ過程は有用である．マルコフ連鎖が1組の状態間を確率的に推移する個人を取り扱っているのに反して，マルコフ過程は母集団の各成員の1組の状態間の移動を記述する．同一の確率が各成員に同時に適用される．大数の法則によって，もし母集団が十分に大きければ（そして100はかなり大きい），移動する成員の比率はその確率に近づくであろう[8]．たとえばニューケントの労働力について，推移行列内の記載事項は，ある期において就業状態および失業状態にある人々のどの位の割合が，次の期にこれら2つの状態の各々に移行するかをわれわれに教えてくれる．マルコフ連鎖の場合におけるように，相互に排反で全体として完結した諸状態，均一な時間間隔，そして母集団ベースで割合を近似する一定不変な確率をわれわれは要求する．われわれはまた，母集団の安定性を要求しなければならない．すなわち，その体系への流入もその体系からの流出もどちらもあってはならない．そして再びマルコフ連鎖の場合におけるように，状態に関する注意深い再定義を通じて，これらの要求を満たすことがしばしば可能である．

長期においては何が起こるか．マルコフ連鎖の場合と同じく，もし推移行列が正則的であれば，あるいはもし吸収的状態がただ1つもしくはその集まりがただ1つ存在するならば，それらの比率は体系がどこからスタートするのかとは独立な，ある長期の値に近づくであろう．これらの長期の値が体系の均衡値である．さらにその上，これは母集団の中の諸個人がある状態から他の状態への移行の停止を余儀なくされるということを意味しているのではなく，むしろ母集団の比率，たとえば失業率が一定水準に近づくことを意味しているのだということをわれわれは強調しておく．

ここでニューケントにおける失業問題に立ち返ろう．失業問題は，『ニュー

---

[8] より厳密に言えば，母集団がより大きくなればなるほど，観察されている比率がより密接に真の確率を近似するとわれわれは期待するだろう．

ケント新聞』の求人面が熟練および未熟練労働者に対する求人広告で一杯であるにもかかわらず存続している．便宜上，われわれは前に使った推移行列 R を再び記しておく．すなわち，

$$\begin{array}{c} & \text{第 2 期} \\ & \begin{array}{cc} E & U \end{array} \\ \text{第 1 期} \begin{array}{c} E \\ U \end{array} & \begin{pmatrix} .90 & .10 \\ .40 & .60 \end{pmatrix} \end{array} = R$$

あなたはニューケント市議会のコンサルタントであり，市は失業問題にどのように取り組むか決定しようとしていると仮定する．マルコフ・モデルは，あなたの処方箋を定式化するにあたって役立ちうる．その問題に関して市議会がもっとも大きな影響力を発揮できるのはどこか，換言すれば，いかなる類いの政策変更がもっとも有用となるであろうかを示すであろう．恐らくあなたの代替的諸手段は，すでに雇用されている人々の雇用保障を改善するために，または失業者のための職業訓練計画を設置するために，あるいは租税特別措置を通じて新しい産業を誘致するために，もしくは失業補償金を引き上げるために，連邦準備基金の配分を必要とする．これらの方針の各々にしたがうことによって，どの位多くの雇用が得られるか．これらの実行可能なプログラムの各々は，それが生み出す新しい推移行列を用いて記述されうる．

推移行列 R によって記述される状況においては，80％の雇用と20％の失業がニューケントについての長期均衡である．もしその問題が放任され，状況を変えてしまうことが何も起きなければ，結局のところニューケントには2,000人の失業者が存在することになるであろうということをこれは意味している．（もちろん，こんなに単純なモデルがこのような複雑な状況を記述しうると仮定することは，現実を歪曲している．）そして実際，次年度までには2,500人の失業者が存在するのみとなろう．これは現在の3,000人の水準に対する少なからぬ改善である．雇用保障を改善するためにとられうる処置は，次の新しい推移行列 R' を生み出すであろうと信じられている．すなわち，

$$\begin{array}{c} & \text{第 2 期} \\ & \begin{array}{cc} E & U \end{array} \\ \text{第 1 期} \begin{array}{c} E \\ U \end{array} & \begin{pmatrix} .95 & .05 \\ .40 & .60 \end{pmatrix} \end{array} = R'$$

均衡比率は 8/9 および 1/9 であり，すなわち失業者は1,111人となり，このア

プローチは有望と思われる．

あなたは次に，雇用保障に取り組むよりもむしろ，職業訓練計画を設定することについて検討する．各々の月に仕事を見つけ出す失業者の割合を40％から50％に引き上げる計画の下で何が起こるであろうか．今度は推移行列はR''である．すなわち，

$$\begin{array}{c} \text{第2期} \\ \begin{array}{c} \text{第1期} \end{array} \begin{array}{c|cc} & E & U \\ \hline E & .90 & .10 \\ U & .50 & .50 \end{array} = R'' \end{array}$$

この体系についての均衡比率は5/6および1/6であり，すなわち失業者は1,667人となる．これは何もしないよりは良いがとうていあなたが期待していたほど十分なものではなく，（多分意外にも）雇用保障改善の提案ほど有効ではない．

最後に，大会社を説きつけて，その新しい組立て工場をニューケントに建設させることについてはどうか．これは1,000の新しい仕事をもたらし，必要な人員はニューケントの失業者の列から補充されるであろう．これは即座に失業者数の水準を3,000から2,000に切り下げるであろう．しかし推移行列の確率もまた変化するような付帯的な変化が雇用市場にない限り，上で述べたことが改善の限界であろう．というのも，体系の長期均衡は失業者2,000人のままであろうからである[9]．

もちろん，われわれがここで言及したもの以外にももっと多くの利用可能な政策の選択肢が存在し，それらはそれらにかかる費用やそれらが体系の他の変化を引き起こす可能性をも含めた多くの要因に照らして評価されねばならない．しかしこの単純なモデルをもってしても，何が起きてくるかそしてさまざまな政策のもつ含意はいかなるものであろうかについて，いまやわれわれはより一層多くのことを知るに及んでいる．あなたはマルコフ・モデルの他の用途について考えるべきである．たとえば，失業保険の給付期間を最高6ヵ月から最高8ヵ月に延長することにまつわる費用を計算するために，あなたがいかにそれを用いるであろうか考えなさい．

---

[9] もちろん，好ましい変化が推移確率に生じるであろう可能性はある．しかし，新しい工場が新しい潜在的労働者を誘引し，結局失業問題をさらに悪化させるであろうこともまた考えられるのである．

そしてわれわれは，より洗練されたモデルに容易に進みうるだろう．モデルを洗練されたものにするために付加的な状態を創案することについての可能性を，われわれはすでに探究した．この章の初めに，われわれは次のことをあなたが感じるかもしれないと述べた．それは，失業者の内のある人々は単に一時的にその状態に甘んじているだけであるが，他の人々は長い間職に就いている能力がないように思われるがゆえに，ニューケントについての行列は状況を正しく描写していないのではないかというものである．このような状況に着手するために，われわれは2つもしくはそれ以上の別々の推移行列を作り出すべきであり，各グループごとの人々の体験を表すのに1つの行列をあてる．同様に健康問題への応用にあたって，この種の分割はしばしば価値がある．そこでは2種類のタイプの患者が，治療に対してまったく異なる反応を示すかもしれない．このような状況のすべてにおいて，選択ベースでわれわれがどの政策を適用しうるかはそれらの成員を識別するわれわれの能力に依存するであろうが，各グループに対する政策的インプリケーションははっきり異なるかもしれない．

第8章　選好の定義

　結果をどのように評価すべきか．政策が合理的根拠の下に選択されるときにはいつでも，この問いには答えなければならない．われわれがこれまで考察してきた記述モデルはいかなる結果が期待されるかを予測するだけである．すなわち，選択の経済理論の用語によれば，可能性フロンティアの位置を示すことができるだけである．意思決定者がそれぞれの選択可能な行動に対していかなる帰結がしたがうかをできるだけ正確に決めたとしても，実際に選択するためには，まだ不足しているものがある．もし彼が選択の基準をもとうとするなら，彼はさらに選好を定式化する必要がある．つまり，彼は選択理論の観点から選好関数（preference function）を設定しなければならないのである．

　ある選択状況では，選好構造があまりに単純なため，系統だった思考は不必要かもしれない．サンシャイン・シティが一時停止標示板を1,000個購入しようとしており，すべての標示板が同じものであるなら，選好関数における唯一の要素は費用であろう．そのときサンシャイン・シティは最低費用の供給者を選ぶべきであろう．残念なことに，多くの政策決定では同質的生産物の購入以上の事柄が関係する．かりにサンシャイン・シティが市のレクリエーション施設の購入を計画しているとしよう．その建設用地はすでに決まっているとしても，どのような構造にするかの選択は広範囲に及ぶだろう．公園担当委員長は多方面に注意を向けることを余儀なくされるだろう．彼自身は空間が好きであり，美しい建物を望んでおり，それがバスケットボールやホッケーなどの室内スポーツにふさわしく，しかも小規模の活動や手芸にも利用できるものであって欲しいと思う．そして当然，彼は建設費用と毎年の維持費用に関心を持つ．賢明な決定を行うためには，単純な費用最小化基準以上の多くの基準が要請されるのは，すでに明らかだろう．サンシャイン・シティの意思決定者は，わずかの時間を割いてレクリエーション施設に対する自分自身の選好構造を明示的に考慮するよう忠告されるだろう．この章では，意思決定者の思考プロセスを

助けるいくつかの技法を展望する．

　以下の諸章では，公共的意思決定のためのいくつかの慣例的モデル，すなわち最良の選択を明示するために選択肢の予想と選好についての記述とを結びつけるモデルを考察する．第9章では，択一的な公共事業計画の評価手続きを展望し，重要で広く採用されている便益・費用分析（benefit-cost analysis）を紹介する．第10章では，長期にわたる便益と費用を評価するという困難な問題，たとえばサンシャイン・シティが毎年の保全費を節約するために，初期の高額な建設費を甘受するかどうかという問題を取り上げる．

　第11章の課題となる線型計画（linear programming）は，望ましい選択肢を選ぶために，記述モデルと特定の型の選好関数を結びつける技法である．第12章では，不確実性が最も主要な要因となる状況で選択を行うために開発された決定分析（decision analysis）を考察する．たとえば，サンシャイン・シティには，提案されたさまざまなレクリエーション施設を維持する費用がどれだけかを正確に予測することは困難かもしれない．決定分析はそのような状況で役立つであろう．

　公共的意思決定では対立する利害を常に調整する場に直面する．ほとんど例外なく，公共政策の選択はいくつかの競合する集団の要求がからむだろう．おそらくそれは対立である．たとえば，もし10代の子供をもつ親達が体育館のような建物を強く要求し，成人教育で活躍している人々が技能教育や生涯教育に適した教室のある建物にすべきだと論じ，一方コミュニティでの活動に興味をほとんどもたない人々が税金を他の目的に使うべきだと主張するならば，サンシャイン・シティのレクリエーション施設の決定は陰鬱な不協和音を助長しかねないのである．強制バス通学計画や原子力発電所に関する長い論争が示すように，対立はしばしばきわめて激しいものとなる．不運にも意思決定者は，苦痛な仕事だが，結局は相対立する集団の競合的な要求を比較考量しなければならないのである．さまざまな個人や集団の厚生水準をどうトレードオフするかは，方法論というよりもむしろ哲学や価値判断の問題である．第13章ではこの問題に対する接近方法の可能性を展望する．

　概観はこれくらいにして，公共的意思決定者として選好関数を定義する際に直面しがちな問題に戻ろう．公共的意思決定者は個別の消費者という恵まれた地位にはいない．個別の消費者ならば，自分が購入したい財の組み合わせを決定するとき，単純に内省的方法をとりうるし，ほとんどいつも判断の基礎とな

る経験基盤をもっているのである．第1に，公共的意思決定者は他者のために選択するので，内省は評価にあまり役立たないであろう．第2に，彼の選択はしばしば結果の複雑な組み合わせを含むだろうし，これらの結果の組を「消費する」とき，彼は社会の過去の経験に助けを借りることはほとんどできないであろう．簡潔に言えば，彼にとって無差別曲線に相当する基準を定義することは困難である．公共的意思決定者にとって，少なくとも彼自身にとって，選択を行う際に何を達成しようとしているかを決定するプロセスを明瞭にすることが有益であろう．これがこの章での主張である．

多属性の問題

政策選択の可能な諸結果がドルのような単一の性質によって計測されるなら，少ないより多い方が一層良い（費用について述べているなら，一層悪い）と判断し，難なく最良の選択を直接決定することができる．困難なのは，多くの提案されている政策が（意図しているか否かにかかわりなく）多種多様な目的に役立ち，結果が1つ以上の性質（そのうちのいくつかは好ましくない）で記述されるということである．これらの性質を属性（attribute）と呼ぶ．まったくの幸運でもなければ，すべての属性に関して最良となる結果は存在しないだろう．いかなる属性の組み合わせが望ましいかは滅多に自明ではないし，属性の複雑な配列をもった2つの択一的な行動の間でさえ，理性的な比較を行うことは容易ではない．さらに，すべての属性を共通の基準（denominator）に縮約するメカニズムは身近な所にはない．諸結果間の選好の決定を困難にするのは至る所にあるこの種の問題——多属性問題（multiattribute problem）という——である．その問題の難点は，同時にすべての方向で最適化する（「場合によって最大化あるいは最小化」のかわりに全方途に用いる言葉である）ことができないということである．

われわれは，空間と美学，開放構造と小集団に適した構造，これらすべてと初期および継続的に費用を調和させる際のサンシャイン・シティのディレンマを述べた．われわれはこれらすべての次元で他のあらゆる提案を凌駕する建物の提案があるとは期待できない．すなわち，現実の世界はそのようなものではない．ともかく公園担当委員長はどこでどの程度妥協するか，たとえばより美しい建物を造るために空間と資金の面でどれだけ犠牲を払う用意があるかを決めなければならない．言い換えると，価値づけられた属性の中でどのような主

観的なトレードオフを付すかを決めなければならない．以下の議論では，意思決定者が多属性をもつ結果間の選好について体系的な思考をする際に役立つ多くの技法を紹介する．

　この章を通じて（以下の諸章でも同様に）意思決定者の選好というものを参照する．これはある意味で簡略化である．なぜなら，われわれは最終的な分析において問題となる選好が意思決定者によって代表される人々の選好であることを知っているからである．しかしそれは単なる簡略化ではない．なぜなら，意思決定者の選好を参照することで，われわれは次の点を自覚することができるからである．すなわち，ある社会のさまざまな価値は政治過程によって秩序づけられるが，政治過程が生み出す帰結は，選択のための明確な指針へと翻訳され解釈されなければならないのである．

属性の定義

　多属性問題を体系的に考察する第1の段階は，属性を定義し政策選択肢の価値づけられた（善悪の）帰結を詳細に説明することである．このためには，何を達成しようとしているのか，政策提案の目的は何なのかを最初に知る必要がある．そして次に，選択された各政策からいかなる結果が生じると予測されるのかを知らなければならない．換言すれば，何が欲しいかを属性のレベルで考え，そして何が得られる可能性があるかも考えなければならないのである．

　ある問題で採用された属性の集合は，いかなる選択がなされるかを究極的に決定するかもしれないので，属性の選択には十分な注意が払われなければならない．合わせて，属性の集合は包括的（comprehensive）でなければならない．つまり，どのような厚生上の変化も少なくとも1つの属性に関する改善（あるいは悪化）によって発生する．もしわれわれが事故を減少させガソリンの消費を抑制する手段としてスピード制限を考えているならば，輸送時間や大気汚染に対するスピード制限の効果も含めなければならない．

　もしわれわれがニューヨークの大気汚染に関心をもっているならば，政策目的は都市住民の健康を促進し経済厚生を高揚するものとして提案されるかもしれない．これらの目的は崇高で感動的だが，残念ながら現実の意思決定の文脈では全体として制御不可能である．意思決定者にとって役立つくらいの特定化のレベルまで目標を細かく設定する必要がある．簡潔に言えば，健康や経済厚生を高めるうえでその政策がどの程度実績をあげたかを測定するために，どの

ような属性が利用できるかを決めなければならない．同時に，次の点に注意しなければならない．すなわち，提案された政策のすべてのありうべき効果を，属性のリストが反映していなければならない．もし汚染防止計画が都市での駐車制限を含むならば，属性は大気の質に与える良い影響とともに日常取引に与える可能な悪影響も測定しなければならない．社会厚生に（好ましい，もしくは他の）関係をもつ結果のあらゆる要素は，属性のリストに含められなければならないのである．

　包括性（comprehensiveness）は完全性と同様に，ある正確さを要求するかもしれない．たとえば，事故の結果を扱う際には，修繕費，死亡，負傷を記録することから始めるだろう．しかし事故の激しさの程度はさまざまなので，負傷という範疇は広すぎるかもしれない．多分重傷や軽傷についてのさまざまな属性を挙げるべきであろう．ある面では，包括性の追求は分析者を窮地に陥れる．さらに属性は相互に重なり合うかもしれない．魔法の解法は存在しないのである．属性の定義はむずかしいが重要な問題であり，政策策定者の注意を引くに値する問題だと理解することが鍵である．

　個々の属性はどのようなものであるべきなのだろうか．われわれはそれらが重要な性質であって欲しいと思う．家計の予算を食糧，衣料，娯楽といった大きな重要な項目に整理するのと同様，公共的意思決定に直面するときには，本当に有意義な分類に依拠しているということを確かめなければならない．平均余命の伸長，健康の改善，休暇，貯金，新しい仕事の数，これらすべては重要な属性である．特定の意思決定においてある属性の重要性は当面の選択が及ぼす影響の程度に依存する．よって，平均余命への脅威がサンシャイン・シティのレクリエーション施設の決定において，重視されることはほとんどなさそうである．

　できることなら，属性は測定可能であるべきである．もっとも有益であるためには，われわれがどの程度達成したかを示す基準として役に立たなければならない．ドルで測った修繕費，利用可能な広さ，病欠日数といった理解可能な単位でうまく測定できる属性もいくつかある．正確に言えば，客観的な数として与えられているものでも，その多くはさまざまな解釈が可能である．失業に関する数字はその一例である．町の焼却炉を評価する際の効率性という基準もそうである．われわれは通常理解されているレベルでの測定可能性が達成されないことを常に認識しなければならない．たとえば，あなたがいくつかの仕事

を提案されたとしよう．あなたの選択は俸給，仕事時間，同僚，場所，労働条件などの属性に依存するだろう．俸給や時間は容易に数量化できる．場所も数量化できよう．実際緯度と経度で正確に示すことができる．しかし，多分それはあなたが特定の場所をどう評価するかについての良い指標とはいえないだろう．良いスキー場から車でどれくらい時間がかかるかで場所を数量化する人もいるだろう．おそらくあなたはもっと一般的な指標，あるいは序列表を開発したいと思うだろう．ある場所は評価 A，他は B あるいはそれ以下という具合に．そして他の属性——たとえば同僚の性格——に関しては，あなたは測定可能性をあきらめなければならないかもしれない．その場合最良の方法は，より容易に数量化できる変数によってその属性が過大評価ないし過小評価されることのないよう，分析を通じて使えるような1つないし2つの文章を書き記しておくことである．

　属性の選択は，部分的には誰が政策分析の依頼人であるかに依存するかもしれない．ある状況の下では，分析は単一の依頼人もしくは依頼人のグループ——あなた自身でもありうるし，北バルチモアの住民でもありうる——のために行われる．他の状況下では，いく人かの依頼人が含まれるが，1つの単位とみなせる程度には彼らの利害は接近している．それとは対照的に，病院に対する政策策定を考えよう．真の依頼人はスタッフか，患者か，その病院からサービスを受ける地域社会か，あるいはそれらすべてか．これは一般的には答えられない類の問題である．それはそれぞれの分析で新たに考えられなければならないし，その答えは適切な属性の選択に大きく関連するであろう．

　政策選択の結果を定義する際には，ある哲学的問題が生じる．意思決定の過程を属性のリストから除外することは正当か，あるいは過程それ自体は結果の本質部分となる属性か．完全に一体となった意思決定者にとって，決定に到達する過程は，たとえ意思決定費用が無視できず常に結果の中に含められなければならないとしても，その決定とは無関係と考えてよい．多数の集団の利害が考慮されなければならない集団的意思決定や公共機関の決定の場合には，過程それ自体が属性として重要な価値をもちうる．このことが当てはまる限り，過程は結果の必須部分とみなされなければならないし，属性として数えられなければならない．刑法体系は意思決定者にとって手続きが重要となる顕著な例である．多数決ルールや全体的な民主主義過程もそうである．公共的生活の多くの領域では，より望ましい選択過程と考えられるものを求めて，物質的資源の

図 8-1 ニューヨーク市の大気汚染制御計画選択のための目的と属性の全体集合*

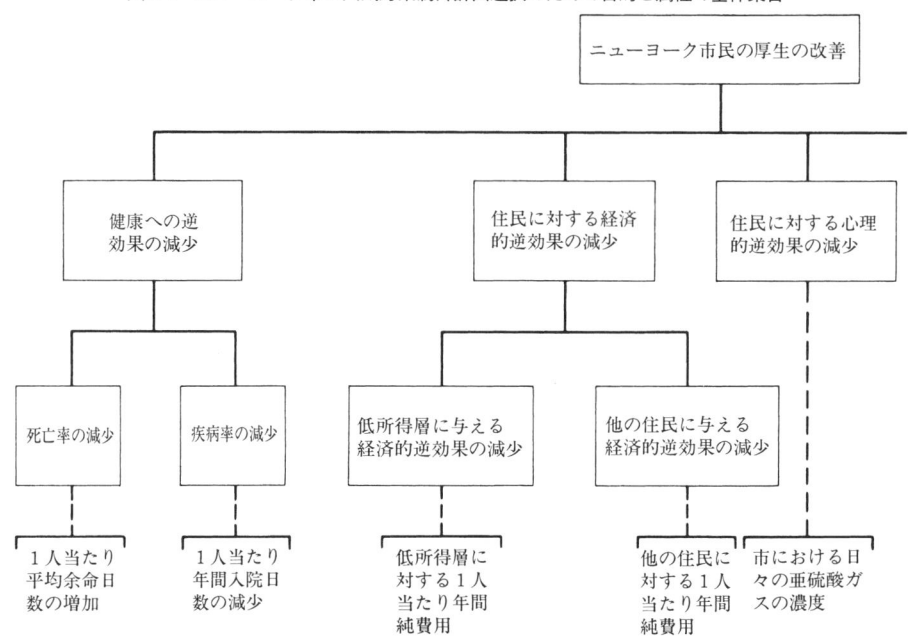

```
                    ニューヨーク市民の厚生の改善
        ┌──────────────────┼──────────────────┐
    健康への逆            住民に対する経済       住民に対する心理
    効果の減少            的逆効果の減少        的逆効果の減少
     ┌──┴──┐            ┌──────┴──────┐              │
   死亡率の  疾病率の      低所得層に与える   他の住民に与える
    減少     減少        経済的逆効果の減少  経済的逆効果の減少
     ┊       ┊              ┊                ┊         ┊
   1人当たり 1人当たり    低所得層に       他の住民に   市における日
   平均余命日 年間入院日    対する1人       対する1人    々の亜硫酸ガ
   数の増加  数の減少     当たり年間      当たり年間   スの濃度
                       純費用          純費用
```

* Ralph L. Keeney and Howard Raiffa, *Decisions with Multiple Objectives* (New York: 1976), John Wiley and Sons, p. 362.

評価という観点から狭く定義されている効率性を犠牲にすることになる．時には決定の改善よりもむしろ意思決定過程の改善が最も必要とされるのである．

最後に，政策選択を前もって判断することがないよう，偏見をもたずに属性を定式化すべきである．属性は目的であって手段ではない．（上で述べたように，意思決定過程が手段であると同時に目的でもあると信じるならば，属性についてもそうである.）もしわれわれがニューヨークの大気汚染に興味をもっているならば，評価される属性は煙突掃除夫の数ではなくて大気の清浄さである．（実際，精緻な分析者はもっと深く掘り下げ，きれいな空気が健康に与える効果，あるいは人間の幸福との究極的な結び付きについて尋ねるかもしれない.）もし評価される属性として掃除夫を挙げるならば，さまざまの燃料や工場の内部工程を含むより上位の選択肢を失うかもしれない．さらに，掃除夫に関するわれわれの選好について考えることが困難だとわかるだろう．われわれ

第8章 選好の定義

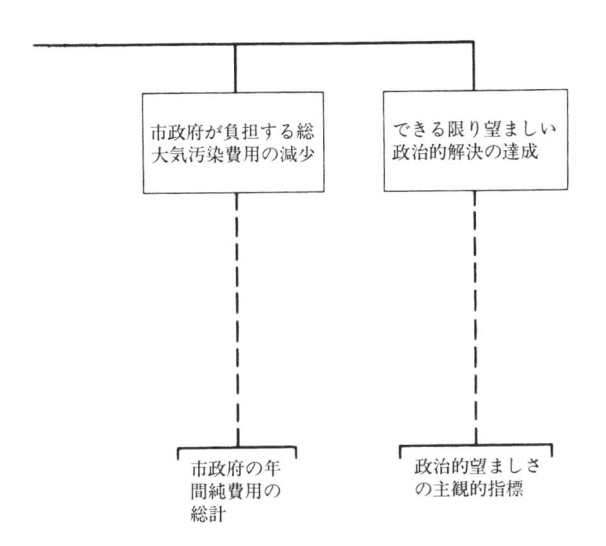

```
          ┌────────────────┬────────────────┐
          │ 市政府が負担する総 │ できる限り望ましい │
          │ 大気汚染費用の減少 │ 政治的解決の達成  │
          └────────┬───────┘ └────────┬───────┘
                   ┊                   ┊
          ┌────────┴───────┐ ┌────────┴───────┐
          │ 市政府の年      │ │ 政治的望ましさ   │
          │ 間純費用の      │ │ の主観的指標    │
          │ 総計           │ │                │
          └────────────────┘ └────────────────┘
```

にとって重要なことは彼らが何をなすかということであって，何人必要かということではない．もし刑法の分野を扱っているならば，刑罰の増加を属性にしたいとは思わないだろう．むしろ価値を置くのは犯罪の減少である．分析を行った後，刑罰を重くすることが犯罪を減少させる最良の策だと結論するかもしれないが，属性を構成する途中で状況を前もって判断すべきではないのである．

目標と属性を記録してしまうと，最終的な結果はどのように見えるだろうか．図8-1はニューヨークの大気汚染管理計画で示された評価された属性を掲げたものである．

計画に対する属性の集合を定義してしまうと，大半の仕事を終えたことになる．次に，ある属性に関してはこちらが，別の属性に関してはあちらが優れているかもしれないというような選択肢の間で，むずかしい比較を行う方法を発見しなければならない．

多属性問題の攻略法

　原理的には，選好の整理問題は次の2つのいずれかの方法で攻略することができる．まず何が行動の可能な結果なのかを調べ，そしてこれらの結果を比較する方法を発見することである．あるいは，まず実行可能な選択かどうかにかかわらず選好がどのようなものかを決定し，次に実行可能な行動のうちのどれがこの選好表にしたがって最良かを調べることである．後者のアプローチは，本質的には第3章の選択の基本モデルに関する議論で展開されたものである．そこでも述べたしここでも繰り返すに足るが，選好表は経済理論における消費者の無差別曲線図のように見えるし，事実ほとんどの場合そうである．しかしながら（まったくしかしながらなのだが），人が無差別曲線図を構成し，それからその無差別曲線図にしたがって行動する，と想定する経済学者はかつて存在したであろうか．むしろ経済学者は，もしその図が個人の選好を正確に描写しているならば，その個人はあたかもその図にしたがっているかのように行動する，と用心深く言うだろう．経済理論における無差別曲線図は観察された選択行動によって顕示されるのであって，それが選択を決定するのではない．ここで提案されることは図の適切な部分を実際に構築することであって，それは最良の選択への指針を与える規範的モデルの一部として利用されよう．この一層一般的なアプローチは，繰り返し行われねばならない決定，ある代理人に委任されねばならない決定，あるいは連続変数が存在する決定について考慮するのに最も有益であろう．実際，それは定式化された意思決定ルールを与えるのである．

　もし厳密な思考に費用がかからないならば，意思決定者は彼の選好関数全体を描き出し，その構造をまじめに思い悩み，数多くの現実の状況においていかなる選択を導くかを決めることによって，その妥当性を検証するだろう．そのような手続きはほとんど実行不可能である．それは時間浪費的であり，非常に費用を要する作業である．実際費用がかかるときには，意思決定者は近道や目の子算をするか，無差別曲線図による完全な記述に代わる近似を探すのである．意思決定者が自分の目的を，意思決定費用も含めたうえで，結果の中から最善の選択を行うことだと考えるならば，そのような手続きは正当化されうるのである．経済学者は時折り，限界効用の大きさについて考えないことの限界効用に関して意見の一致を見る．合理的意思決定者は，陳列棚に入れられた合理性

モデルにしたがって決定を行おうとしないことの合理性についてきわめて適切に語ることができる.

いずれにせよ,第1のルートにしたがいどれが最良かを調べるために単に特殊な結果を見るとしても,あるいは第2のルートにしたがい選好の完全な地図を描くとしても,推移性(transitivity)の概念が中心となる.両方のアプローチにおいて,選好が推移的であるという仮定が暗黙のうちに置かれている.

推移性

A が B より選好され($A > B$ と記す),B が C より選好されるとき,必ず A が C より選好されるならば,選好は推移的であるといわれる.さらに,A と B の間で無差別($A \sim B$ と記す)で B と C の間でも無差別ならば,必ず A と C の間で無差別である.また推移性は,たとえば A と B の間で無差別で B が C より選好されるならば,A は C より選好されなければならないということも要求する.数学的表記は次のようになる.

$A > B$ かつ $B > C$ ならば $A > C$.
$A \sim B$ かつ $B \sim C$ ならば $A \sim C$.
$A \sim B$ かつ $B > C$ ならば $A > C$.

交替的に $A > B$ あるいは $B < A$ とも書かれる.選好と関連して用いられる記号 $>$,$<$,$\sim$ は数学的数量に対して使われる記号 $>$,$<$,$=$ と類似のものである.

われわれは合理的な人々にとって選好は推移的であると仮定する.そのとき,推移性の仮定を公共的意思決定者にも適用するのは至当である.たとえば,市長が商業用アーケードより河岸に沿った公園を造ることを好むと言い,さらに商業用アーケードと工業団地の間で選択を迫られたならば,工業団地より商業用アーケードを選択するとしよう.そのとき,公園と工業団地のいずれかを選ぶとすれば,公園が選ばれると仮定するのは道理にかなっていると思われる.われわれは公共的意思決定者が推移性を満たす選好関数を採用すると期待する.

さらに1つの用語を追加しよう.すべての可能な結果 A,B に対して,A が B より選好されるか,B が A より選好されるか,もしくは A と B が無差別であるかのいずれかであり,さらにその選好が推移性を満たすならば,選好は完全に順序づけられている(completely ordered)という.言い換えれば,任意の結果のペア A,B が与えられたとき,それらを比較し,一方を他方よ

り選好するか無差別かを決定することが可能でなければならない．公共的意思決定者は選択肢のあらゆる可能なペアの間で自分の選択を決めるために多くの時間を費やす必要はないが，自分の選好を定義するためにいかなる方法をとっても，本当に競合的である選択肢の間で選択を行う準備ができていなくてはならない．サンシャイン・シティの公園委員長は最後まで勝ち残った2，3の選択肢の間で選択する準備ができていなければならないのである．選好関数に注意を払うことは，意思決定者が非決定や不活動という窮地に陥るのを防ぐのに役立つ．

さてここで，選好を定義するのに役立ちそうないくつかの技法や手っとり早い方法を展望しよう．

可能な行動による特定の結果の比較

上で述べたところでは，ある選択の手続きは意思決定者の選好構造を定式化しないが，そのかわり最初に何が可能な結果であるかを調べ，次にそれらを比較する方法を見つけることで結果の順位をつける．そのような方法のうち次の4つを取り上げよう．それは，その方法が非常に賢明だからではなく，どれもある特定の状況で有用な試みであるかもしれない，もしくは少なくとも困難な問題を考えるための枠組みを与えるかもしれないという理由からである．

ペアごとの比較

いくつかの選択肢のうちいずれが最良かを決定する最も直接的な方法は，ペアごとの比較（pairwise comparison）を行うことである．結果 A は B とことごとく比較される．次にこれら2つのうち良い方が C と比較される．そしてすべての選択肢が調べられ1つが最良のものとして残るまで次々に続ける．この方法の明白さに感銘を受けないかもしれないが，ちょっとした興味の対象以上のものである．多くの現実的な政策策定は，新たな選択肢が常に現状にとってかわろうとし，上のように進行する．したがって，この接近方法の弱点を注意深く調べることは有益である．

お山の大将遊び（King-of-the-Mountain）——この手続きはそう呼ばれるが——が容易に採用できるとき，その単純さのために魅力的となる．分析的方法はほとんど何も追加しない．しかしお山の大将遊びは重大な欠陥と限界とをもっている．この方法は，もしあなたがたった2つの選択肢だけをもっているな

第8章　選好の定義

らば，あなたは容易にどちらが良いかを決定できると仮定している．もし決定過程が時間消費的で費用がかかるならば，そしてありがちで複雑な状況では，あなたはこの方法で進めていくことをほとんど望まないだろう．もしあなたが多くの選択肢をもっているならば，お山の大将遊びは極端に煩わしいものだとわかる．同様に，プロジェクトにどの程度投入すべきかのように，もしあなたの選択変数のいくつかが連続ならば，その手続きは金額ごとに段階的に調べるのでない限り，何の指針も与えないのである．その方法はあなたが選択を委任したい場合に何の情報も与えない．なぜなら，決定過程が完全に内部化されているからである．それは通常選好の完全な順序（complete ordering）をもたらさない．最後まで行き着くときどれが最良の選択かということのみを知る．そして，どれが次善かを決定したいと思うならば全手続きを再び繰り返さなければならないのである．

　この直観による選択方法は，時々，以下のような利点があると論じられる．すなわち，結果を全体として考慮し，すべての豊かさを斟酌し，説明できないものは残さず，あるいは数量化がむずかしいという理由で格下げされることもなく，またその相互作用が複雑だという理由で誤って強調されることがないのである．重要な考察が過大評価あるいは誤って評価されるというのは，意思決定者が腰をおろし意識的にすべての価値づけられた特性のリストを作成しようとするとき以上に，行動の結果を全体として観察するとき，一層起こりやすいであろう．それは分析者の心の奥底からすべてを取り出し，紙の上に写し出すという過程そのものである．

満　足　化

　時には意思決定者は，結果のいくつかの（全部ではない）属性に対して満足水準を決めることによって選択問題を単純化することができる．この規定はサンシャイン・シティのレクリエーション施設に対しては次のような形式となろう：「建設費は20万ドルを超えてはならない．」まったく異なる文脈では「幼児の育て方セミナーには200人の母親が参加しなければならない」という形式となろう．そして選択はこれらの条件を満たすすべての選択肢の間で行われる．この2段階過程は「満足化」（satisficing）として知られている．しばしばこの用語は，1つを除いたすべての属性に対して満足水準が決められることを意味するために使用される．たとえ複雑でなくとも，ほとんどすべての選択は満足

化の要因を含んでいる．なぜなら，考慮の外に置かれた属性の水準は暗黙のうちに受け入れられているからである．そして成功を収める意思決定者は，自分の資格の範囲内でどの属性が満足水準を超えたとみなすべきか，どれがさらに調査を必要とするかについての直観を発展させる人でもある．

　もしどの実行可能な選択肢も前もって決められた妥当性要件に適合するほどに良いのでないならば，最小要件を緩和するために計画作成まで戻らなければならない．一方，あなたは満足化されない属性によって達成される水準に驚かされるかもしれない．（レクリエーション施設の例では，維持費，利用可能な空間，美的特質がある．）その場合あなたは初期の要求水準のうちいくつかを格上げすべきかどうか，再考したいと思うかもしれない．満足化アプローチは制限された情報加工能力を扱うための目の子算方法だという点を理解しておかなければならない．その方法は選好関数を定義する際に直面するきわめて複雑な問題を簡単化する．さっと検討してこの手近な方法が害が少ないとわかれば，満足化は非常に有益である．いく人かの観察者は，満足化アプローチの利点が何であろうと，多くの現実の意思決定者はそれを採用していると示唆してきた．それらの意思決定者は無分別な人々ではない[1]．もちろん別の方法としては，意思決定者にすべての価値づけられた属性の間で同時的なトレードオフを行うことを要求しないようなものを開発することである．

辞書式順序

　満足化を極端に進めると，辞書式順序（lexicographic ordering）として知られるものになる．その用語はアルファベット順に並べるプロセスに由来する．辞書では，qで始まるすべての単語はrで始まるすべての単語の前に来る．2番目以降の文字がどうであってもこの配列は変わらない．すなわち"qz…"という文字で始まる単語はすべて——もしそのような単語があるならば——"ra…"で始まるすべての単語の前に来るのである．手短かに言えば，トレードオフは不可能だということであり，これは辞書編集の最良の方法である．

---

[1] カーネギー・メロン大学の組織理論家は，実際には多くの決定が最初に現れた望ましい選択肢を選ぶことによってなされるということを観察してきた．言い換えれば，意思決定者はすべての属性に関して満足化するのである．多くの家族，特にしばしば商業上の移転所得を受けている家族は，このようにして家屋を購入する．とりわけ遅延の費用が高ければ，多くの場合それは最も合理的な方法である．

とりわけ辞書式順序は1つの属性に関して選択肢を一度に格付けする．選択肢Iが最も重要な属性に関して選択肢IIと同等に満足いくものであるとき，そしてそのときに限り，次に重要な属性が全体の選好の順序において適切なものとして考慮されよう．

銀行 A，B のいずれかに預金するとしよう．これらの各選択の結果は3つの属性 X_1，X_2，X_3 で表され，それぞれ銀行サービスの質，預金から得られる利子収入，銀行の所在地の便利さを示す．預金者の選好は完全に辞書式に順序づけられる．すなわち X_1 は X_2 より重要で，X_2 は X_3 より重要であると考えられる．2つの銀行がちょうど同じ質と認められるサービスを提供するときのみ，利子率が考慮されるだろう．そしてさらに，2つの銀行が同一の利子率をも支払ってくれるときのみ，所在地が決定における要因となろう．

辞書式順序は「管理上の容易さ」を除けば滅多に適切なものではない――しかし管理上の容易さは重要な属性であり無視できない．よって辞書式順序が採用されているケースに出会ったとしても驚いてはならない．時折り論じられることだが，公共的意思決定に生命の危険が含まれている場合には選好は辞書式となる．言い換えれば，人々の生命に与える脅威が最小となる結果が最良の結果である．直観的にはこれはある人には訴える力をもつ概念であるかもしれないが，実際それが観察される行動に一致することはほとんどない．人々が確かにこのように感じているならば，シートベルトは必ず着用されるだろう．誰も車を運転しないだろうし，道路を横切らないだろう．また美容整形手術を受けることもないだろう．

同値な選択肢の算定による比較

属性が多数存在する複雑な状況では，単に直観に頼っても選択肢を削減することはできない．にもかかわらず，優越関係（domination）を調べることでいくつかを除去できることもある．あなたはいま5つの仕事の中から選択しようとしているとする．もちろん特に重要な属性は俸給である．他の重要な属性は余暇，労働条件，同僚の性格，場所である．あなたはこれらの属性のそれぞれについて5つの仕事に順位を付ける．最良のものにA，次に良いものにB，等々．もしある属性について同等ならば，2つの仕事には同じ順位が付けられる．5つの仕事の等級は表8-1に示されている．この行列に基づいてあなたは仕事I，III，Vを削除することができる．仕事I，IIIはIIに支配され，VはIV

表8-1 選択肢の体系的順位

属性	仕事				
	I	II	III	IV	V
俸給	B	A	C	B	B
余暇	C	C	D	A	B
労働条件	C	A	B	C	C
同僚	C	B	B	A	A
場所	A	A	A	B	B

に支配される．これが優越関係の手続きで達成しうる限度であるが，意思決定は競合関係にある選択肢を2つの仕事に限定することによって大いに簡単化されるのである．

選択はIIかIVに絞られた．この2つの比較にはどうすればよいか．仕事IIはIVと比べてより良い俸給，労働条件，場所を提供するが，余暇と同僚については劣る．われわれは体系的にこの比較を行う1つの方法を提案することができる．明らかに単なる序数的な順位づけはもはや十分ではないだろう．われわれは種々の貴重な属性に関して2つの択一的な仕事の性質を一層完全に記述することから始めなければならない．次の表は適切な情報を与える．W_{II}とW_{IV}は労働条件を記述した項である．（W_{IV}は「顧客との直接の接触はほとんどなく，単一の仕事が与えられ，半ば秘書であり，事務所内の仕事である」などと読める．）C_{II}とC_{IV}は仕事上の同僚について情報を与える項であり，L_{II}とL_{IV}は場所を示す．L_{II}は「フィラデルフィア郊外の工業地域」というようになろう．IIとIVの比較は表8-2に示されている．

最初に，仕事IIによって与えられる2万ドルのうち，1日3時間の追加的余暇と引き換えにどれだけ手放してよいかを自問せよ．たとえばあなたは3,000

表8-2 初期の比較

属性	択一的な仕事	
	II	IV
俸給（千ドル単位）	20	18
余暇（1日の起きている時間のうち）	5	8
労働条件	W_{II}	W_{IV}
同僚	C_{II}	C_{IV}
場所	L_{II}	L_{IV}

ドル手放すとしよう．言い換えれば，あなたは 3 時間の余分の余暇，つまり全部で 8 時間の余暇と，3,000 ドル少ない俸給，つまり 17,000 ドルの俸給を提示する新しい仕事，選択肢 II′ を定義することができる．II′ はちょうど II と同値 (equivalent) である．なぜなら，あなたがそう定義したのだから．よって今度は新しい比較表，表 8-3 を使うことができる．

表 8-3 均等化された余暇

属性	択一的な仕事	
	II′	IV
俸給（千ドル単位）	17	18
余暇（1 日の起きている時間のうち）	8	8
労働条件	W_{II}	W_{IV}
同僚	C_{II}	C_{IV}
場所	L_{II}	L_{IV}

この手続きを次の属性である労働条件について繰り返そう．表 8-1 によれば，II の労働条件は IV の労働条件に優っていた．もし労働条件が選択肢 II や II′ の下での労働条件と同じならば，あなたは IV の俸給 18,000 ドルのうちどれだけ喜んで手放すかを自問せよ．仮に，2,000 ドルが適当だと決めるとしよう．適切な交換によって選択肢 IV′ が得られる．比較表は表 8-4 のようになる．

表 8-4 均等化された余暇と労働条件

属性	択一的な仕事	
	II′	IV′
俸給（千ドル単位）	17	16
余暇（1 日の起きている時間のうち）	8	8
労働条件	W_{II}	W_{II}
同僚	C_{II}	C_{IV}
場所	L_{II}	L_{IV}

この手続きを C，そして L についても続けると，俸給を除いたすべての特性が同値になる．そうした 2 つの表が表 8-5，表 8-6 である．

この最後の表では，俸給を除いたすべてが等しくなっている．II″ に到達するために，II″ と元の選択肢 II との間であなたが無差別となるようにトレードオフを行った．同様に IV と IV″ の間でもあなたは無差別である．しかし調べてみると II″ は IV″ より選好されるので（以前の記号を用いれば II″ > IV″），II は

表 8-5　均等化された余暇，労働条件，同僚

属性	択一的な仕事	
	II″	IV′
俸給（千ドル単位）	15	16
余暇（1日の起きている時間のうち）	8	8
労働条件	W_{II}	W_{II}
同僚	C_{IV}	C_{IV}
場所	L_{II}	L_{IV}

表 8-6　俸給以外のすべての属性の均等化

属性	択一的な仕事	
	II″	IV″
俸給（千ドル単位）	15	14
余暇（1日の起きている時間のうち）	8	8
労働条件	W_{II}	W_{II}
同僚	C_{IV}	C_{IV}
場所	L_{II}	L_{II}

IVより選好されると結論できる．

　単に重要な属性の間でペアごとのトレードオフを行うという手続きによって，初期においては体系的な比較を行う明確な根拠が見つからなかったにもかかわらず，1つの選択肢が他の選択肢より優れていることを発見した．この方法は完全に一般的である．これらのペアごとのトレードオフを喜んで続け，それを整合的に行うことのできる意思決定者ならば，いかなる多属性選択肢の集合からも自分の選好する選択肢を選ぶことができる．ちょっと時間をとれば，サンシャイン・シティの公園委員長がこの方法を使っていかにレクリエーション施設を選び出すかを考えることができよう．

　同値な選択肢を見つけるという方法は，最終的な競争者となる優越されない選択肢でさえ消去するのに用いることができる．たとえば高い俸給と悪い労働条件を与えるという点を除いて選択肢IVと同じになる選択肢VIが存在したならば，第1段階でVIと無差別で俸給を除けばIVと同じになる選択肢VI′を作り出すことができるだろう．もしVI′の俸給がIV以下ならばVIは削除されるだろう．もしそれ以上ならばVIが競争者となり，IVは削除されるだろう．

　仕事選択の例では，2つの数量変数と3つの記述的な変数があった．この作業プロセスが要請するものは，同値な選択肢を作り出すために値を微少量ずつ

増減させることができる1つの数量変数が存在するということである．政策決定の場合，計画の費用が同値化の役割を果たすのに最もふさわしい候補であろう．状況が変われば，まったく異なる変数が浮かんでくるかもしれない．失業水準のこともありうるし，空気の質の指標，ある地域における医師の数のこともありうる．必要なことは，意思決定者がその変数と他の価値あるものとの間のトレードオフを進んで行いうるということだけである．

このトレードオフの進行は，選好関数全体を描写することなしに任意の2点を比較する手段を用意する．原則的には，このアプローチはなくてはならないものであるが，時には，選好関数自体を決定するよりやさしいことがわかるかもしれない．

第9章　プロジェクト評価：便益・費用分析

　便益・費用分析（benefit-cost analysis）は，公共支出のさまざまな決定事項を評価する分析枠組みである．この方法は，特定のプロジェクトが採用された場合すべての社会成員にもたらす便益と費用を，定量化の難易にもかかわらず，また有形・無形のものでも体系的に網羅する．こうした一般的説明に対しては，次のような反応を示す読者も多いであろう．「なるほど，よくわかった．だが，公共政策の分析者に，他の何を期待しようというのか．」しかし，便益・費用分析が発展したのは，比較的最近のことである．それが最初に利用されたのは，水資源開発プロジェクトを評価するためで，1930年代であった．そして，広く一般に利用されるようになったのは，第2次大戦後にすぎない．便益・費用分析は，次のような点において，規範的モデルの一典型である．すなわち，それはさまざまなプロジェクトの総体的な結果を示すと同時に，プロジェクト間の優劣を決するための意思決定主体の選好に斉合的な基準を組み込んでいる．

　便益・費用分析は，損益計算書の公共版であるといわれることがある．しかし，このアナロジーには無理がある．なぜならば，便益・費用分析が問題とするのは，特定プロジェクトの内部的および外部的なあらゆる影響であるが，私企業が関心を向けるのは，自らの利益に関することだけであると考えられるからである．さらに，両者は次の点で相違する．利益や損失は事後的な概念であり，事実を追いかけて過去の出来事を記録する．これに対して，便益・費用分析は事前的な概念である．その目的は，特定のプロジェクトを事前に評価し，そのプロジェクトをいかなる方法で，あるいはどれだけの規模で実施するべきか，そしてそもそもそのプロジェクトは実施するだけの価値があるのかどうかを決定する．

　便益・費用分析は，経済効率を論拠としている．そして，さまざまな資源の配分を工夫して，市場にまかせることも含んでその最大限度までの価値を確実に発揮できることを目的としている．実際上，便益・費用分析が最も役に立つ

のは，明確な形となっているプロジェクトを評価するときである．特定河川の代替的な水質管理システムの中から，いずれを選択するかという場合，あるいはより耐久性の強い新アスファルトを用いて道路を舗装すべきかどうかを決定する場合などである．1960年代における貧困撲滅戦争（War on Poverty）のような広範囲にわたる計画にとっては，便益・費用分析はパラダイムとして最も有用である．そのような計画の詳細な定量分析は不可能であろうが，便益・費用分析という形で検討することによって，政策策定者は便益と費用のさまざまなカテゴリーを入念に検討し，いかなる成果が期待されるかを明確にし，そして彼らの意思決定の中の潜在的トレードオフに注意を払うことを要請される．

実際，意思決定すべき問題の輪郭の明確化がむずかしいほど，そしてその目的があいまいであるほど，プロジェクト評価の体系的手法を身につけることが一層価値あるものとなる．カーター政権は，当初の数ヵ月間に，まさにそうした政策上の選択問題に直面した．民間における雇用機会の創出と対立して国がどれほど雇用政策を強く押し進めるべきかを決定することが，必要だったのである．論点は，次のような問題に集中した．すなわち，「公共事業に20億ドル支出すべきであろうか，あるいは50億ドルの減税を行うべきであろうか．」等々の問題である．価値ある目的を達成するために社会にどれほど負担をかけるかについて，このように問題の骨子だけが論じられた例を他に見いだすことは，きわめて珍しい．

本書では，総じて便益・費用分析を肯定的に評価し，熱心に支持する立場をとる．しかし，プロジェクト評価手法の長所をほめたてるだけで，同時に短所を指摘することを怠るならば，公正な態度とはいえないであろう．便益・費用分析は，不注意，単純な誤解，あるいはまったくのごまかしなどに基づいて，誤用される可能性が高い．この手法には，精密かつ客観的であるという印象を与える危険性が潜んでいる．論理上は，この手法の精密度は，手法上必要とする仮定および評価の精密度と同程度である；あるいはしばしば，誤りが重なり合うためにそれ以下となる．ごまかしはまったく別種の事柄であり，仮定の隠蔽，不公正な評価，および意図的な推定などを含む．たとえば官庁は，立案されたプロジェクトの費用を過小評価するように強く動機づけられている．神託からコンピュータ・アルゴリズムまで，政策選択上のいかなる方法も不公正に操作される危険を常に伴う．プロジェクト評価手法は，これまでに広く利用されてきたので，それがまたある状況において誤用されてきたとしても驚くには

当たらない．しかし，意思決定上のあまり形式にこだわらない方法と比較するならば，この手法の方が操作の入り込む余地はいく分少ないかもしれない．というのはこの手法は，選択上考慮された諸要素を明示するよう考案されているからである．この手法は，専門的な形で提示されるならば，諸仮定の代替的な組み合わせを採用することが可能になり，したがってこれによって政策策定者およびその批判者は，結論の違いがどこから生じているかを検討することができる．こうして，便益・費用分析の重要な意義は，それが政策決定過程にさまざまな情報を提供する点にある．

プロジェクト評価手法は，さまざまな舞台においてその有用性を発揮している．防衛力格差に対する不安が広がっていた1960年代初期に，ヨーロッパにおけるロシア陸軍の1個師団は，NATO軍のそれよりはるかに劣ることを示すことによりこの手法は当時の軍事観を変えた．この手法が不可欠な役割を果たしたのは，ジョンソン政権の提唱した「偉大な社会」政策の中の善意に発した計画の多くが，そこで明示された使命を全うしていないことを示したときであった．エネルギーの分野においては，残念ながら注目されなかったのであるが，初期のプロジェクト評価によって，多様性のある原子力政策を推し進めるべきことが明らかにされた．便益・費用分析は，初めて確かな論拠によって，少なくとも1970年代の間，超音速旅客飛行が不経済であることを証明した．近年，便益・費用および費用・効果（cost-effectiveness）の研究は，広範な医療活動に対して応用され，たとえば，どの患者を高血圧症として日常的に守るべきか，そしてそうした患者をいかに治療すべきか医者が決めるのに役立っている．

手　順

原則として，便益・費用分析における手順は5つの段階に分かれる．
1．分析されるべき単一，あるいは複数のプロジェクトを識別する．
2．現在および将来を通じて，社会全体に及ぼす影響のすべてを，その望ましさの程度いかんにかかわらず明示する．
3．種々の影響に対して，価値——通常ドル表示——を付与する．望ましい影響は便益として，望ましくない影響は費用として記録される[1]．

---

1) 本章では，1つずつ難題に取り組むという通例にしたがい，あらゆる影響はただちに生ずると仮定する．長期的に生ずる影響をいかに評価するかという問題は，第10章で検討する．そこで展開

4．純便益（総便益マイナス総費用）を計算する．
5．選択を行う．この決定を行う基準は，本章の後節において検討される．

便益・費用分析は1つの分析手段であるが，実はさまざまな分析手段がきわめて精巧に組み合わされている．便益・費用分析に機械的要素として組み込まれているのは，意思決定基準である．これは特定プロジェクトを実行すべきかどうか，そしてもし実行すべきであるならばいかなる規模においてなのかを決定する．これらの意思決定基準は，何か神秘的な方法によっていきなり導出されるのではない．逆に，それは入念に検討され，社会的に実現が望まれている事項を公共的意思決定が正しく反映するよう工夫されている．

便益・費用分析の形式的ルールは，プロジェクトの費用と便益の推定値をインプットとして利用する．しかし，これらのルールについての知識は，意思決定者が身につけるべき知識の初歩にすぎない．彼は，さらに次のような諸問題に直面しなければならない；

1．特定の状況に対して，どのルールを利用することが適切であるか決定する．
2．複雑な問題を便益・費用分析の枠組みに当てはめる．
3．便益と費用を推定する．そして，
4．どの程度まで詳細な，また洗練された分析を行うべきか決定する．

始めに，プロジェクトの選択に必要な公式的ルールを概説する．次に，ルールを適用するときに生ずるこみいった問題を考察する．

便益・費用基準：大原則

しばらくの間，提案された複数のプロジェクトについて，便益と費用はすでに確定していると仮定し，したがってその純便益も確定しているとする．これらのプロジェクトをどのように取捨選択すればよいのであろうか．言い換えれば，意思決定ルールはいかにあるべきなのであろうか．これに関して，あらゆる便益・費用分析は次の大原則にしたがう．

　選択が必要ないかなる場合においても，最大の純便益をもたらす選択肢を選びなさい．

もちろん，すべてのプロジェクトが負の便益しか生み出さないという場合も

された方法は，便益・費用分析に直接組み入れることができる．

ありうる。このときの最善策は，「何もしない」ことである。何もしなければ，少なくとも0ドルの純便益が生み出されるのであるから。大原則によって保証されるのであるが，実施されるプロジェクトから生ずる便益は，プロジェクトから利得を得た人々がそれから損失を被った人々を補償できるほど大きい。したがってすべての人々の経済厚生を高めることができる[2]。さらにこの点に関して，大原則は次の命題も保証する。すなわち，実際に選択されたプロジェクトは，他のいかなるプロジェクトよりも，経済厚生上優位にある。たとえば，住民がビルとジョンの2人である町について考えてみよう。彼らは，新消防署を町の北端に設置するか，それとも南端にするか，あるいは現在の消防署をそのまま使用するか決めようとしている。これらの選択肢の純便益は，表9-1に示されている。

表 9-1

	現消防署	純便益の変化	
		北端	南端
ビル	$0	−$120	$330
ジョン	$0	$250	−$140
合計	$0	$130	$190

　消防署を北端に設置するならば，ジョンが彼の利得の一部をビルに与え，2人の経済厚生を現状より高めることができよう。たとえば，彼がビルに175ドルを支払うならば，ビルの経済厚生は現状より55ドル改善され，しかもジョンは75ドルの利得を依然として得ている。消防署を南端に設置するならば，再分配しうる純便益はさらに増加するので，北端が選択される以上に2人の経済厚生を高めることができる。たとえば，ビルがジョンに230ドル支払うならば，ジョンの経済厚生は現状より90ドル改善され，しかもビルは依然として100ドルの利得を得ることができる。このとき，北端を選択した場合に対して提示された再分配計画下より，2人の経済厚生は高まっている。要するに，大原則に準拠してプロジェクトが選択されるならば，ある再分配パターンを常に見出すことができ，それにしたがうならば他のいかなるプロジェクト下より高い経済厚生をビルとジョンの2人ともが享受できるのである。

---

[2] プロジェクトの便益がその費用より大きくなければならないという基準は，カルドア-ヒックス基準として知られている。その含意は，第13章で検討する。

第9章 プロジェクト評価：便益・費用分析

　以上の説明において傍点を多用したのは，次のことに注意を喚起するためである．すなわち，補償が実際に行われる必要はなく，ただそうした補償が可能でありさえすればよいのである．その結果，現実には一部の人々の経済厚生は，プロジェクトが実行される以前より低下したままであるかもしれない．便益・費用分析の伝統的枠組みの中では，分配問題は考慮されない．しかし，分配問題が重要な懸案である場合にも，効果的な政策を立案する上で，便益・費用分析は大きな助けとなる．分配問題に関しては，本章の最後で特に取り上げる．それまでは，分配問題は重要事項ではないと仮定しよう．これは，たいていの小規模な政策について妥当な仮定である．

大原則にしたがって：副次的選択基準

　便益・費用分析の大原則をいかに応用したらよいかは，実例に即して考えると最も理解しやすい．以下では，自然保護に携わる役人が直面する仮想的な選択問題について考えてみよう．それは，次の4種類の選択問題である：

1．単一のプロジェクトの採否．
2．選択問題が，(a)離散的な場合と，(b)連続的な場合について，複数の利用可能なプロジェクトの中から単一のプロジェクトを選ぶ．
3．資源制約下における複数プロジェクトの採否．（制約資源として最も頻繁に見られる例は，初期の資金総額である．しかし，長期にわたる資金総額，管理時間，灌漑水の供給量等も制約資源となりうる．）
4．資源制約下における複数プロジェクトの採否，および採用プロジェクトそれぞれの活動水準の選択．

　実例に向かう前に，1つ留意すべきことを述べておく．われわれが検討するのは，保護地区の管理にかかわる選択問題である．読者は，こうした例に即して示された考え方を広範な領域の問題に関して適用できるかもしれないと考えてみるべきである．私たちが望むのは本章を学んだ後，読者がそれぞれの関心をもつ分野での政策論議に，本章で習得した概念や基準を関連づけるよう積極的に努力することである．問題が保健，住宅，あるいは交通等々のいずれにかかわるかは関係がない．有効な政策を選択するために必要な原理は，同じなのである．

大原則の応用：4つの例

ケース1：単一プロジェクトの採否

広大な保護地区に本部の新ビルディングを建設するというプロジェクトを考えてみよう．同地区を管轄している野生生物保護庁ではあるビルディングを構想している．ただし，資金調達および他の投入財は考慮外とする．このビルディングの初期費用は，17万5,000ドルと見積もられている．そして，長年にわたるエネルギー費用の節約分が純便益として15万ドルになると算定されている（こうした長期の節約効果はドル表示で現在価値に換算され，単一の数値として示される）．本部が最新式の建物にかわることによって維持費が節約され，その節約額は75,000ドルになると見積もられている（専門家がこうした見積もりをはじき出すまでには，多大の努力を要したと推察される）．こうして，純便益は次式によって示される．

$$150,000 + 75,000 - 175,000 = 50,000\ (ドル)$$

以上の例では，保護庁がなすべき選択は，5万ドルの純便益が見積もられている新本部を建設するか，あるいはそれをとりやめて0ドルの純便益を得るかという単純な意思決定である．大原則にしたがって純便益が最大化されるのは，保護庁が新本部を建設する場合である．つまり，5万ドルは0ドルより大きい．しかし，純便益が0ドルより少ない場合には，大原則にしたがうならば新本部の建設はとりやめとなる．要するに，イエスかノーかという単純なケースでは，大原則は「ある計画の便益が0ドルより大きいならば，その計画を採用する」という命題に等しい．

ケース2a：一連のプロジェクトの中から単一のプロジェクトを選択（離散的な場合）

野生生物保護庁には，新しい本部を建てるかどうかの決定ではなく，ごく小規模な倉庫から試験所とふ化場を備えた立派な研究所までさまざまな8つの可能な計画があるとしよう．ここでも，資金調達と他の投入財は考慮外としよう．8つの選択肢それぞれの費用と便益は表9-2に要約されている．プロジェクトBから，最大の便益75万ドルが期待される．したがって，プロジェクトBが選択されるべきである．

第9章 プロジェクト評価：便益・費用分析

表9-2　　　　　　　　（単位：千ドル）

本部	初期費用	便益		総便益	純便益
		エネルギー費用の節約	維持費の節約		
A	100	100	500	600	500
B	500	400	850	1,250	750
C	200	200	600	800	600
D	75	25	150	175	100
E	150	50	325	375	225
F	200	150	250	400	200
G	50	75	100	175	125
H	150	175	275	450	300

ケース2b：プロジェクトの最適規模の選択

　ケース2aにおいて提示された8つの選択肢は，相互に排他的でまったく別個の計画である．しかし，種々の選択肢は本来同一の計画であるが，規模が異なるために相互に排他的となっているという場合もある．本ケースでは，こうした事例を検討する．

　問題の保護地区の山林管理人が，苗木畑への施肥量をどれほどにすべきかについて，周到な意思決定を望んでいるとしよう．幸いにして，国立山林研究所の専門家が，施肥の便益およびこの種の土地に対する施肥の便益をドル換算した値に関して詳細な資料をもっている．この情報はグラフに表すことができ，それは図9-1に示されている．同時に図9-1には，山林管理人が見積もった土地を肥やすためにかかる費用が，肥料自体の費用も含めて示されている[3]．図9-2には，純便益＝（総便益－総費用）が示されている．純便益は施肥量が約15トンのとき最大になる．したがって，15トンの肥料を苗木畑に施すべきである．

　この例は，さらに検討を加える価値がある．というのは，それによってプロジェクトの規模を連続的に変えることができる場合，プロジェクトの最適規模を定める意思決定ルールの違った形を探る機会が与えられるからである．大原

---

[3] 実際にこの種の問題を解く場合，分析者は通例作図に頼らないであろう．現実には彼は，一連の方程式によって諸関係を表現しようとするであろう．その方が，より正確な解を得ることができると予想されるからである．グラフは，視覚に訴えるので，説明をわかりやすくする点で優れている．

図 9-1

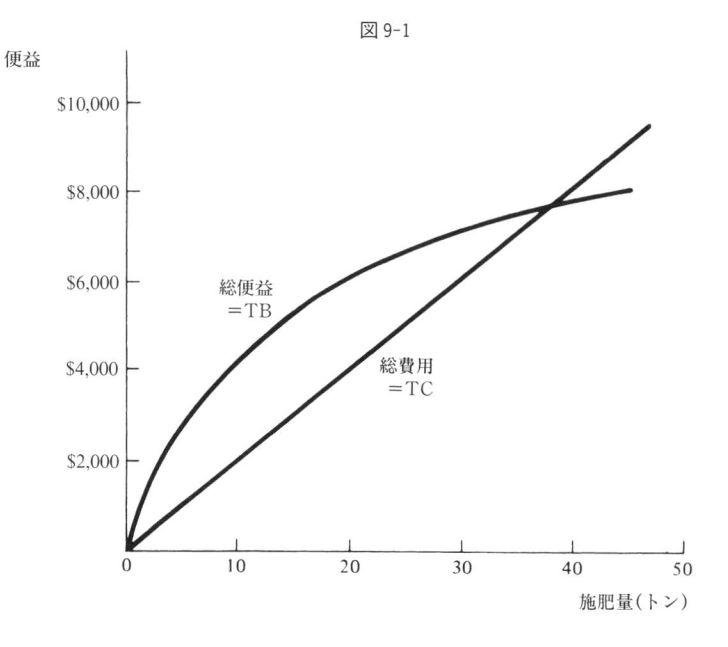

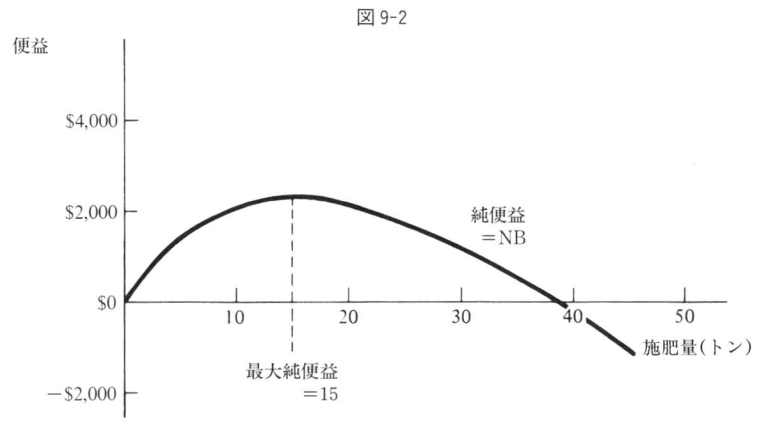

便益 / 施肥量(トン)

総便益 =TB
総費用 =TC

図 9-2

便益 / 施肥量(トン)

純便益 =NB

最大純便益 =15

則は，次のように表されることもある．「限界便益と限界費用とが等しくなる点まで，プロジェクトの規模を拡大せよ」，あるいは別の言い方をすれば，「限界純便益が0になる点まで，プロジェクトの規模を拡大せよ」．肥料の例では，この基準を次のように言い換えてもよい．「施肥量を追加的に1トン増加させるときに生ずる便益がその費用を上回る限り，施肥量を増加せよ．追加的な便

益の増加分が減少し，施肥量1トンの追加に要する費用の増加分とちょうど等しくなる点にまで達したとき，施肥を停止せよ」．この命題の中には重要な仮定が隠されている．それは，やがてある段階を越えると，施肥量1トンの追加から生ずる総便益の増加分が，施肥量の増加とともに減少するようになるという仮定である．これは収穫逓減の法則である．この法則は，もちろん物理法則ではないが，現実世界に見られる広範な現象にうまく適合する．意思決定ルールを言い換えれば，限界便益が限界費用を上回る限り，プロジェクトの規模拡大はそれに要する費用以上のものを生み出す，したがって拡大すべきである．規模の拡大がまさに引き合わなくなる点において，純便益は最大化する[4]．

限界曲線に関して留意すべき重要な点は，それが対応する総曲線に含まれている情報以上に何も提供しないということである．それは同じ情報を異なる形式に表現しただけにすぎない；したがって，どちらの曲線も他の曲線から導出することができる．便益・費用分析を利用したいと考えている読者は，総形式から限界形式に表現を変える手順に精通すべきである．この手順を明らかにするために，実際に総曲線から限界曲線を導出してみよう．再び図9-1から始めよう．この図は，肥料がもたらす総便益とそれにかかる総費用を示している．表9-3の(1)，(2)，(3)列は，グラフから直接読み取った数字である．(4)列には純

表9-3

(1) トン	(2) TB	(3) TC	(4) NB	(5) MB_F	(6) MC_F	(7) MNB_F	(8) $MNB_\$$
5	2.5	1.0	1.5	.50	.2	.30	1.50
10	4.1	2.0	2.1	.32	.2	.12	0.60
15*	5.3	3.0	2.3	.24	.2	.04	0.20
20	6.1	4.0	2.1	.16	.2	−.04	−0.20
25	6.7	5.0	1.7	.12	.2	−.08	−0.40
30	7.2	6.0	1.2	.10	.2	−.10	−0.50
35	7.5	7.0	0.5	.06	.2	−.14	−0.70
40	7.8	8.0	−0.2	.06	.2	−.14	−0.70
45	8.0	9.0	−1.0	.04	.2	−.16	−0.80

*最適選択
TB, TC, NB：千ドル．
MB_F, MC_F, MNB_F：肥料1トン当たり千ドル．
$MNB_\$$：支出額1ドル当たりのドル．

---

[4] 収穫逓増の場合についてはもう一度図3-5を参照してほしい．そこでは弁護士達は，同種の訴訟を扱うことが多くなればそれだけより手際よく仕事を遂行できるであろう．

便益が示されており，これは単に総便益(2)から総費用(3)を引いたものにすぎない．施肥量1トン当たりの限界便益（MB_F）は，(1)および(2)列から得られ，これは(5)列に示されている．たとえば，施肥量が10トンであるときの限界便益は，施肥量が5トンから10トンに増えたときの総便益の増加分，すなわち4,100－2,500＝1,600（ドル）を，施肥量の増加分5トンで割った値である．したがって，施肥量が10トンであるときの限界便益は320ドルである．

施肥量1トン当たりの限界費用（MC_F）と限界純便益（MNB_F）は，同様の手順によって導出され，それぞれ(6)，(7)列に示されている．[MNB_Fは(5)列から(6)列を引いた差であることにも注意されたい．] もちろんこれらの数字は近似値であり，施肥量の追加的増加分をより小さくとればそれだけ近似が正確になり，その結果限界曲線が一層滑らかになる．

重要なのは，これらの限界便益が施肥量が増加するにつれて減少するのを見てとることである．これは，収穫逓減の法則に照らして予想される現象である．またもう1つ注意すべき重要な点は，限界量は常に特定された1つの投入財，ここでは施肥量のトン数に関して定義されている，ということである．施肥量のトン数のかわりに，たとえば支出額1ドル当たりの限界純便益を導出することもできる．これは(8)列に計算されている．たとえば，総支出が2,000ドルのときの支出額1ドル当たりの限界純便益は，(2,100－1,500)/(2,000－1,000)＝0.60（ドル）である．これをグラフに表すには，(3)列に(8)列を対応させた点を結んで曲線を描けばよい．

限界量の応用範囲が費用と便益に限定されるのであれば，このように長く本筋から離れて限界量の説明に努める価値はないであろう．しかし実際には，この種の限界分析が役に立つ局面は物理的および経済的世界に数多くみられる．

プロジェクトが「不可分」（indivisible）な場合がある．つまり，プロジェクトをあるいくつかの規模に変えうるが，それらの中間的な規模にはできない場合がある．このとき，プロジェクトの規模を連続的に変化させることは不可能であり，限界分析を適用できない．ダムに1基，2基，あるいは3基のタービンを据え付けることはできるであろうが，$2\frac{3}{4}$基は無理である．また，ビルディングを3階，4階，あるいは5階建てにできるであろうが，$4\frac{1}{4}$階は無理である．不可分性が存在する場合には慎重な配慮を必要とするが，大原則に適切にしたがうならば正しい意思決定が導かれることには変わりはないであろう．たとえば，4トン単位でしか肥料を利用できないならば，山林管理人の選択す

べき施肥量は 16 トンである（連続量の場合は 15 トンであったが）．

ケース 3：資源制約下における複数プロジェクトの採否

今度は，8 つの可能なプロジェクトが相互に排他的ではないとしよう．それらは，8 つの異なる野生生物保護地区のそれぞれに新管理棟を建設しようという計画である．また，野生生物保護庁がこれらの施設建設に使える資金は 50 万ドルに限られているとしよう．たとえ 10 万ドルの追加的な支出が 20 万ドルの純便益を生み出すとしても，保護庁は利用できる資金をもたない．このとき，どの地区に新管理棟を建てるべきであろうか．大原則によれば，50 万ドルの支出に対して最大の純便益が得られるような，プロジェクトの組み合わせを選択しなければならない．この問題と取り組むには，プロジェクトのあらゆる組み合わせを無作為に取り出して次々とその純便益を算定するというやり方も可能である．しかし，プロジェクトは 8 つあるので，組み合わせの数は全部で $2^8 = 256$ に達する．幸いこの問題は，より簡単かつ手順のよい方法によって処理できる．つまり，初期費用が制約要因となっているので，初期費用の単位当たり純便益を計算し，その指標の大きい順に各プロジェクトを並べればよい．そして，50 万ドルを使い切るまでプロジェクトを上から順に選択するのである．初期費用の単位当たり純便益は表 9-4 に示されており，その大きさにしたがって各プロジェクトを並べてある．

表 9-4 （単位：千ドル）

管理棟	初期費用	純便益	純便益/初期費用	初期費用の累積額
A	100	500	5.0	100
C	200	600	3.0	300
G	50	125	2.5	350
H	150	300	2.0	500
E	150	225	1.5	650
B	500	750	1.5	1,150
D	75	100	1.3	1,225
F	200	200	1.0	1,425

このとき，プロジェクト A，C，G および H を選択するべきであり，それによって 50 万ドルの予算は使い果たされる．計画 B は資金面での制約がないならば最善のプロジェクトであるが，この例のような場合には採用されない．限られた資金をより有効に利用する他のプロジェクトが支持されるからであ

る[5]．

　この例では，幸い予算制約が過不足なく満たされた．では，プロジェクトがまとまった額を要し都合よく事が運ばない場合どうなるのであろうか．計画 H にかえて計画 HH が提案されたとしよう．この計画は，便益と費用が共に計画 H の 2 倍になっている．純便益を初期費用で割った比率は 2.0 のままであるが，今や A，C および G の計画を進め，同時に HH を建設するには資金が足りない．この例ではプロジェクトはすべて不可分であるとされており，したがってどのプロジェクトもその規模を縮小できない．予算を増額できず，そして予算編成上残額を次年度に繰り越すことができないならば，採用されるべきプロジェクトの組み合わせを改訂して純便益の総額が可能な最大限まで達するようにしなければならない．この例では，E が HH にとってかわるであろう．

　公共政策のさまざまな計画を評価する問題を考えるとき，制約があるとすれば資金面でのことである公算が大きいと決めてかかる思考習慣を，知らず知らずのうちにわれわれは身につけている．しかしこのようなことがすべてではない．特に提案されたプロジェクトが比較的安上がりである場合，あるいは必要な資金が予算全体に占める割合がごく小さい場合には，そうである．問題となるのは，資金は豊富にあるがある投入財が市場で必要なだけ入手できないという点かもしれない．ある場合には，制約されている投入財は土地である．たとえば，土地を 10 エーカーしか所有しておらずそれ以上購入できないというような場合である．また他の場合には，制約されている投入財は特定の熟練労働力かもしれない．たとえば，ある診療所には 3 人の医師しかおらずそれ以上の人数を確保できない，というような場合である．発展途上国にとっては，しばしば外国為替が制約要因である．制約要因が 2 つあるいは 3 つ存在することもある．アメリカ建国二百年記念祭を催す際には，たとえばホテルの部屋数，大量輸送交通機関，競技場の収容能力および資金力などすべてが制約要因であろう．制約要因が多数存在する場合については，線型計画を扱った章で取り上げる．多くの政策案では，制約下にある投入財というものは一般的にまったく存在しない，つまり，必要な財のすべては一定の価格で購入でき総支出は許され

---

[5]　プロジェクト B を選択するならば，純便益の総額は 75 万ドルとなろう．プロジェクト A，C，G および H を選択するならば，純便益の総額は (500,000＋600,000＋125,000＋300,000) ＝ 1,525,000 (ドル) となろう．このように，初期支出が限定されると事情は一変する．

る限度額を超えることがない．たとえば，環境保護庁が一連の公害規制法案を選択するとき，その選択は資源制約にではなく主として予測と評価にかかわる問題である．

　何らかの制約が存在するとき，それによって失われた機会がもたらしたであろう便益を算定することによって，その制約の費用を突き止めることに関心が向くであろう．たとえば，予算制約を越えて初期支出をもう1ドル増やすならば，総便益を1.50ドル増加できるかもしれない．このとき，初期費用の「影の価格」(shadow price)は初期費用当たり1.50ドルであるといわれる．影の価格についても，線型計画を扱った章で言及される．

ケース4：資源制約下における複数プロジェクトの採否，および採用プロジェクトそれぞれの活動水準の選択

　苗木を育てる環境が先の例よりやや複雑な状態にあると仮定しよう．今，面積の異なる2つの土地に種類の違う樹木を植え，またそれぞれの土壌も異質であるとする．いかなる種類の資源に関しても何ら制約が存在しないならば，簡単に意思決定できる．それぞれの土地を別々に考えることが許され，それぞれに純便益が最大化する点まで肥料を施すべきである．しかし，何らかの理由によって，こうしたプロジェクトのどちらについてもその最適規模まで実行できるほど十分な肥料が存在しないと仮定しよう．（たぶん肥料はすべて年初に購入されているのであろう．）大原則によれば純便益を最大化するような選択をしなければならないが，それは肥料面の制約内でのことである．この問題にはどう取り組むべきであろうか．先と同様に林野庁調査機関が，それぞれの土地に関する総便益と総費用の資料を提供してくれる．この資料から，純便益と限界純便益を計算することができる．2つの土地に関する限界純便益曲線はそれぞれ図9-3の左側と中央の図表に描かれている．

　さて，ある一定量の肥料を2つの土地に配分し，両者から得られる純便益の合計が最大になるようにしたい．少し考えてみただけでわかるはずであるが，1トンずつ連続的に投下される肥料の各単位は，それがより大きな便益をもたらす土地に施されなければならず，そしてこれが意味するのは，投下される肥料の最終単位が生み出す限界純便益がそれぞれの土地について等しくなければならないということである．さもなければ純便益の合計を増大しうる余地があり，それを達成するには限界純便益のより小さい土地からそのより大きな土地

へ肥料の一部を再配分すればよい．さらに，土地全体に関する限界純便益についても，いかなる水準であろうとそれを得るために必要な施肥量を計算することができる．これは個々の限界純便益曲線，MNB_1およびMNB_2に表されている数量の合計であり，右側の図表にMNB_{1+2}として示されている．たとえば，それぞれの土地においてMという水準の限界純便益を達成するためには，土地1にAトンの肥料を投下し，土地2にBトンの肥料を投下すること，すなわち土地1と2に合わせて$A+B$トンの肥料を投下することが必要である．こうして，図9-3から，施肥の総量がいかなる水準に定められても，それぞれの土地に関する限界純便益の最適な水準を知ることができる．いったん施肥量がわかれば，それぞれの土地へのその適当な配分量が決まるであろう．筋道を逆にして，図9-3の曲線MNB_{1+2}から曲線MNB_1およびMNB_2へと，図表を左方へ読み解いていけばよいのである．

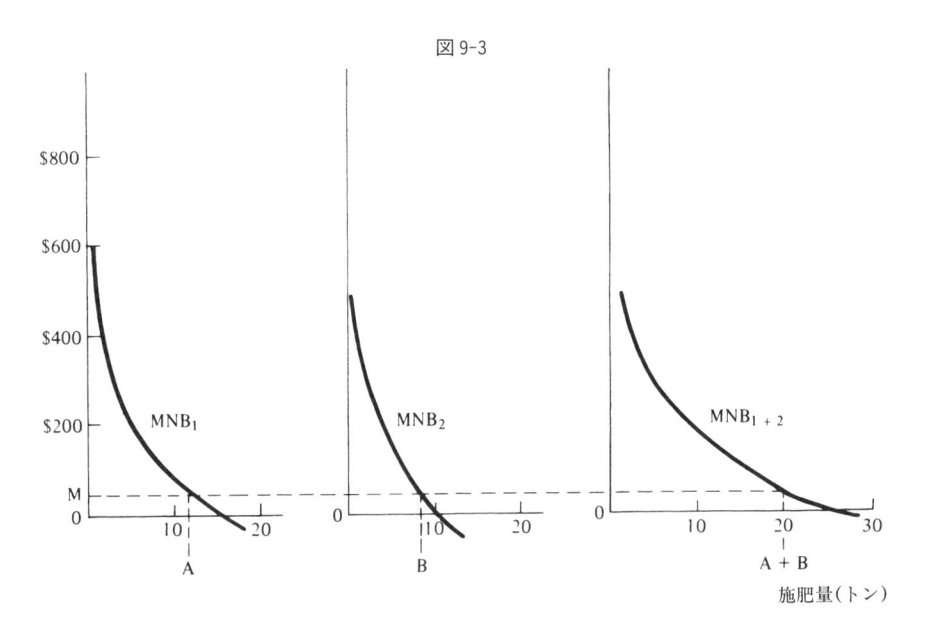

図9-3

実際には，この種の問題に関する資料を収集することはむずかしいかもしれない．その結果，必要な諸曲線を描けないかもしれない．このときにも，やはり大原則に変わりはない．すなわち，純便益が最大になるよう諸資源を配分せよ，したがって供給量が限定されている資源の配分はその限界純便益が各種の

用途間で等しくなるようにせよ，というわけである．データの調査が思うに任せない場合でも，この条件を満たすよう最善を尽くさねばならない．各地方自治体の教育委員会およびレクリエーション局，そして各市町村の長および議会は，常にこの限界値の均衡過程に少なくとも暗黙のうちに関与している．それは，資金の競合する用途の中から何を選択するかを決める手順を通じてのことである．（ただしこの過程は，ほとんど例外なく他の名称で呼ばれている．）予算を10万ドル削減しなければならないとき，これらの公共機関はその影響が最も小さい事項を探す．逆に，教育委員会がフィールド調査より教科書への支出をもっと増やすべきであると主張するのは，教科書がより大きな便益をもたらすであろうと考えているからである．そして，教科書とフィールド両方の限界純便益が形式的に表現されないとしても，等しいと認められるまで教育委員会は教科書への支出を増やし続けるであろう．

便益と費用の推定

　適切な意思決定ルールを適用しそこなうことは避けるべき誤りではあるが，多くの便益・費用分析における欠陥というわけではない．しかし，便益と費用に価値を付与するむずかしさはしばしば深刻な問題を提起する．さらに，提案された政策手段の結果の一部はまったく見落とされてしまうかもしれない．こうして今度は，便益と費用を見積もる際に不可欠な2つの要素，すなわち予測および評価に目を向ける．

予　　測

　利用可能なプロジェクトのそれぞれについて，利用される投入財および産出財を予測しなければならない．すなわち，望ましい結果および望ましくない結果の双方を含むすべての影響を考慮しなければならない．たとえば，郊外の町にあるゴミ捨て場にかえて，公営の焼却炉を建設する計画を考えてみよう．その影響の一部（建設費，維持費等）は，直接的かつ明白である．新たな設備は，これまでゴミ捨て場を利用していた人々に対して，より便利な（あるいは，場合によってはより不便な）サービスを提供するであろう．2次的な影響の一部はただちに思い浮かぶ．たとえば，ゴミ捨て場の運営費が不必要になる．と同時に，ゴミ捨て場用により広い土地を確保する必要，これは郊外の町で常に生ずるやっかいな問題であるが，その必要もなくなる．他の影響は，その性質上

不確実性を含む．たとえば，次のような点を挙げることができる．つまり，町の外から侵入して違法にゴミを捨てる者を取り締まりやすくなり，そしてこのことが処理すべきゴミの量を著しく減らすかもしれないといった影響である．さらに一層不確実な要素が多いのは，公衆衛生あるいは野生生物への影響である．多分すでに読者は気づいているであろうが，さまざまな型の記述的モデルは分析を進めて行くうえで有用である．このことが1つの理由となって，前章まで各種のモデルに多くの紙幅を費やしてきたのであり，そして以後ももう少しの紙幅を費やすつもりである．

　便益・費用分析の難点の1つは，その不幸な歴史が示しているように，著しく不適切な仮定を自動的に阻止できないことである．著者の1人は，あるプロジェクトの検討を依頼されたことがあるが，それは西半球にみられるデング熱の感染源である蚊を駆除するプロジェクトであった．このプロジェクトは全米保健機関のために提案されたのであるが，蚊が発生する地域でのデング熱の罹病率は人口に比例すると仮定していた．しかし，アメリカ合衆国の南西部において蚊は広範に発生するが，実はこの地域でデング熱にかかる人はいないのである．このような誤った仮定が置かれると，便益がはなはだしく過大に評価されることになる．なぜならば，労働損失日数の価値は所得水準に比例して評価され，またアメリカ合衆国は蚊が発生する地域の中ではずばぬけて高い1人当たり所得水準を達成しているからである．

　分析者は，重要な2次的効果がまったく無視されている可能性に対して注意深くならなければならない．触媒変換装置が示す最近の歴史は，このような見落としの問題を例証している．この工夫によって，確かに一酸化炭素と炭化水素の排出は著しく減少するが，反面，硫酸塩の排出がかなり増大する．これは新技術がもたらす費用とみなすべきであるが，この点を環境保護庁の分析者は見落としてしまい，したがって初めの分析には考慮されていなかった．

　便益・費用分析によって，総便益が総費用を越えているかに注目するあまり，限界的な要素をあまり検討しないことがある．たとえば分析によって，生物医学分野でのある研究では必要な資金を投ずるに値すると結論され，そして費用をもう10％増やすべきか，あるいは減らすべきかという重要な問題は度外視している．

　ハンクとウォーカーは開発局が提案したネブラスカ・ミッドステイト・プロジェクトを再評価する際，費用および便益を予測した見積もりに数多くの重大

な誤りを見出した．まったく考慮されていなかったのはプラット川の水流が減少することで下流に悪影響が及ぶ可能性である．漁業が大打撃を受け，渡り鳥の中央飛路が断たれるかもしれない；絶滅にひんした数種——とりわけアメリカシロヅルとハクトウワシ——は一層の危機に直面するであろう．さらに，現在各地方自治体や産業によって利用されているプラット川の水資源の機会費用が見落とされていた[6]．

言うまでもなく，結果を予測することはむずかしい仕事である．予期せぬ結果を絶対確実に予測する方法など定義からしてもありえない．不確実性を伴うが予期しうる結果でさえ，確率論に基づいて予測しうるにすぎない．しかし分析者は，2，3の用心深い方策を講ずることができる．彼らは，予期せぬ2次作用の可能性を慎重かつ明示的に検討し，それについての専門家の証言をどのようにして得ることができるかについて検討できる．彼らは，インプット・データのわずかな変化に対して，自らの結論がいかに影響されるかを調べることでその結論を確かめることができる．彼らは，利用しうる情報が増えるにつれて意思決定を順次行いうるような戦略を選ぶよう努めることができる．

評　価

以上のような方法によって望ましい影響および望ましくない影響の双方が予測されると，次になすべきことはそれらに価値を付与することである．望ましくない影響は費用として記録され，望ましい影響は便益として記録される[7]．通常使用される測定尺度は（ドル単位の）貨幣である．

特定のプロジェクトの便益および費用を，いかにして定量化しうるであろうか．ただちに思い浮かぶのは，消費される資源と産出される財の市場価値を利用する方法である．たとえば，あるレクリエーションの企画では，水泳指導員に現に支払われる報酬によって費用を正確に計算できる．また住宅建設プロジェクトでは，家賃の世間相場にしたがって便益を計算すべきである．このような市場価値にしたがう方法は，考え方としては平明であるが実際上はむずかし

---

[6] ここに挙げたのは開発局の犯した過ちの一部にすぎない．詳しい議論については，次の論文を参照していただきたい．Steve H. Hanke and Richard A. Walker, "Benefit-Cost Analysis Reconsidered: An Evaluation of the Mid-State Project," *Water Resources Research* 10, no. 5: 898-908.

[7] 先に注意したように，望ましくない影響を費用とみなす場合もあるし，負の便益とみなす場合もあるが，ここで推奨する手法に関してはどちらにとろうとも差し支えない．

い問題を含んでいる．事実，公的プロジェクトがもたらす便益と費用のすべてを測定しようとするとき，市場価格を利用するだけで十分であるということはまれである．たとえば，公園や焼却炉を公的に建設する必要があるのは，当然のことながら民間ではこれらを十分に供給できないからにほかならないが，それゆえにこそこれらの施設が提供する用役には市場価格を見出すことはできない．また，大気汚染を防止するためにさまざまな規制を実施する必要が生じてきたのは，新鮮な空気に対する権利を売買する市場が成立していないからであるが，それゆえにこそ新鮮な空気の市場価格を見出すことはできない．市場価格は——たとえこれを利用しうるときでも——財の価値を正確に示すとは言えないことがある．それは，プロジェクトの規模がかなり大きく，経済の相対価格を変えてしまうような場合である．たとえば，孤立した地域に大規模な発電所を建設するならば，電力価格にそうした効果が及ぶであろう．他に市場価格が価値の正確な指標ではない場合があるが，これについては第14章で「外部性」および「市場支配力」という表題のもとに詳細に検討する．ここでは，便益および費用を評価する他の方法について言及しよう．

便益の適切なる尺度としての自発的支払額（willingness-to-pay）

ある州立大学に設けられた新駐車場の場合を考えてみよう．新駐車場ができるまで，この大学は車を止めるのは不便であった．これまでは遠くにある大学の所有地が，駐車用に利用されていたのである．現在この駐車場の料金は1日当たり1ドルであるが，多くの利用者はそれ以上支払ってもよいと考えている．さて，この新駐車場は，利用者に対して総体的にどれほどの価値をもたらしているであろうか．

駐車場への需要は，価格に依存すると仮定しよう．これは，図9-4における需要曲線によって示されている．駐車料金を1ドルにすると，1,000台の車が駐車場を利用したいということになる．駐車場がその利用者にもたらす価値を市場価格で評価するならば，総便益は1日当たり1,000ドルである．ところが，多くの利用者——実は「最後の」1人を除くすべての利用者——は，1ドル以上を支払ってもよいと考えている．需要曲線からわかるように，500人ほどの人々は2ドル支払っても駐車場を利用したいと思っているであろうし，そのうちの1人はほぼ3ドルまで支払うであろう．大学当局が利用者のそれぞれから，彼らが自発的に支払う最高限度の料金を強要し，その一方最低料金を1台当

り1ドルに保っておくと，影の部分の面積と等しい額の総収入を得る．これは，1,000ドルをはるかに超える金額になる．この金額は，料金が1台当たり1ドルであるときに，駐車場がその利用者にもたらす価値あるいは総便益を示している．図を一見して（そして簡単な計算をすれば）わかるように，駐車場がその利用者にもたらす総価値は，2,000ドルになる．一方利用者が支払う金額は，1,000ドルにすぎない．このとき，消費者余剰——駐車というサービスを購入することから消費者が得る総価値のうち，彼らが支払う代価を上回る部分——は，2,000－1,000＝1,000（ドル）である．

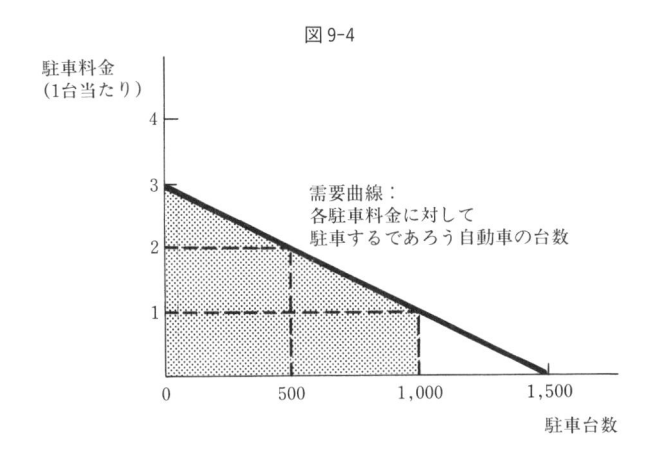

図9-4

さらに，市場が成立しておらず，したがって市場価格を利用できない場合でさえ，この概念——すなわち，人々の自発的支払額——によって，便益を正確に評価できる．理論上特定プロジェクトの便益は，そのプロジェクトに対して，人々が自発的に支払う最高価格の総額であるとみなされる．本章では先に住民が2人だけ，つまりビルとジョンだけの町を想定した．この町では，消防署の設置を決定した後，今度は公園造りを計画しているとしよう．公園の便益は，公園の供給に対して，ビルとジョンが自発的に支払う最高価格の総額である．たとえば，ビルが300ドル，またジョンが200ドル支払う心積もりがあるならば，公園がもたらす総便益は500ドルということになる．

強調されるべきことであるが，自発的に支払う最高価格とは，個人の支払う代価がプロジェクトの採否に影響を与える限りにおいて，彼が支払うであろう

最高限度額である．それは実際に支払いを強制されるかもしれない代価でもなければ，現実に支払われた代価でもない．そうではなく，自発的に支払う最高価格とは，その代価の支払いがプロジェクトの採否を左右するという差し迫った事態において，個人が支払うであろう最高価格である．（彼にとってそのプロジェクトが望ましくないものであり，それを中止させるためには一定額の代価の支払いもいとわないという場合，そのプロジェクトが彼にもたらす負の便益は，彼に支払われる最低限度の補償額によって知ることができる．この最低限度の補償額とは，プロジェクトが実施されても補償がなされるならば彼にとって現状より望ましい，という条件を満たす最低限度の補償額という意味である．）

　自発的に支払う最高価格を算定し，（少なくとも，原則上は）これに基づいて，特定の財が公的に供給されるべきかどうかを決めることはめずらしくない．先に挙げたビルとジョンの住む町での公園の話は，机上論であるが，その適例といえる．政府機関はしばしば，立案されたプロジェクトに対する社会的な需要を算定するために市場調査を行うが，このとき調査官は，さまざまな思惑からプロジェクトに対する好悪が誇張される場合があるので，注意しなければならない．米国科学アカデミーによる大気汚染の研究では，今日でも他の方法が利用されている．つまり，汚染水準の異なる諸地域での住宅価格および賃金の格差を外挿することにより，排気ガスを規制するために人々が自発的に支払う最高価格を推定している[8]．

　便益・費用分析の大きな長所は，1つには自発的に支払う最高価格の算定が示すように，組織化の程度が低いか，あるいは相互の関連が密でない人々の間における，さまざまな利害を考慮に入れることである．（この点は，政治的意思決定過程にみられる多くの事例と対照的である．）強力な利益団体が推すプロジェクトであっても，その費用が便益を上回るならば，望ましくないことを明らかにするであろう．あらゆる人々――道路建設業者，環境保護主義者，「庶民」，各種サービスの利用者と供給者，一般納税者等々――に生ずる便益と費用を，換算されたドル対ドルの比較に基づいて考慮に入れるであろう．便益・費用分析は，効率性を追求する方法であり，また政治的な恣意性を制限する効果のある方法でもある．

---

[8] *Air Quality and Automobile Emission Control*, Volume 4, prepared for the Committee on Public Works, U. S. Senate, September 1974.

プロジェクトの費用の算定

　直観的には，プロジェクトの費用を算定する作業は，便益を算定するより容易に思われるかもしれない．プロジェクトに費やされるさまざまな資源の貨幣価値によって単純に費用を見積もる限り，その直観に誤りはない．しかしある場合には，資源の市場価格から，真の意味での費用を正確に知ることはできないであろう．たとえば，政府が大規模に市場へ介入するならば，かなりの価格変動を引き起こすかもしれない．一例として，国民健康保険制度を創設する場合を考えてみよう．当然の成り行きとして，医療サービスへの需要が増大し，その価格は上昇する．しかし，医師への所得移転は生ずるであろうが，医療サービスの実質的な供給量と資源の実質的な消費量はほとんど変わらないかもしれない．

　またたとえば，郊外のゴミ捨て場にかえて，焼却炉を設置すべきかどうかについて考えてみよう．初期の建設費は，少なくとも近似的には直接調べることができるであろう．というのは，焼却炉は通例市場で比較的小さい数量で売買されるからである．他方，用地費を見積もるのは，予想されるほど簡単ではないかもしれない．この町にとって真の意味での用地費とは，土地の購入に支払われた金額でもなければ，その時価でさえもない——真の意味での用地費とは，その土地が，最善の用途に利用されたときに，この町にもたらす価値である．このような価値は，機会費用と呼ばれている．機会費用という概念は非常に重要であるので，より正確に理解してもらえるよう努力してみたい．焼却炉の建設用地は，25年前に2万ドルで購入したものであるとしよう．この土地について考えうる代替的用途は，ただ1つ，そこに高等学校の体育館を増設するという案だけである．体育館増設による純便益は，長期的にみれば，20万ドルになる．このとき，問題の土地に焼却炉を建設するならば，この町が負担する実質的な用地費は，20万ドルである．なぜならば，体育館の増設が不可能となり，20万ドルの純便益を得る機会を失うからである．焼却炉の建設用地として以外にこの土地を利用できない場合，機会費用は販売価格に等しい．機会費用は，会計上の概念というより意思決定上の概念なのである．株式会社が納税申告書を作成する際に，機会費用の概念が使われることはなく，また使ったとしても国税局が認めないであろう．けれども，株式会社がさまざまな決定を行う際に機会費用を考慮しないならば，その決定は不適切な情報に基づくことになる．たとえばある会社が，その女性研究員の1人を特定の研究プロジェク

トに就けるとき，その真の費用は彼女の給料ではなく，代替的なプロジェクトにおいて彼女に期待される最善の研究成果の価値である．もしも，代替的なプロジェクトがまったく存在せず，また研究員の給料は仕事の有無にかかわらず支払われるのであれば，機会費用はゼロとなる．機会費用が無視されることが最も多いのは，意思決定者が自己所有の資源を利用しようとする場合である．たとえば，ある町で，町有の保護地区を突き貫ける高速道路計画を立案する際に，費用の中にその地区の価値を含めないかもしれない．このような誤りによって，結果的に高速道路プロジェクトの純便益が著しく誇張される可能性がある．

　もちろん，しばしば費用は，望ましくない影響という形で，すなわち負の便益として生ずる．待ち行列を扱った章では，人々を１列に待たせることのデッドウェイト・ロスについて論じた．また，歴史的建築物をバス発着所に改造するために生ずる負の便益をわれわれはいかにして評価すればよいのであろうか．あるいは，Ｉ－93号線を拡張してニューハンプシャーのフランコニア峡谷を通るようにすると，フランコニア峡谷のすばらしい特色が重大な危機に陥るが，このとき生ずる負の便益をわれわれはいかにして評価すればよいのであろうか．ここでも，自発的に支払う最高価格を算定する方法が，やはり有効である．すなわち，望ましくない影響がもたらす真の意味での費用は，これを避けるためならば人々が支払いをいとわない最高価格の総額に等しい．

　焼却炉がもたらす目に見えない費用を算定するのは，むずかしいであろう．焼却炉を建設する際に，貴重な沼地が著しく破壊されるのであるならば，その結果野生の動植物は害を被り，また治水の必要が生じてくるであろうが，これらの費用はこの地域の住民すべてが負担することになるであろう．しかし，市場経済から得られるデータは，これらの費用を避けるためならば人々が支払いをいとわないという最高価格を算定する指針にはほとんどならない．ある種の調査あるいは多分関連資料からの統計的推測なども役に立つであろう．問題が著しく複雑になってくるのは，第２次的効果まで突き止めようとするときである．たとえば，動植物が影響を受けるであろう．そしてこの影響は，食物連鎖のより高次の段階へ及ぶであろう．ここでもまた，われわれが力説するのは，自発的に支払う最高価格を算定する方法によって，他のやり方では定量化しえない価値を定量化することである．政治的な理由等によって，直接このような定量化を行えない場合でさえ，この方法を参照することが賢明である．すなわ

第9章 プロジェクト評価：便益・費用分析　　161

ち，心の中で，たとえば次のように自問するのである．焼却炉がもたらす目に見えないものの費用を避けるためならば，人々が支払いをいとわない最高価格はどれほどであろうか．これは，難問ではあるが，非常に本質的な問題なのである．

　目に見えないものの費用および便益を算定するむずかしさ，あるいはその重要性を過小評価してはならない．原子力発電所からの温排水が原因となって，100匹の褐色ペリカンが死んだとするならば，われわれはどう感ずるであろうか．この事態に対する人々の評価は，ペリカンそのものの値打ちを反映するだけでなく，人類はいかなる姿勢で自然に接すべきかという問題を人々がどう考えるかにも依存するし，また，より深刻な何かが進行中でありペリカンの死はその徴候なのではないか，という人々の疑念にも影響されるであろう．これらは，誠に微妙な価値観の問題である．

　ある場合最善の方法は，一部の目に見えない影響について，その定量化をできるだけ避け，かわりに記述によってそれらの影響を説明することであろう．また，目に見えない影響を考慮に入れても，意思決定の方向は，定量化がより容易な要因が導くものと同じであるかもしれない．あるいは，目に見えない影響のごく一部について，意思決定者は定量化することなく，適切な評価を下すかもしれない．しかし，われわれは定量化を避けて通ることはできないであろう．したがって，目に見えないものへの影響を，可能な限り公正かつ正確に論じなければならない．結局のところ，最終的な意思決定においては，多くの目に見えない影響を暗黙のうちに定量化している；実際に意思決定が行われるとき，すべての要因が評価されているのである．

費用・効果分析

　政府支出の目的ははっきりしており，よく理解できるが，便益と費用を直接比べることはむずかしい，という場合がある．国防あるいは保健衛生支出に関して，便益をドルで表示することはしばしば困難である．国防総省がある一定水準の輸送力を望んでいるとき，さまざまな選択可能輸送体系を詳しく検討し，その中のどれが最も安い費用で目標を達成できる方法かを決めるであろう．同様に郡保健局は，低所得階層の一定数の妊婦に対して，出産前の検診を施すさまざまの利用可能な方法の中から，いずれかを選ぶであろう．

　上と似た状況——実のところ，多少ともコインの裏表の関係にある——が生

ずるのは，所与の目的に対する総支出が限られており，そしていろいろな利用可能プロジェクトが評価の対象となって，その目的を達成するためにいずれが最も効果的であるかを調べる場合である．町民会が，10万ドルを町営の水泳プールに充当するとしよう．このときレクリエーション委員会は，委員会が適当と決めた数量概念が何であれ，それによって単に各種の選択可能なプールを直接比べるだけであって，さまざまな選択対象の便益をドルに直そうとはしないであろう．このように支出総額が限られているならば，いかなる場合でも，便益をドルで表す必要はない．というのは，便益を測るために選ばれた単位がどのようであっても，それによって，もろもろの選択肢を単純に相互に比較できるからである．

便益・費用分析のこれら簡略型は，費用・効果分析として知られている．その特徴は異なる単位によって費用と便益が測定されていることであり，共通の数量概念を探し求める必要はない．手短かに言うと，費用・効果分析は，次の2つの場合に適用できる．(a)各種の利用可能なプロジェクトの費用が等しく，したがって便益のみを比べればよい場合．このとき分析者は，便益をドルに直す必要から免れる．(b)便益が等しく，したがって費用のみを比べればよい場合．

ネズミ退治の簡単な分析を用いて，費用・効果の原理を例証できる．2つの方策が，ネズミ退治に利用できるとしよう．方策Aは，駆除班を送り込むというやり方である．この方法だと，アパート1戸当たり100ドルの費用がかかるが，どのような種類のアパートであっても，90％成功する見込みがある．方策Bは，作業員を送り込んで，ネズミが見つけて食べそうな場所に毒を仕掛ける，というやり方である．これだと，アパート1戸当たりたったの40ドルで済むが，成功する見込みは50％しかない．ネズミ駆除課の予算は，1万ドルである．そして，500戸のアパートをネズミが荒らし回っていると考える．

まず明らかに，どちらの方策もすべてのアパートに施すことはできないであろう．いちばん安上がりにやっても，2万ドルかかるはずである．問題は，市がつぎ込める1万ドルを使って，どちらの計画がより多くの成果をあげるであろうか，ということである．この解答は，簡単に計算できる．方策Aは1万ドル/100ドル＝100戸のアパートに施すことができ，これによって，平均してその中の90戸がネズミの侵入から救われるであろう．（アパートを無作為に選び出し，そしてあるアパートでの成功は，他のアパートにおける成功から独立であると仮定する．後者はもちろん疑わしい仮定であるが，駆除過程のより現

第9章　プロジェクト評価：便益・費用分析　　　　　　　　163

実的なモデルを分析に組み入れることは容易にできよう．また，分配面は等閑視できると仮定する．つまり，どのアパートがネズミから救われるかには留意しない．）方策Bは1万ドル/40ドル＝250戸のアパートに施すことができ，平均してその中の125戸からネズミが駆除されるであろう．したがって，方策Bが選ばれる．

　この結果は，便益・費用分析の大原則に直接結びつけることができる．この大原則は，141ページで述べたが，選択が必要ないかなる場合においても，最大の純便益をもたらす選択肢を選びなさい，というものであった．費用・効果分析でも，原則はこれと似ている．すなわち，最大の効果をもたらす選択肢を選びなさい，である．方策Aは，100ドルの支出ごとに0.9戸のアパートをネズミから救う．その効果は，1ドル当たり0.9/100ドル＝0.009戸のアパートである．方策Bは，40ドルの支出に対して0.5戸のアパートを救う．その効果は，1ドル当たり0.5/40ドル＝0.0125戸である．

　ネズミ駆除課はきっと市長に陳情して，アパートすべてに方策が及ぶだけの資金の必要性を説得するに違いない．いやそれどころか，方策Aをすべてのアパートに施すべきだと主張するであろう．たった100ドルの費用によってアパート1戸から90％の見込みでネズミを駆除できるということは，管理課の言い分によると，それ自体を越える値打ちをもつと思われる．というのは，将来の有害小動物の駆除費を節約するはずだからである——ここでは，健康管理費を節約するという便益はまったく考慮していない．しかし市議会は動かず，ネズミ駆除課の決定は，所与の限られた予算で方策Bにしたがってその資金から最大の成果を得る，という案に落ち着く．

　以上では，とりうる処置は2つだけであり，そのどちらも資金面の事情が許すならばいくらでも多くのアパートに施すことができるので，簡単な計算ですんだ．もう1つ第3の方策が利用できるとなると，ことはもっとめんどうになる．方策Cは，地域全体で有害小動物を駆除するやり方である．それは，波止場周辺の50戸のアパートに対してのみ利用できて，総額3,000ドルの費用がかかるはずである．そして，成功の見込みは80％である．したがってその効果は，1ドル当たり（0.8×50）/3,000ドル＝0.0133戸のアパートである．ネズミ駆除課が予算の全額を方策Cにつぎ込めるならば，167戸のアパートを80％の成功率でネズミから守られたであろう．このとき，守られるアパート数の期待値は133戸である．しかし，方策Cは海岸に面した50戸のアパート

だけに利用できる．この結果，駆除課はできる限り方策Cを利用して，3,000ドルを遣い，それから残りの7,000ドルを方策Bに遣うべきである．必要な情報は表9-5に要約してある．

表9-5

方策	施せる戸数	1戸当たりの費用	予算内で扱える戸数	各戸についての成功率	効果：支出1ドルに対して救われる戸数
A	500	$100	100	.9	.009
B	500	40	250	.5	.0125
C	50	60	50	.8	.0133

　ある駆除方策が一部のアパートに対して他のアパートより以上に有効だ，という場合もある．このとき，2つの異なる方策として扱うべきであり，これに応じてそれぞれを施せるアパート数を割り当てる．

　時には，費用・効果分析を押し広めると，特定の公共目的に役立つ選択可能な予算配分を検討するために有用である．このとき分析者は，便益と費用を異なる単位で測定し，各支出額によって達成できる最大の便益をつまびらかにし，そして支出額の最終的な選択はより高次の意思決定者にゆだねる．

　便益と費用は異なる単位で測定されているので，次の場合には費用・効果分析は何ら直接的な指針を提供するものではない．すなわち，ある事業がもたらす総便益が総費用を正当化するかどうか不確かな場合，あるいはプロジェクトの最適な予算規模を選ぼうとする場合，である．しかし，達成すべき目的，あるいは許される支出額がわかっているならば，費用・効果分析は選択の複雑さを緩和する適切な基準である．

便益・費用分析と再分配目標

　先に言及したように，便益・費用分析は，その伝統的な形では所得分配を考慮に入れない．これは，この分析手段に依拠する政策策定者が分配問題に関心がないということではない．実際，政治的洞察力に富む政策策定者ならば，提案された各種プロジェクトの分配面への影響を等閑視できない．そうではなく，これは，次のような考え方を反映している．それは，公的プロジェクトの選択は分配上の目的を達成する主要な手段であってはならない，というものである．政策手段の兵器庫から分配問題に用いるべき主要な武器は，租税体系と所得移

転計画である，と通常いわれている．（所得移転計画は，人々に直接資金を供与するものであり，社会保障，福祉計画，失業補償などがある．）再分配上の目標を達成するために公共プロジェクトを利用することは，非効率であると批判される．直接的な手段を用いるならば，貧しい人々の生活を改善することが，社会の他の人々のより少ない損失によってできる．

こうした議論の評価がどうであれ，便益・費用枠組みは，再分配に明示的な考慮を払うことを強く望む分析に十分役に立つ．したがって，近年便益・費用枠組みは，主として選択可能な各種の厚生改善計画を評価する際，そうした目的にしばしば利用される．最も一般的な（最もむずかしいけれども）手法は，個人別あるいは集団別に便益と費用を分けることである．たとえば，住宅計画A，その代案Bおよび何もしないの3つの選択肢から，意思決定者はいずれかを選ばなければならないとしよう．AとBに関する純便益の見積もりは表9-6に示してあるが，どちらの計画も実行されないならば純便益はもちろん0ドルである．

表9-6　集団の得る純便益　（単位：ドル）

	計画A	計画B
高齢貧困者層	180	0
子供のある貧困世帯層	0	220
中流納税者層	−200	−250
社会全体の得る純便益	−20	−30

純便益——再分配上の便益も同時に考慮しているので，より正確には純効率便益と呼ばれるであろう——の総計は，どちらの計画についても負である．しかし，しばしば純便益ゼロ（あるいはマイナスのことさえある）の計画が実行に移される．これは，何らかの理由によって直接追求できない再分配目的が，そうした計画によって実現されると信じるからである．効率上の損失は，分配上の利得によって相殺される以上であると見なす．高齢貧困者層に最も強い憂慮を抱くのであれば，計画Aに魅力を感じるであろう．しかし，高齢貧困者層に所得を移転するために，他のより安上がりな手段が利用できるのであれば，直接的な所得移転が選ばれ，住宅計画はどれも選ばれないであろう．

時折り効率上の損失を補って余りある，再分配上の便益に言及されることがある．その基本的な取り上げ方は，今あらましを述べたとおりである．つまり，

集団別に便益を区別し，その額を表にする．しかし，どこに線を引けばよいのであろうか．効率上の損失を補って余りある，再分配上の便益をいかにして知るのであろうか．これに関して何かはっきりしたことを言うことは，それはとにかくも再分配上の便益を測定する方法を見出したということになる．しかし，分配上の便益を測定するのは，やっかいな仕事なのである．

この問題に取り組む1つの方策は，単に「それに値する」集団が受ける純効率便益を測定することである．地主から小作人への所得再分配が望まれているとしよう．そして，2つのプロジェクトが利用できるとする．表9-7には，各プロジェクトの下でそれぞれの階層に生ずるであろう，便益と費用を示してある．

表9-7　　（単位：ドル）

	便益	費用	純便益
プロジェクト I			
地主	100	90	10
小作	30	20	10
社会全体	130	110	20
プロジェクト II			
地主	40	80	－40
小作	40	10	30
社会全体	80	90	－10

どちらのプロジェクトを選ぶべきであろうか．プロジェクト I は効率便益の点で優れており，プロジェクト II は再分配上の便益の点で優れている．しかし，これら2つの異質な便益を合計することはできない．それは，キロワット時で量られた電力と，ガロンで量られた水を合計できないのと同じである．効率便益と再分配便益とを同じ尺度で評価できないことから，再び諸目的間の競合というおなじみの問題に直面する．あるプロジェクトが，最大の効率便益と，最大の再分配便益とをともにもたらすならば，1つのプロジェクトを選ぶことに何のむずかしい点もないはずである．しかし，こうした都合の良い事例はまれにしか見られないであろう．

意思決定者が次のような形で選好を表明できるのであれば，問題はより簡単になるに違いない．それは，たとえば「私の考えでは，3ドルの再分配上の便益は，1ドルの純効率便益に匹敵する」というようにである．しかし，そうし

た選好関数は複雑で，定式化がむずかしいであろうし，トレードオフの比率は，手にしている便益の水準にある程度左右されるであろう．理論的に可能な1つの方法は，両方の軸にそれぞれの便益をとって，意思決定者の完全な無差別曲線図を作ることである．この方法によれば，最善の選択が端的に示されるであろう．しかし，ほとんどの意思決定者は，無差別曲線図をはっきり示すことは非常にむずかしい——そして，たぶん政治生命を自ら絶つことになる——と知るに違いない．実際公的な意思決定者は，ある種の満足基準で動いている．実現を望む再分配上の便益の最低水準を定め，それから純便益最大化の原則をこの条件を満たすすべてのプロジェクトに適用するのである．地主と小作に関するあらゆる公的選択を行う哲学的王様は，たとえば次のように告げるであろう．「私が選ぶのは，純効率便益を最大化するようなプロジェクトであるが，これには条件があって，そのプロジェクトは各小作人に対して少なくとも25ドルの純便益をもたらすものでなければならない．」私たちの社会では，プロジェクトの選択は，しばしば次のような制約にしたがっていることに気がつく．それは，貧しい人々の生活を悪化させない，またある場合には豊かな人々の生活を一層良くはしないという制約である．しかし，レトリックは現実よりもしばしば強力である；税制や規制が決定されるときには，プロジェクト選択のときに神聖とされた制約がしばしば無視される．一例を挙げると，米国航空規制では，旅行したいすべての人々の必要を満たすために，要求される以上の頻繁なサービスが規定されている．これによって便利なサービスが提供されるが，それは主として裕福な人々に恩恵を与え，結果的にすべての人々に対する料金が高くなる——こうしたトレードオフは，われわれのほとんど，とりわけ貧しい人々は望まないであろう．

　最後に付け加えると，狭義の効率性基準が，さまざまなプロジェクト間での選択を行う際に，再分配上の理由によって踏みにじられる場合でさえ，便益・費用分析は，選択の性質を浮き彫りにし，また公正を推し進めるためにわれわれが支払う犠牲を明らかにする．

便益・費用分析の位置付け

　結びとして，はじめの問題を繰り返そう．便益・費用分析は，意思決定をするための方法であって，型にはまった公式ではない．便益・費用分析に精通することによって，たびたび公共選択の諸問題にさまざまな洞察が与えられる．

これは，この方法そのものが利用されない場合でも同じである．便益・費用分析は，各種プロジェクトを評価する際に理路整然とした思考を保つために必要な枠組みであり，またある計画のいろいろな影響の特定化およびそれらの影響の価値付けにはっきりとした関心を向けることを求める枠組みである．しかし，便益・費用分析は1つの道具にすぎず，これらの決定のどちらについても簡単に解答を示すことはできない；それは，つまるところ判断の問題だからである．便益・費用分析はそうした判断を公の場に押し出して，それを公開審査と建設的な論議に委ねることができる．

第10章　将来の結果の評価：割引

　今日決定される多数の事柄は，来年以降何年間も影響を及ぼす．何十年にもわたって影響力をもちつづける決定事項もある．前章まででは暗黙のうちに，政策の選択の結果はただちに表れるという，議論をわかりやすくするための単純化の仮定をおいてきた．その仮定は明らかにまったく非現実的であるから，本章でははずすことにする．ここでは，将来の異なる時点で生じる結果を含む諸帰結の望ましさを比較する方法を見出さなければならない．たとえば，核融合という21世紀までは採算がとれそうもないエネルギー資源の研究に対する資金援助をどのように評価すべきであろうか？　メイン州とニューブランズウィック州の間のパサマクワディ湾の潮力発電プロジェクトは推進すべきであろうか？　このプロジェクトは，巨額の建設費はかかるが低い運転費用で何年間も電力を生産するのである．人的資源に対する投資はどのように評価すべきか？　たとえば，マンパワー・トレーニング計画を査定するときには，それによって将来にわたる便益と費用のフローが生み出されることを認識しなければならない．トレーニングのための費用およびトレーニング中の学生が稼得できたはずの損失のかわりに，将来何年間もそれ以上の稼得があげられる能力を学生1人1人に与えるのが望ましい．もっと現実的な例では，道路の穴をふさぐ次の2つの方法のうち，どちらを選ぶべきか？　1つは材料Aでうめる方法で，平均2年はもつ．もう1つは，それより高価な材料Bでうめる方法で，ざっと2倍の期間はもつと期待される．

　将来にわたる便益と費用のフローを生み出すような諸行為からむずかしい選択をしようとするときには，選択モデルを拡張して，異なる時点で生じる費用と便益を体系的に比較できるようにしなければならない．通常の場合，ドルに換算した費用と便益のフローを比較する必要がある．提案された2つのプロジェクトXとYの間の選択を考えてみよう．プロジェクトXは1年間で建設され，初期費用は1万ドルかかる．その後得られる便益は5年間にわたって毎年

減少する．プロジェクト Y は，建設に 2 年かかる．初期費用は 1 年目は 1 万ドル，2 年目は 5,000 ドルである．その後残り 4 年間の耐用期間中毎年同じ額の便益が得られる．そのフローの詳細は，表 10-1 に示されている．

表 10-1 （単位：千ドル）

プロジェクト	年					
	0	1	2	3	4	5
X	−10	+5	+4	+3	+2	+1
Y	−10	−5	+6	+6	+6	+6

　この 2 つのうちどちらの流列が望ましいであろうか．見ただけでは比較はむずかしいだろう．たとえこの場合にだけあてはまる選好を見出せたとしても，このような状況が多くある場合には，首尾一貫した選択を行う自信は得られない．この選択問題は，政府や企業，非営利団体および個人が繰り返し直面する問題である．というのはそれらのどの主体も，将来の費用と便益を考慮に入れて意思決定を行わなければならないからである．したがって，時点を考慮した評価の問題を扱うために，割引と呼ばれる標準的な手続きが当然発達してきた．

　割引の要点は，複利法を用いて，費用や便益のフローを現在価値と呼ばれる単一の量に変換することである．したがって現在価値の計算は，費用と便益の生じる時点をはっきりと考慮した純便益の計算となる．そこで前章で述べた便益・費用基準が適用でき，その場合純便益という語は，「割引された純便益の流れの現在価値」という意味である．

　基本的論拠はこうである．誰もが，ほとんどどんな状況の下でも，1 年後の 1 ドルよりも今の 1 ドルを好むであろう．手中にある貨幣は，将来のある時点での同一額の保証よりも価値がある．なぜなら，手中の貨幣は投資すればそれより以前に利得をあげうるからである．このことは，貨幣を投資する主体が個人であっても企業であってもあるいは政府であっても，確かに貨幣の用途は異なるけれども，必要な資金を課税や借り入れによって調達しなければならない主体にとって等しく成立する．最も単純な，個人の場合を考えてみよう．ロビンソン夫人が 1 年後に 100 ドル受け取ることになっているとしよう．彼女はそれより少ないある額を今日投資することができ，たとえばそれを銀行に貯蓄すれば，1 年経ったときには 100 ドルになるとしよう．この 100 ドルより少ないある額が今から 1 年後の 100 ドルという金額の現在価値なのである．

第10章　将来の結果の評価：割引

今日決定される多数の事柄は，来年以降何年間も影響を及ぼす．何十年にもわたって影響力をもちつづける決定事項もある．前章まででは暗黙のうちに，政策の選択の結果はただちに表れるという，議論をわかりやすくするための単純化の仮定をおいてきた．その仮定は明らかにまったく非現実的であるから，本章でははずすことにする．ここでは，将来の異なる時点で生じる結果を含む諸帰結の望ましさを比較する方法を見出さなければならない．たとえば，核融合という21世紀までは採算がとれそうもないエネルギー資源の研究に対する資金援助をどのように評価すべきであろうか？　メイン州とニューブランズウィック州の間のパサマクワディ湾の潮力発電プロジェクトは推進すべきであろうか？　このプロジェクトは，巨額の建設費はかかるが低い運転費用で何年間も電力を生産するのである．人的資源に対する投資はどのように評価すべきか？　たとえば，マンパワー・トレーニング計画を査定するときには，それによって将来にわたる便益と費用のフローが生み出されることを認識しなければならない．トレーニングのための費用およびトレーニング中の学生が稼得できたはずの損失のかわりに，将来何年間もそれ以上の稼得があげられる能力を学生1人1人に与えるのが望ましい．もっと現実的な例では，道路の穴をふさぐ次の2つの方法のうち，どちらを選ぶべきか？　1つは材料Aでうめる方法で，平均2年はもつ．もう1つは，それより高価な材料Bでうめる方法で，ざっと2倍の期間はもつと期待される．

　将来にわたる便益と費用のフローを生み出すような諸行為からむずかしい選択をしようとするときには，選択モデルを拡張して，異なる時点で生じる費用と便益を体系的に比較できるようにしなければならない．通常の場合，ドルに換算した費用と便益のフローを比較する必要がある．提案された2つのプロジェクトXとYの間の選択を考えてみよう．プロジェクトXは1年間で建設され，初期費用は1万ドルかかる．その後得られる便益は5年間にわたって毎年

減少する．プロジェクトYは，建設に2年かかる．初期費用は1年目は1万ドル，2年目は5,000ドルである．その後残り4年間の耐用期間中毎年同じ額の便益が得られる．そのフローの詳細は，表10-1に示されている．

表10-1　　　　　　　（単位：千ドル）

プロジェクト	年					
	0	1	2	3	4	5
X	−10	+5	+4	+3	+2	+1
Y	−10	−5	+6	+6	+6	+6

　この2つのうちどちらの流列が望ましいであろうか．見ただけでは比較はむずかしいだろう．たとえこの場合にだけあてはまる選好を見出せたとしても，このような状況が多くある場合には，首尾一貫した選択を行う自信は得られない．この選択問題は，政府や企業，非営利団体および個人が繰り返し直面する問題である．というのはそれらのどの主体も，将来の費用と便益を考慮に入れて意思決定を行わなければならないからである．したがって，時点を考慮した評価の問題を扱うために，割引と呼ばれる標準的な手続きが当然発達してきた．

　割引の要点は，複利法を用いて，費用や便益のフローを現在価値と呼ばれる単一の量に変換することである．したがって現在価値の計算は，費用と便益の生じる時点をはっきりと考慮した純便益の計算となる．そこで前章で述べた便益・費用基準が適用でき，その場合純便益という語は，「割引された純便益の流れの現在価値」という意味である．

　基本的論拠はこうである．誰もが，ほとんどどんな状況の下でも，1年後の1ドルよりも今の1ドルを好むであろう．手中にある貨幣は，将来のある時点での同一額の保証よりも価値がある．なぜなら，手中の貨幣は投資すればそれより以前に利得をあげうるからである．このことは，貨幣を投資する主体が個人であっても企業であってもあるいは政府であっても，確かに貨幣の用途は異なるけれども，必要な資金を課税や借り入れによって調達しなければならない主体にとって等しく成立する．最も単純な，個人の場合を考えてみよう．ロビンソン夫人が1年後に100ドル受け取ることになっているとしよう．彼女はそれより少ないある額を今日投資することができ，たとえばそれを銀行に貯蓄すれば，1年経ったときには100ドルになるとしよう．この100ドルより少ないある額が今から1年後の100ドルという金額の現在価値なのである．

リスクについては何も言っていないことに注意せよ．ここでは，リスクはまったく存在せず，ロビンソン夫人の 100 ドルはまったく確実なものであると仮定されている．むしろ受け取りを待たねばならないことは，その間にその貨幣によって得られたであろう所得を放棄することを意味する．言い換えれば，待つことには機会の喪失という形での費用が伴うのである．これは，プロジェクトの分析の際にはリスクは無視すべきだといっているのではまったくなく，単にリスクはここでは分析に入らないといっているのである．リスクと不確実性の条件の下での意思決定の問題は本書の後の章で考察する．現実の世界では，不確実性には純粋に待つことがつきものである．重要なのは，それらを別々の現象とみなしていることである．

　現在価値の計算ではふつうドル表示のフローが含まれているが，この計算法は収益がすべて同一の単位で測られていれば，どんな流れにも適用できる．（そこで余暇日数やエーカーフィートで測った水量，食料備蓄の追加分も割り引くことができる．）以下では，計算の実際の方法と割引率を選ぶ際に生じる理論的および実際的な諸問題について論じよう．

方法：現在価値の計算

　上で見たように，"待つこと"には機会費用がかかる．当然「どれくらいの」という疑問が生じよう．今から 1 年後の 100 ドルの支払いの現在価値はいくらであろうか．それは明らかに，今日投資した貨幣総額が 1 年間にどのくらいの収益をあげるかについての仮定に依存している．まずその収益率は 5％であると想定しよう．そこで今日 100 ドル投資すれば，1 年後には 105 ドルになる．90 ドル投資すれば 94.50 ドルになる．逆に今日 5％の利子で投資すれば，1 年後にちょうど 100 ドルになるような，すなわち，

$$X(1 + 0.05) = 100$$

または，

$$X = \frac{100}{1.05} = 95.24$$

となるような額 X がある．このとき年 5％の割引率での今から 1 年後に支払われる 100 ドルの現在価値は 95.24 ドルであるという．稼得しうる率が 10％であるならば，その現在価値は，

$$\frac{\$100}{1.10} = \$90.91 \text{[1]}$$

である．

　ここで読者は次のような疑問をもつであろう．「割引率とは何ですか．利子率に似ていますね．」確かにそうである．利子率と割引率とは，数学的には同一のものの異なる名称なのである．しかし，慣例では2つの名称を異なる状況で用いる．ある額の貨幣から出発し，将来の稼得を計算するときには，利子率という．将来のある時点での与えられた額から出発し，現在時点に戻って計算し，現在価値を求めるときには割引率という．計算に関する限り，ほとんど差のない区別なのである．差分方程式を取り上げた章で，複利を計算するときに，

$$S_1 = (1+r)S_0$$

と書いた．ここで S_1 は1年後の貨幣額であり，r は利子率，S_0 は最初の額である．割り引くときには割引因子 $(1+r)$ を方程式の他辺に移せばよい．すなわち，

$$S_0 = \frac{S_1}{1+r}$$

である．r はここでも利子率なのであるが，それをいまは割引率と呼ぶのである．

　両方の用語を併用することには十分な理由がある．利子率，より正確に言えば利子率の全体系には，貯蓄銀行の預金への支払利子率，自家保有者の抵当権者への支払利子率，企業の商業手形や長期借り入れへの支払利子率，政府の負債への支払利子率が含まれ，資本市場で決定される．そこではそれは外生的に与えられているとする．一方割引率は，分析を行う人が適切に（恣意的にではなく）選択するものである．分析者はこの選択を，きわめて厳密なガイドラインに沿って行おうとするかもしれないが，市場で現在利用しうるさまざまな利子率がその選択に大きく影響している．それにもかかわらず選択は行われるのであり，すぐ後に見るように，それにしても非常に繊細なものである．したがって2つの用語を併用するのが便利であり，その方がよいことが読者にもすぐにわかるであろう．

　議論の主題に戻るために，割引率を r と仮定して，1年後に支払われる貨

---

[1] 単純化のために，計算期間は1年としている．それ以外の期間の場合は差分方程式の章で述べた．

幣額 S_1 の現在価値（PV）を求める一般式を明らかにしておこう．それは，

$$PV = \frac{S_1}{1+r}$$

である．そして差分方程式の手順をすべて用いれば，今から n 年後に支払可能な額 S_n の現在価値は，

$$PV = \frac{S_n}{(1+r)^n}$$

となる．この式が暗に示すところによれば，PV_0 を将来の支払額の今日の現在価値として，PV_1 をその支払額の現在価値の1年後に計算した結果とすれば，

$$PV_0 = \frac{PV_1}{1+r}$$

となる．言い換えれば，将来のある時点において計算された現在価値を，あたかもその時点で生じた支払いであるかのように扱うことができるのである．

また金額はわれわれの支払いであっても受け取りであってもかまわない．形式はどちらの場合にもあてはまる．このことのもつ意味について少し考えてみよう．その意味は，もし借金をすれば，返済が遅ければ遅いほど支払額の現在価値が低くなるから，なるべく遅い返済が望ましいということである．貸している場合にはその逆が成り立つ．この考え方を公共プロジェクトにあてはめれば，他の事情にして等しい限り，早く便益をもたらし，費用が後払いであるようなプロジェクトの方が，逆が成立するプロジェクトより望ましいことになる．

通常公共プロジェクトは，将来のある時点で1回だけの便益をもたらすのではない．長期にわたる費用と便益のフローが生み出される．そのようなフローの現在価値は，個々の項の現在価値の単なる和である．この点を本章のはじめに挙げた2つのプロジェクト X と Y を用いて示してみよう．便宜のために表を再録する．

表 10-1　　　　　　（単位：千ドル）

プロジェクト	年					
	0	1	2	3	4	5
X	−10	+5	+4	+3	+2	+1
Y	−10	−5	+6	+6	+6	+6

この2つのプロジェクトの現在価値を計算するためには,2つの情報が必要である.(1)それぞれの金額は,各年のどの時点で発生するのか.明らかに,発生するのが各年の始めか終わりかによって差違が生じよう[2].慣例にしたがってこの場合には,各年の最後に発生するとしよう.(2)さらに重要なことであるが,どんな割引率が適切なのか.この選択については後の節で考えよう.ここではいくつかの適当な割引率を指定して,どのような結果が得られるかを見てみよう.

まず割引率を5％としよう.プロジェクトXはただちに(1,000ドル単位で)−10の純便益を生み出し,その現在価値は単に−10である.1年目の最後には+5の便益が得られ,その現在価値は5/1.05=4.76である.2年目に得られる+4の便益の現在価値は$4/(1.05)^2=3.63$であり,以下同様にして求められる.Xの総現在価値PV_Xは,

$$PV_X = -10 + \frac{5}{1.05} + \frac{4}{(1.05)^2} + \frac{3}{(1.05)^3} + \frac{2}{(1.05)^4} + \frac{1}{(1.05)^5}$$
$$= 3.41 \text{ すなわち } \$3,410.$$

同様に,

$$PV_Y = -10 - \frac{5}{1.05} + \frac{6}{(1.05)^2} + \frac{6}{(1.05)^3} + \frac{6}{(1.05)^4} + \frac{6}{(1.05)^5}$$
$$= 5.50 \text{ すなわち } \$5,500.$$

もし5％の割引率を使うのが本当に適切であるならば,プロジェクトYが選ばれなくてはならない.

他の割引率を選んだならば,現在価値はどのように変わるであろうか.計算すればわかるように,表10-2で示された結果となる.図10-1はその結果を図示したものである.

XとYが競合的な計画であるとしよう.グラフからわかるように,割引率

---

[2] 期間についてのこの問題は差分方程式の章で十分に論じたのでここでは深入りせずに,注意すべき点を1つあげるに留める.すなわち,今という語に注意すべきである.その語は,正確に今という意味で使われることもあるが,今から1年後という意味もある.

「多くの財政問題では,毎年同額の支払いが何年間かにわたってなされている.最初の支払いは今から1年後に行われ,最後の支払いは今からn年後に行われる…….この流れは,最初の支払いは今年の最後に行われるにもかかわらず,今始まりn年後に終わるといわれる.」(Harvard Business School, "Time Value of Money", 9-172-060, p. 3)

この用語法の混乱に対処するのには,常に注意する以外に確かな方法はない.

第10章　将来の結果の評価：割引　　　175

表 10-2
(PV_XとPV_Yの単位：千ドル)

割引率	PV_X	PV_Y
0	5.00	9.00
.02	4.33	7.50
.04	3.71	6.14
.06	3.13	4.90
.08	2.59	3.77
.10	2.09	2.74
.12	1.64	1.81
.14	1.20	.95
.16	.78	.16
.18	.41	$-.56$
.20	.05	-1.23

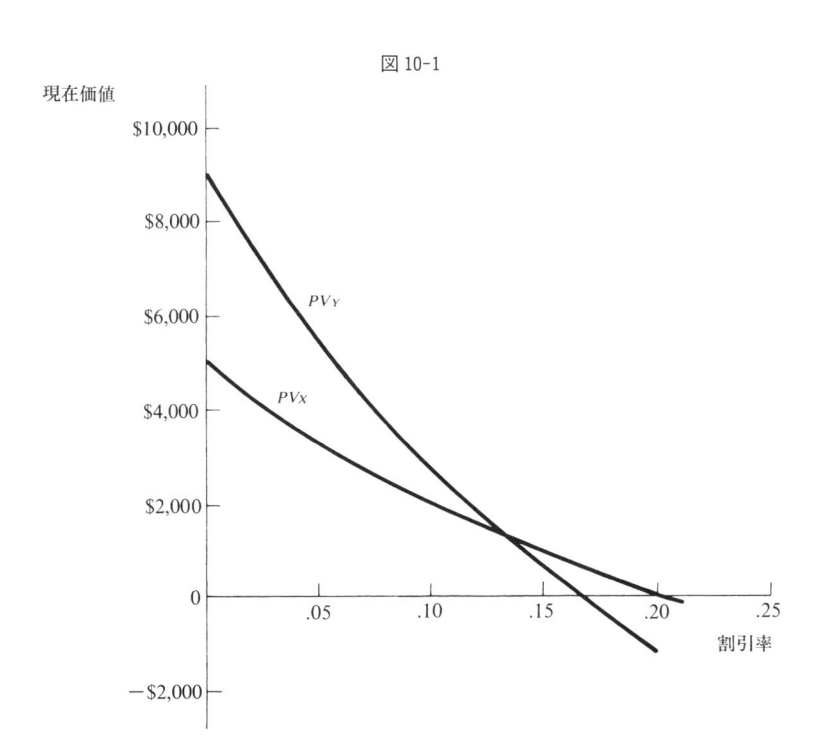

図 10-1

が0％から約13％の間ならば，現在価値が大きいプロジェクトYが選好される．割引率が13％から20％の間ならば，プロジェクトXが選択されよう．もし割引率が20％より大ならば，XもYも現在価値は負となってしまい，どちらのプロジェクトも実施されないであろう．

パサマクワディ湾の潮力発電プロジェクトの提案は，適切なプロジェクトを選択する際の割引率の重要性についての注目すべき実例となっている．このプロジェクトはカナダとアメリカの前途有望な共同事業として長い間提唱されてきた．最初の便益・費用分析は1959年に行われた．便益と費用に関しては同じ数値を用いて分析した結果，アメリカ側の分析者（陸軍工兵隊）はこの案の採用をすすめたのに対し，カナダ側の分析者は却下をすすめた．このプロジェクトには巨額の初期資本投資が必要である．便益の流列（フロー）は，長い将来まで続くであろう．結論が一致しない原因は割引率の選び方にあった．アメリカ側の分析者は2.5％の割引率を用いたので，現在価値は正であったが，一方カナダ側の分析者は4.125％の割引率を使い，現在価値は負となってしまった．

火力発電所か水力発電所かの選択問題も，割引率の重要性を示すもう1つの例である．火力発電所の場合には，当初の資本支出は電力1メガワット当たりの費用の約35から40％の割合を占める[3]．水力発電所の場合には，当初の費用は，電力の単位当たり費用の80ないし85％に達する．割引率が高ければ，費用の多くの部分が繰り延べられる火力発電所が望ましい．割引率が低くなるにつれて，支出をできる限り繰り延べることがだんだん有利ではなくなってきて，あるレベルの割引率では水力発電所の方が経済的となる．

割引と基本的選択モデル

費用と便益が時間にわたるフローであるときに最適な決定をなすための基準を扱った議論では，第3章で説明した基本的選択モデルとの結びつきが明らかではなかったであろう．

割引と基本モデルとをどのように関連づけることができようか？ まずはじめに代替的ないくつかの純便益のフローの中から選択を行う場合に割引率がどんな意味をもつのかを図解してみよう．いつものように，単純な2次元の場合

---

[3] OPEC以前の数値であり，1970年の石油価格に基づいている．

第 10 章 将来の結果の評価：割引

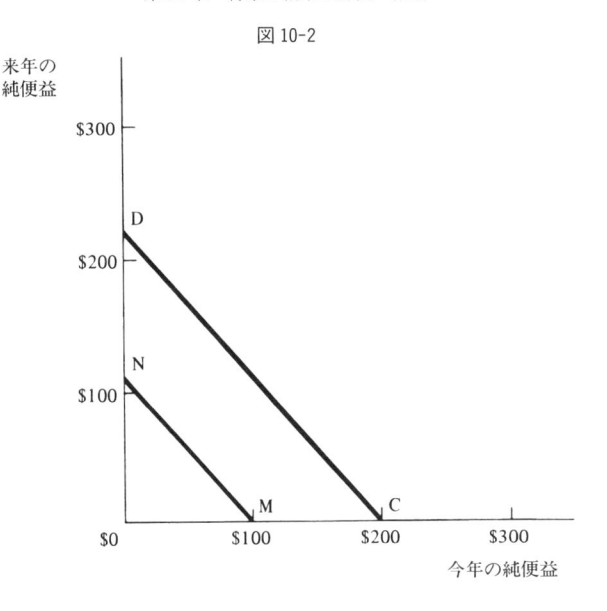

図 10-2

[図：縦軸「来年の純便益」、横軸「今年の純便益」。点 N($0, $100) と M($100, $0) を結ぶ直線、点 D($0, $220) と C($200, $0) を結ぶ直線が描かれている。]

を取り上げよう．2期間を考えているから，純便益は今年と来年発生し，それがすべてである．図 10-2 では，横軸に今年の便益，縦軸に来年の便益がとってある．割引率が 10％ であるとは，このグラフに関してはどのような意味をもつだろうか．その意味は次のようである．たとえば2つのフロー（M）今年 100 ドル，来年 0 ドルと（N）今年 0 ドル，来年 110 ドルは等しい満足を与える．今年 50 ドル，来年 55 ドルという組み合わせも同じであり，2 点 M と N を結ぶ直線上のどの組み合わせもすべて同じ満足を与える．同様に，（C）今年 200 ドル，来年 0 ドルと（D）今年 0 ドル，来年 220 ドルとを結ぶ直線上のすべての点は等しい満足をもたらす．要するに，平行な直線群から成り，原点から北東に動くにつれてより望ましくなるような選好図全体を描くことができる．

ここで，表 10-3 の 2 つのプロジェクトからの選択の問題を考えてみよう．

表 10-3

プロジェクト	純便益（ドル）	
	1 年目	2 年目
A	$200	$200
B	$150	$275

図 10-3

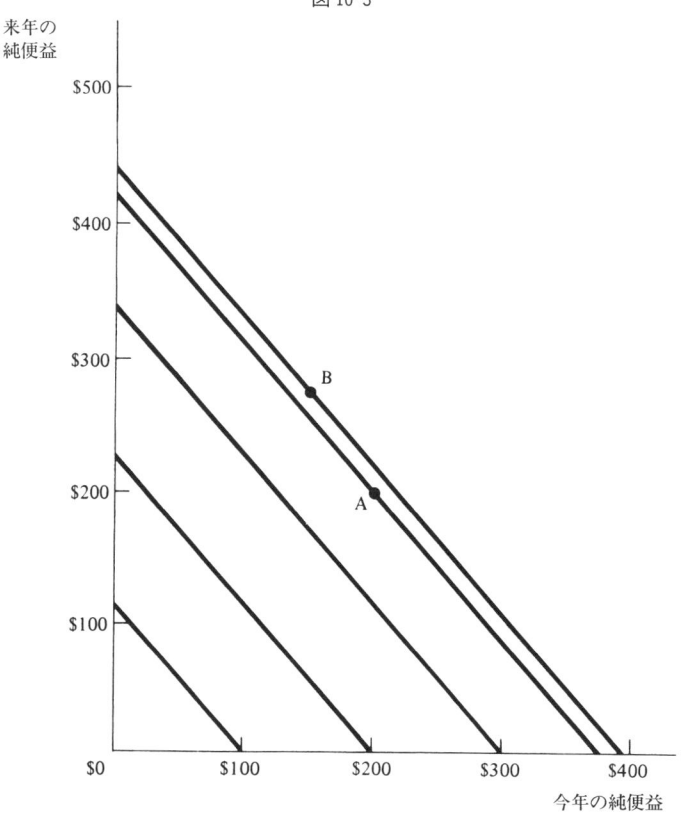

割引率が 10 % のときに，2 つのプロジェクトのうちどちらが望ましいであろうか．図 10-3 には，上で描いた選好マップが再掲してある．点 A と点 B はその図上に書き入れたものであり，不連続な可能性フロンティアである．割引率が 10 % ならば，プロジェクト B が選好されることがわかる．さらに理論的には，各プロジェクトの現在価値をグラフから直接読み取ることができる．各選好線と横軸との交点は，その線上のすべての点の現在価値を表すからである．（「理論的には」と言ったのは，実際には十分に正確なグラフは描けないからである．）言い換えれば，割引率は，原理的には非常に特殊な種類の選好図であって，純便益のフローを現在価値という単一の数に帰着させているから，それら複数の流れの比較ができるのである．しかし実際にはグラフを描くことに気

を使う必要はまったくない．

　この選好図は図で示されるように直線群からなっており，それは政府の意思決定者にとっては，現在の便益と将来の便益の間には一定の率でトレードオフがあるという意味をもつことに注意せよ．意思決定単位の全資産に比べて便益や費用が小さいときには――たいていの公共プロジェクトはそうである――この仮定は妥当である．しかし当該の量が増加するにつれて，直線が通常の無差別曲線のように次第に原点に対して凸になっていくであろう．

割引率の選択

　いままでに「適切な割引率」ということばを何度も使ってきた．また金額のフローの現在価値は割引率の選び方に非常に影響されやすいことがわかった．したがって公共プロジェクトにとって適切な割引率とは何かについて注意深く考える必要がある．

　政府のプロジェクトのために費やされる資金は，そのために使われなければ眠っている資金ではない．その資金は政府が課税や借り入れによって民間部門から得たか，あるいは政府自身が他の目的から流用した資金である．この資金は，もし民間部門に留まっていれば，そこで使われ，その場合この資金の用途の社会が認める価値を示すある率での収益をもたらすであろう．資金が政府の利用に向けられれば，その転換の真の費用は，そうでなかった場合に得られたであろう収益である．この費用は（前章で述べたように）機会費用である．機会費用は，提案されたプロジェクトの現在価値を計算するときに用いられるべき正しい割引率である．もし現在価値が正であれば，そのプロジェクトは資金を，現在民間部門で用いられているよりも有利に利用することになる．現在価値が負ならば逆である．この考え方はきわめてわかりやすい．

　例として，沿岸航路でのオイル船やタンカーの事故の増加に驚いた連邦政府が，海上の危険物の図示や標識を整備するプロジェクトを企画したとしよう．単純化のために，このプロジェクトは，高所得者への課税で完全にまかなわれるとし，課税された人々は貯蓄額を減らして税を支払うと仮定しよう．もし彼らが，貯蓄によって8％の利子を現在得ているとすれば，このプロジェクトの資金の機会費用は8％である．それゆえこのプロジェクトから見積もられる費用と便益のフローは8％で割り引かれなければならず，計算の結果純便益の現在価値がゼロより大ならば，このプロジェクトは採用されるべきである．もし

現在価値が負であれば，プロジェクトは却下されるべきである．この場合にプロジェクトを実行すれば，民間部門における他の用途よりも社会的価値が低い方法で資金を用いることになる[4]．

　本章を通じて，議論の簡単化のために公共プロジェクトで用いられる資金についてのみ述べてきた．経済学の学習をしてきた人には，それらの資金は単に交換媒介手段にすぎず，実物タームで生ずるのは実物資源——土地，労働，原材料，設備および機械等——のある用途から他の用途への転換であることがわかるであろう．貨幣は単なる媒介物なのである．投資の置換は事実複雑な過程を経る．もし経済が沈滞しており，拡張政策に伴って連邦準備金が増加するならば，民間投資は市場からほとんどクラウディング・アウトされないであろう．もし金融が引き締められているか，実物資源が稀少であるならば，その衝撃はただちに伝わるであろう．しかし，われわれの目的のためには，議論を財政資源にしぼるのが理にかなっている．というのは，通常個別的プロジェクトに対する追加的な資金総額は政府の全予算規模に比べて小さく，また公共プロジェクトのための実物インプットは市場で売買されるが，その数量は市場全体に比べて十分小さく，他の購入者に影響を及ぼさないからである．例外として最もありそうなのは，公共プロジェクトが1つの場所だけで実現される場合であり，そのときには将来の民間プロジェクトを排除する可能性がある．そのような場合に適切な割引率は，民間プロジェクトがあげるであろう収益である．

　前に見たように，一般に割引率が低ければ低いほど，初期に費用がかかり，その後便益が得られるプロジェクトがより望ましくなる．割引率が上がるにつれて，支出が遅く収益が早く得られることがますます重要になってくる．このことは，経済の状態によって意味をなす．割引率が低いとは，民間部門における限界的な投資機会が特に有利ではないという意味であり，そこで回収期間が長かったり，収益率が特に高くはない公共プロジェクトが比較的魅力的に見えてくる．一方，割引率が高いとは，民間部門で十分な収益を見出しやすいという意味である．この場合には，公共プロジェクトは十分にあるいは素早く収益をあげられなければ，競争できないのである．

　この機会費用アプローチによって，割引率の問題に対する正確な理論的解答は得られたが，実際上はそれほどには役立たない．資本市場の不完全性のため

---

[4]　この議論はもちろん分配の問題を考慮していない．この点については後の章で改めて論じよう．

に，収益率は投資の種類によって異なる．特定のプロジェクトを採用したために置き換えられた支出をいったい誰が正確に指摘できようか．現実の世界では，政府の課税と借り入れが直接または間接に消費者の支出や貯蓄，企業投資にとってかわるのである．またときには，政府の支出が他の政府の支出にとってかわることもある．どの期間にとっても適切な割引率は，資金の置き換えられたすべての用途の収益率の加重平均である．そのウェイトは各源泉から得られる総資金額の割合である．いうまでもなく，正しいウェイトの決定は実際にはきわめて困難である．

　読者は，消費者の支出の収益がドルでなく満足の形をとるときには，その収益率をどのようにして推計するか疑問に思うかもしれない．支出と貯蓄の両方を行う消費者にとっては，支出の収益率と貯蓄の収益率は限界においては一致している．もし一致していなければ，支出-貯蓄の習慣を変えれば満足が増加するからである．貯蓄をしていない人についてはそのような簡単な説明はできないが，少なくとも下限を設けることはできよう．明らかに，貯蓄の収益率が低すぎるから，彼らは貯蓄をしたいと思っていない．それゆえ彼らの支出の収益率は貯蓄性預金の現行利子率よりも必ず高いのである．

　理想的には，適切な割引率を求めるために用いられるウェイトは，資金源が異なるから個々のプロジェクトごとに別々に決定すべきである．そうすると，政府はあるプロジェクトを却下し，費用は同じだが支出のフローがより低い別のプロジェクトを採用すべき場合もあろう．後者が機会費用の低い源泉からの資金に依存している場合である．さらに，プロジェクトの資金が，そのプロジェクトによる受益者以外の源泉から調達されている場合には，原則として費用と便益とで異なる割引率を用いるべきである．適切なウェイトが決定できるのは，たとえば特定のプロジェクトのための特定の債券発行のようなきわめてまれな場合だけであって，たいていは課税や借り入れによって資金を調達するから，結局は財源と受益者は同一である．その場合分析者は，せいぜい割引率の近似値に頼らなくてはならない．それにもかかわらず，これは従来の研究からの少なからぬ進歩である．従来は，しばしば割引率が極端に低かったり，分析者によって大きく違っていたり，時にはまったく無視されたりしたのである．

　実際の数値をあげようとすると，割引率を論じた大部の文献でも役に立たなくなってくる．質的推定値を示唆する研究者もいる．割引率とはどんなものではないかを述べることに限っている研究者もいる．また割引率の上限と下限を

設けようとしている研究者もいる．これらは事実，価値のある課題ではあろう．しばしば分析者は次のように言うことができる．「私には，このプロジェクトにとって正しい割引率はいくらかはわからない．しかし幸運にも，それはたいした問題ではない．割引率は確かに3％以上であり，分析によれば，3％より大きいどんな割引率でもプロジェクトはまったく無意味である．それゆえ，そのプロジェクトはただちに放棄されるべきである．」さらに，便利な下限として，長期政府債券の利子率を常に用いることができる．というのは，政府にとって借り入れ資金の費用と同じだけの収益を生み出せないようなプロジェクトは確かに実施してはならないからである．

　公共プロジェクトにとって適切な割引率を決定しようとしている経済学者の多くは，約10％という1977年の数値をおそらく見出すであろう．たいていの政府は予算制約下で運営しているから，その予算制約を所与とすれば，10％の割引率はたいていの状況では良い結果をもたらすであろう．しかし，きわめて長期を考慮に入れれば，適切な率をもっと正確に見積もる必要がある．以前にパサマクワディ湾の分析を取り上げたが，その場合には，割引率の選び方の1.625％の違いによって，プロジェクトの実行可能性についての正反対の結論がひき出されたのである．それは確かに何十年にもわたって便益をもたらすきわめて長期のプロジェクトであった．

　割引率の選び方が重大な意味をもつ例として原子力エネルギーの分野がある．1990年代の発電方法として軽水炉を用いるべきであろうか，それとも高速増殖炉の研究に力をそそぐべきであろうか．この代替案の便益・費用分析では，10％以上の割引率が選ばれれば軽水炉が，7.5％以下ならば高速増殖炉が望ましい．7.5から10％の間では決定できないが，これは，高純度ウラン鉱の将来価格の予測がエネルギーの専門家の間でも一致していないことが主な原因である．

関連問題と留保事項

　割引率の選択に関しては，他にも実際的および理論的問題点があるので，ここで簡単にふれておこう．割引は，便益と費用が何年間にもわたるようなプロジェクトを評価するために用いられる．しばしば（またごく当然）それらの年ごとの利得は，特に遠い将来の時点でのそれは，きわめて不確実である．割引率はこのリスク因子を補償するように上方に修正されるべきであるという提案

がなされることもある．いまではその方法は，概念的に不正確であるのみならず，かなり劣悪な選択を引き起こしかねないとされている．割引率を引き上げると，異なる期間の利得間のトレードオフ率を事実上変えることになるが，しかし将来の利得の額についての不確実性が，ある年の利得と翌年の利得とのトレードオフに影響を及ぼすべきであるという本質的理由はない．正しい分析方法は，リスクとは無関係の割引率の問題と，リスクのある結果をどのように評価するかという問題とを区別することである．後者の問題は第12章で論じる．

より哲学的に言えば，現在の所得分配を所与として，社会全体の異時点間選好を正確に表す収益率を観察することはできないといわれている．さらに，低い割引率は，限界税率の高い層を犠牲にして低所得層を利するようなプロジェクトを追求させることになる．この見解では割引率は，社会が望む将来の資源と現在の資源とのトレードオフ率に関する意識的な価値判断であるべきということになる．言い換えれば，割引率の選択は，費用と便益を所得階層間に，また現在と将来期間，したがって世代間に割り当てるために社会のもっている価値に応じて，慎重になされなければならない．確かに，経済で現在得られる収益率によってその社会の成員の欲求と態度に関する情報が得られるから，割引率の選択の際には収益率を考慮に入れるべきである．このような議論は発展途上国に適用するときには最も妥当するであろう．そこでは，資本市場はたいてい未発達であり，所得分配は，人々に自発的貯蓄をまったく引き起こさせないような状態である．

社会にとっての適切な割引率についてはっきりとした価値判断をするためのより深い──そしておそらくより強い──議論として時には次のことが指摘される．すなわち，究極的には公共部門の大きさ自体が割引率によって決定されるのであると．社会的割引率を明確にすることを提案する人々の主張によれば，政府部門の大きさについての決定は民間資本市場の諸条件の変化に応じて変動してはならないのである．

このような価値判断アプローチは，割引率の選択に関する機会費用アプローチとは一見まったく異なっているが，この違いは実質的相違というよりは考え方の相違である．機会費用アプローチでは，割引率は経済で観察され，市場システムで不完全とみなされるものについてできる限り修正した収益率に基づいて選択される．社会的時間選好アプローチでは，将来世代への供与についてのわれわれの選好を反映する割引率が慎重に選択されるが，この選択は経済の実

際の収益率を観察することによってわかるものである．そこで機会費用アプローチの支持者はまず観察した収益率から出発し，社会的価値に応じて修正を加えるのに対し，社会的時間選好アプローチの支持者は価値判断から出発するが，その判断を下すために観察した収益率をよりどころとする．彼らは互いに対極的な位置から出発して，互いの方に進んでいるのであり，公共プロジェクトの適切な割引率に関してほとんど違いのないこともありうる[5]．

もしわれわれが今の社会を犠牲にして将来世代を利することが真に望ましいと考え，しかもそれを政府投資を増やすことによって行おうとするならば，割引率は可能な手段の1つである．しかし明らかに，少なくともアメリカにおいては，将来の利益となるそのような意見に全体の合意は得られていない．もし1人当たりの所得が過去2世紀と同じくらいの成長を続けるならば，われわれの孫は今のわれわれよりも財政的にははるかに恵まれていよう．将来世代を利するための犠牲は，特に貧しくはない人々によってそれほど貧しくない人々のためになされるのである．今日存在する真に貧乏な人々は，この社会的評価に疑問を呈するかもしれない．これはしかし，先祖にあたるわれわれによってのみ市場社会に登場しうる将来の世代の欲求を無視すべきだと言っているわけではない．貴重な天然資源の涸渇や，美しい景観からオゾン層までのあらゆる種類の快適さと取り戻せないほどの破壊があるときには特にそうである．しかし，これらの問題を分析的に取り扱う方法は，プロジェクトの全便益と全費用を明確にし，確率を見積もり，適切なところに割り当てることであり，割引率の次善的な操作に頼ることではない．

割引をする際の現在の困難な問題の1つはインフレーションをどうするかである．インフレーション率が低い限り，重要な問題ではない．（事実，過去にはまったく考慮されていなかった．）しかし過去数年間にわたって，適切な割引法に重大な疑問を生じさせるほど高い率のインフレーションが発生している．人々のインフレーション期待は利子率にとり込まれていると最近よくいわれる．これが真であるならば，割引率の選択に関する限りインフレーションはたいし

---

[5] 割引率の選択に関するこれらのアプローチに関する優れた議論については次の文献を見よ．William J. Baumol, "On the Discount Rate for Public Projects," in R. Haveman and J. Margolis (eds.), *Public Expenditure and Policy Analysis* (Chicago: Markham, 1970); United Nations Industrial Development Organization, *Guidelines for Project Evaluation* (New York: United Nations, 1972), ch. 13, "Intertemporal Choice: The Social Rate of Discount."

第10章 将来の結果の評価：割引

た問題ではない．さらに，費用と便益を割り引くのに同一の率を用いなければならない理由はないし，ましてや将来の全期間に同一の割引率を用いなければならない理由は原理的には存在しない[6]．政策分析がもっと洗練されてくれば，時間と所得階層に関してより細分化された割引方法が期待できよう．

州政府や市当局にとっての割引率はどうであろうか？　連邦政府のプロジェクトと同じ論法が適用できる；すなわち，提案された資金の用途から生じる費用と便益のフローは，資金の機会費用で割り引かれなければならない．そのような政府はふつう，主として自身の課税対象者以外から借り入れを行うという意味で外部的借り手である．またそのような政府はふつう，ニューヨーク市は苦境にあるが，均衡予算という制約の下で運営されており，分析においては，借り入れの分割返済が考慮されなければならない．細部は複雑であるが，機会費用の原理はなお有効である．

民間の非営利部門の場合には一層むずかしい．そのような機関は資金を一部は政府から調達し，一部は使用料で，また一部は善意の寄付金でまかなっている．しかし自発的寄付は，資金の使途についての寄付者の思惑に左右されやすい．そこでこの種の意思決定は本質的に相互に影響を及ぼし合い，事態は意思決定者が統一されている場合ほど単純ではない．

読者は，負の割引率を用いる場合があるのではないかと思うであろう．いったいどういうときに，現在のより多くの資源と将来のより少ない資源とを交換するのが望ましいのであろうか．例を示すのは容易ではなく，ふつう経済学者は，救命ボートの中の堅パンの分割という例を利用する．難破船の船員は今日の堅パン1つよりも，明日受け取る1かけらの堅パンの一部の方を高く評価するとされている．ある農民が毎年春には水が多すぎて困り，晩夏には深刻な水不足に悩んでいるとしよう．彼は，たとえ蒸発して大部分がなくなるとしても，貯水槽を作るために費用を出すであろう．実際彼は，貯水槽が費用に値するか否かを決定するために，今日の多量の水と後の少量の水を交換するという負の割引率を用いたのである．スイス銀行は場合によっては，貯蓄性預金に対して利子を支払わずに逆に請求することもあるが，それでも利用者は自分の口座に資金を預けておくのである．一般に，負の割引率が適用可能なのは，非常に不

---

6) 実質割引率と名目割引率の議論については次の文献を見よ．S. Hanke, P. Carver, and P. Bugg, "Project Evaluation During Inflation," in the 1974 issue of *Benefit-Cost and Policy Analysis*, edited by R. Zeckhauser et al. (Chicago: Aldine, 1975).

完全な価値貯蔵手段，すなわち，時間がたつと劣化が予想される財以外には頼るものがないときである．

　以上の議論はすべてドルのフローの割引に関してなされてきた．ふつう割引率は，苦痛や健康回復や，特に死のリスクの変化といった無形のものからなるフローを割り引くには適さないといえよう．そのような財は市場では交換されず，時間を通じての前向き，後向きのフローは市場利子率と一致しないのである．この問題はまったく未解決である．過去の経済学者や分析者の中には，そのような流れを割り引かない人もいるし，現行の率で形式的に割り引く人もいる．また少数の人はこのおそろしく複雑な問題について真剣に考察しはじめている．

　最後に，われわれは適切な割引率のための決め手はもっていないが，幸いなことにふつうは近似値がよければ結果もよいのであり，政府の意思決定主体すべてに一貫して適用された場合には特にそうである．結局，それによって極端に不当なプロジェクトは排除され，そのことは，将来に向かっての大いなる前進なのである．

第11章　線型計画法

　線型計画法は，資源の供給が厳しく制限されているときに，資源を配分するための技法である．それは広範な適用性をもった直観的に明らかな規範的モデルであり，最適資源配分の一般的構造を明らかにするという教育的価値ももっている．小さな図書館への予算配分から巨大な水力発電計画の部品選択に及ぶ政策選択にまで計り知れない助力となりうる．ガンジス-ブラーマプトラ全河川系の線型計画モデルは，洪水抑制，電力生産，灌漑，航行，塩度制御を考慮している[1]．別の大規模分析では，線型計画モデルが向こう半世紀にわたるアメリカ合衆国のエネルギー需要を満たすための代替燃料源の探査に使用されている[2]．

　さまざまなタイプのオペレーションズ・リサーチの中で，数理計画法，特に線型計画法は最高度に発達し広範に使用されている．計画は最適化の手段である；すなわち，多種多様な活動が稀少資源を求めて競合する状況において，その活動の最良の水準を選ぶこと，あるいは要求される産出物を生産する最小費用方法を選ぶことである．この種の問題はすべての社会のいたるところに浸透しており，イデオロギー上の解釈の相違を免れている．企業経営者は競合する生産ラインの間で工場の空間を配分しなければならないし，旧ソ連の工場管理者もそうである．家畜用飼料の生産者は費用を最小化する一方，必要な栄養素の組み合わせを満たさなければならないし，病院の栄養士もそうである．警察部長は服務時間を効率的に使う勤務表を作成しなければならない．教会の管財人はさまざまな活動に対する支出水準を決めなければならない．訴訟援助局 (legal aid office) はいろいろな種類の訴訟事件に弁護士の時間を配分しなけれ

---

1) Peter Rogers, "A Game Theory Approach to the Problems of International River Basins," *Water Resources Research 5*, no. 4 (August 1969): 749–60.
2) Alan S. Manne, "What Happens When Oil and Gas Run Out?" *Harvard Business Review* (July-August 1975): 123.

ばならない．（これらの組織のうちいくつかについては，産出物を評価するというむずかしい問題があることに注意せよ．ここでちょっと立ち止まり，訴訟援助局あるいは都市健康診療所の投入と産出は何かを考えてみよ．もしそれらが漠然としている，あるいは測定が困難だと感じるならば，あなたは投入・産出水準の指標としてどのような代理変数をすすんで採用するかをよく考えてみることだ．）

　形式的な技法としてか，あるいは思考の案内役として使うとしても，これらはすべて数理計画法が非常に役立つ状況である．数理計画法がはっきりした解答を与えるのである，たとえば警察官の配置を決める場合もあれば，われわれがある価値判断を行うことができるときのみ解答を与える場合もある；おそらくわれわれは訴訟援助局が扱う諸々の訴訟事件をウェイト付けすることができる．他の場合には，直接解答は得られないけれども，限定された利用可能な投入量と望ましい産出量，そして両者の関係について注意深く考え，問題を計画法の形式で構造化しようとすることによって，一層深い洞察が得られるかもしれない．そのような問題についてはわれわれは決定からなお遠い所にいるが，しかし少なくともより良い問題に置き換えているのである．

　上で列挙した問題に見られる共通性は何であろうか．どの問題でも，後に制御変数ないし決定変数と呼ぶことになるある変数の最良の値を探している．これらの変数は意思決定者が直接的もしくは間接的に制御できる活動を表している．つまり決定に支配される変数である．しかし，これらの活動水準を決めるときは，制約条件（constraints）と呼ばれる付加的条件も満たさなければならない．工場管理者は設備能力を超えることはできない．飼料生産者は命じられた栄養水準を維持しなければならない．警察部長は組合から要請されている勤務交替制の禁止規定を破ることなく，管轄下の分署をカバーしなければならない．教会の管財人は予算を心配しなければならないし，教会のプログラムが削減されたときそれが収入に与える負のフィードバックにも配慮しなければならない．訴訟援助局は限りある予算と職員数並びにさまざまの政治的，社会的，制度的制約に直面する．

　いくつかの文脈では，これらの制約条件は等式の形をとる——10万ドル支出しなければならない，360警察時間を配分しなければならない——が，多くの場合不等式となる．たとえば，家畜飼料工場の管理者は使用する原料の費用を最小化したいが，同時に自分の生産物が必ずタンパク質，炭水化物，ビタミ

ンを最低水準以上含むようにしなければならない．彼はこれらの最低水準を正確に達成する必要はない．費用を最小化するためなら，いくつかの最低水準を喜んで超過するだろう．（最低要件の超過が時には費用がかからないことを確かめることができよう．たとえば，もしあなたが諸要件の中で特に1ガロン当たり少なくとも20マイル走行できる車を探しているならば，あらゆる事情を考慮して25マイル走行できる車が最良の選択になるかもしれない．)

　これらの制約条件は不等式の形をとっているので，微積分やラグランジュ乗数を含む通常の計算方法ではうまくいかない．1947年になってはじめてジョージ・ダンツィーグがそのような問題の解法を開発した[3]．計算を行うことはもともと退屈なものだが，3つないし4つ以上の変数がある場合には特にそうである．幸いにも，高速のコンピュータはこの種の計算を実行できるようにプログラムされている．われわれは問題を適切な形式で定式化しさえすればよいのである．

　線型計画法によって決定される配分は確実性が存在するという条件の下で達成される．可能な最小費用である栄養条件を満たす食事メニューの選択は，線型計画法の名声を高めた初期の適用例であった．このケースでは，確実性の仮定が意味するところは，1ポンドの豆やにんじんの値段がいくらか，またさまざまな栄養素をどれだけ含むかを知っていることである．もし1ポンドのにんじんが十分に同質的で価格の変動が十分に狭いならば，われわれは平均値を利用することができ，確実性問題に対する解が現実の不確実性問題に対して十分満足のいく解として利用できると信じることができる．

　純粋理論に一層興味があり実際の選択にはあまり関心のない哲学者や物理学者は，この問題を異なった観点から見るだろう．つまり，彼らは残存する不確実性を強調するだろう．記述モデルに関する以前の章で強調したように，分析者や政策策定者が確実性下の最適化の技法に依拠するとき，彼らは100％確実なものは何もないことを認識している．むしろ彼らは，確実性とは，ほとんど費用をかけずに本質的な便益をもたらす良好な近似であるとみなしているのである．

　その方法を記述するためにわれわれが用いる線型計画の例は，具体的な状況

---

3) 当時ダンツィーグはアメリカ合衆国空軍のさまざまな活動を計画する技法を研究していた．実際にはソビエトの数学者レオニド・カントロヴィチはそれ以前に同じ問題を解き，1939年に成果を出版した．しかし彼の研究はロシアにおいてさえ4分の1世紀の間気づかれないままだった．

と厳密な数字を含んでいる．それらは線型計画法を直接に適用し実際に多大の成功を収めた明白な例であり，技法を知る最良の方法である．しかし，それらの例はこの本で目論むものではない．ほとんどの組織において数学的技法に馴染んでいる人は，そのような特定の問題に答えるための主たる責任をもっている．しかしここでの目的は，線型計画法が稀少資源の配分をどのように最適化するかについて理解し，その結果，配分問題——たとえそれが手に負えないものでも——に直面したとき，それを分析する枠組みが身近にあるということを理解してもらうことである．多くの管理者は長い間の経験を踏まえてそのような枠組みを発展させてきた．実際この章の内容の選択をプログラミングの問題と見ることができよう．われわれの目的は，線型計画法の構造と概念に対する読者の理解をできるだけ大きくすることである．われわれが制御することができる活動は，(1)分析の技法，(2)哲学的な議論，(3)具体的な問題を読者の前に披瀝することである．ここでの主な制約条件はこの章に配分されたページ数である．

　分析モデルと分析方法を理解するといいことがある．それは，すでに強調してきたように，その方法の直接的適用が可能でもなく望ましくもない多くの状況に対して洞察を与えるということにある．読者がこのように考えることを勧めるもう1つの例を挙げよう．あなたはある立候補者の選挙運動を指揮しており，選挙区内のいろいろな地域に彼の時間をどう配分するか，さまざまな広告に資金をどう配分するかを助言するとしよう．たとえ答えに到達しないとしても，選択肢や制約，結果について理性的に考えるために線型計画法を使うことができるだろうか．そのような選択状況に直面したとき，この種の状況を計画問題としてどのように定式化するかを考えることが有益だとわかるはずだ，というのがわれわれの主張である．

線型計画問題の要素

　われわれの議論は大部分線型計画法に限定される．線型の場合，第1に変数間のすべての関係が比例的であることを仮定する．もし投入を2倍にすれば産出も2倍になる．よってボビン1個作るのに1つの仕掛けと2つの付属品が必要なら，ボビンを2個作るのに2つの仕掛けと4つの付属品が必要である．経済学者はこの性質を「規模に関する収穫不変」と呼ぶ．第2に，すべての投入量や産出量は無限に分割可能であると仮定する．つまり，ごくわずかのボビン

や付属品は何ら問題を引き起こさない．第3に，プロセスは加法性をもつと仮定する．たとえば，ボビン工場が1日に5,000個のボビンか8,000個の紡錘を作ることができるとしよう．そのときには，2,500個のボビンと4,000個の紡錘とを1日で作ることができる．

線型計画法を理解する人は誰でも，数理計画法の背後にある一層難解な基本的な考え方を理解することができる．収穫不変，可分性 (divisibility)，加法性 (additivity) という仮定は純粋に説明上の理由によるものである．われわれが数理計画法を利用したいと思っている類の問題にとっていずれも重要ではない[4]．

線型計画法を理解する最良の方法は，それを使って何かやってみることである．一層重要なことだが，線型計画問題を作成し実際に解を見つけることは，読者に稀少資源の最適配分に必ず含まれる要素を理解させてくれるだろう．

線型計画の技法：運輸局の修理工場

ドーフマンの古典的な解説論文からとられた例によって，線型計画の技法を示そう[5]．

運輸局 (Transit Authority) は2つの活動に携わっている修理工場を経営している．1つの活動は車両の磨き直しであり，もう1つは車両のさまざまな部品交換である．どちらの活動も民間企業に委託することができる．実際内部で処理した場合の正確な原価計算はないが，最近の監査報告は民間企業ならばどちらの活動も修理工場より安くできるというかなり明確な証拠を示した．しかしながら，運輸局の修理工場を閉鎖する，あるいはその規模を縮小するという考えも見込みもない．政策選択の問題は，運輸局の多くの資金を節約するためにどのように施設を利用すべきかということである．

修理工場は4つの部門の作業を管理している．検査，分解−再組立，塗装と車内装飾，機械製作である．各部門の毎月の処理量には限界がある．表11−1の各項は，それぞれの部門が1種類の修理に全時間を投入したと仮定して，処

---

[4] ここでの接近法は直観的であって厳密ではない．一層数学的な議論を好む学生はオペレーションズ・リサーチに関する標準的教科書を参照せよ．たとえば Harvey M. Wagner, *Principles of Operations Research*, 2nd ed. (Englewood Cliffs, N. J.: Prentice-Hall, Inc., 1975) を見よ．

[5] Robert Dorfman, "Mathematical or Linear Programming: A Nonmathematical Approach," *American Economic Review* 43 (December 1953): 797-825. 最初の応用はシャーマン自動車会社のケースであった (Harvard Business School 9-107-010)．

表 11-1　月当たり処理能力（車両数）

部門	修理の種類	
	磨き直し	部品交換
検査	25	35
分解-再組立	$33\frac{1}{3}$	$16\frac{2}{3}$
塗装と車内装飾	$22\frac{1}{2}$	—
機械製作	—	15

理しうる最大車両数を示している．

　つまり，検査部門の能力は一方の作業に特化したならば 25 台の磨き直しか 35 台の部品交換に必要な検査を行うことができる能力である．また時間の一部をそれぞれに当てることもできる．たとえば，もし時間をちょうど半分に分ければ，月に $12\frac{1}{2}$ 台の磨き直しと $17\frac{1}{2}$ の部品交換を検査できよう．

　運輸局は多数の民間修理工場と長期契約を結んでいる．これらの工場は 1 台の磨き直しに 3,000 ドル，部品交換に 3,500 ドルの費用を請求する．修理が運輸局の工場で行われようが外部で行われようが，運輸局は使用されたすべての部品の代価を支払う．毎月平均して 60 台が磨き直しを，30 台が部品交換を必要とする．月々の変動はかなり小さく，すべての修理工場が単一の作業に変えられても，磨き直しあるいは部品交換をすべき車両がなくなる可能性はない．運輸局はもちろんすべての修理作業契約を解約できるが，とにかく修理工場を操業させなければならないので，内部の工場でできるだけ多くの仕事をすることによって実質的な節約をすることができる．問題は，これらの節約を最大化するために修理工場の能力をどのように配分すべきか，ということである．

　この問題を攻略するために線型計画法を用いるときには，何を達成しようとしているのか，いかなる制約が課せられているのかを数学的に定式化しなければならない．一度このステップが開始されると，解の導出は計算上の問題となる．

　このように問題を組み立てるためには，まず最大化しようとしているものは何かを示さなければならない．ここではわかりやすい金銭問題に直面している．われわれは節約を最大化しようとしているのである．局内での磨き直しは 1 台当たり 3,000 ドルの節約になるし，部品交換は 3,500 ドルの節約になる．次に，運輸局が制御できる活動は何かを示さなければならない．この場合，答えは明

らかである．すなわち，運輸局は何台の車両を磨き直すか，何台の部品交換をするかを制御できる．ゆえに，S＝総節約額，X_1＝磨き直しの台数，X_2＝部品交換の台数とすれば，目的は次のように数学的に定式化できよう：

$$S = 3{,}000X_1 + 3{,}500X_2 \tag{11-1}$$

を最大化する．(11-1) 式の表現は目的関数（objective function）として知られている．それは選択が何を達成するためのものかを定義する．

さて，能力の制約の問題に移ろう．もし検査部門が磨き直しされた車両の検査に全能力を費やせば，月に 25 台を処理できる．言い換えると，1 台の磨き直しには月の全検査能力の $\frac{1}{25}$ が必要である．同じ理由によって，磨き直しには分解-再組立能力の $\frac{1}{33.33}$ が必要となる．同様に，それぞれの部品交換には検査能力の $\frac{1}{35}$，分解-再組立能力の $\frac{1}{16.67}$ が必要である．どの部門も能力の 100％以上を使うことはできないので，運輸局の修理工場は次式のような制約を受けている：

$$\left(\frac{1}{25}\right)X_1 + \left(\frac{1}{35}\right)X_2 \leq 1 \tag{11-2}$$

$$\left(\frac{1}{33.33}\right)X_1 + \left(\frac{1}{16.67}\right)X_2 \leq 1 \tag{11-3}$$

このように検査と分解-再組立についての制約を数学的に表現したが，そのかわりに部品交換には磨き直しの $\frac{5}{7}$ 倍の検査が必要だと考えてもよい．このことから (11-2) と同じ内容の制約式

$$X_1 + \frac{5}{7}X_2 \leq 25 \tag{11-2 a}$$

が導かれる．同様の制約式を上の (11-3) のかわりに使うこともできる．どちらの定式化が望ましいともいえない．やさしいと思う方を使えばよい．塗装・車内装飾部門および機械製作部門に課せられる制限により，求める解は次の制約を満たさなければならない：

$$X_1 \leq 22.5 \tag{11-4}$$

$$X_2 \leq 15 \tag{11-5}$$

われわれの定式化は 1 つの点を除いてほとんど完全である．X_1，X_2 が負になりえないことは明らかであろう．つまり，地下鉄車両の磨き直しも部品交換もしないで，付加的な能力を作り出すことのできる工程は存在しないのである．しかし，この非負性の物理的要求はコンピュータにとって，あるいはその問題

の状況についてあらかじめ指示を与えられていない分析者にとっても必ずしも明らかではない．そこで，最後に2つの制約を加えなければならない：

$$X_1 \geq 0 \tag{11-6}$$
$$X_2 \geq 0 \tag{11-7}$$

要約すると，われわれは運輸局の最適化問題を目的関数と6つの制約式をもつ線型計画問題として定式化することになる．

$$S = 3{,}000X_1 + 3{,}500X_2 \tag{11-1}$$

を制約：

$$\left(\frac{1}{25}\right)X_1 + \left(\frac{1}{35}\right)X_2 \leq 1 \tag{11-2}$$

$$\left(\frac{1}{33.33}\right)X_1 + \left(\frac{1}{16.67}\right)X_2 \leq 1 \tag{11-3}$$

$$X_1 \leq 22.5 \tag{11-4}$$
$$X_2 \leq 15 \tag{11-5}$$
$$X_1 \geq 0 \tag{11-6}$$
$$X_2 \geq 0 \tag{11-7}$$

の下で最大化する．

もしこれが多くの変数を含む複雑な問題ならば，解の導出はコンピュータかあるいはコンピュータの使い方を知っている人に任せればよい．事実この問題は，いかに単純でも，ほとんどの線型計画問題に対して適切な手順を示している[6]．コンピュータは迅速で簡単なだけでなく，直接の解以上に問題についての有益な情報を与えるようプログラムされている．しかし，コンピュータの内部で何が進行しているのか，また問題の解の性質は何かを知るために，線型計画問題の図式を使って進める方が有益である．

運輸局の修理工場の問題は2変数問題であるからグラフに描くことができる．図11-1，図11-2において，X_1は横軸に，X_2は縦軸に測られている．上で確認したように，最初の制約式

$$\left(\frac{1}{25}\right)X_1 + \left(\frac{1}{35}\right)X_2 \leq 1 \tag{11-2}$$

---

[6] 線型計画法を使いこなせるようになりたいのなら，簡単な問題をいくつか自分の手で解いてみるべきである．そうすればコンピュータが実行することをよく理解できるだろう．W. J. Baumol, *Economic Theory and Operations Analysis* (3 rd ed.; Englewood Cliffs, N. J.: Prentice-Hall, 1972) はシンプレックス法として知られている方法を非常に明確に述べている．

は変数 X_1，X_2 が同時にとりうる値に上限を課している．実行可能な点に対する境界線は方程式

$$\left(\frac{1}{25}\right)X_1 + \left(\frac{1}{35}\right)X_2 = 1$$

によって与えられる．これは直線の方程式であり，図 11-1 では検査という語が付けられている．この直線の北東にある点はすべて実行不可能である．

次の 3 つの制約 (11-3)，(11-4)，(11-5) もグラフ上に直線として描かれ，図 11-1 に示されている．図の斜線部分は制約条件の 1 つないしそれ以上を満たさないので実行不可能である．同様に非負の制約は，図 11-2 で示されるように，下限に対する境界線を与えている．これらの結果を図 11-3 にまとめると，実行可能な X_1 と X_2 の組み合わせを示す多角形が得られる．これは実行可能集合 (feasible set) と呼ばれる．それは第 3 章で示された可能性フロンティアの別表現である．

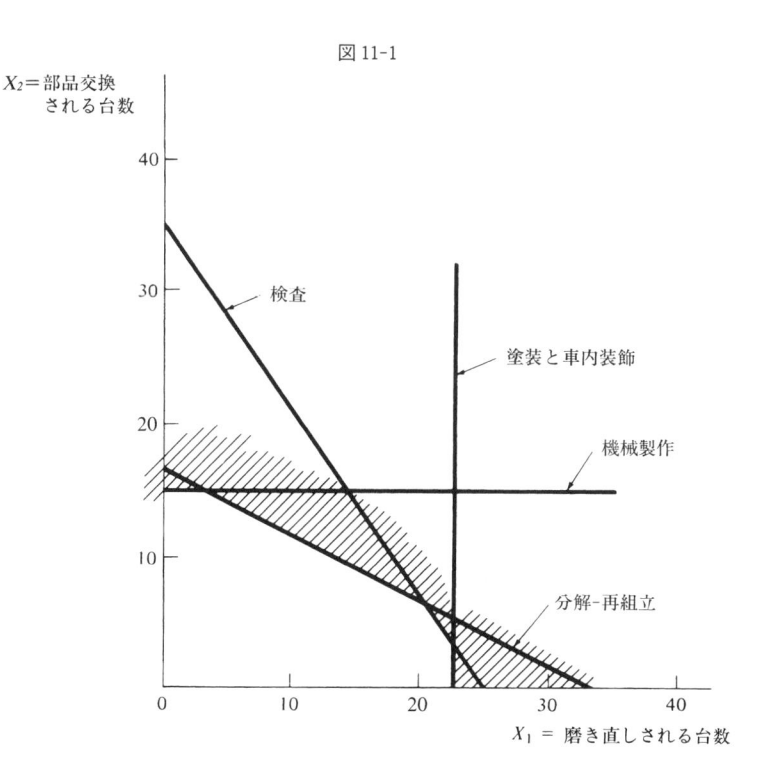

図 11-1

図 11-2

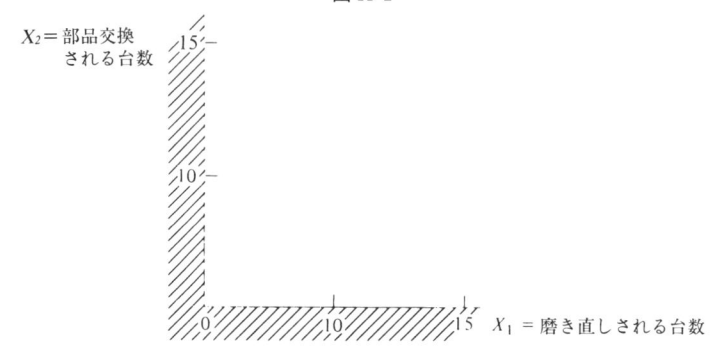

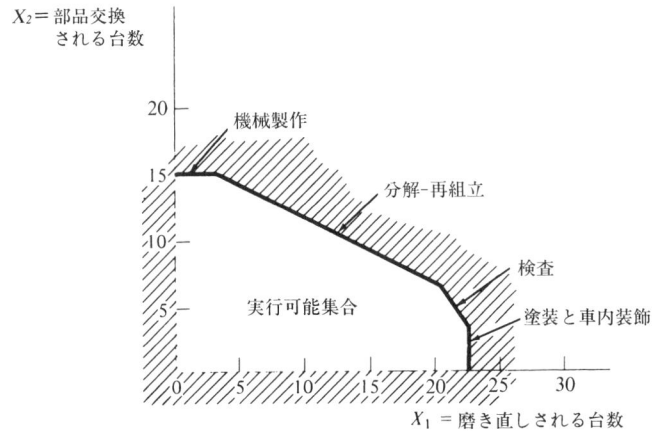

X_2 ＝部品交換される台数

X_1 ＝磨き直しされる台数

図 11-3

X_2 ＝部品交換される台数

機械製作
分解-再組立
検査
塗装と車内装飾
実行可能集合

X_1 ＝磨き直しされる台数

　次の段階は，この実行可能集合の中から最良の点を見つけることである．最適点はわれわれが何を最大化しようとしているかに依存するので，目的関数へと引き戻されることになる．この目的関数をどのようにグラフに示すことができるだろうか．われわれは，
$$S = 3{,}000X_1 + 3{,}500X_2$$
という式をもっているが，S の値を知らないのでこの式をグラフに描くことはできない——可能な限り S の値を大きくしたいということを知っているだけである．われわれがなしうることは，S にいろいろな値を代入し，それが

何を教えるかを調べることである．

$S = 70{,}000$ としよう．方程式

$$70{,}000 = 3{,}000X_1 + 3{,}500X_2$$

を図 11-4 に描く．これは直線の方程式であり，ちょうど 7 万ドルの節約を生み出す X_1 と X_2 の組み合わせを示している．この式のある線分は実行可能集合の内部にある．つまり運輸局の修理工場は月に 7 万ドル節約できる．しかし運輸局はそれ以上に節約できることがわかる．この 7 万ドルを示す直線より北東にある実行可能集合内のすべての点は，望ましくかつ実行可能である．$S = 105{,}000$ ではどうであろうか．図 11-4 にこの式を描くと，7 万ドル節約する直線の平行線となるが，その直線は完全に実行可能集合の外側に出てしまう．この手続きを繰り返していくと，ある与えられた大きさの節約をもたらす X_1 と X_2 の組み合わせを示す各直線はそれぞれ平行であり，修理工場によって生み出される節約は北東の方向へ移るにつれて確実に大きくなるということがわかる．

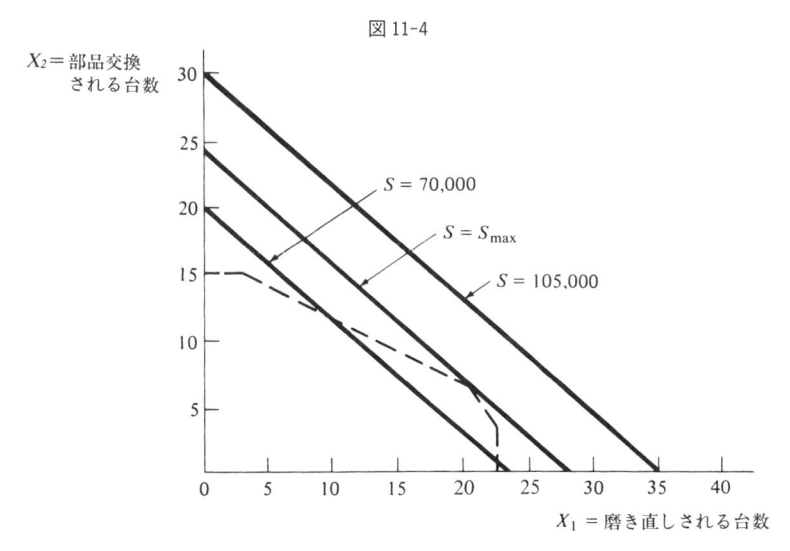

図 11-4

このことはヒントとして十分である．特に経済的選択の基礎的なモデルで概略が示された基本原理を思い起こすならば，これで十分である．修理工場が生み出すことのできる最大の節約は，実行可能集合が最も高い可能な利潤線にちょうど到達する点によって示される活動の組を選ぶことにより達成されるであ

ろう．これは図 11-4 では $S = S_{\max}$ として示されている．それより小さいいかなる節約も北東へ移動することによって改善できるし，それより大きいいかなる節約も実行不可能である．上記の問題では，検査と分解-再組立の制約線が交差するところでこのような点が見つけられる．それら 2 つの制約線を同時方程式の組として扱うことにより，この点の位置を定めることができる．

$$\left.\begin{array}{l}\left(\dfrac{1}{25}\right)X_1 + \left(\dfrac{1}{35}\right)X_2 = 1 \\ \left(\dfrac{1}{33.33}\right)X_1 + \left(\dfrac{1}{16.67}\right)X_2 = 1\end{array}\right\}$$

これを解くと，これらの制約線が点

$$\left.\begin{array}{l}X_1 = 20.37 \\ X_2 = 6.48\end{array}\right\}$$

で交差していることがわかる．この水準での産出は，月当たり

$$(3,000)(20.37) + (3,500)(6.48) = 83,790 \text{ ドル}$$

の節約をもたらす．便宜上，端数の車は翌月にもち越されると考えればよい．

解それ自身は運輸局にとっては確かに重要であろうが，われわれにはあまり重要ではない．われわれはこの解から導かれる一般原理に一層関心をもっている．

第 1 に，通常われわれは実行可能集合のコーナー（端点）で最大可能な産出の組み合わせを見つけると期待するが，それは接線条件（tangency condition）と可能性フロンティアの形状による不可避の結果である．より多くの変数を導入すると，実行可能集合はグラフに描いたり目に見えるようにすることが不可能になる．「コーナー」はもはや明確な概念ではなくなるが，その着想は有効であり，最適解はなお制約式のいくつかの交点で見出される．

もし最大可能な節約線がある 1 つの制約線と一致するならばどうなるかと，あなたは心配するかもしれない．このことは単にその線分に沿った産出の組がすべて同等に良いということを意味するだけである．

問題の解がコーナーで見いだされるのを観察することは，コンピュータがどのようにして解を見つけるかについての手がかりを与える．シンプレックス法（Simplex Method）という繰り返しの作業にしたがえば，コンピュータは最適点を見つけるために実行可能集合のコーナーを体系的，効率的に探索する．数学者は線型計画問題をどのように定式化すべきかを知っていたが，問題の解法

があまりにむずかしかったためこの知識は実用的ではなかった．今日では，解法が開発されたので，線型計画法のこの側面はルーティン的となる．しかし問題の定式化は，より広範な状況にこの技法を適用しようとするにつれ骨の折れる仕事となる．

第2に，解における意思決定変数の値は目的関数の定数項によって影響を受けない．もちろん目的関数の値自体は影響されるが．たとえば，修理工場によって生み出される実際の月当たり節約分を最大化したいとしよう．設備費は月当たり95,000ドルとする．目的関数は

$$S = 3{,}000X_1 + 3{,}500X_2 - 95{,}000$$

を最大化することとなる．最良の産出の組は実行可能集合の同じコーナーで見出される．なぜなら利潤線の勾配は変化しないからである．しかしながら，S の値は以前とは異なる．実際それは負となる．設備を閉鎖したり縮小したりすることが不可能だと仮定すると，運輸局がなしうる最良の行動は，月に83,790ドル－95,000ドルの節約である．すなわち最小の月当たり損失は11,210ドルである．幾何学から離れて，目的関数から定数を加えたり引いたりしても，投入量の最適選択は変わらないことを確かめてみよ．同様の観察は目的関数の係数が同時に定数倍されても成り立つ．もともとの目的関数ではなく，

$$S = 6{,}000X_1 + 7{,}000X_2$$

を最大化することだとしよう．再び S は X_1, X_2 の同じ値で最大となるが，S の値は変化する．言い換えれば，決定変数は変化しないが結果の値は変化する．このことは目的関数の係数に関して知識が不十分であるとき特に重要となろう．

最後に，特定の線型計画問題に対する解は，目的関数の係数が比例的でない変化をすることに対してあまり感応的（sensitive）ではないかもしれない．たとえば，外部での磨き直しや部品交換の費用が4,000ドルと3,750ドルになったとする．修理工場問題を新たな目的関数の下で解けば，最良の策はなお $X_1 = 20.37$, $X_2 = 6.48$ で生産することである．選択は同じままであり，節約の額のみが変わるのである．

影の価格（shadow prices，潜在価格）

線型計画問題の解は追加的で有益な情報を与えてくれる．しばしばわれわれは，制約の1つを緩和できるならば，それがどの程度価値があるかを知りたい

と思う．たとえば，運輸局が検査能力を1単位増大させうるならば，それにはどれだけの価値があるだろうか．この例では，利用率で能力を計測してきたので，1単位の増大を能力1％の増大とみなすことができよう．この1％の増大は修理工場によって生み出される節約をどれくらい追加的に増やすであろうか．第1の制約条件が

$$\left(\frac{1}{25}\right)X_1 + \left(\frac{1}{35}\right)X_2 \leq 1.01$$

であるとして問題を解き直すことができる．

　実際これを再計算する必要はない．ほとんどのコンピュータは追加的な情報を与えるようにプログラムされている[7]．コンピュータが見つける数字は検査能力に対する「影の価格」(shadow price)として知られている．影の価格は，既定の節約についてその特定の能力制約条件が，運輸局に単位当たりどれだけの費用を要求するかを教えてくれる．ここでは，検査能力1％に対する影の価格は486ドルであることがわかる．

　これを一般的に説明すれば次のようになる．「影の価格はある特定の制約を1単位だけ緩和することがどれだけ価値あるかを示している．」この表現はある制約が下限の形になる可能性を許容するという利点をもつ．もし制約が

$$5a + 2b \geq 17$$

ならば，1単位制約を緩和することは

$$5a + 2b \geq 16$$

を意味する．

　影の価格についていくつか論じなければならない．第1に，能力の限度まで使われることのない投入物の影の価格は0ドルである．塗装・車内装飾部門や機械製作は全能力を使ってはいないので，それらを増強しても運輸局には得るものが何もない．

　第2に，影の価格は他の拘束的な制約を受けるようにならない限り妥当する．たとえば，修理工場の検査部門で初期能力から1％増大させるごとに生まれる月当たりの追加的な節約分は486ドルになるが，それは工場が22.5台の磨き

---

[7] コンピュータは「双対」として知られる対応問題を解くことによってそれを実行する．線型計画法をもっと研究したい人は双対に慣れなければならないし，それは早ければ早いほど良い．オペレーションズ・リサーチの教科書を見よ．その他の人は不快なことなので，放置しておいて構わない．

第11章　線型計画法

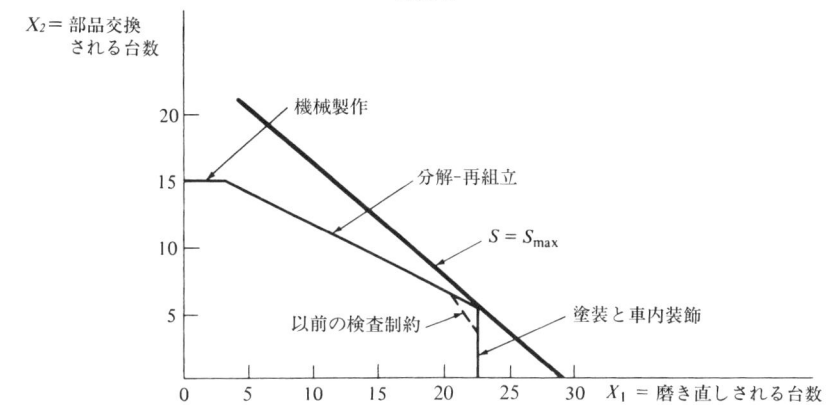

図11-5

$X_2 =$ 部品交換される台数／機械製作／分解-再組立／$S = S_{max}$／以前の検査制約／塗装と車内装飾／$X_1 =$ 磨き直しされる台数

直しと5.41台の部品交換をする点までである．このことは図11-5で示されている．その点を超えると磨き直しの台数を増加させる可能性はなくなり，塗装・車内装飾部門の未使用能力はゼロになってしまう．そのとき検査に対する影の価格は0ドルとなり，塗装・車内装飾に対する影の価格は0ドルから正の値に変化するだろう．

第3に，0ドルの影の価格は他の制約が緩和されると正の値になるので，拘束的でない制約であっても考慮しなければならない．状況の変化がそれらの制約を拘束的にするかもしれないのである．

第4に，最も重要なことだが，影の価格に関連する制約の削除や修正の費用とを比較することによって，意思決定者は別のタイプの能力拡大に向かうことになるかもしれない．あるいは制約が最後には除かれるような強力な研究開発が示唆されるかもしれない．あるいは，政治的制約の影の価格が非常に高いことが明らかとなるであろう．次年度の予算の準備という重大な仕事に携わっている市立墓地部のケースを取り上げよう．設備の改善や土地利用方式の変化が過剰人員の墓地や人手不足の墓地を生んでいるにもかかわらず，政治的理由で非管理職員をある墓地から他の墓地へ移動させることはできない．この種のディレンマに長い間直面してきた管理者は，時にはそれに目をつぶることになる．彼らはその制約を固定されたものとして受け入れるようになり，それほど費用がかからないと自分自身に信じ込ませるようになる．しかし高い影の価格が公開されると，この制約の法外な費用に光が当てられ，ある程度の公共教育に加

えて雇用や人員削減の政策の長期的な変更が示されるだろう．

感度分析

ほとんどのコンピュータ・プログラムは得られた解が投入データの変化に対してどれくらい敏感かについて自動的に情報を与えてくれる．このことはデータの精度について不確実である場合や，データが時間に伴って変化すると推定する場合，特に有益である．この過程は感度分析（sensitivity analysis）として知られている[8]．実際コンピュータはパラメータの値がごくわずか異なる問題を解くことになる．たとえば，運輸局は外部からの磨き直し作業を1台3,000ドルで購入しつづけることができないと思っているかもしれない．感度分析はこの費用上昇が行動選択の組を変更すべきか否かを明らかにするだろう．同様に，検査能力の評価の意味を調べることもできよう．

一般的接近方法としての線型計画法

配分問題を考察する際，線型計画法をどのように使うべきかを検討するには，定式化の基本的要素を明らかにしなければならない．いかなる線型計画問題も5つの分析的な構成要素をもつ．(1)実行可能な活動．(2)選択に対する全般的成果ないし産出の評価基準．(3)目的関数の係数．これは総産出ないし全般的成果を高めるのに各活動がどれだけ有効かを測るウェイトである．(4)各活動にそれぞれの資源がどれだけ用いられるかを示す係数．(5)使用可能な総資源に対する制約．運輸局の修理工場の問題では，活動は磨き直しと部品交換であった．成果基準は総節約分であり，目的関数のウェイトは磨き直しと部品交換の単位当たり市場価格，3,000ドルと3,500ドルであった．係数と制約は表11-1の各項で完全に記述されていた．この表の項目は伝統的な形式にしたがって係数を左辺に制約を右辺にもつ方程式（11-2）から（11-7）までで表された．

公共問題と目的関数

多くの公共問題では，目的関数を定義しウェイト付けることは，ドル表示の節約分のみに関心をもつ運輸局の場合より一層困難である．公共的意思決定者はいくつかの理由から難問に直面しがちである．通常彼らは結果に対して異な

---

[8] 厳密に言えば，影の価格の決定は一種の感度分析である．しかし特異な分析的意義と特殊な重要性のために，それ自体の名称をもっている．

る選好をもつ多くの人々の厚生を考慮しなければならない．彼らはしばしば，政府が供給ないし使用する事物を測定するための便利な方法をもたない．なぜなら，これらの投入や産出の多くは市場価格をもたないからである．場合によっては，公共的なプロジェクトに望まれる最終的な結果は曖昧ではないが，直接の分析対象ではないかもしれない．たとえば，ある郊外の地域社会が大規模な信託基金を受け取ることになったとする．寄付者は基金が保養施設の建設や維持に使われるべきだと要求してきた．もしあなたがこの基金の受託者ならどこから始めるだろうか．（この例は実際にマサチューセッツで起こったことから採られている．）あなたの目標は町民の健康増進であるが，これはそれほど実践的な手助けにならない．かわりにあなたは，幼児罹病率の減少や小学生の歯科予防の促進，女性のためのパップテスト（子宮癌検査），大人の栄養改善などの中間的な目標に注意を集めなければならない——これらの可能性のリストは際限がない．この問題を考えるにつれ，あなたはこのような賞賛に値する目的でさえ作業目的としてはあまりに漠然としていて役に立たないか，さらに特定化する必要があると思うだろう．言い換えると，あなたが最適化しようとしているものは何であっても，実践的な代用物として役立つ代理目標は何かを決めなければならないのである．このことはかなり抽象的だと思われるかもしれないが，私的なものであれ公共的なものであれ，実際に中間的目標のほとんどが，他の実体的と思えない目標の，多少とも満足のいく代理物であるという点には，同意するだろう．

　さらに，現実の世界では行動と結果の関係が非常に疎遠であるため，究極の目標が特定の行動に対して不十分な指針しか与えないことがある．いかなる実体的目標が適切かを近似的にでも決めるためには，厳密に考えることが必要である．このような例は公共福祉の領域に豊富に見られる．そこでは特定の計画それ自体が目的になりがちであり，初期の目的を見失った後でも，その計画は長く生き残ることになる．教育もその例であり，教育プロセスの目標が政策指針というよりむしろ論争の種になっている．簡単に言うと，目的の選択は決して型にはまった事柄ではない．それは線型計画が強要する明示的な思考を要求するであろう．

　計画問題で活動を定義する際には，「活動」という言葉をあまり語義どおりに解釈しないよう注意すべきである．それは単に使用される原料かもしれない．政策の選択が実際は機械を作動させることであるような比喩を考えると，制御

変数（control variable）はさまざまな活動水準を決めるダイヤルである．また，水準という言葉を無視することはできない．それはわれわれが，たとえ未熟であっても，測定され制御されうる活動について語っていることを意味するからである[9]．

運輸局にとって実現可能な活動は，地下鉄車両に対する2つの維持作業であった．作業の水準は数量 X_1, X_2 によって示されている．古典的な食事メニューの問題では，決定された総量内でいくつかの食料品を使うことから成り立っている．政治宣伝のマネージャーは，候補者とその陣営の側でいかなる活動が適切であり制御可能かを決めるという重大な仕事をもっている．さまざまなタイプの広告や候補者の時間の使い方がすぐ思い浮かぶが，これは単に最初の部分にすぎない．あらゆる可能な活動を考慮することに加えて，彼はそれらを測定する方法も見つけなければならない．彼が広告を金額で測り，候補者の時間を時間の単位で測るのは当然であろう．だが，ボランティアの利用を測定することはかなり困難であろう．

あなたがあまり実体的でない問題に直面しているとしよう．たとえば，あなたは刑事上の正義の改善に対して勧告を行う任務をもった委員会のメンバーだとしよう．個人かグループかを問わず意思決定者は実用的な目的を選ぶという困難だけでなく，刑事上の正義の制度にかかわる特定の活動とは何か，それを測定することができるかどうか，またどのようにして測定するかを決めるという困難にも直面する．何が正の価値をもち，何が負の価値をもつか．明らかに重要であるが曖昧な価値尺度にしかならない要因をどのように扱うべきか．たとえば，逮捕者が少ないことは犯罪の減少を意味するかもしれないし，警察の効率が低下したこと，あるいは市民的自由の擁護が強化されたことを意味するかもしれない．これらの鍵となる概念を設定することはたとえ困難であっても，問題をうまく定式化しようするときには必ず扱われなければならないのである．

最後に，目標に与えられるウェイトはどのようなものか．まったく単純に，これらのウェイトはあなたの目的を促進する上で各活動が他の活動と相対的にどれだけ効果的かを示すことになる．すでにわれわれはこれらのウェイトが便益・費用分析でどれほど重要かを見た．運輸局にとって自局内での部品交換は

---

9) 離散的な値のみをとる変数をもつことは可能である．たとえばダム問題を定式化する際，水門は開いているか閉じているかのいずれかでなければならない，つまり変数は1か0の値をとらなければならないということになる．

磨き直しより節約になる．運輸局はこのことを知っている．なぜなら，長期契約が節約についての正確な数字を与えるからである．選挙宣伝の管理者は宣伝媒体や候補者の時間のさまざまな利用の仕方がどれだけの効果をもたらすかを知るべきである．もし彼がその問題について考えることができず，良好な推定を求めようともしないなら，候補者は新しいマネージャーを雇う必要がある．管理者の選択肢となる活動のいくつかは処理がかなりむずかしいだろうが，実際，彼は意思決定を避けることはできないし，この決定に関係する最も重要な情報を収集するよう努めなければならないのである．

　もう1つの例は，河川流域局が4種類の便益，すなわち発電，レクリエーション，洪水の制御，環境を増進するためにダムをどこに造るべきか決めることである．（環境については，目的は損失を制限することかもしれない．）この問題が便益を各位置のダム，種類，関連づける線型計画問題によって表されると仮定すれば，4つの便益をウェイト付けることが最もむずかしい仕事である．下流でボートに乗る人に対して上流で釣りをする人のレクリエーションの便益の相対的価値はどれだけか．洪水制御の便益に対してレクリエーションの便益にどのようなウェイトを与えるべきか．人間の居住のために開発不可能な限界的な地域で洪水を防止する価値は何か．これらはむずかしい問題である．線型計画法（あるいは一般的に分析的接近方法）では答えを出すことはできない．われわれをして難問に直面させることができるだけである．

　一層抽象的な問題として，ウェイトの割り当ては可能な活動の性質について，またそれらをどのように測定すべきか，目的にいかに貢献するかを，注意深く考えることが必要となる[10]．時々そのような適切なウェイトの決定は不可能であると議論される．それに対する反論はこうである．1つの活動を他より熱心に追求する決定がなされるときはいつでも，意思決定者は無意識のうちにこれらの活動に相対的に高いウェイトを付けている（あるいは少なくとも境界的価値（boundary value）を割り当てる）のである．

　たとえば，運動場の設備を犠牲にして公園維持の支出の拡大を選ぶレクリエーション委員会は，維持に使われる追加のドルが設備に使われるドルより目的（それがどのようなものでも）に貢献する度合いが大きいと暗に決めている．維持の変数（維持をドルで測る）は設備の変数（設備をドルで測る）よりも大

---

10) このことは以前論じた多属性問題を想起させるだろう．それは本質的に骨子だけの計画問題であり，有限個の離散的で特殊な選択に制約されていた．

きい係数をもっている．決定がこれらの係数の推定にどれだけ感応的かを見るために，ある種の初歩的な感度分析を行うことは実際に可能であろう．

さらに，複雑な状況においては後戻り法（後向き帰納法）を用いることも時には役に立つ．実際に観察される活動水準の選択がいかなる種類の目的関数を意図しなければならないのか，またこの関数が全体的な目標と整合的か否かを自問することができる．このように考えることは望ましいか否かにかかわりなく，副次的効果を照らし出すという利点をもっている．

公共問題と制約条件

目的関数の要素についてはこれまでにしよう．線型計画問題の他の基本的要因である制約条件について同様の考察を行う．通常制約条件は目的関数よりも取り扱いが簡単である．これは実際あまり驚くべきことではない．われわれはふつう何をしたいかや，それをどのようにすることができるかよりも，何をすることができないかについて一層明確な意見をもっている．

制約にはいくつかの型がある．最初の制約はある変数（しばしばすべての変数）は負でないという限定である．第2に，その場における技術的要因から生じる制約がある．それはさまざまの活動が越えることのできない制限，あるいは諸活動の間に存在しなければならない関係を定義する．第3に，変数がとりうる値についての政治的，社会的，経済的あるいは他の制度的制限が存在するかもしれない．

非負の制約は自明である．一度指摘されれば明白となる．第2のタイプの制約は技術を通じて作用するが，稀少な投入を求めて競合したり，要求される産出を生産したりする場合のさまざまな活動や相互作用を記述する．ゆえに，修理工場の2つの維持活動は検査と分解-再組立の能力については競合し，逆に塗装・車内装飾部門と機械製作部門の能力によって制約されている．公安委員会は交替制に頼らず各時間帯で要請される定員を充足するように人員配置をしなければならない．立候補者の宣伝活動も1日に24時間を超えることはできないし，平均して約18時間以上にはなりえない．一方，公園管理者は異なった時間で異なった用途に施設を向けることができる．言い換えると，これらの制約は1つの活動をずっと押し進めたならば，どれだけ他の活動が抑圧されるかを示している．

政治的，経済的，社会的および制度的制約は，通常活動がなされる水準に直

接の制限を加える．たとえば食事メニューの問題では，われわれは栄養のバランスと同時に味のバランスを達成したいと思うだろう．ある制度に対する典型的な予算上の制約は，どの計画も昨年以下であってはならないし，昨年より10％以上増大してもいけないということを要請するだろう．あるいは2つの計画に支出される総量の比率は，ある制限の範囲内に留まるということを指定するだろう．これらすべてのケースにおいて，ある意味でわれわれはある特定の活動に対する追加的な目的を構築している．運輸局は磨き直しを最大化しない．なぜなら全体的な目的は節約だからである．しかしもし運輸局が長期的に見て磨き直し作業をしないとその能力が犠牲になると感じるならば，磨き直しのある最低水準を要求するだろう．しかし，磨き直しがはるかに費用がかかるものとなっていくならば，これは大きな問題となろう．この種の追加的目的は第8章で詳細に論じた「満足化」に関連している．この第3のタイプの制約は，環境に応じて自ら課す制限という性質をもっているが，第2のタイプの制約は技術上の事実の問題である．

　この最後の主張が少し不明瞭に聞こえるのは，明確にしても役立つというよりむしろ誤りを犯しやすくなるからである．常に技術的制約と他の制約をこのようにうまく区別できるわけではない．なぜなら，ある意味でそれらはすべて問題を取り巻く環境によって課せられるからである．しばしば区分線は不明瞭になるし，カテゴリーが重なり合うこともある．しかし，問題を定式化する際にありうる制約のすべての源泉を考慮しなければならないということを心に留めておくのは有益である．逆説的に言えば，制約の分類は目的関数の分類より明確ではないかもしれないが，制約に関連する事実は通常目的関数に関する事実より明瞭である．

線型計画法の限界

　これまでの議論は線型計画法が政策決定に対して多くの有益な応用力をもつという印象を与えたであろう．だがすべてがとんとん拍子にいくわけではない．ここではじめに戻って，直面するかもしれない困難のいくつかを見ておこう．

　最初に，いくつかの関係は非線型かもしれない．変数のいくつかは整数値しかとらないだろう．非線型の例として，カリフォルニア州は精神衛生施設を一区画に建設したいと思っているとしよう．その建物は壁段や側線の条件，高さ制限，容積率の制限を受けるだろう．この目的が利用可能となる立方フィート

（体積）を最大化することならば，最悪の場合目的関数は次式のような複雑な形となるだろう．すなわち，

$$V = lwh$$

を最大化する．ここで V は体積，l は長さ，w は幅，h は高さである．これは非線型の方程式だが，線型計画法と同様の原理が当てはまる．幸運なことに，この種の問題を扱うコンピュータ・プログラムを作ることは比較的容易である．

きわめて正確に言えば，運輸局の修理工場問題は任意の月に対する整数値問題である．すなわち，地下鉄車両を半分だけ磨き直すことによって節約されるものは何もない．しかしわれわれはこれを無視した．なぜなら，そのような誤差は車両の総数と比較して小さいからであり，能力内の台数は確実な数ではなく最良の推定値であることは明らかだし，またこの場合半分だけ磨き直しをした仕事は次の月に完成するからである．（3つの良い理由があるとき1つの理由で止めるだろうか．）たとえば，少数の大規模タービンの1回限りの製造を考えていたのであれば，整数解のみが可能な場合を特定化しなければならなかっただろう．興味深いことに，通常非線型問題より整数問題を記述する方がむずかしい．

第2の可能性は，目的関数についての許容できる成果をあげられるような解が存在しないということである．この場合1つの可能な対応は，煩わしい制約の組の下でなしうる最良のことを行うことである．一方，元の問題が再定式化できないかを遡って確かめることも手である．許容解を見つけられないことが最初に制約を課した個人や機関に示されると，多分彼らはある程度制約を緩和することに同意するだろう．警察部長は事務職の追加を市議会に嘆願するかもしれない．地域衛生センターの理事は理事会に戻って，センターの通常の任務を遂行するためにもう1台 X 線機器が絶対に必要だと述べるかもしれない．

第3の困難は，対立する目的を調整することが不可能かもしれないということである．たとえば焼却炉の設計基準を指定する際，市議会は最小の費用で最大の能力が達成されることを要求するかもしれない．これは目的関数の定式化という仕事に十分な注意を払っていないことを物語っている．なぜなら市議会は同時に両方をなしえないからである．実際に行わなければならないことは，費用の削減と能力の拡大という2つの目的をトレードオフすることにより，最適な混合を見つけることである．これらの間で何らかのトレードオフをすると決めることができないならば，目的関数を定式化することはできない．

目的関数を定義するという問題を軽視してはならない．構成員の社会的政治的意見が分かれる公共部門の意思決定においては，特にそうである．意思決定者が目的間の対立を解消することができないとわかれば，満足化に訴えるのが実践的だと悟るだろう．これは許容水準を設定し，それによって目的を制約に移し，残りの目的に関して最適化を行うことを意味する．満足化は1つの接近法であり，途方もない複雑さに陥らずにかなりうまくやる方法である．

最後に，最も明白な問題はシステムのある部分が容易に数量化できないかもしれないということである．事実，頻繁にこのようなケースが生じる．

「すべてのものに数字を付けることはできない」あるいは「数量化できないものの数量化には用心せよ」という警告をよく耳にする．確かに政治問題を明瞭に述べることは大変むずかしいし，ましてやそれらを数量化したり測定したりするのはなおさらである．しかし，たとえ測定できるとしても，しばしば公務員はそうすることを嫌うだろう．そのようなことをすれば批判を受けやすくするだけでなく，彼らの裁量の余地を少なくすることになろう．

決定分析の主観的要素は，その性質上，客観的要素よりも論争の的となりやすいので，反対者は結果の信用を失墜させるために分析を攻撃するときには，主観的側面に集中するだろう．このことは，「厳密な」事実とデータが形式的分析において「ぼんやりした」主観的情報より重視される傾向があるという結果を示している．そのため，経済性と有効性が過度に強調され，社会的政治的含意は十分に配慮されないということになる．

1つの解決法は2つのタイプの分析，1つは私的なもので，もう1つは公的なものを行うことである．しかしこの提案は，以前に示したように，厳しい社会的制裁を招き，社会的制度に対する公衆の不信に行き着くことになる．われわれは進退窮まってしまう．公衆は主観的配慮にもっと注意を向けて欲しいと思うし，正直さと公開性を欲するであろうが，客観的でない議論に警告を発しようとする代弁者のレトリックに反抗するほどには世間ずれしていないのである．確かに，真に数量化可能なものを数量化するための標準的な手続きを開発することは要請されるが，大衆が気づいている以上に数量化可能なものがあるかどうかは疑わしい．結局，GNPという概念を用いるとしても，それは実体的な意味をもつひどく抽象的な概念である．おそらく大衆は，生活の質についての他の社会指数（social indeces）の意味を内部化することも学ぶことができよう[11]．

真の問題は，数量化できないことが行きづまりを意味することはないということである――この理由で選択を避けることはできない．いずれにせよ決定に至らねばならないし，決定するときは数量化できないものを暗に数量化しているのである．

社会的問題は主観的価値やトレードオフへの配慮を要求するというのがわれわれの見解である．問題は主観的要素が考慮されるべきか否かではなく，むしろそれらが明確にされ形式的体系的分析に組み込まれるべきか否かである．形式的分析（formal analysis）と変則的統合（informal synthesis）との間で選択が行われることになり，このメタ・ディレンマには明確な答えはないのである[12]．

---

11) R. Keeney and H. Raiffa, "A Critique of Formal Analysis in Public Decision Making," in A. Drake, R. Keeney, and P. Morse, eds., *Analysis of Public Systems* (Cambridge, Mass.: MIT Press, 1972), p. 72.
12) Ibid., p. 64.

第12章　決定分析

　多くの政策問題は解決が困難である．ある状況では，人が容易に取り組めないほど複雑な，一連の相互に連関した決定が要求される．要求される決定から生じる結果が部分的には偶然事象に依存しているため，何が最良の選択かを決めるのがむずかしいこともしばしばである；つまり，意思決定者は完全に制御できる立場にはいないのである．おそらく不確実性は自然から生じる．たとえば，春の降水量が川の水位をどれだけにするかはわからない．多分意思決定者は新しい職能訓練計画の利益を何人が受けるかわからない．どちらにしても人は未来を予知することはできないのでいちかばちかやってみるしかないのである．1960年代の初頭以来，決定が逐次的に行われなければならないにもかかわらず，不確実性が重大な要因となっている問題に取り組むために，実務家は決定分析（decision analysis）と呼ばれる分析手法を用いるようになってきた．決定分析を公共部門の問題に応用するまでに，約10年の遅れを伴った．その主な理由は，確率の評価と結果の査定がむずかしかったからである．しかし決定分析は，急速に公共政策を分析し定式化する有効な手段となってきた．咽喉炎の適切な治療を処方するとか，メキシコ市の新空港用地を選択するとか，アメリカ合衆国が商業用の超音速飛行を続けるか否かを決めるといったさまざまな問題を説明するのに用いられてきた．

　実際，決定分析は混乱した不確実な領域を注意して歩けるように，われわれに道路地図を与えてくれる．それと同様に重要なことは，最良の道順を見つける方法を教えてくれることである．これ以上面倒なことはせず，まずはじめに，その方法の骨子を見ていこう．そうすれば決定分析が一体何をしているか，そしてどのように機能するかについて，一般的な理解が得られよう．それから，応用できる状況の範囲を拡張するような変形を，徐々に基本モデルに導入することにしよう[1]．

決定の樹（デシジョン・ツリー）：記述モデル

　決定分析が有効性を発揮できる公共政策のほとんどは複雑であり，決定分析の導入に用いるにはあまりに複雑すぎる．したがって，意図的に単純化した問題から出発しよう．それはアメリカ合衆国外務行政官に対する1974年の試験のサンプルから選ばれたものである．

　　　　合衆国大使館のレクリエーション計画を預かっている官吏が，晩餐会を開くことによって雇用者クラブの財源を補充することにした．その地区では10日のうち9日は雨が降る．彼は晩餐会を室内でするか屋外でするかを決めなければならない．テントを利用することも可能であるが快適ではないし，過去の経験から室内の祝宴では出席者が少ないことはわかっている．テントで晩餐会が開かれると，100ドル得られる見込みが60％で，20ドル失う見込みが40％である．一方屋外では，雨が降らない限り500ドルの稼得が期待できるが，雨天では10ドルの損失である．
（この湿気の多いうっとうしい地区がどこにあったかは思い出せない．）

　官吏の問題に決定分析を用いる第1のステップは，彼が直面する一連の決定と偶然事象（chance event）を図示することである．用いられる特殊な型の図はデシジョン・ツリー（decision tree）と呼ばれる．図12-1はこの状況に対するデシジョン・ツリーを描いたものである．読者は，先へ読み進む前に，自ら解いてみたいと思うかもしれない．

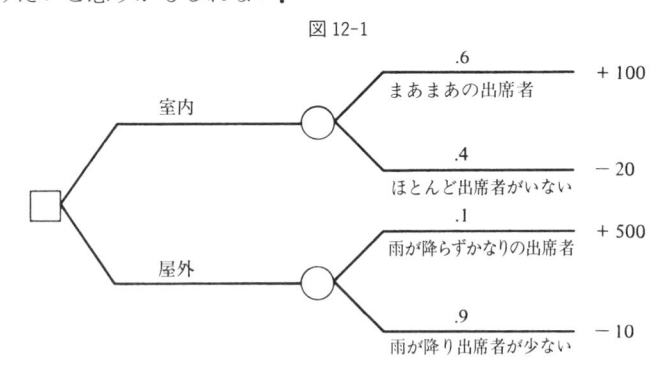

図12-1

```
                    .6
           室内 ────○──── まあまあの出席者        +100
          ╱         │
         ╱          │.4
        □           ──── ほとんど出席者がいない    −20
         ╲         
          ╲         .1
           屋外 ───○──── 雨が降らずかなりの出席者   +500
                    │
                    │.9
                    ──── 雨が降り出席者が少ない    −10
```

---

1) この分野への明解な入門書は Howard Raiffa, *Decision Analysis* (Reading, Mass.: Addison-Wesley, 1968) である．決定分析のより包括的な取り扱いを希望する読者には，強くこの本を推薦する．

ツリーを理解するために，論理的に官吏が直面する最初の決定から始める．彼はパーティを室内と屋外のいずれで催すべきか．左側に，そこで決定が行われなければならないことを示すために正方形で，決定手番 (decision node) を書く．そして彼の可能な選択を示すために決定手番から枝分かれした2つの線を引き，室内と屋外とを記入する．次に「上の枝に沿っていくならば，言い換えれば彼が晩餐会を室内で開くならば，何が起こるか」を問う．答えはそれほど役に立たない．「まったく状況次第である．」事実何が起こるかはまったく偶然に依存するし，どれだけの人数が晩餐会に出席するかに依存する．よって室内の枝の最後に丸，あるいは偶然手番 (chance node) を描く．この点において不確実性がいずれかの方向で解消される．偶然手番では2つの可能性がある．パーティは適度な成功（「まあまあの出席者」）か，もしくはまったく悲惨（「ほとんど出席者がいない」）かである．よってこれらの可能な結果に対して2つの枝を描き，印を付ける．さらにこの決定問題に対して，われわれはこれらの可能な結果の確率を知っている．60％の確率で前者が，40％の確率で後者が起こる．これらの数字が枝に沿って記入されている．最後に，まあまあ成功した晩餐会の収益は100ドルだが，出席者が少ないと20ドルの損失になる．これらは可能な選択と偶然の各組み合わせに対する究極的な産出ないし利得 (payoff) であり，枝の先端に示されている．

同様に，屋外に対して2つの可能性，それらの確率，利得が下の偶然手番から出ている枝に沿って示されている．よってツリーは利用可能な本質的な情報のすべてを要約している．手番が生じる順番に十分注意しよう．決定は，意思決定者が天気がどうなるかを知る前になされなければならない．ゆえに，決定手番は偶然手番より前にある．デシジョン・ツリーを描く際には，決定手番と偶然手番の適切な配列に十分注意が必要である．

以上のように記述された問題は，明らかにまったく単純化されている．官吏は，何もしないことや「荒模様」といった別の天気の可能性を含んだ，追加的な選択肢をもつかもしれない．彼は長期にわたる天気予報を手に入れようとすることもできるし，事態が起こるほんの数時間前まで決定を遅らす選択を，余分の支払いによって獲得することさえできるかもしれない．それは今かかわっている問題の定式化であって，現実ではない．

デシジョン・ツリーは決定問題の論理構造を示すフロー図である．それは4つの要素を含んでいる．

1. 決定手番．意思決定者に開かれたすべての可能な行動径路を示す．
2. 偶然手番．不確実な事象の発生とそれによるすべての可能な結果を示す．
3. 偶然手番の可能な結果に対する確率．
4. 利得．選択と偶然の可能な組み合わせの結果を要約する．

もしデシジョン・ツリーを構成する単純な原則を完全に理解するならば，その方法の本質をすでに修得したことになる．その単純さにもかかわらず，デシジョン・ツリーの有用性と重要性はいくら強調しても強調しすぎることはないであろう．ほとんどすべてのタイプのモデルについて見たように，主要な利点はモデルによって要求される訓練である．それは問題を組織化し，処理しやすい部分に分解し，すべての要素を紙に書く——一見簡単な作業——ことを要求する．しばしばそれらが大変むずかしいことがわかる．そして偶然事象に客観的確率を与えること，あるいは物理的単位で結果を数量化することが困難か不可能である場合でさえ，ツリーを正確に描くという努力は複雑な問題に価値ある洞察を与えるのである．当然の結果としてでてくる利点は，デシジョン・ツリーが仮定と評価を他者に伝えるのに役立つということである．つまり，理性的な政策論議を容易にする道具なのである．

テストを伴う代表的決定問題：発電機の選択

本書の初めの方で択一的なダム計画の選択を考えた．それらの計画は発電と同時に，灌漑用水を供給するものであった．現実の世界では，灌漑システムと発電所がどのような働きをするか不確実であり変化しやすく，また計画期間にわたり年ごとに変化するかもしれない．例として目的のために実際の工学的要因のいくつかには目をつぶり，より単純化された問題について考えることにしよう．

ダム計画の選択は，既知の灌漑用水量を生み出す特定のダムと発電所の形状に狭められているとしよう．残る唯一の意思決定は発電所の発電機の選択である．便宜上年の終わりに地球が裂け，事業全体を呑み込んでしまうと仮定する[2]．開発の最終段階で新しいより効率的な型の発電機が完成したが，その

---

[2] 読者はすでに便益・費用分析と割引について勉強したので，時間の経過による便益の流れが実際にどう扱われるかを知っている．将来期間において結果をどのように集計するかは，われわれがいま明らかにしようとしている点とはまったく関係のない別個の論点である．

型はこの種のダムとの関係ではまだテストされていない．在来型と新しい型の費用は同じである．在来型発電機をもった発電所は1年に500万ドル分の電力を生み出す．その発電所は地域電力の非常に小さな割合しか供給せず，過剰分や不足分は一定の価格で売買される．新型発電機の産出は不確実であるが，推定では確率0.3で操作困難になり低能力で操業され，その場合には年に300万ドル分の電力を生み出す．したがって確率0.7で新型発電機は機能を発揮し，その場合には年に800万ドル分の電力を生み出す．（発電量の分布全体を仮定する方が現実的であろうが，それは問題を複雑にするだけで決定分析の技法に対する洞察の利益はほとんどない．）50万ドルの費用をかけて試作の発電機を造りテストすることも可能である．テストは新技術の信頼性を完全な正確さで予測する．読み進む前に，読者はデシジョン・ツリーの形式によってこの問題を構成してみよ．（適切な所で試作機の費用を差し引くことを忘れてはならない．）

簡単にこの問題に戻ろう．読者にデシジョン・ツリーを描く練習をしてもらいたい．もし照合したいのなら，図12-2にツリーが示されているので参照せ

図 12-2
（利得は100万ドル単位で測られている）

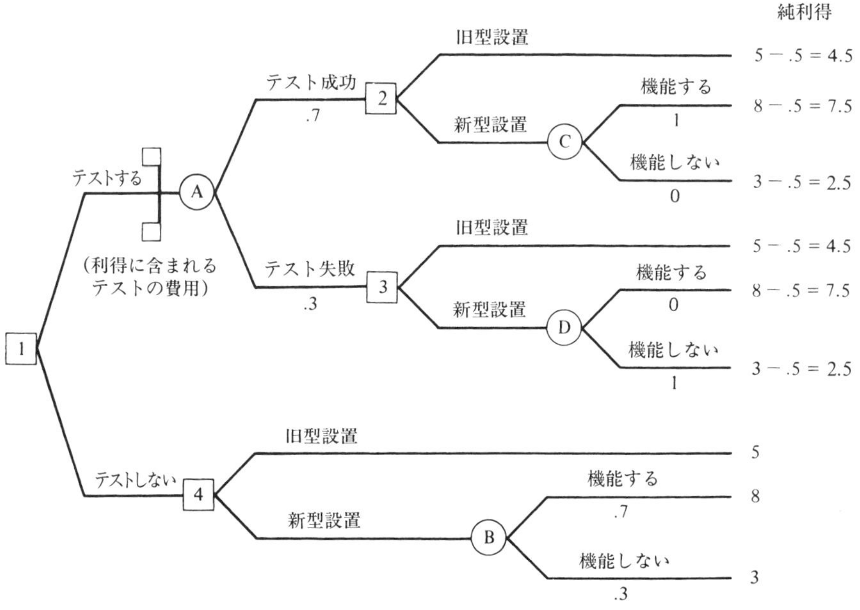

よ．決定手番は数字で示され，偶然手番は文字で示されている．偶然手番C, Dではテストが確率に影響を与えること，適当な選択肢に対してはテストの費用が利得に含まれていることに注意せよ．

決定分析の多くの議論の中では，費用はそれが生じる地点で「通行料」として入ってくる．これは費用を扱う1つの論理的方法であり，問題をより正確にとらえるのに役立つ．われわれも部分的にこの習慣にしたがう．決定過程において追加的費用が生じた地点を示すために，記号┤をデシジョン・ツリーの中に記入する．金額表示の費用が純利得を計算するために差し引かれる．純利得はツリーの右端に現れている．このようにツリーの先端まで費用をもち越すことは，決して誤りではない．意思決定者がリスク中立的（risk neutral）でない状況では，すべての費用は先端までもち越されなければならない．それゆえ一定のルールを確立することは，このような決定分析の簡略な処理では一層の単純化と思われる．

デシジョン・ツリーは記述モデルとして用いると直観に訴える力をもっている．なぜならそれは理解が容易であり，議論しやすく，現実の世界で直面するほとんどすべての選択に適用可能だからである．ツリーは非常に有益な規範モデルでもある．なぜなら確率や利得に値を付与することが可能なときはいつでも，望ましい一連の行動を決定するためにツリーを用いることができるからである．次に，効果的な選択を容易にする規範的用具としての決定分析を考えることにしよう．

決定分析：後戻り法（後向き帰納法）と望ましい行動の選択

デシジョン・ツリーはその全体像を見れるように決定過程を設計する．ツリーは直接には望ましい行動径路を規定しない．選択と偶然の論理的連鎖にしたがって，デシジョン・ツリーに沿って左から右へ進むことにより決定に到達しようとするなら，われわれはほとんどうまく進めることができない．事実そうすることは，最初にツリーを描くことの価値を消滅させることになろう．大使館官吏はパーティを室内で開催するか屋外で開催するかを決めることはできない．なぜなら，彼は選択の不確実な結果を評価する方法を知らないからである．同じ理由で，発電所の設計者は新型発電機をテストするかしないかを決定することはできない．それぞれの意思決定者が直面する選択を評価するためには，われわれはツリーの先端がある右側から出発し，枝に沿って後戻りしなければ

ならない．初めにいくつかの具体例を用いて考え，その後一般理論について語るならば，この過程は理解しやすいだろう．（あるいはとにかく記述は容易になる．）

不確実性下の後戻り法：土地の遺贈

可能な限り単純な構造をもつ決定問題から始めよう．あなたは小都市の市長であるとしよう．あなたは最近市に遺贈された一区画の土地をどう処理するかを決めようとしている．市民のあるグループはその土地をレクリエーションに使うべきだといい，他のグループは居住地として売却すべきだといって論争している．状況を研究している市の計画者は，3つの択一的なレクリエーション用途を勧告している．(1)野生生物の保護区として．(2)市のピッチ・パット・コースとして．(3)テニスコートとソフトボール場を備えた公園として．もしその区画が居住地として売却されるなら，(1)シングル・ファミリー用住宅，(2)分譲マンション，(3)さまざまな所得階層のための連邦補助によるアパート，という3つの可能性がある．市議会の多数は物わかりがよくあなたの推薦にしたがうだろうが，市のためにどれが最良の方法かを決定するのはむずかしい．デシジョン・ツリーは図12-3で示されている．

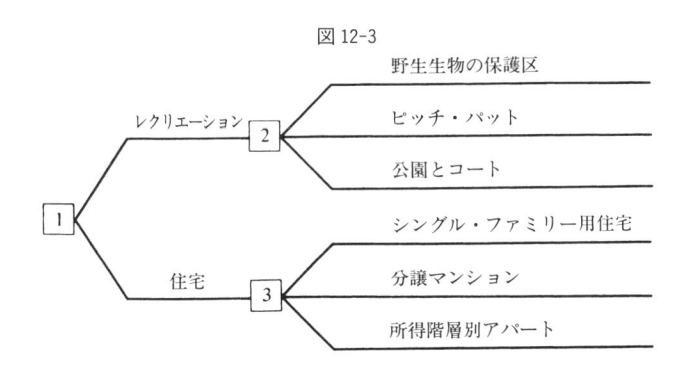

図12-3

このような状況では，レクリエーションと住宅の選択は後戻り法にしたがうなら明確になる．当面あなたはレクリエーションに土地を使うことを推薦し，決定手番2にいるとしよう．そのときあなたは何がその土地のレクリエーション用途のうちで最良かを考える．あなたは公園とコートが最良だと決めたとしよう．次に決定手番3に移り，もし土地が居住地として使われるなら，さまざ

まな所得階層のためのアパートが最良の選択だと決めたとする．通常そのようなアパートは建設業者にとっては魅力的ではないが，いく人かの業者が，かなり巨額の補助金が与えられるとその計画を請け負うことを保証している．こうしてあなたの選択は，公園とアパートという2つの論点に絞られたことになる．結局デシジョン・ツリーは図12-4のように整理される．

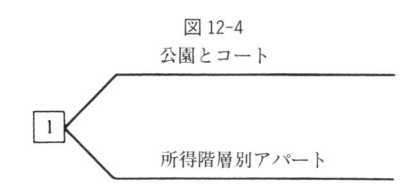

図 12-4
公園とコート
1
所得階層別アパート

　明らかに，この過程および最終結果には驚くべきものは何もない．実際このような決定論的なデシジョン・ツリーが規範的な興味を引き出すことはほとんどない．選択肢の序列だけを与える序数的選好が最良の選択を見出すのに，常に十分である．

不確実性下の後戻り法：病院の芝生

　決定分析の一層興味深く価値のある応用は，偶然が決定の結果に対して重要な役割を演じる場合である．これは以前に大使館官吏の決定問題で扱ったケースである．別のまったく単純な問題を見ることにしよう．病院管理者——彼女をハリアットと呼ぶ——は病院の芝生を植え替える契約を結ばなければならない．彼女はA社と契約できる．その会社は翌日が天気が良ければ1,500ドルでその仕事をし，天気が悪ければ料金は2,400ドルに跳ね上がる．（悪い天気とは，1インチ以下か4インチ以上の雨量と定義される．）あるいは彼女は，天気にかかわりなく2,000ドルを提示しているB社と契約することもできる．気象記録によれば，15％の確率で雨量が1インチ以下となり，25％の確率で4インチ以上となる．よって60％の確率で天気が良いだろう．ハリアットはどうすべきか．デシジョン・ツリーは図12-5で示されている．
　再びツリーの先端から後戻りすることから始めよう．ハリアットもそうするだろう．彼女は図12-6で示される偶然手番Aにすぐ来る．もし彼女が結果を自由に選ぶことができるとすれば，彼女は良い天気の下で1,500ドルでA社に仕事をさせることを選択するだろう．しかし自然が支配しているので単純に

第12章 決定分析

図 12-5

```
         A社と契約する      .6 良い天気
      ─────────────(A)              ──────── 1,500ドル
     │                    .4 悪い天気
 □───┤                    ──────── 2,400ドル
     │
     │ B社と契約する
     └──────────────────────────── 2,000ドル
```

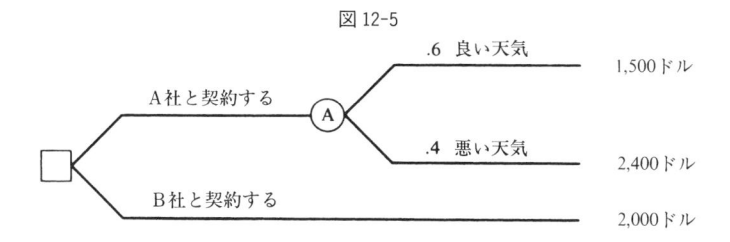

それを選ぶことは不可能である．もし彼女がA社と契約するなら，何が起こ
ろうとそれを受け入れなければならない．実際のところ彼女はくじ（lottery）
を受け取らねばならない．これはこの手番に全体として価値付けする方法，つ
まり芝生に1,500ドル使う確率が60％で，2,400ドル使う確率が40％である
ようなくじに直面する状況が，どれだけの価値をもつかを測る尺度を発見しな
ければならないことを意味する．

図 12-6

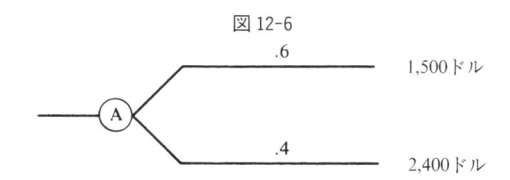

```
                 .6
         ┌──────────── 1,500ドル
    ──(A)
         │    .4
         └──────────── 2,400ドル
```

これを行う1つの方法は，偶然手番Aでの何らかの平均を決めることであ
る．くじの平均値は何を意味するだろうか．もしくじが繰り返し行われるなら
ば，それはくじの平均的な結果が長期的にどうなるかを示す．この長期的平均
は期待値（expected value）と呼ばれる．この場合は金額が問題となっている
ので，通常金銭的期待値（expected monetary value），EMVと呼ばれる．

期待値は直接に計算できる．偶然手番での可能なそれぞれの結果の値にその
確率をかけ，それらの積を加えることによって期待値は見つけられる．偶然手
番Aについては次のように計算する．

$EMV_A = 0.6 (1,500 ドル) + 0.4 (2,400 ドル) = 1,860 ドル$

ハリアットがB社と契約を結べば，期待値はもちろん2,000ドルになる．こ
うしてデシジョン・ツリーは本質的に図12-7のように縮約される．もしハリ
アットが進んで長期的平均を用いるならば，彼女は最良の期待値を与える行動
を選ぶべきである．この場合われわれは費用について語っているのだから，最

図 12-7

A社と契約する　　1,860ドル

B社と契約する　　2,000ドル

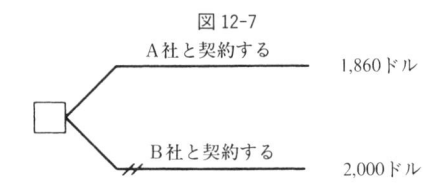

良の EMV は値が最も小さいものであり，ハリアットは A 社と契約を結ぶべきである．二重線（∥）は選択「B 社と契約する」が除去されることを示すために用いられる．

　行動の選択を期待値に依存させる意思決定者はリスク中立的（risk neutral）といわれる．ハリアットがリスク中立的と仮定するのは合理的である．なぜなら病院の芝生の植え替えで問題となる総額は大きくなく，また少なくとも今日の病院の予算と比較して大きくはないからである．しばらくの間すべての意思決定者はリスク中立的であるとしよう．後にリスク中立的ではない意思決定者について語ることにしよう．そのときでさえ，通常期待値の使用は問題への最初の接近法を与えるのである．

　とにかく，もしハリアットが，彼女に対しての 5 ドルと同じような態度で病院が 400 ドルを扱う，つまり直面するくじに関して病院がリスク中立的であるべきと感じるならば，彼女の決定は明らかである．A 社と契約を結ぶ．希望は自由だから，たとえ効きめがなくても彼女は良い天気を希望するだろう．2 つの道にしたがって達成される結果が等しいならば，ハリアットはどの方式にしたがうだろうかと不思議に思うかもしれない．この点は文学の中でうまく扱われている．

　　「失礼ですが，わたしはここからどっちへいったらいいでしょうか」
　　「それは，あんたがどっちへいきたいかということでだいたいきまるな」
　　と，ねこはいいました．
　　「わたしは，どこへいこうと，かまわないの——」と，アリスが答えました．
　　「それだったら，どっちへいこうと問題じゃないよ」と，ねこがいいました．
　　　　　　ルイス・キャロル『不思議の国のアリス』より（高杉一郎訳，講談社文庫）

　より複雑な発電機の問題に戻る前に，これまでのことを要約しよう．意思決定者はリスク中立的，つまり期待値に基づいて行動すると仮定した．そしてデ

シジョン・ツリーの先端（右端）から後戻りする際に2つの手続きに依拠した．
1．各偶然手番で，全体としてその手番にある値，すなわち金銭的期待値EMVを付与した．
2．各決定手番で，最良のEMV（最高もしくは最低，当該ケースに適した方）を伴う行動を選び，他の可能な行動を排除した．

ハワード・ライファはこのツリーの枝に沿った後戻りの全過程を「平均化と後戻り（averaging out and folding back）」と呼んでいる．

EMVとその用法についての理解を確認するために，図12-1の大使館官吏はリスク中立的であると仮定しよう．どこで彼はパーティを開催すべきであろうか[3]．

不確実性下の後戻り法と学習：発電機の選択

この章の初めの方で，読者に発電所に対する2つの型の発電機の選択を示すデシジョン・ツリーを描くようお願いした．今やその問題に戻り望ましい選択を決定する準備ができた．ツリーは図12-2で示された．最初の決定に対する利得の平均を出し，そこから後戻りすることができる．読み進む前に，読者自身がこれをやってみることを強くお勧めしたい．

実際に問題を解こうとするならば，ツリーの先端から始めるだろう．4.5の利得から後戻りし決定手番2に着く．そこでは，偶然手番CでのEMVを知るまで選択することはできない．幸運にもEMVはテストによって7.5であることが決められ，その手番の上に記入されている．手番2での選択は，旧型発電機による4.5という結果と新型による期待値7.5の間の選択となる．これらは正の利得だから選好される選択は大きな期待値を提供するものであり，旧型発電機のツリーは消去される．他のツリーについても同様の手続きが採られる．

図12-8

```
          テストする
              ─────── 6.6
     [1]
          テストしない
              ─────── 6.5
```

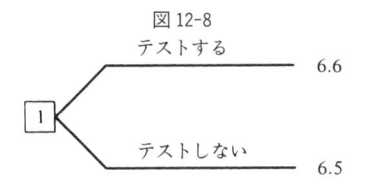

[3] $EMV_{室内}=0.6(100)+0.4(-20)=52$．$EMV_{屋外}=0.1(500)+0.9(-10)=41$．ゆえに彼は室内でパーティを開くべきである．

結局,選択は図12-8に縮約される.決定は明らかである.残されていることは,劣る選択「テストしない」を消去することである.完全なツリーは図12-9に示されている.最良の戦略はテストすることである.もしテストが成功すれば,新型発電機が据え付けられるべきである.もし失敗すれば旧型が選ばれるべきである.

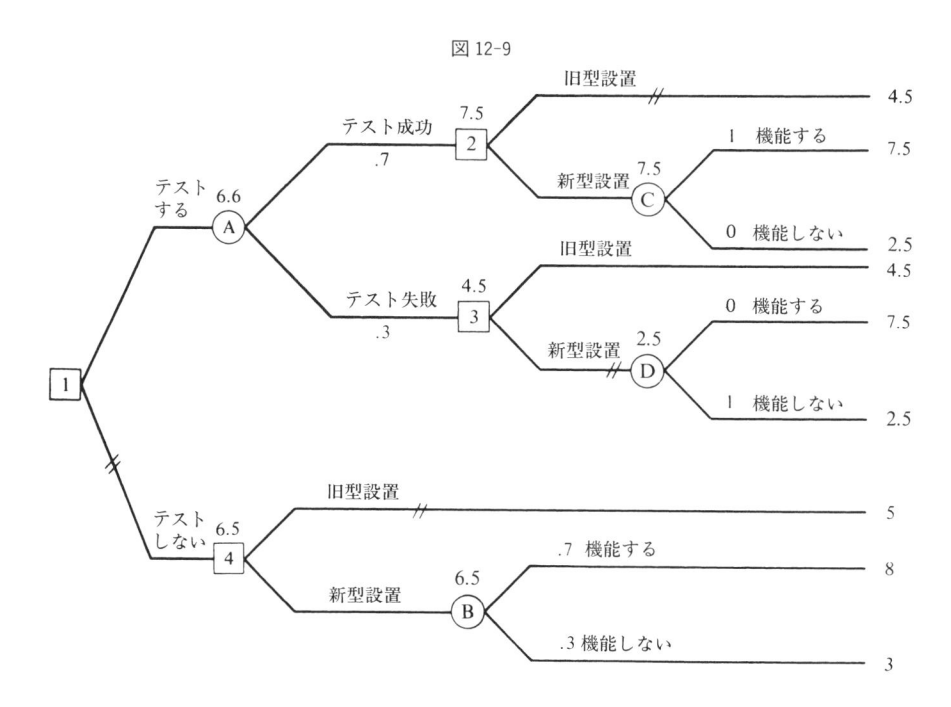

図 12-9

```
                          旧型設置
          テスト成功  ┌─ 2 ─────────────── 4.5
                7.5  │         1 機能する
         .7          │  新型設置 ┌─ 7.5
    テスト        ┌─ C ─┤
    する  6.6    │     │  7.5   └─ 0 機能しない  2.5
    ┌─ A ─┤
    │      │              旧型設置
    │      │ テスト失敗 ┌─ 3 ─────────────── 4.5
    │       4.5        │         0 機能する
1 ─┤       .3          │  新型設置 ┌─ 7.5
    │                   └─ D ─┤
    │                      2.5  └─ 1 機能しない  2.5
    │
    │            旧型設置
    │  テスト  ┌─ 4 ─────────────── 5
    └─ しない │      .7 機能する
        6.5  │  新型設置 ┌─ 8
              └─ B ─┤
                 6.5  └─ .3 機能しない  3
```

このツリーは意思決定者が最初の決定を行い,次の決定を行う前にそれ以上の情報を獲得するのを待たなければならないという状況を描いていることに注意しよう.言い換えると,彼はどのように確率が展開してくるかを発見するまで待つのであり,どの径路に沿って偶然が生じるかを知るまで待つのである.

かくしてデシジョン・ツリーは,行動の機会と結果に影響を与える不確実性を体系的に示すこと以上の役割を果たす.つまり,より多くの情報を収集する利益もまた描写している.デシジョン・ツリーは,先の行動が現時点までに観察された情報に依存するような連続的な戦略を考えるように,意思決定者を勧誘するだけでなく,実際にはほとんど強制する.政府の計画に伴う主な問題は,

その計画がいったん始まると途中で止めることがむずかしく，修正さえ困難だということである．政策策定者が最初にデシジョン・ツリーを使うならば，彼らは結果を予測する自分達の能力について控え目になるであろうし，情報収集のフィードバック・ループを決定過程に設けようとするであろう．

たとえばあなたが教育計画者で，3年次の試験の題材を2つの読み物のどちらかに決めなければならないとしよう．すぐにあなたは，あるクラスでは一方を使い，別のクラスではもう一方を使うという選択肢があることに気づく．さらに，2つの読み物に関する情報が集積され始めるので，途中で題材を変更することもできる．状況の正確な描写には，実験の開始や変更によるさまざまな可能性のすべてを反映するようにデシジョン・ツリーを描くことが必要である．このようにして決定分析は情報が利用可能になるにつれてそれぞれの情報に反応できるような，選択の構造化を強制する．言い換えると，不変のマスタープランの設定とは対照的に融通性を強調するのである．

それぞれの偶然手番での価値はすべての可能な結果に依存するが，決定手番での価値は選好される結果のみの価値である[4]．もちろんこれは，意思決定者が決定手番では制御できるが，偶然手番では運命のなすがままに受け入れなければならないという事実を反映している．

リスク回避という考え方の導入

これまで見てきた限りでは決定分析は意思決定者が期待値に基づいて作業するときはいつでも選択の指針となるとともに，決定問題について考えるための概念的枠組みとして有益である．決定分析はまた，意思決定者がリスク中立的でない状況への体系的接近に，われわれの注意を向けさせる．この節では，この接近法を直観的に見ることにする．

病院管理者のハリアットがリスク中立的であると仮定したのはもっともらしいことはすでに述べた．なぜなら，関係する金の総額が大きくないからであった．もっと極端な例を見よう．ある個人──ヘンリーと呼ぼう──は，結局図12-10で示される2つのくじの選択に帰する決定をしなければならない．もし彼がリスク中立的ならばくじAを選ぶだろう．たとえ大金──正確に言えば1万ドル──を失う可能性があるとしても，より大きなEMVをもたらすから

---

[4] これは，あまりに明白なので述べるのをためらうような別の点である．しかし経験によると，決定分析に慣れていない学生はこの点で躓きがちである．

図 12-10

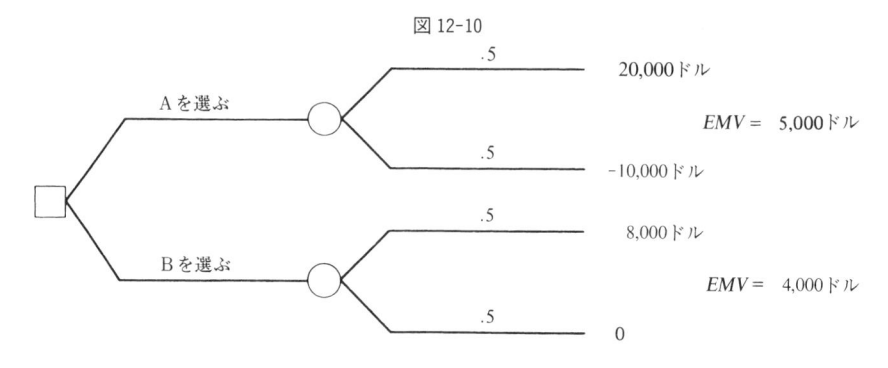

```
                    .5
         ┌─────────── 20,000ドル
   Aを選ぶ ○                    EMV = 5,000ドル
         └─────────── -10,000ドル
□                   .5
         ┌─────────── 8,000ドル
   Bを選ぶ ○           .5        EMV = 4,000ドル
         └─────────── 0
                    .5
```

である．この点であなたは，それがヘンリーの望む方法ならリスク中立性は彼にとってすばらしいことだと感じるかもしれないが，しかしそれはあなたの好みと同じではないかもしれない．事実，あなたの選好の構造はまったく異なっているだろう．これは実際に賢明な反応である．比較的小さい額が問題となっているときにはリスク中立的な人のほとんどが，総額が十分に大きくなればリ・ス・ク・回・避・的・ (risk averse) となる．もしあなたがくじ A よりくじ B を選好すれば，あなたもリスク回避的である．あなたの友人も多分同様の反応を示すだろう．しかし同一人物が，場合によってはリ・ス・ク・追・求・的・ (risk seeking) な行動をとるかもしれない．ゲームのスリルは追加的に考慮されるべきだと論じるとしても，$\frac{1}{1000}$ の確率でテレビが当たるくじに 1 ドル支払う人はリスク追求的である．

リスク回避を導入した問題：淡水化装置

これまでの例では，利用可能な選択肢のどれを選ぶべきかを知るために，期待値，換言すれば長期的平均値を用いた．これが何を意味するかをもっと詳細に見ることにしよう．淡水が十分には存在しない小さな島の政府が直面する問題を考えよう．淡水化装置が造られることになっており，技術を選択しなければならない．技術 E は十分に確立されており，1 日に淡水 600 万ガロンを製造する．技術 A は先端的だが確実ではない．確率 0.5 でうまく作動し，その場合 1 日に 1,000 万ガロンの淡水を製造する．もしうまく作動しないと 300 万ガロンしか製造できない．デシジョン・ツリーは図 12-11 で示される．

もし政府が最大期待ガロン量（ガロン量の期待値の最大化）に興味をもって

第 12 章 決定分析

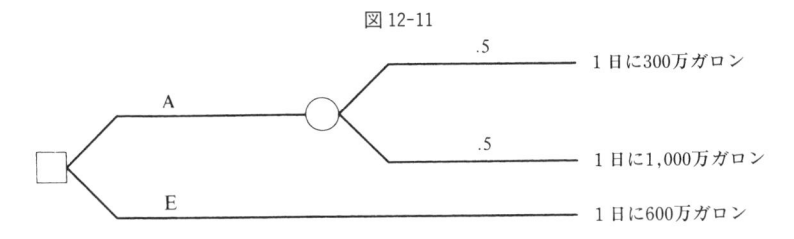

図 12-11

```
       .5    1日に300万ガロン
    A ○
       .5    1日に1,000万ガロン
□
    E        1日に600万ガロン
```

いるならば，技術 A を選ぶべきである．結果が何であれ，本土からのパイプラインのような便利な水源から追加的な供給を規則的に購入しているならば，実際 A を選ぶことは賢明であろう．（ここまででこの決定問題は先に論じた発電機問題と同じに見える．）進んだ技術によって高リスクの下で生産されるガロン量は，リスクの下での追加的購入に必要な金額に直接翻訳することができる．その金額は島の総予算と比較して多分小さいだろう．それゆえ，期待値あるいは平均化の過程は合理的である．

しかし，もしこの淡水化装置が島の水の主要源ならば（この点で発電機の例と異なるのだが），そして追加的な水は費用のかさむ方法，たとえばタンカーによってもち込まれるならば，どうであろうか．そのときには別の接近法を採用する必要があろう．確かに 1 日に 1,000 万ガロン製造する方が 600 万ガロン製造するより利益があるが，最後の数ガロンが使われる用途はそれ以前のガロンより価値が低いだろう．おそらく最後の 100 万ガロンは芝生やフェアーウェイに使われよう．対照的に，1 日に 300 万ガロンに低下することは，農作物の灌漑のような一層有益な用途を圧縮することになる．

たとえば，過去の旱魃の経験によりその装置で製造される最初の 300 万ガロンは島の住民にとって 1 万ドルの価値があり，600 万ガロンの供給は 18,000 ドル，1,000 万ガロンの供給は総額 25,000 ドルの価値があることがわかっているとしよう．デシジョン・ツリーは図 12-12 のようになる．この見方からすると，これまでの技術の方が優越している．言い換えると，価値の減少は産出が日量 600 万ガロンから 300 万ガロンに削減されると 8,000 ドルとなり，日量 600 万ガロンから 1,000 万ガロンに産出が増加した結果得られる 7,000 ドルの利益より大きい．ゆえに選択肢 A をとることによって達成される平均金額は，選択肢 E をとることによって得られる平均金額よりも小さい．選択の基準として平均金額を用いると選択肢 E が選ばれるべきである．さらに，島の政府

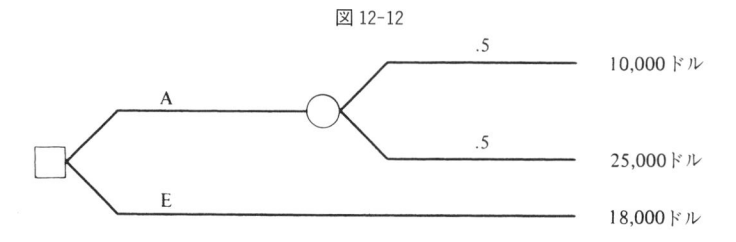

図 12-12

```
        A         .5    10,000ドル
     ──○
            ╲    .5    25,000ドル
□
     ╲
       E              18,000ドル
```

が金銭的くじ (money lottery) に関してリスク回避的ならば, 選択肢 E に対するこのような選好の強度は大きくなるだろう. なぜなら選択肢 E は確実だからである.

この例によると, 1日当たりのガロン量のようなある数量の平均値に依拠することは不適当かもしれない. 同一のガロン増から得られる利益は, 元の値が変われば変わるだろう. このケースでは, ガロン量を金銭的確実同値額に換算し, 選択の基準として期待金額を用いることは正当であった. また島の住民は金額についてはリスク中立的だった. 少なくとも問題となる大きさの金額に対してはそうだった. しかし彼らは, 水の量に関してはリスク中立的になろうとはしなかったのである.

だが量が増えるにつれてガロン価値が減少するのと同様, ドルの実質価値もすべてのドルの水準で同じとは限らない. 確実な1万ドルと, 0ドルと 25,000 ドルのいずれかを決めるコイン投げとの間の選択を提示されたとしよう. くじが 12,500 ドルの期待金額をもたらすという事実にもかかわらず, あなたは1万ドルの受け取りを選好するかもしれない. 単純な教訓は, 賭けが重要な財の賦存量をかなり変えるとき, それがドルでも水量でも健康でも環境の質であっても, 選択を行う際に期待値を用いることは不適当だろうということである.

経済学者や決定理論家は, 択一的な結果の下で達成されるドルの価値に本質的な変化があるため, 期待金額が選択の適切な基準とはならない状況を扱うことができる方法を発展させてきた. 基本的な接近方法は, 金額表示の結果を効用と呼ぶ人工的に作られた価値尺度に換算することである. この方法は効用理論 (utility theory) と呼ばれる. それは驚くほど単純であるが, 実際には換算する過程は厳密に定義され, この効用で表されたくじに関して個人はリスク中立的となることを保証する. 淡水化装置の例でガロン量を金額に換算したよう

に，効用理論では金額や他の測定単位を効用単位に換算するのである．怠惰な読者は，効用理論が明示的に採用されている現実の公共政策分析はほとんどないというわれわれの告白に安堵するだろうが，累進所得税の体系化には暗黙のうちに効用理論が使われていると，一部の読者は主張するかもしれない．新進の決定理論家は，この重要な技法を政策問題の評価に適用する最初の試みに属すかもしれないという希望をもって，効用理論を修得しようとするだろう．効用理論の1つの主な応用は，メキシコ市新空港の適切な位置を決める問題についてなされた[5]．それはメキシコ政府の究極的な政策選択に重大な影響を与えた．

情報の価値

意思決定者が発電所の2つの型の発電機について選択を求められた問題に戻ろう．旧型発電機の発電特性は確実に知られていたが，新型についてはそうではなかった．意思決定者は試作機を造りテストすることで，新技術について正確な情報を得る選択の自由をもっていた．最終的な決定がテストの結果に依存するとして，後者が最良の選択になることを見出した．（完全なデシジョン・ツリーは図12-9で示されている．）

決定を行う以前に追加的な情報を収集することは常に得策であろうか．ちょっと考えると答えは明らかにノーである．最初に最も単純なことだが，どのような情報でも常に決定を変更させうるとは限らないであろう．第2に，決定が変えられるとしても，資源や時間の遅れで測った情報獲得の費用は情報の価値 (value of information) より大きいかもしれない．たとえばダム計画管理者は，試作発電機のテストに200万ドル支払ってよいとは考えないだろう．なぜなら，そのときには「テストする」のツリーの期待値はわずかに510万ドルになってしまい，「テストしない」のツリーのEMVである650万ドルより相当小さくなるからである．意思決定者が進んで支払う額はどれだけであろうか．

デシジョン・ツリーを用いてこの問題を解くことができる．Tを100万ドル単位で測られたテストの費用だとしよう．（すぐに T の特定の値に戻る．）そのとき利得は（ツリーの上から下に読んでいくと）$5-T$, $8-T$, 等々である．もし平均化と後戻りをすれば，ツリーは図12-13に縮約される．決定手

---

[5] Ralph L. Keeney, "A Decision Analysis with Multiple Objectives: The Mexico City Airport," *Bell Journal of Economics and Management Science* 4 (1973): 101-17 を見よ．

図 12-13
（すべての利得は 100 万ドルの単位で測られる）

```
         テストする
       ┌──────────── 7.1 − T
   ┌1┐
       └──────────── 6.5
         テストしない
```

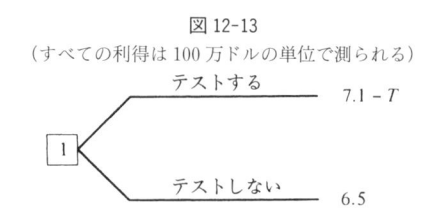

番 2 で選択を行うためには，T の値を知る必要がないことに注意せよ．選択は $5 - T$ の利得をもたらす「旧型設置」と $8 - T$ の利得をもたらす「新型設置」の間で行われる．T の値が何であっても，「新型設置」の方が良い．しかし，決定手番 1 では決定は T の大きさに依存する．テストの費用が 60 万ドルを超えない限り，意思決定者は「テストする」を選ぶべきである．もし 60 万ドルを超えるならば，テストなしに新型発電機を設置すべきである．60 万ドルまでの任意の額に対してテストは得な買物である．それ以上では得ではない．こうしてテストは意思決定者にとって 60 万ドルの価値がある．この大きさを完全情報の期待値（expected value of perfect information），あるいは EVPI と呼ぶ．費用のかかる完全なテストを行うことのできる意思決定者は，それに EVPI まで進んで支払うだろう．一般に，EVPI は完全に正確なテストに対する「テストする」のツリーの EMV と次に良いツリーの EMV との差になる．

不完全なテストからの推察

試作発電機や速度制御装置に対して，われわれが考えたテストの意味を明らかにすることは容易であった．なぜならテストは完全に正確だと仮定したからである．現実の世界は真の状態を表すことにはそれほど協力的でないし正確でもない．情報を収集する試みは，さまざまな方法による不完全なテストである．有益であるためには，テストは完全に信頼できるものでなければならないであろうか．決定を変えることができるテストはすべて，何らかの価値をもっている．（ポーカーをしている人は，他のプレイヤーから情報収集のためにまったく微妙な手掛かりや暗示を得ようと懸命の努力をしている．）当然テストが不完全になるほど，それへの自発的支払額も減るだろう．EVPI はテスト費用の上限として役立つ．もし情報が完全に信頼できるものでないなら，自発的支払額は EVPI より小さくなるだろう．

もう少し深くメトロポールの地下鉄システムの例を考えよう．模擬の実地テ

ストが不完全であると仮定する．もしテストの結果が「失敗」ならば，その制御装置を実際に使えば必ず失敗する．しかし「合格」は信頼性が低い．その制御装置は80％の確率でテストに合格すると期待されているが，合格してもそれらはわずかに75％の確率で正確である．その制御装置がテストに合格しても，4回に1回は実際には失敗である．この意味は，その制御装置が実際には80％×75％＝60％の確率でうまく機能するだろうということである．メトロ

図 12-14
（すべての利得は100万ドル単位で測られる）

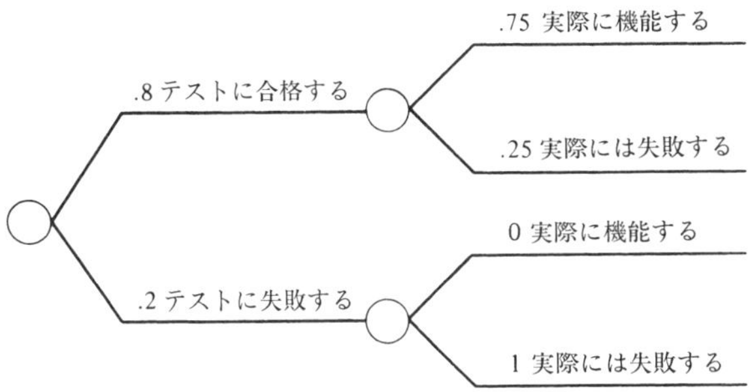

```
              .75 実際に機能する
    .8 テストに合格する
              .25 実際には失敗する

              0 実際に機能する
    .2 テストに失敗する
              1 実際には失敗する
```

ポールはこの不完全なテストにいくら支払うべきであろうか．

われわれは図12-14のように，事象のツリー（event tree）の中にテストの情報を集約することができる．（事象のツリーは偶然手番だけをもっており，それは原子炉の安全性の研究に使われたことがある．）この小さなツリーは図12-15で示されるように，全体のデシジョン・ツリーに組み込まれる．ツリーの先端から後戻りすることで，「テストなしにI社機種の設置」は1,280万ドルのEMVをもち，「V社機種の設置」は1,400万ドルのEMVをもつことがわかる．V社の制御装置は期待費用がI社のものより高いので，これ以上考慮する必要はない．「I社機種のテスト」のツリーは一層複雑である．しかしもし平均化と後戻り法を適用すれば，そのEMVが1,220万ドルに不完全なテストの費用ITを加えたものであることがわかる．メトロポールは不完全なテストに60万ドルまで支払ってよいだろう．

不完全テストの情報を利用可能な形にする：虐待された子供

いま考えた例では，必要なテストについての情報はすべて得られた．しかし，情報はしばしばこのようには整理され配列されてはいない．虐待された子供を

図 12-15
(すべての利得は 100 万ドル単位で測られる．IT は不完全テストの費用)

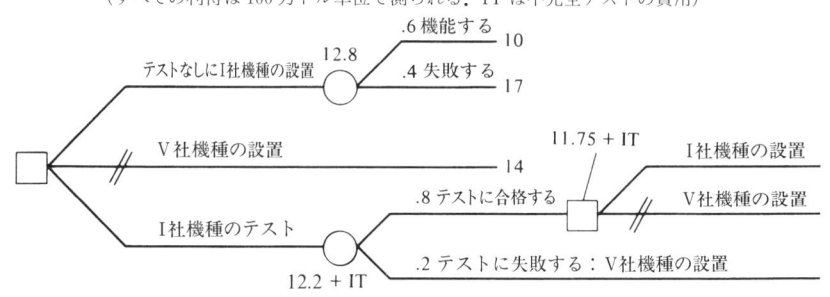

```
                              .6 機能する    10
                         12.8
       テストなしにI社機種の設置 ○
                              .4 失敗する    17

       V社機種の設置      ——//——   14        11.75 + IT   I社機種の設置
    □                                    □
                                              V社機種の設置 ——//——
                              .8 テストに合格する
       I社機種のテスト    ○
                              .2 テストに失敗する：V社機種の設置
                         12.2 + IT
```

見分ける問題を調べる次のような状況を考えよう[6]．

　学校当局は市の 1 万人の生徒のうち 3 ％が虐待されていると思っている．これらの子供達を助ける方策がとられなければならないが，そのためにはまず彼らを捜し出さなければならない．予備調査を行うことが提案されているとしよう．虐待の証拠（あざなど）が見つかると両親面談となる．不幸にも調査過程は完全に信頼できるものではない．もしある子供が実際に虐待されているなら，調査に使われるテストが＋になる確率が 95 ％である．一方その子が虐待されていないならば，テストが＋になる確率はわずかに 10 ％である[7]．学校当局は虐待のケースを見分けることを切望しているが，しかし誤って責められた両親に課せられる汚名を考えれば慎重に進める必要がある．トレードオフを考えるのは痛みを伴う作業であり，また学校当局がテストの＋と－のもつ意味を理解することももちろんそうである．

　困難な点は情報がすぐに利用できる形にはなっていないということである．しかしながらわれわれは，必要な数字すべてをもっている．ただ若干の計算と再整理をしなければならない．図 12-16 はわれわれがいま知っていることを表している．

---

6) Richard Light, "Abused and Neglected Children in America: A Survey of Alternative Policies," *Harvard Educational Review* 43, no.4(November 1973).
7) 例証のために，虐待とそのテストがイエス・ノー変数（専門用語では「二項的」という）であると仮定する．これが過度の単純化であることはわかっている．虐待の程度はさまざまだし，虐待の証拠も曖昧さの度合いがいろいろある．このような複雑さを導入しても，概念上の困難は生じない．ただし情報を利用可能な形式に変えるためには，もっと多くの計算が必要である．虐待される子供のために活動することになるとき，審査試験と実際の虐待の存在とは当然二項的と見られる．当局の決意によれば，審査の結果が連続的な目盛りで報告されるとしても，ある点以上の点数が虐待を意味するとみなされ，その結果その家族に対する直接の干渉となるだろう．

第 12 章 決定分析

```
                 .75 機能する
11.75 + IT ○─────────────── 10 + IT
                 .25 失敗する：V社機種の設置
                                    17 + IT
── 14 + IT

── 14 + IT
```

図 12-16

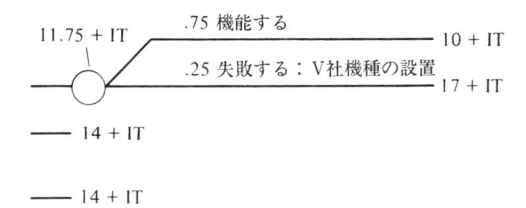

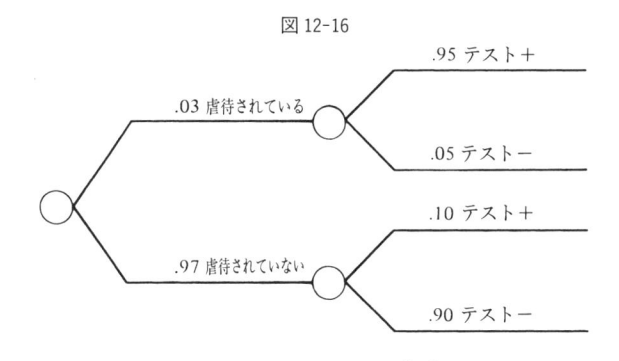

```
                        .95 テスト＋
          .03 虐待されている ○
                        .05 テストー
  ○
                        .10 テスト＋
          .97 虐待されていない ○
                        .90 テストー
```

しかし，子供が虐待されていることを知った後に子供を調べても何の役にも立たない．テストの結果が＋であることが子供が実際に虐待されていることを示す，あるいはテストの結果が－であることが，子供が実際に虐待されていないことを示すのにどの程度もっともらしいかを知る必要がある．言い換えると，図 12-17 の形の情報が欲しいのである．

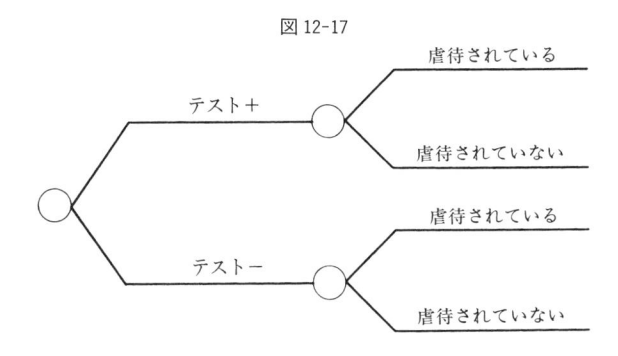

図 12-17

```
                        虐待されている
          テスト＋ ○
                        虐待されていない
  ○
                        虐待されている
          テストー ○
                        虐待されていない
```

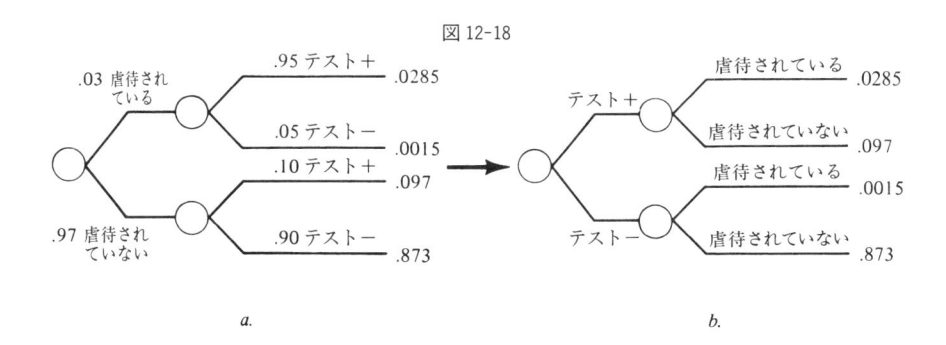

もう一度図12-16で示されるツリーを見よう．そして一番上のツリーに沿っていくことが何を意味するかを考えよう．それは，その子供が虐待されていると同時にテストが＋であることを意味している．この組み合わせ事象の確率——結合確率（joint probability）——は，$0.03 \times 0.95 = 0.0285$である．それはデシジョン・ツリーにおける1つの特定径路の全過程に付随する確率だから，径路確率（path probability）と呼ばれる．（整合性の観点からツリーの枝の確率（branch probability）と呼べそうだが，そうは呼ばない．）次に図12-17の一番上の径路を見よ．もしこの径路にしたがうとテストは＋で虐待されていることになる．しかしこの組み合わせ事象は「虐待される，テスト＋」という組み合わせ事象とまったく同一である．順序は問題にならない．よって結合確率は同じく0.0285でなければならない．同様に第2のツリーにおける他のそれぞれの径路は，第1のツリーの径路と対応している．上から下にいく順序は同じではないが，各径路に対する確率は図12-18 a，図12-18 bにおけるツリーの先端に示されている．

図 12-18

a.　　　　　　　　　　　　　　　　*b.*

　いまや重要な段階に来た．もし子供のテストが＋ならば，その子供は虐待されている（結合事象「テスト＋，虐待されている」に対する確率0.0285の下で）かもしくは虐待されていない（結合事象「テスト＋，虐待されていない」に対する確率0.097の下で）かのいずれかである．テストが＋となる総確率はこれらの合計で，0.1255となる．同様に，テストが－となる確率は，虐待されているがテストが－となる確率（0.0015）と虐待されておらずテストが－となる確率（0.873）の合計0.8745である．これらの結果を図12-17のツリーに代入すると，図12-19を得る．

第12章 決定分析

図 12-19

```
                    虐待されている          径路確率
                                            .0285
      .1255 テスト＋
                    虐待されていない
                                            .097

                    虐待されている
                                            .0015
      .8745 テスト－
                    虐待されていない
                                            .873
```

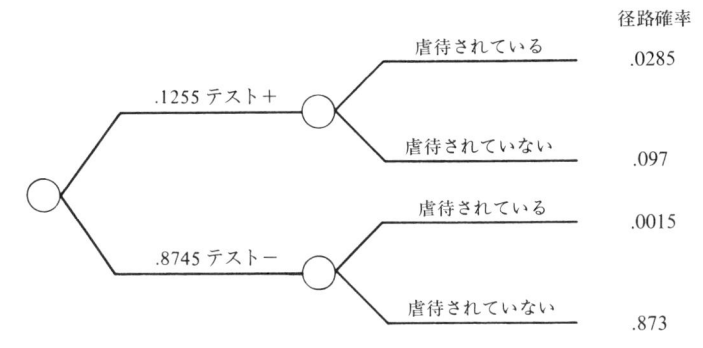

　最後の2つの偶然手番に確率を書き入れることが残っているが，これは単純な算術の問題である．もしテストが＋となる確率が0.1255で「テスト＋，虐待されている」という径路確率が0.0285ならば，もしテストが＋となればその子供が虐待されている確率は，$0.0285 \div 0.1255 = 0.2271$ である．同様の手続きにより図12-20のようにツリーの残りの部分を書き込めるだろう．

図 12-20

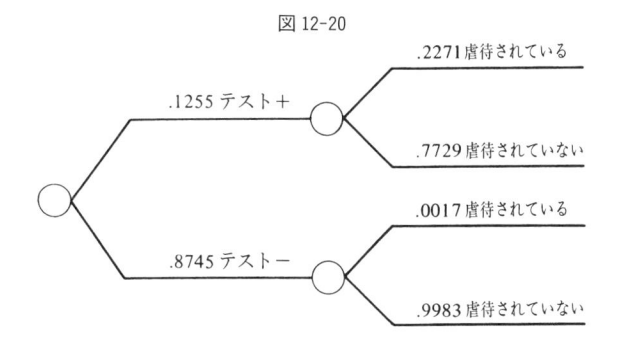

```
                   .2271 虐待されている
      .1255 テスト＋
                   .7729 虐待されていない

                   .0017 虐待されている
      .8745 テスト－
                   .9983 虐待されていない
```

　この事象のツリーはわれわれに役立つ形になっている．それはわれわれが目指していたものである．全過程は「ツリーのひっくり返し」(tree flipping) と呼ばれ，ベイズの公式 (Bayes' formula) の直観的形式となっている[8]．ツリ

---

8) 形式的な数学的表記が心地よい人のために，通常のベイズの公式 (Bayes' formula) を掲げておく．

$$p(A \mid +) = \frac{p(A)p(+ \mid A)}{[p(A)p(+ \mid A)] + [p(\text{Not } A)p(+ \mid \text{Not } A)]}$$

ーのひっくり返しの技法は多くの利益を提供する．それは単純であり，忘れたり混乱したりする公式ではない．そして最も重要なことに，2つ以上条件がある場合など，より複雑な状況に対してもうまく機能する．たとえば条件が，虐待の証拠はない，強い証拠がある，曖昧な証拠がある，の3つであり，テストでは＋，－，？を報告するとしよう．ベイズの公式はそのようなケースでは混乱しがちだが，デシジョン・ツリーは水晶のように鮮明である．

不完全なテストと無形の利得

　子供の虐待と腫瘍のテストの例は究極的に，いかなる明確な方法でも数量化できない一連の行動についての決定へと導く．にもかかわらず，決定理論は意思決定者のディレンマの本質を非常に明解に提示する．たとえば単純に，良い医療は悪性の腫瘍を外科的に処置し，良性の腫瘍には何もしないと想定しよう．そのとき4つの型の一般的直接的結果がありうる．(1)患者は必要な手術を受ける．(2)患者は必要ないが外科に行く．(3)患者は何の治療も受けずその必要もない．(4)患者は必要な治療を受け損う．それぞれの結果に対し，患者は回復と死のある確率をもつだろう．(もちろん長期的には死の確率は1である．ここでは短期について語っている．)決定分析は医者がそれぞれの結果の価値を決める際の手助けにはならない．しかし，決定分析によって彼は次の点を強く想起することになる．すなわち，腫瘍が良性か悪性の確率や各状況での回復や死の可能性についての彼が知っていることを所与とすれば，彼がいかなる決定をしようとも，これらの確率や可能性は結果に付与する価値に暗黙のうちに境界を定めるだろうということである．デシジョン・ツリーは図12-21に示されている．もし回復と死の確率が推定されるならば，患者に回復する最良の機会を与える径路が直接に決定される．図12-21では回復（R）と死（D）の推測的な確率を用いた．[　]内の数字は結果的な回復の確率である．他の原因による患者の死は，説明を簡潔にするために考慮されない．そのような不慮の事故を許すように，容易に偶然手番を追加できる．同様に「回復」の範囲は広すぎる．実際には，患者の人生の将来的な質が考慮されることを強調してよいだろう．

　この表記では，$p(A)$は虐待の全体的確率（「事前」確率）である．縦の線$|$は条件付き確率（conditional probability）を示す．たとえば$p(A|+)$は「テストが陽性という条件の下での虐待の確率」と読む．この公式は最初18世紀イギリスの僧ベイズ（Reverend Thomas Bayes）によって示唆された．われわれは読者に，確率を更新するためにツリーのひっくり返しに依拠することを強く勧める．

第12章 決定分析　　235

図12-21

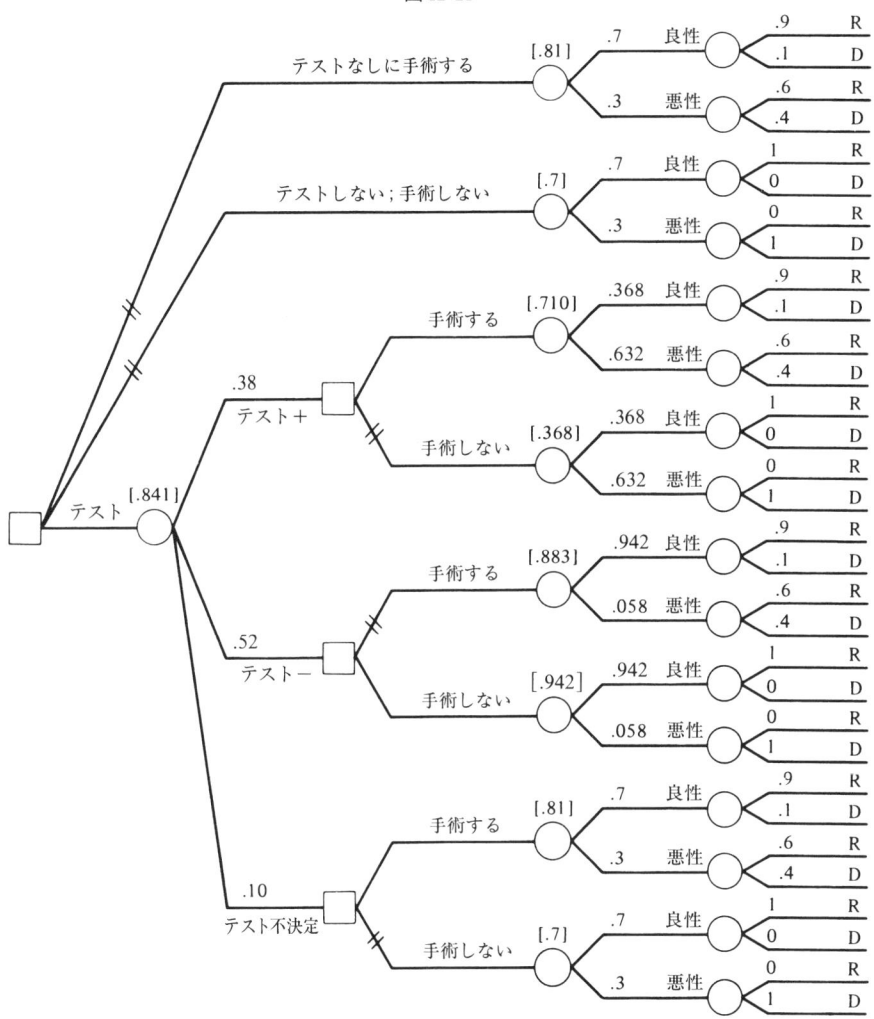

[decision tree diagram]

　子供の虐待問題も同様である．学校当局は，予備調査で，ある子供が虐待されていることがわかったとき，何をすべきだろうか．おそらく最初は本能的にそれぞれの虐待のケースを厳密に追求するだろう．この事象のツリーの対応部分は図12-22で示されている．言い換えると，もし疑わしいケースが出ると，

両親が無罪である確率は $\frac{3}{4}$ より大きい．これでは学校当局は，ほとんどそのプログラムの支持者を獲得できない．あるいは社会に利益を与えることはほとんどないと考えるだろう．誤って児童虐待だと認定された両親が被る重大な費用に比較して，継続的に発生する子供の虐待という特殊ケースによってもたらされる著しい害悪に高いウェイトを付与しなければならない．実際にはおそらくこの分析は，徴候が見られた後に慎重な追求を行うように当局を導くだろう．あるいは，もしテストの結果が現実に起こりうるように－から＋までいくつかの序列が付けられるならば，最も強度の陽性のみが追跡されることになろう．

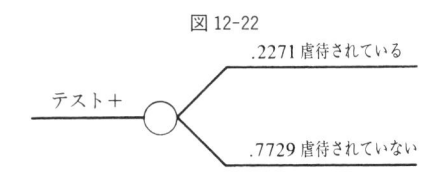

図 12-22

```
            .2271 虐待されている
テスト＋ ○
            .7729 虐待されていない
```

このような治療-未治療のディレンマは数多く見られる．不必要な治療はたとえ有害でなくとも，高価であり時間浪費的である．効用理論はそれぞれの意思決定者に，リスクを伴う実体のない結果を彼自身の選好の観点から数量化する方法を提供する．

決定分析と現代の政策課題

今日アメリカ合衆国が直面している最も複雑な問題の1つは，今後半世紀の間電力がどのように生産されるべきかという問題である．軽水炉に継続して頼るか，増殖炉（正確には液化金属高速増殖炉）を開発するかの選択が，論争の一側面である．合衆国増殖炉計画についての研究開発（R&D）の最適時期に関する研究では，決定分析がそのような問題を明確化するのに大いに貢献できることを示している[9]．

テネシー州オークリッジ付近に設置された実験用のクリンチ川増殖炉は，議会が資金を削減しなければ，1983年に完成の予定である．増殖炉計画で予定されている次の段階は，商業用の試作となる大規模増殖炉の建設であり，最初の商業用増殖炉がそれに続いて建設されることになっている．その研究では4

---
[9] Richard G. Richels, *R & D under Uncertainty: A Study of the U. S. Breeder Reactor Program* (Cambridge, Mass.: Energy and Environmental Policy Center, Harvard University, 1976).

つの選択が検討されている．(1)クリンチ川増殖炉と商業用の試作の同時的開発．完全規模の商業用増殖炉を開始すべきかどうかについては，1986年に決定される．(2)継続的開発．クリンチ川増殖炉は現時点で開発され，試作は1986年に，商業用増殖炉は2005年に建設することを決定する．(3)クリンチ川増殖炉と試作の両方の決定を1986年まで延期する．良好という情報が得られると同時的開発にはいる．(4)開発を取り止め，R&Dも中止する．デシジョン・ツリーの第1段階は図12-23で示される．ツリーの先端にある日付は，最初の商業用試作が利用可能になる時期を表す．

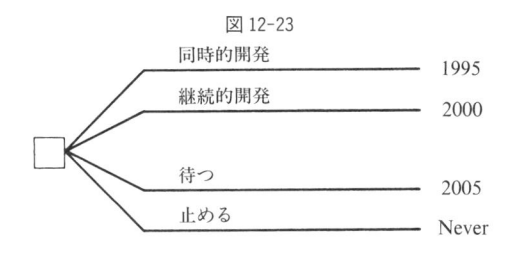

図12-23

```
         同時的開発
                    1995
         継続的開発
                    2000

         待つ
                    2005
         止める
                    Never
```

この分析では，いくつかの重要な不確実性が各決定の結果に影響を与えるので，それが完全なデシジョン・ツリーに含まれている．これらの不確実性は最初の増殖炉の成功，ウラニウムの供給，将来のエネルギー需要，軽水炉と増殖炉の資本費用の差，将来における他の高度技術の利用可能性，増殖炉のR&D費用，原子力の安全性と潜在的環境破壊に対する大衆の反応に関係している．便益は将来における低エネルギー費用という形をとる．

一方，原子力委員会（Atomic Energy Commission, AEC，後にエネルギー研究開発管理局 (Energy Research and Development Administration), ERDA) はR&D決定の成果を考察するために決定論的モデルを好み，将来に対する多くの可能なシナリオを描いている．純便益はシナリオごとに計算される．こうして，AECは全タイムスケジュールに関わる最終的なマスター計画に依存することになる．対照的に，デシジョン・ツリーに基づく方法では，新たな情報が利用可能になるにつれ，AECはその利益を獲得できるような意思決定過程を設定することができるようになるのである．シナリオ分析の結果として，増殖炉の開発に反対する人々はそれを悪く見せるようなシナリオに注意を向けてきたし，賛成者は同時的開発の推奨に導くシナリオを強調してきたのである．それぞれのシナリオが起こりそうかどうかについての判断は分析からは得られず，

238　第II部　基本的技法

図 12-24

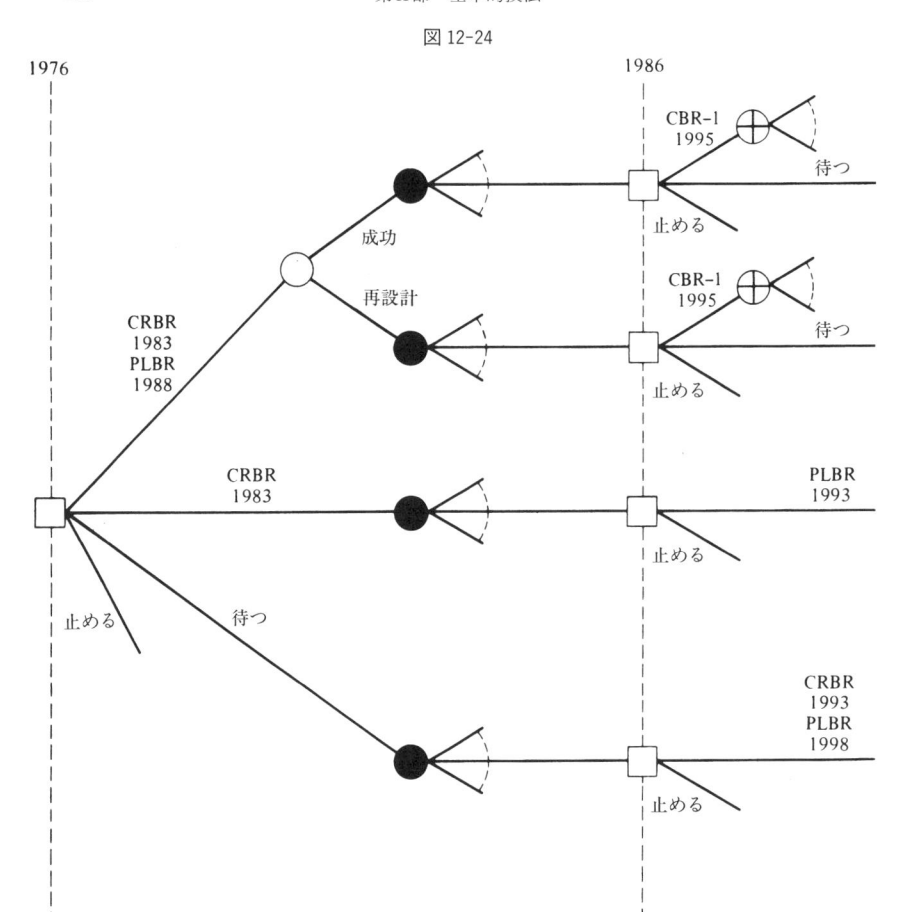

CRBR＝クリンチ川増殖炉
PLBR＝試作の大規模増殖炉
CBR-1＝最初の商業用増殖炉
日付は推定された完成時期．
決定事象：
　1．設計成功あるいは再設計必要
　2．原子力一時停止，需要計画，ウラニウム利用可能性についての結合不確実性
　3．資本費用の格差，他の高度技術の利用可能性，ウラン供給のより最近の推定についての結合不確実性
　4．さらに最近のウラン供給の推定
　5．資本費用の格差と他の高度技術の利用可能性についての（上よりさらに最近の日付での）結合不確実性

第12章 決定分析

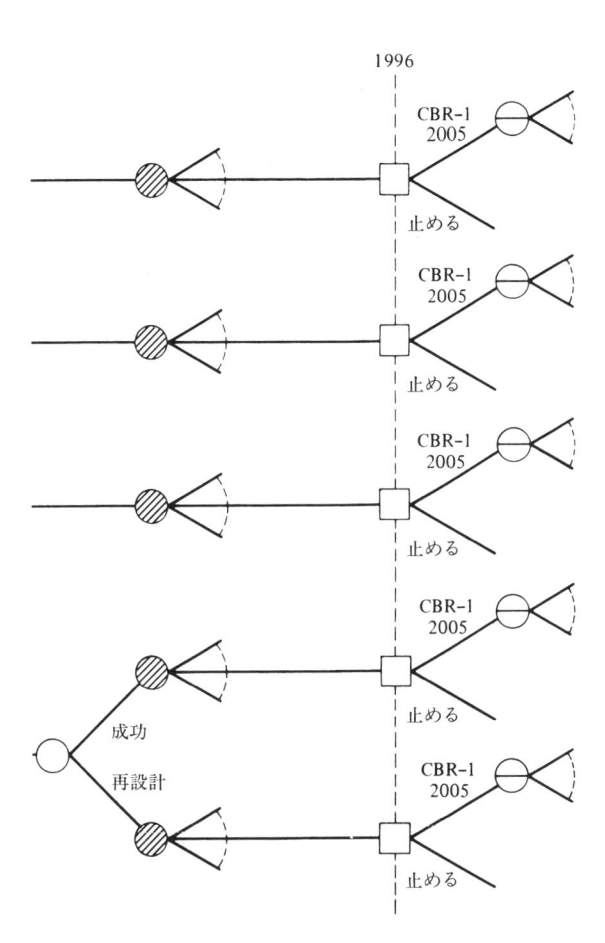

1996

CBR-1
2005
止める

CBR-1
2005
止める

CBR-1
2005
止める

CBR-1
2005
止める

成功

再設計

CBR-1
2005
止める

期待純便益の推定は不可能である．どちらのシナリオももっともらしく思われ，論争は続くことになる．

この問題に関する決定分析の興味深い特徴の1つは，環境上および安全上の問題の扱い方である．直接それらに焦点を合わせるというより，環境上，安全上の費用が高いときには一時停止になると暗黙に仮定して，原子力利用に関する一時停止の見込みという単一の不確実性の下で，それらすべての問題が包摂されている．この接近法はいくつかの利点をもっている．それは分析の範囲を限定してくれる．実際「われわれが増殖炉でいくと決めるならば，これが経済的に効率的な方法だ」というだけである．金額表示の費用と便益の問題を非常に重要だがはっきりとしない条件から切り離すと，金額と安全性や環境に対する潜在的脅威とのトレードオフが明示される．原子力の一時停止の見込みに集中すれば，原子力論争の参加者は増殖炉の安全性について決して意見の一致に達することはないので，肝心の論争は人々が何を安全と考えるかである．

図12-24は完全なデシジョン・ツリーの本質的特性を示している．計画モデルは関連する費用と便益の評価を引き出すのに用いられ，確率が慎重に査定される．それからこのツリーを後戻りし，もし決定が経済的な基盤のみから行われるとすれば，同時的開発戦略が望ましいことがわかる．読者に不安を与えないよう，表12-1で4つの選択肢の期待値（年率10％で割り引かれている）を示しておく．

表12-1

同時的開発	13億8,000万ドル
継続的開発	12億5,000万ドル
待つ	11億5,000万ドル
止める	0ドル

分析はまったく結構だが，この国の政治的雰囲気や原子炉の安全性・使用済み核燃料の処理に対して広く表明されている人々の憂慮を考えれば，同時的開発あるいは継続的開発による巨額の費用はもはや実行できないと読者は論じるかもしれない．決定分析は変化する状況の評価を比較的容易にする．もちろんツリーを改めて後戻りする必要があるかもしれない．時には，単に修正された確率を導入する，あるいは利得の推定を洗練するという問題であるが，他の場合にはすべての枝をツリーから切り落とさなければならない．たとえば原子力

のR&D分析が完了して以来,増殖炉は棚上げされている.また時には,新たな選択の探求がツリーの追加を要求するだろう.ここでも分析において要請される修正は直接的である.最後に,決定分析を用いれば,量的仮定に対する結論の感応性を容易に調べることができる.これは原子力論争で特に興味ある問題である.次に決定分析のこの側面を簡単に見ることにしよう.

感度分析

時々ある特定分野の専門家は決定分析によって得られた結論に反対する.もしそうなら,彼らの反対は方法論ではなくて,ツリーを構築するのに必要な仮定に根ざすべきである.エネルギーの専門家は,前項で論じた原子力発電所のR&D戦略の考察が,太陽エネルギーの開発を全速力で進めるといった他の戦略を無視していると主張するかもしれない.おそらくその利得のある側面は過小評価されていただろう.ウラニウムの将来の利用可能性は誤って推定されたかもしれない.あるいは多分,確率のいくつかは誤って計算されていただろう.クリンチ川増殖炉の最初の設計は1986年までに成功するという見込みを,実際には高く推定しすぎた.

差し当たりこれらの主張のいくつかは正しいと仮定しよう.決定分析を責めるべきだろうか.そうではない.決定分析は単なる道具である.それが誤って適用されたためにその方法を信じないというのは,建築家の不適当な構造設計に対して建築家が使うテーブルやT定規の製造業者を責めるに等しい.事実もっと強力に決定分析を擁護することができる.決定分析は重要な仮定が変わった場合の影響を考察するのに特に相応しい.このプロセスを感度分析 (sensitivity analysis) と呼ぶ.

通常決定分析で用いられる確率分布や利得は,厳密な数字というより推定である.事実,時にはそれらは所与の情報の下での推測にすぎないのである.にもかかわらず,もしこれが意思決定者の入手しうる最良の情報ならば,彼は進んでそれを用いるべきである.そのような状況では,当然彼は最終的な決定がそれまで利用してきた推定に対してどれほど感応的であるか知りたいと思うだろう.もしそれが非常に感応的だとわかれば,彼は推定を洗練するのにもっと多くの時間を使うべきだろう.決定分析は感度の慎重な計算に非常に役立つのである.きわめて単純な例を挙げておこう.

あるリスク中立的な意思決定者は,2つの建設用地の間で選択しなければな

らない．場所Ⅰに対する用地の準備には85,000ドルかかる．場所Ⅱについては費用は確実ではない．60％の確率で費用が10万ドルかかるが，もし運が良ければわずかに4万ドルですむと意思決定者は考えている．ツリーは図12-25で示されている．

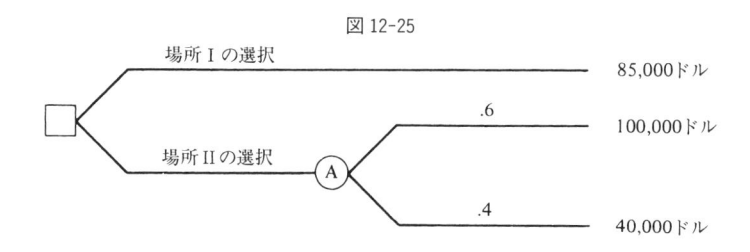

図 12-25

```
         場所Ⅰの選択
  □─────────────── 85,000ドル
   \              .6
    \  場所Ⅱの選択  ┌──── 100,000ドル
     \──────(A)─┤
                 │  .4
                 └──── 40,000ドル
```

偶然手番AでのEMVは76,000ドルであり，場所Ⅱは選好される選択と思われる．しかし，実際には確率0.6と0.4は限定的情報に基づいている．意思決定者は多少の努力でそれらが有意に修正できると信じている．彼の決定はこれらの確率に対してどれだけ感応的だろうか．別の言い方をすれば，彼の決定を変えるためにはそれらの確率はどれだけの大きさにならなければならないだろうか．彼は，場所Ⅰが場所Ⅱより選好されるような確率を計算することによって，それを発見することができる．費用が10万ドルになる確率が上昇するにつれて，場所Ⅱが徐々に魅力的でなくなっていき，ある確率pに対して意思決定者は2つの場所の間で無差別となる．それ以後は彼は場所Ⅰを選好するだろう．彼の選好が無差別となるpを見つけよう．そこでは2つの選択肢の期待費用は等しい．そのpは方程式

$$p(100,000) + (1-p)(40,000) = 85,000$$

を満たす．これより$p = 0.75$である．言い換えると，場所Ⅱでの費用が10万ドルとなる確率が0.75を超えるときはいつでも，場所Ⅰが選好される．さて，意思決定者はpが0.6だということには確信がもてないが，同時に彼が集めるいかなる情報もpの値を0.7以上には引き上げないと信じているかもしれない．もしこれが彼の信念ならば，場所Ⅱで進めるべきである．たとえ情報収集に費用がかからなくとも，それ以上情報を集めることは無益だろう．もし感度分析によってもなお彼が決定に不安ならば，常に彼は前もってさらに情報を獲得することがいかなる価値をもつかを計算することができる．そして多分，彼はリスク中立性の仮定を考え直すだろう．

他の重要なパラメータの利得に対する感度をテストするために，同様の手続きを使うことができる．場所IIでその土地に対する権利を獲得するには，法的支出が必要だと仮定しよう．意思決定者は場所IIを選択する前に，これらの支出がどれだけになるかを決めたいと思うだろう．

　前節の終わりで手術するかしないかの決定を論じたとき，回復と死の推測的確率を用いた．これらの特定の確率の下では，「テスト」が「テストなしに手術する」をわずかに上回るだけである．もし未熟な感度分析（数字を十分厳密に見る）を行えば，腫瘍が良性のときの死亡率は10％だからこの結果が生じることがわかる．もしかりに0.1％の死亡率に出くわしたならば，選好される選択は「テストなしに手術する」である．なぜなら，その場合不正確なテストの結果がマイナスになることが手術以上に危険だからである[10]．

　エネルギー研究開発戦略の選択では，重要なパラメータは割引率であった．もし使用される割引率が10％以上ならば，相当なR&D計画を得る戦略は即座に望ましくないようにみえる．割引率が10％からたとえば10.2％に上昇するとき，最適なR&D戦略が変化するのであれば，現在の割引率に釘付けにするためにもっと多くの時間を割くべきであろう．しかし，もし割引率が18％になるまで選好される選択が変化しないならば，「事態は割引率が低いという理由だけでそうなる」という反論は間違いだとすぐにわかるだろう．そのような状況では，結論は割引率に関して頑強（robust）である．このように，感度分析は政策分析と政策論争に対する潜在的に強力な道具なのである．

　増殖炉研究においても感度分析は確率の推定をチェックするために使用されたし，原子力の一時停止見込みを例外としてすべて頑強であることがわかった．もし同時的開発が政治的理由によって除外されれば，一時停止の確率が0.63より小さいという条件の下で，継続的開発が選好される経済的選択肢である．もしその確率が0.63と0.86の間にあるならば，最良の戦略は待つことである．もし0.86より大きいならば，研究開発はすべて中止されるべきである．

　時には，重要な変数について比較的正確な仮定を定式化でき，選好される一

---

10) 現実的には，医師は「良い医療」という基準によって強く影響されていることを認識すべきである．検査の費用は通常患者の医療保険から賄われるという事実によって，またありうる不正医療訴訟を眼前にして予防医療に従事する必要によっても，影響を受けるのである．医者がそのような影響に反応するとき，ここで説明した類の分析によれば，その結果を評価することが可能になる．

連の行動を選んでいると確信できる．またあるときは，現実的な仮定の範囲で頑強で利用可能な政策をとるという幸運に恵まれることがある．決定分析は，選好される政策選択がどのような場合に頑強であるのか，またそれらが分析で仮定される数字に対してどのような場合に感応的であるのか，を示すことができる．もしそれらが感応的ならば，決定分析はどの仮定が重要でどれが重要でないかを識別する手助けとなる．決定分析は背後にある価値についての論争を解消することはできないが，択一的な価値の意味について議論しなければならないとき，大いに役立つのである．

決定分析の利用

　デシジョン・ツリーはこれまで考察した他のモデルとどの程度適合的であろうか．これまでの分析技法の多くは，確率や利得を推定する，あるいは選択を決定するのに有益だろう．ツリーの利用は他の技法と完全に両立できる．便益・費用分析と割引法（discounting）は利得を推定する際に要請され，他のモデルは確率を規定するのに用いられるだろう．

　決定分析についてのここでの簡単な議論は，概念的枠組みの広範な適用可能性を読者に確信させることを狙いとしていた．時には決定が直接的に明らかと思われるので，数字を書き留めその数字に難儀することはほとんど価値がない．それでも問題をデシジョン・ツリーの形で規定することは，そうでなければ見落としてしまう論点や見込みを鮮明にするかもしれない．その他，非常に多くの選択肢をもっているため体系的接近によってのみ取り扱いやすくなるような決定問題を分類する際に，デシジョン・ツリーが役立つことがわかるだろう．その仕事がむずかしくなればなるほど，まったく分析されないかもしくは封筒の裏のちょっとした計算によって選ばれる選択肢と比較すれば，決定分析の有用性が一層明らかとなろう．

第III部　目的と手段

第13章　公共選択──何の目的のためにか？

　公共的意思決定の目的は何か──それは何を達成しようとするべきであろうか．
　何百年もの間，この疑問が哲学者と他の社会の研究者等の心を占めてきた．それは依然として有益な会話となっている．ここで，われわれがなしうることは，かなり広範な（しかし決して一般的ではない）支持を獲得してきたいくつかの結論の概略を述べ，これらの結論が何を達成し，それらがどこに欠陥を残しているかを指摘し，そして同意された諸原理から特定の政策を決定するというより現実的な問題にいかに進むかを説明することにすぎない．
　議論には複数の屈折点がある．読者を引き留めておくのに役立つように，最初に簡略化した展望を提示しよう．われわれは以下の諸命題の輪郭を述べ，そしていくつかの場合には，それらについて論じるであろう．

1．公共的意思決定の目的は社会の厚生を増進することである．
2．社会の個々の構成員の厚生水準は，社会の厚生の構成要素である．
3．個々人の厚生に影響を与えるいかなるものも，それゆえ，社会の厚生に影響を与える．個々人の厚生水準に影響を与えないものは，社会の厚生に対して何ら影響を与えない．
4．まれには例外もあるが，われわれは諸個人自身による価値判断を彼ら自身の厚生に関する適切な指標として受け入れるであろう．
5．われわれは，ある政策にしたがったときの社会の厚生と，別の政策にしたがったときのその厚生とを比較できるように，異なる個々人の厚生を集計するための明確な手続きをもちたい．ある諸条件の下では，明白な価値判断を下すことも可能ではあるが，一般的に適用可能な手続きは決して存在しない．それにもかかわらず，社会的結果を評価するための適切な方法を熟慮することによって，政策形成についての重要な洞察が引き出されるであろう．

これらの5つの命題による表現で示唆されることは——正確には——政策決定の目的に関する研究が多くあるにもかかわらず，到達されている結論の多くが経験的検証を受けにくいということである．しかし，われわれは，政策選択のための適切な基準についてきわめて多くのことを学んできた．その上，われわれが知らないこと，そして多分知りえないことは何かということを理解している．

　本書の前の諸章と著しく異なって，この章はいくぶん抽象的であることを余儀なくされている．5つの命題は，即座には，行動の指針に適用できない．しかし，議論の目標は厳密に実践的である——そして意思決定者が現実世界での諸政策を判断するための基準を見出す手助けをすることである．ここで提示される評価のための諸基準は純粋に概念的である；政策策定者はそれらを意思決定の文脈の中に直接的に適用することはほとんどまれであろう．しばしば政治的諸要因が大いに重要であるようにみえるであろう．しかし，他の人々のために意思決定をするか，または分析を行わねばならないほとんどの人々は，彼らが信頼している基準の哲学的基礎に自信をもっていたり，その仕事がしっかりとした倫理的基盤に結びつけられうることを知っているときには安心できる．このことは，より高いレベルでなされ広範囲の諸決定を実行することが意思決定者の仕事となっているときにもあてはまる．ここで指摘されることは，公共政策の適切な諸目標に関しての学界および実際の政策形成グループにおける現在の議論の基礎となる．

　本章で考察される諸問題を例示する具体的な問題を提示するならば，あなたはこれらの問題について考えることがより容易となろう．たとえば，あなたが不規則に広がる郊外の自治体の運輸委員会のメンバーであるとしよう．車をもたない高齢市民や車での送り迎えでつかれた母親達，そしてエネルギー保存主義者達の議論に刺激されて，その町は町内のバスサービスの補助に5万ドル支出した．いかなる根拠に基づいて，あなたはたとえば，平日の買物の道路のルートと学校の運動施設への有益な週末の道路のルートとの間でその設定を選択決定すべきであろうか．異質な論点を取り除くのが比較的容易なので，われわれはこの問題を，あなたの頭の片隅に残るように選択した．それを考察するためには専門的な知識は何も必要ではないが，あなたは政策の決定が最終的に基づくべき基礎となる諸原理と，それらが身近な状況にいかに適用されるかを理解することが特に必要である．あなたが本章を終えるまでには，このような問

題が提示されるときにその根底にはどのような論点が含まれているのかに関して，より明確な考えをもつことを期待している．

社会：それは何か？

われわれが社会の厚生について語るときに，社会によって何を意味しているのであろうか．確かに合衆国においては，その何千にものぼる，政府，政府機関，そして擬似公的組織，多くの重複する管轄区とともに，アメリカの人々あるいはニューメキシコ州の市民といったいかなる用語も，無数の意思決定単位を含んでいるであろう．しかし，われわれが必要とするのは，ある特定の決定がなされるときに，その利害関係が影響を受け，したがって考慮されるすべての人々を包含する用語である．われわれはその概念を表現するために社会という言葉を使用する．ある決定問題に対しては，社会とはその国のすべての市民となるであろうし，他の問題に対しては近隣の住民となることもある．郊外の輸送機関の例においては，社会はその町の住民と考えるのが最も普通である．その根底にある仮定は，バスの運行表が町の外に住んでいる人々に対してはとるに足りない影響を及ぼすにすぎないであろうということである；かくして，その事例の文脈において社会の厚生について語るときには，その町の境界線にとどめることは正当である．当分の間は，それらの管轄区が地理，職業上の地位，時期，あるいは何によって定義されようとも，決定の帰結が他の管轄区の個々人に影響を及ぼすように漏出することがないような意思決定単位を想定する．次章では，一個人あるいは一組織によってなされた決定が他の人々に及ぼすインパクトを考慮に入れることがないときに生じる諸問題を考察するであろう．

したがって，社会状態あるいは単に状態という用語を，当該社会によって決定された特定の政策選択から生じたすべての結果・状態を意味するものとしてわれわれは使用する．もし政策 A が，町をめぐる便が平日には日に2便，加えて週末には日に1便ということであるならば，そのとき社会状態 A は，その政策の実施から結果として生じる町のすべての市民に対する財やサービス，雇用，生活条件などの全体的形態である．

社会の福利

良い社会を生み出すには，すぐれた写真を開発するのと同様に，ある装置が

必須である．それが，本書の大半を占めるいく分技術的な題材に対する正当化でもある．しかし，ある点でわれわれは立ちどまって，そしてまさに何を成し遂げたいのかを決定しなければならない．われわれは今や，写真家が審美的な瞬間と表現するところにきている．われわれは何を求めているのか．ある組み合わせの政策選択が別の組み合わせより選好されるということをわれわれが決定するためのその基準は何であろうか．

　この入門書での議論のほとんどは，このような深遠な疑問および解答が別のところで行われることとしている．かくして，第3章におけるわが公共的意思決定者は，諸目的は何ガロンもの水や何キロワット時もの電力であったことを所与として受け取った．その上，彼はそれらの2つの変数間で受け入れるトレードオフの比率――すなわち，1つの目的の他の目的に対する社会の相対的評価――をすでに知っていた．それから，われわれが何を評価すべきかを決定する問題から離れて，いかにわれわれの目的を追求すべきかというより技術的な問題を考察することができた．しかしながらいまや，多分論理的には最初にもつべき疑問にわれわれの注意を向けよう．公共的意思決定者の無差別曲線図の軸の上には何をとるべきであろうか．郊外運輸委員会が実際にバスの運行表で達成しようと追求しているものは何であるのか．これは1つの困惑させる疑問である．経済学者の言語で投げかけられてはいるが，それは哲学的および政治的な含意を多く含んでいる．それでもやはり，経済学は政策のための有益な指針を示唆することができよう．

　事実，現代経済学の範囲内のほとんどの議論は，経済学者が価値の創造者でも命令者でもないという否認から始まっている．彼らは単に，既存の価値を推定し，それを追求するための手続きを提供している；彼らの役割は，慣例的あるいは「規範的」であるよりもむしろ記述的あるいは「実証的」である．同様な調子で，民主主義社会における公共的意思決定者ならば，人々の召し使いとしての役割を果たし，彼らが仕える人々のために最善のことをするよう試みるべきであると多くは論じる．このことが示唆するのは，民主主義社会は，基本的な価値についての広範な合意をもしも達成するならば，そのときにのみ成功しうるということである．広範な公共政策の目標はそれらの基本的な価値を反映しなければならないが，人々が価値を特定の目的や究極的には計画の選択に解釈しなおすそのやり方が異なるのは不可避であろう．たとえば，個人の価値に関する広範な同意――基礎にある合意――により，われわれの多くは，失業

の減少が望ましい目標であることを信じる．しかし，その過程での政府の役割についてや，失業をもう1％引き下げるために，他の目的をどの程度犠牲にするかについて——たとえばインフレの抑制——人々の意見は当然のことながら一致しない．同様に彼らは高齢者のためのバスの運行と，多忙な両親の子供達のためのバスの運行の相対的な重要性についても意見が合わないであろう．しばしば，対立がより明らかになるにつれ，方針の衝突はより根本的となるであろう．たとえば，市民のための貯水池とレクリエーション地帯が創設されうるために，ある農民は彼の家屋敷を譲渡せざるをえないのであろうか．

　これらの事例が示唆するように，目的というのは本当は知性のある情報に通じた人々も意見がくい違いうる個人的な価値判断であるということをわれわれは認識しなければならない．しかし同時に，政策策定者は，すでに設定された目的の下でほとんど作業しているが，理解すべきことは，彼らの仕事の一部分は，これらの直近の目的が社会の基本的な価値と一致するのを保証することにあるということである．実際的にはもちろん，ほとんどの政策策定者が彼らの日々の課業の一部分として概念的な諸問題に取り組むべき時間の余裕をもてないということをわれわれは認識している．彼らが実際に使用する分析の手法と日々の決定基準とがこれらの基本的な価値を組み込んでいることをわれわれは是非希望したい．以下の節で提示する方法は，この議論に関する哲学と首尾一貫しているだけでなく，また多くの場合にはその論理的な産物でもある．

予測の差違 vs 価値の差違

　究極的な価値について同意している人々でさえ，代替的な諸政策の成果について彼らが行う予測には相違があるかもしれない．さきほど考察した失業問題において，ある分析者は，3つの代替案の中でも公共事業の雇用への支出10億ドルによって，最も多くの仕事を創出するであろうと示唆するかもしれない．別の分析者は，同額の支出でもマンパワー訓練計画の方がより多くの効果をもつだろうと論じるかもしれない．さらに，第3番目の分析者は，民間部門への賃金補助に10億ドルを配分することを強く勧告するかもしれない．同様に，バスの代替的な運行表の結果についての分析者の予測も，相違するかもしれない．おそらく，高齢者による利用の程度，あるいは週末の運行計画を増大することによりもたらされる私的な交通の減少について，意見が一致しないであろう．

多くの政策論議は，究極的な価値よりもむしろ直近の目的や中間的な目的をめぐってのものである．基本的な価値がほぼ一致している個々人も，もし代替的な政策選択に対する世界の反応の仕方に異なる信念を抱いているならば，社会政策としてのより短期の諸目標に関してさえも，大きく相違するかもしれない．たとえば，連邦政府により援助される包括的健康保険の支持者は，それがすべての人に対して質のよい看護を提供するのと同様に，医療費を抑制するのにも役立つであろうと主張する．他の人々は，その主張された同じ目的に対して支持しながらも，そのような保険には激しく反対し，それが，医療を顕著に改善することなしに費用を自動的に増加させるであろうと信じている．われわれの運輸委員会も同様な不一致を生み出すかもしれない．子供達のための週末の路線を主唱する人々と同様に高齢者のための平日のバスを支持する郊外居住者も，両者とも，エネルギー保存と郊外生活の質とに対する配慮を主張するかもしれない．

　本書の第II部の大部分は，代替的政策の諸帰結を予測するわれわれの能力の改善のための手段を提示した．記述的分析の1つの目的は，政策論争での不一致の領域をせばめることにある．ミルトン・フリードマンは，われわれが価値の差違に対立するものとしての予測の差違に専念すべきであると論じている：

　　公平な市民の間にみられる経済政策についての意見の差異は，主として基礎的価値についての基本的差異，つまり，人々が究極的には戦う以外にはない差異よりはむしろ行動の経済的結果についての予測の差異——それらの差異は，原理的には，実証的経済学の進歩によって取り除くことができる——から主として生じている[1]．

　フリードマンの議論は，国民経済に対する財政政策と金融政策の選択に適用できるのと同様に，発電所の技術選択，町のテニスコートの面の選択，またバスの運行表の選択にも適用できる．もしわれわれが，増殖型原子炉の安全性の帰結，土のコートの毎年の維持費，あるいは高齢者用の特別な近距離往復バスの利用頻度を，確実に予測できたならば，政策の不一致は減少するであろう——そして多分消滅するであろう．

---

1)　Milton Friedman, *Essays in Positive Economics* (Chicago: University of Chicago Press, 1953), p.5（佐藤隆三・長谷川啓之訳『実証経済学の方法と展開』富士書房，昭和52年，p. 5）．

社会選択に対するガイドライン

　そこでわれわれは，価値についての不一致のいくつかは解決されないであろうということの理解から始めよう．そしてもしそれらが解決されてさえも，予測の差違はある分析者を一方の政策の勧告に，そして他の分析者を別の政策の勧告に導くかもしれない．それでもわれわれは社会選択を行うための有用なガイドラインを提供することができる．尽きることのない哲学的議論に乗り出すよりもむしろ，政策の目的や価値についての公理的な2つの基本的所説として，ほとんどの社会科学の議論で指導原理として広く（一般的ではないが）受け入れられている所説を取り上げよう．われわれのすべての分析はこれらの2つの基本的な原則に基づいている．

　1．社会の福利はその個々の構成員の厚生にのみ依存している．われわれは，個人の厚生によって何を意味し，そして，政策策定者がそれを意思決定の中で考慮に入れるべきであるとわれわれが考えるかを，確かめるために個人の厚生を以下で念入りに見る．われわれの主要点は，大事なのは人々であり，人々のみであるということである．このことが意味するのは，アメリカ杉やルリコマドリ (bluebird)，そしてバイカル湖や山の老人 (the Old Man of the Mountain)（訳注：プロフィールマウンテンにある大きな石の顔に見えるがけの愛称）は，もし人々がそれらをとっておく価値があると信ずるときにのみ，とっておく価値があるということである．抽象的に考察するならば，人間以外の存在の諸権利は，政策選択において正当な基準であると見えるかもしれない．しかし実際には，これらの諸権利は人々によって擁護されないならば意味を失う；アメリカ杉もルリコマドリも独力で話すことはできない．もしこの判断があなたにはなはだしく高慢であるとの印象を与えるならば，コインの他方の側を見なさい．滅びゆく種である天然痘ビールスのためにどれだけ多くの発言がなされているだろうか．そして，誰が綿実ぞう虫のために発言するだろうか．人間中心的な接近に対して広い実用主義的な支持が存在する．それと反対のあらゆる哲学的な正当化が存在しても，もし人類がアメリカ杉について配慮しなければ，アメリカ杉は滅ぼされるだろう[2]．

2）　われわれは，テネシーかたつむり魚 (the Tennessee snail darter) の運命に関する最近の論争にあなたの注意を喚起せざるをえない．知られている限りでは，この魚は，グッピーよりもわずかに大きく，小テネシー川 (the Little Tennessee River) の狭い範囲にのみ生息する．その存在

2．個人間のトレードオフが行われねばならない．ほとんどの社会選択は，明示的であれあるいはそうでなかろうとも，われわれがある個人の厚生を他の人々の厚生と引き換えることを要請する．いかなる社会に対してもその基本的な問題は，これらの困難な選択をするための手続きを創設し，そして維持することである．町のホールのゴミ入れカンを何色で塗るべきかというほどささいではない何らかのことを決定しなければならないすべての政策策定者も，ある人々の厚生を高め，他の人々のそれを減少させる勧告や決定をするという不幸な立場に自分自身がいるということを見出すであろう．幼稚園のより早い保育時間は働く母親にとってはすばらしいかもしれないが，もっと年下の子供達を家で世話をしている母親の生活を全体的には混乱させるかもしれない．学校の授業時間を決める人は，実際にはいかなる政策策定者も，彼が直面している代替的な諸提案のうちで，どれが社会全体としてより良いかを判断しうるために，異なる個人に帰する費用や便益を結合する方法を発見しなければならないだろう．本章の後半の部分では，この基準の適切さの吟味をより詳細に行う．

個人の厚生：評価のための基石

もしわれわれが，個人の厚生が政策選択における究極的に大事なすべてであるという原理を受け入れることができるならば，それを操作可能な概念，すなわち，われわれが取り扱うことができ，処理することができるものにしなければならない．特に，個人の厚生によって何を意味しているのか，それを誰が判断すべきか，それをどのように測定できるのか，それは個々人の活動や社会の活動によってどのように影響されるのか，をわれわれは理解しなければならない．

1．われわれは個人の厚生によって何を意味するのか？　きわめて単純に言えば，ある人のすべての状態を意味している．これは，彼が享受する財やサー

が1975年に初めて発見された．環境主義者達は，その小さな魚が川に今建設されつつあるダムによって一掃されるであろうことを実感しているので，テネシーかたつむり魚を危機にさらされている種属のリストの中に入れるように，魚・野生生物事務所（the Fish and Wildlife Service）を説得し，それから1億1,000万ドルのその事業の完成を禁止するように，テネシー峡谷当局（the Tennessee Valley Authority）を告訴した．ダムはすでに完成されていたのであるが，裁判所が1977年の早期に，ダムは稼動させてはならないと判決を下しているので，連邦は上告している．もし，最高裁判所がそれを却下しないか，あるいは議会がその事業を免責したり，かたつむり魚を危機にさらされている種属のリストから除去するという立法活動をしないならば，その禁止命令は依然として有効であろう．

ビス，彼が出席する無料のバンドのコンサート，彼が生活している場所の政府についての感じ方，住民の間での所得や富の分配のされ方，ロータリークラブによる親しみのある歓迎，そして，彼が隣人の芝刈り機から被むる騒音さえも含んでいる．要するに，個人の福祉に影響を与えるもののすべてを含むとの見解をとる．実際的問題としてほとんどの場合，ある個人の状態の一部分のみを見ることや，彼の消費の束の中の他の諸要素が現在考察している諸項目の変化につれて変化しないと想定することは，かなり合理的でもあり，また確かにより有益である．たとえばスミス氏の厚生が，ある特定の財の束 X （午前中 4 便，午後 3 便のバスの運行からなる）についてか，あるいは他方の束 Y （午前中 3 便，午後 5 便のバスの運行）についての，どちらによって，その厚生がより大きくなるかを調査することを望むとしよう．彼が X をもつときの厚生と Y をもつときの厚生を比較するに際して，彼のすべての状態の中の他の要素のほとんど，たとえば彼のレコードの収集などは，依然として変化しないままであろうと想定するものである．われわれはどこに，「他の事情」が等しいということを受け入れるべきその区分線を引くべきであろうか．それは微妙な問題であるかもしれない．しかし通常は，隣人の芝刈り機がまだ動いているかどうかとか，市長が取材につかまったかどうかとか，出かけて行って見るべき必要はない．われわれがきわめて大きく依存している無差別曲線の用語法を使用すれば，2 つの属性の間での選好をわれわれが提示するときには，暗黙のうちに個人の消費の束の中の他の諸要素の項目をすみの方にしまい込んでいる[3]．

2．誰が個人の厚生の審判者となるであろうか？　考慮すべきは個人自身の選好であり，彼が自分自身の厚生の最善の審判者であるという立場を，通常合衆国ではとる．たとえば，状態 A あるいは状態 B において，ある人が一方の状態か他方の状態かどちらで改善されるかを尋ねる．もし彼が B に賛同して選好を表明するならば，あるいはもし市場の選択を通じて B の方をより好む

---

[3] 時には，ある地域におけるトレードオフが他の諸財の水準とは独立しているような，選好の構造の場合もある．異なる地域の選択が分離可能であるときには，諸決定を下位最適化すること，すなわち同時に他の諸地域に関連することなく各地域で最善の決定を下すことが可能である．これは公共的な空間では特に重要である．われわれはイリノイ州で何が存続しているかについて心配することなしにマサチューセッツ州で選択を行ったり，あるいはわれわれの国立公園の諸戦略を再定式化する方法について同時に関心をもつことなしにエネルギー技術に関連する選択を行うことを望むかもしれない．

と顕示するならば，そのときわれわれは，彼が A におけるよりも B における方が改善されるという．この「個人の選択という基準」が意味するのは単に，個人の選好が彼の福利についてのわれわれの判定の標準になるということである．

　個人の選好が厚生の判断のための適切な基準であるという考えを拒否している人々もいる．彼らの議論の共通の筋道は次のようなものである：個人自身にまかせたならば，彼は貧弱な選択をなすであろう；「たとえ彼が A を選択しようとも，B が彼にとってもっと良い．」いくつかの理論的根拠がこのような陳述の背後に存在するであろう．

　　a．その人が子供や狂人であるかもしれない．そして彼は利用可能な代替案を理解し，評価することができないかもしれない．多くの場合に裁判所が，このような個人の厚生に影響を与える諸選択に対して，別の個人や国家に責任をもたせている．

　　b．若干の行為，たとえば麻薬の使用や買春などについては，消費者がそれらの問題についてどのように重要に見ていようとも，われわれは認めないであろう．

　　c．個人が良い選択をなす能力は，喫煙の場合におけるように，習慣によって限定されていると考える．

　　d．多分，個人は，もしより多くの情報，すなわち他の人々にいま利用可能な情報をもっていたならば，異なった選択をなすであろうと，われわれは信じている．子供達を学校に通わせておくことに対して賛同する１つの議論は，彼らは（そして多分彼らの両親さえも），もし落ちこぼれるならば失うことになるであろう最終の雇用可能性による便益を十分に理解していないということである．

　　e．経験や教育は，黒いオリーブの実や，ストラビンスキーの音楽，あるいは複雑な法律といった選択肢の価値を正しく理解するための１つの前提条件であろう．

　　f．選好は広告や宣伝によって操作されてきたと思われるかもしれない．嗜好に影響を与えることによって，私的な団体と政策策定者の両者は個々人によってなされる厚生評価を変更させるかもしれない[4]．

---

4) 嗜好が変化しているときに使用されるべき厚生基準について，分析者は完全には同意していない．もしも B が，変化の前後の両方において選好されるならば，B は A に対してきっと上位に順序付けられるべきであろう．もし対立が存在するならば，より最近の選好にはより大きな重要度が

3．われわれは個人の厚生をいかに測定すべきか？　ちょうどわれわれが彼の体重や身長を測定するための測度をもつように，個人の厚生あるいは効用の明白な測度をもてば，有用となるであろう．（効用は厚生や福利，あるいは満足を意味する技術的な用語である．それは厄介な言葉である，しかし，それはここではとどめることにする．）過去には，何人かの経済理論家が，ジェレミー・ベンサムによる伝統にしたがって，個人の厚生の基数的な測度，換言すれば，ある個人が享受する厚生の絶対的な数量の測度を開発しようと試みた．基数的測度は，次の2つの情報を意味している——(1)個人は状態 A よりも状態 B においてどれだけ改善されるか，そして(2)彼は他の誰かよりもどれだけ改善されるかあるいは悪化されるか——それはちょうど，ある人が何ポンドの重さか，そして彼は隣人よりもどれだけ重いとか軽いとかを，測定尺度がわれわれに教えてくれるのと同じである．実際，部分的な変化の大きさについてわれわれに教えてくれるだけであるような限定的な基数的測度でさえ発見したならば，われわれは幸せであろう；それはわれわれに，ある特定の政策が実施されるときにジョンの厚生の利得はメアリーの損失よりも大きいかどうかを教えてくれるであろうから．

不幸にも（しかし驚くべきではないが），ベンサムも彼の後継者もどちらも，そのような測定の過程を操作可能にすることはこれまでできなかった．結果として，基数的効用の議論は時代遅れとなり，そして目に見えないものやつまらないものについて心配する人々に残された．それゆえ，われわれは序数的な比較に限定することにする：「個人は状態 A か，それとも状態 B のどちらがより良い状態であろうか？」個人の選択という基準にしたがって，この質問に対する解答を，個人自身の選択を観察することによってわれわれは発見する．ある選択が与えられるときにもし彼が状態 A よりも状態 B を選択するならば，彼が B に対してより高い序数的順位，すなわちより高い効用価値を割り当てていると，われわれはいう．この方法によって，われわれは原理的に，すべての可能な状態に関する個人の順位付けを設定することができる．

　　　　　　
与えられるべきである，なぜならばそれは学習過程の結果であろうからであると思う観察者もいる．広告や社会的熱望によって創造されていたかもしれぬ新しく開発された嗜好は人工的であり，そして割り引かれるべきであると論じる他の人々もいる．若干の選択においては，人はその嗜好が異なっているかもしれないと思われているような将来における行動に関与する．ユリシーズはセイレーンを通り過ぎて航海している間に，帆柱に縛られることを頼んだときにこのように関与した；今日人々は体重を減らそうと努力して，彼らの上下のあごを針金で一緒に止めさせている．

測定問題に対するある部分的な解は，序数的な選好を推論することによって到達されるかもしれない．時にはわれわれは，彼の選択を観察できるような異なる状態間の選択を個人に提供することが不可能となる．しかし，推論によって，それらの間での彼の選好を設定することができる．状態 A と B は，意思決定者に提供される財の2つの異なる束としてみなされるかもしれない．たとえば，状態 A においては，スミスはいくつかの代替的な財の束を提供される（そこでは，財をサービスやアメニティなども含むものとする），そしてこれらから彼は，たとえば5ドルの増税と月曜日，水曜日，そして金曜日の正午の無料のバスとから成るある特定の束 X を選択する，と想定する．状態 B においては，スミスは代替的な束の異なる集まりを提供され，その中の1つは同一の束 X である．状態 B においては，スミスは状態 A からの彼の選好した配分を依然として確保できるであろう；すなわち，彼は束 X を依然として選択できるであろう．これは，スミスの厚生が状態 B よりも状態 A において，より大きいことはありえない，ということを意味している．さらに，もし B において彼が X よりも他のある束を選択するならば，A における彼の厚生は，事実，より小さいであろう．

　このような抽象的議論の実際的な使用はどのようであろうか．時にはそれらが，抽象そのものではなく，経済的厚生についての価値判断をする上で，われわれに実際的な助力を与えることができる．以下の抽象的議論を考察し，そして政策に対するそれの含意を指摘しよう：もしわれわれはある人の機会の集合を，彼が最初に選択したものを含むように拡張するならば，彼の厚生は減らされることはありえない，そしてそこではわれわれは喜んで彼を彼自身の厚生の審判者にすること，そして拡張された機会での意思決定費用はたいしたものではないということを仮定している．たとえば，オレンジが1個5セントで売られている，そしてオレンジ1個につき1セントの税金が付加され，その結果，購入者にとっての価格は6セントであるとしよう．ラルフはこの価格で6個のオレンジを購入することを選択する．もしわれわれがその選択基準を受け入れるならば，ラルフがもしかわりに6セントの一括税（lump-sum tax）を課され，オレンジが5セントで無税で販売されたならば，彼の厚生が引き下げられることはないであろうということにわれわれは同意するであろう[5]．それについ

---

5) 2つの代替的な状態を比較する上で，われわれは通常多くの「他の事情に等しくして」という仮定をすると先に述べたことを想起せよ．われわれはここでももちろんそうしている．もし実際，

て少し考えてみよう．後者の状態は依然として，ラルフが36セントの総支出とともに6個のオレンジという最初の状態に到達することを容認するであろう，そして他の——多分より上位の——選択を許容するであろう．

この例に具体化されている重要な原理は，たとえば次の場合に直接的な関連がある，すなわち個人や家族に対する現金の移転と，諸財たとえば食べ物や家や教育など同じ価値をもつ物的な移転との間で公共的な選択がなされねばならないときである．提供者が単に受領者の厚生にのみ関心をもち，そして受領者が彼自身の厚生の適切な審判者であるとしたならば，現金の移転は受領者と提供者の両者にとってよりすぐれているはずである．

4．**個人の厚生はどのように高められるのか？** この国では，競争的自由市場は，個々人が彼自身の厚生を高めるための主要な手段として一般的にみなされている．市場制度に対する根底にある理論的根拠は，個々人（あるいは時には企業を所有する個々人のために活動する諸企業）の間での資源や財の自発的交換が望ましい結果に導くであろうということである．市場は単に，このような交換を容易にする機構として役立っている．それでは広義には，われわれの自由交換経済における政府の適切な役割は何であるのか．私的市場が満足に機能しなくなるときにのみ，政府は介入すべきである．次章において，有効に機能する市場の長所を再検討したのち，市場の機能を妨げるようないくつかの要因を考察する．その議論は，政府や何らかの他の形態の公的組織による政策の定式化を考察するための枠組みを設定するであろう．

要するに，個々人の厚生は市場過程に彼らが参加することによって高められるであろう，そしてこれらの過程が有効には機能しないときには，政府あるいは他の公的および私的な集合的組織の介入によって高められるのである．

さらに困難な問題：社会的厚生の評価

われわれは個人の厚生が測定される方法を議論しつづけてきた．そして各人が彼自身の厚生の審判者であるという倫理的原理を強調してきた．市場取引がその適切な役割を果たすためには，この原理以上の何ものも必要とはされない．

ラルフが売上税に強いイデオロギー的愛着をもち，一括税を嫌悪しているならば，そのときには帰結のすべてが含まれるわけではない．しかしながら，もし彼が経済効率性と租税の負担についてもっと多くのことを知ったならば，彼が異なる意見をもつだろうという根拠で，依然としてわれわれは彼の租税の選好を無視することを決定するかもしれぬだろう．

各個人は，彼の望むように彼自身の厚生を判断し，彼が個人的に一番便益があることがわかる取引に従事する．

　政府の政策選択にはこの倫理的原理以上の何かが必要である．というのは，その厚生が増進されることになる「自分自身」が存在しないからである．むしろ，政府の政策策定者が関心をもたねばならぬのは，全体としての社会の厚生，あるいは社会的厚生である．そして，これらの政策策定者は選択のための明確な基準を何ももっていない．なぜならば，一般に1人にとって最善である政府の政策は全員にとっては最善ではないからである．ほとんどの公的決定においては，一方の政策は一方のグループに最善であり，もう一方の政策はもう一方のグループに最善であるような代替的な諸政策の間で，——倫理的にも政治的にも——困難な選択を必要とされる．この節では，ディレンマの性質とそれを図表によって描写する方法を提示する．そしてそれは一方の市民の利益を他方の市民の利益に対して政府がトレードオフすることを強いられるときに，政府が下す判断をわれわれが理解するのに役立つであろう．

　政府の選択問題を痛みを伴う単純な事例によって明らかにするために，2人の市民，ビルとジョンから構成される社会が，政策 A と B の間でどのように選択すべきであるかを考えよう．これまでのバスの事例をふまえて，A と B は代替的な運行表であるとしよう．ビルとジョンについて，2つの政策および追加的に何もしない可能性を含めた場合に対する順位付けは，表13-1に示されている．この基本的な選択問題は，多様なよそおいをとりながら，何十年もの間，哲学者や経済学者を悩ませてきた．最終的な解答は期待されえないが，しかし洞察や有用な指針は，われわれがすでに開発した分析装置の助けを借りてもたらされうる．あらゆる政策選択のための必須の段階（少なくとも内心では）は影響を受けるすべての集団に対する帰結を予測することであると論じることから始める．ビルとジョンはすでに重要な前進をしている：彼らはありうる結果に対する序数的な順位付けを表明している．これらの政策選択に関連した予測には何ら困難は存在しないと想定する．ビルとジョンは政策がどのよう

表13-1　代替的政策から生じる社会状態の市民による順位付け

	現在の政策 P	提案された政策 A	提案された政策 B
ビル	3番	2番	1番
ジョン	3番	1番	2番

に社会的状態を導くかを理解し，そして各政策選択からどの状態が生じるかについて同意している．われわれはまた，彼らが彼ら自身のための適切な意思決定者であると想定する．すなわち，どんな政策が採用されようとも，各人は彼自身の個人的な選好図上の最高となりうる無差別曲線に到達するために，支出し，貯蓄し，そして彼の余暇時間を配分するという彼自身の意思決定を行うであろう．

別の事例を取り上げるために，州が町から4マイルのところに10エーカーの土地を所有しているとしよう．政策 A であればこの区域を，電力料金の引き下げを生み出すであろう発電所に変えるであろう．政策 B であればその土地を遊園地に開発し，その利用料金をその地域での現在の料金よりかなり低くするであろう．どちらかの政策がビルにより多くの機会を与えるであろう．われわれの選択モデルの幾何学を利用すれば，2つの政策に対しての原点は異なるけれども，それはビルの予算フロンティアを外側に動かすであろう．もし彼が主要な電力消費者であったならば，政策 A が選好されるであろう：たとえば，以前には2キロワット時が最大であったときに，もし彼が望んだならばいまや4キロワット時を購入しうるであろう．図13-1で示されているように，もし彼が娯楽に強く引かれているならば，政策 B が彼にとってまさっているであろう．

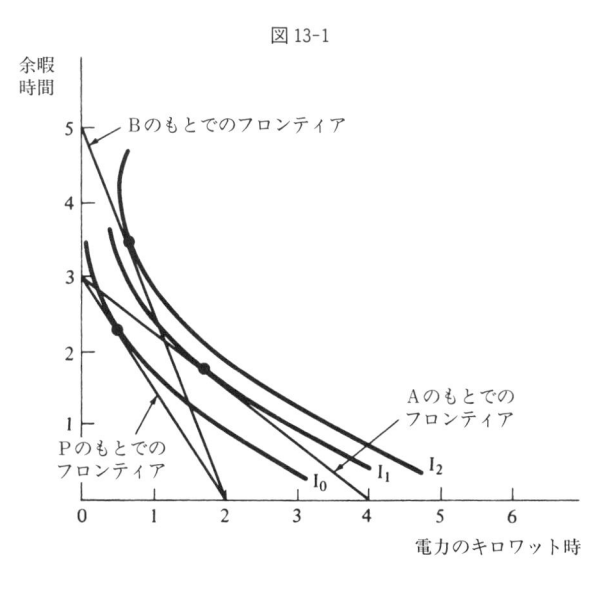

図 13-1

I_0, I_1, そして I_2 はビルが政策 P, A, そして B の結果として到達するであろう無差別曲線である．これらの無差物曲線には任意に指数を割り当ててもよいが，ただし，より選好される曲線に到達するにつれて指数がより大きくなる限りにおいてである．たとえば，われわれは以下のような指数を割り当ててもよいであろう：

政策 $P : I_0 = 2.5$
政策 $A : I_1 = 3$
政策 $B : I_2 = 4$

また，ジョンがそれぞれのありうる政策選択に対して到達するであろう無差別曲線にも指数を付与したとしよう．ビルとジョンの両者にとっての任意に割り当てられた指数は，表 13-2 に示されている．

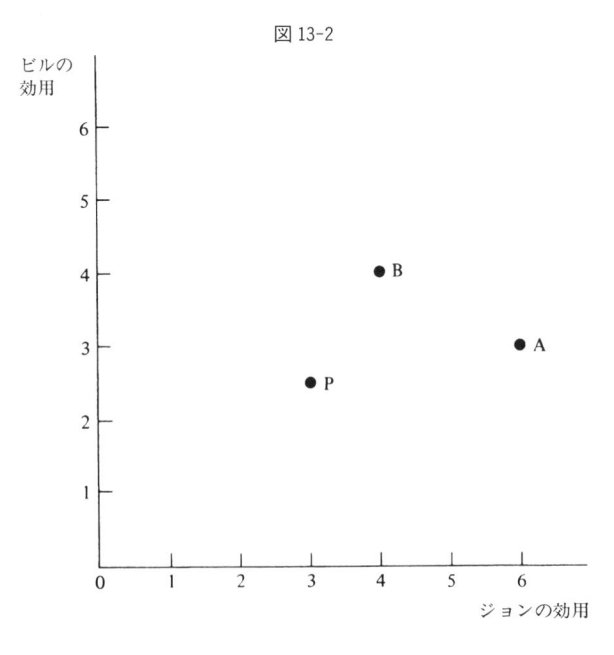

表 13-2

	P	A	B
ビル	2.5	3	4
ジョン	3	6	4

図 13-2

第 13 章 公共選択——何の目的のためにか？

さて，図 13-2 における図表が示しているように，政策の選択状態の幾何学的表示を創出する準備ができている．

3 つの政策，A，B，そして P に関連する社会の諸状態は，図 13-2 に示されている．横軸は，ジョンの無差別曲線図からの指数値を与える；縦軸は，ビルにとっての対応する指数値である．この限定された場合においては，効用可能性フロンティアは単に点 A と点 B から構成されている．もし政策選択の連続的領域が利用可能であれば，効用可能性フロンティアは図 13-3 におけるように，連続的な曲線となるであろう．効用可能性フロンティアは，第 3 章で導入された可能性フロンティアの 1 つの適用であり，そして点 P は支配されている点としてこのフロンティア上にはない，ということをあなたは理解するであろう．

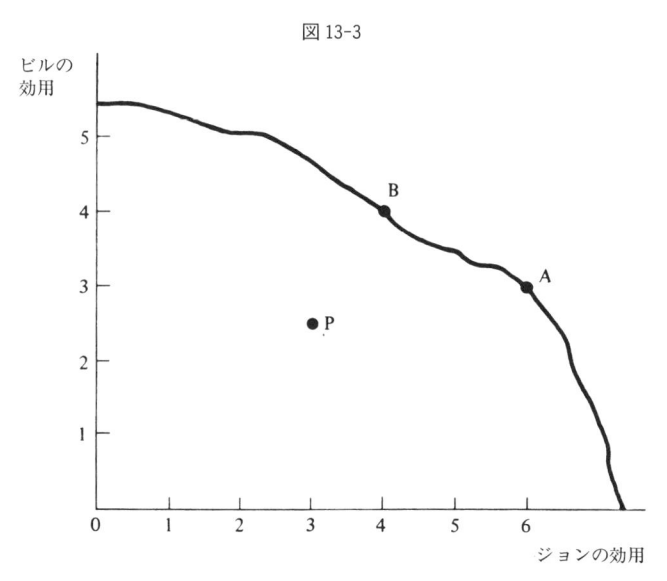

図 13-3

要するに，第 3 章での可能性フロンティアが所与の水準の水の生産と整合的な電力の最大産出を示したのとちょうど同じように，効用可能性曲線は，社会の資源と技術により制限された代替案を所与としたうえでの，ジョンの可能な効用水準の各々に対してビルが到達可能である最高の満足水準を示している．しかしながら，これらの 2 つの型の可能性曲線の間には，重要な区別が存在する．われわれは電力や水を，たとえばキロワット時とガロンのような基数的単

位で測定することができる．個人の満足に対しては，何らそのような便利な測度が存在しない．要約的結論としては，効用可能性図表がわれわれに言いうることのすべては，1つの社会状態が別の状態の北かつ東に位置するかどうか，すなわちビルは最初の状態を選好するのかどうか，そしてジョンもそれを選好するかどうか，ということである．状態 B は状態 A の北西に位置している．結果的には，もし2つの状態の間での選択が与えられているならば，ビルは B を選択し，ジョンは A を選択するであろう．

ビルとジョンにとっての効用水準の各曲線に対して，異なる任意の指数の集合を割り当てても，同一の結果を生じうることを，明らかに読みとるであろう．表13-3に示されている指数を取り上げることにしよう．再び，A と B は P の北東にある：ジョンは A を選択し，そしてビルは B を選択するであろう．われわれがより選好される選択を決定するための手続きを議論するときに，本章の後ほどで，この2人からなる共同社会をより一層利用するであろう．

表13-3

	P	A	B
ビル	1	3	7
ジョン	2	5	3

個人の厚生に対する代替的な政策の意味関連を明らかにする上で，われわれは，有効な政策選択のための本質的な第一歩である予測の問題に取り組んできた．本書の第II部では，その予測の過程の基本的要素が提示された；その過程の最終的な成果は，少なくとも概念上では，ちょうど提示された形態での効用可能性フロンティアとなるであろう．ひとたびそのフロンティアが定義されたならば，政策策定者はより詳細なところまで到達する：個人の厚生に関して利用可能な組み合わせの中から選択することにまで．これが公共選択の問題の核心である．

パレート基準：個人的厚生に対応する社会的厚生

どんな原理が政策の間での政策策定者の選択の指針を与えるであろうか．われわれはすでに，社会的厚生が個々の市民の厚生水準にのみ依存すべきであるとの倫理的信念を受け入れてきた．かくして，少なくとも，われわれの選択基準は個々の市民の厚生の増大と正に相関するであろう．われわれの2人の町の

場合には，一方の政策が，もしジョンに損害を与えることなしにビルを改善させるならば（すなわち，彼はより高い無差別曲線に移動しうる），別の政策よりも選好されるであろう．このテストはパレート基準として知られている[6]．それは形式的には次のように述べられるであろう：

　　もし少なくとも1人が状態 Q において改善し，他の誰も悪化しないならば，状態 Q は元の状態 R よりも選好される．

図13-3では，たとえば P から A か B のどちらかへの移動はパレート基準を満たすであろう．図13-4では，状態 R から状態 Q への移動はパレート改善と言われている；時には Q はパレート優位として述べられる．影の部分（境界を含んで）のどの点も R よりもパレート優位である．もし状態 R に対してパレート基準によって望ましいことが言明されるどんな状態をも発見することが不可能ならば，そのときわれわれは状態 R がパレート最適であるという．すべての可能な社会的状態の中から選択する場合に，パレート最適，すなわち他のある人を悪化させることなくして，ある人をもはや改善することが不可能な状態を選択するのをわれわれは望むであろう．ビルとジョンの効用に関する最初の図表においては，状態 A と B はパレート最適である；状態 P はそうではない．要するに，効用フロンティアに沿って位置するすべての点そしてそれらの点のみがパレート最適である．

　パレート最適とパレート基準との間の区別を明確に銘記することが重要である．パレート最適は社会が現在どこにあるかに関係なく効用可能性フロンティ

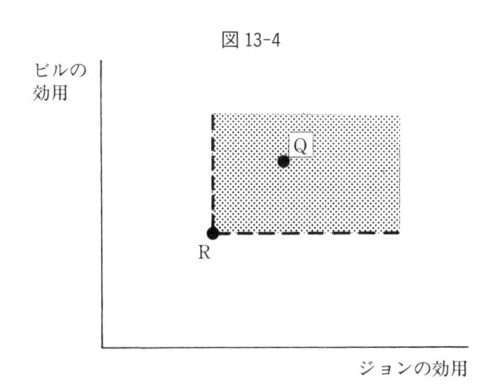

図13-4

---

[6] ヴィルフレード・パレート (Vilfred Pareto, 1848-1923) はイタリアの経済学者であり，そして社会学者でもあった．

ア上のどの点でもそうである；それは静学的概念である．パレート基準は，社会の現在の状態から北方およびまたは東方への移動は社会的厚生の改善を示し，そしてそれゆえ現在の状態よりも選好されるであろうということを述べる．それは動学的な概念である．図 13-5 においては，効用可能性フロンティア UU はパレート最適であるすべての点を表している．パレート基準がわれわれに教えているのは，P_1 と P_2 が 2 つの可能な現在の状態である場合に，その影になっている領域内部（およびその境界上）のすべての点は P_1 よりも選好され，また，その影になっている領域内部（およびその境界上）のすべての点は P_2 よりも選好される，ということである．

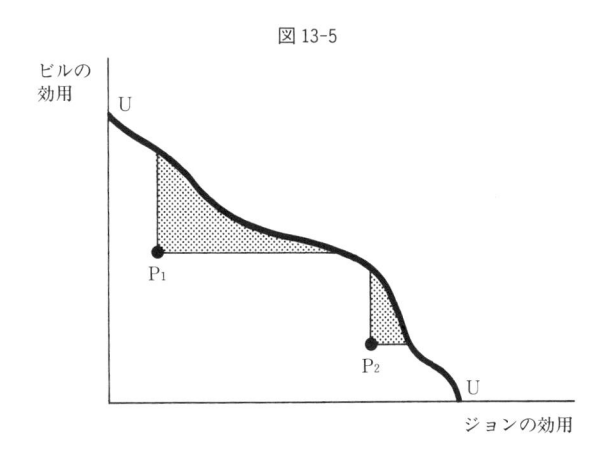

図 13-5

ビルの効用

ジョンの効用

厚生経済学の基本定理，それはアダム・スミスの時代以来経済学者がさまざまな仮定の下で証明するのに忙しかったことであるが，それによって，若干の理想的諸条件の下において，価格体系を通じての自由競争の機能がパレート最適を生み出すであろうということが論証される．さらに，競争市場においての自発的交換は必ずパレート基準に重点をおくであろう：交換はパレート改善からのみ構成されるであろう，というのは個人は彼自身の厚生を悪くするような財やサービスあるいは貨幣の取引を喜んですることはないであろうからである．次の章では，われわれはこれらの主張を支えている論理を検討する．またわれわれは，自由競争の諸条件が行き渡っていると期待できない状態における政府の役割を検討する．その間に，自由市場が満足に機能することに失敗するときに，政府の選択を指導すべき基準についての探求を続けよう．

政府の意思決定に対する指針としてのパレート基準の不適切性

われわれの第1の考えは，政府の意思決定者は活動の指針としてパレート基準にのみ依存する必要があるということであろう．事実，彼は2つの重要な種類の困難に直面するであろう．

1．公共的政策策定者は現状と，ある人々の状態を改善し，他の人々の状態を悪化させるようなある政策の変更との間で，しばしば選択しなければならない．たとえば，国防費を支払うために市民に課税するという決定が下されるとき，これらの政府サービスに対して支払いをするすべての市民が，その決定をより少ない国防とより低い税金とを含む束よりも選好するであろうという保証は何もない[7]．かくて，このような諸活動はいつでもパレート基準を満たすとは限らないであろう；それらはある人々を悪化させるかもしれない．より地域的なレベルでは，交通の安全性の改善は，もし事故の減少のために仕事を失うことになる修理屋に補償が支払われることがないならば，パレート基準を満たさないであろう．われわれのビル-ジョンの図表によっても，パレート基準を満たさない政府のサービスは，図13-6では点Cによって示されるであろう．郊外運輸委員会によるバス運行表の変更は，すべての市民が悪くても無差別的で，そして少なくとも1人がそれを選好するときにのみパレート優位であろう．

2．意思決定者がある政府活動はパレート基準を満たすとたとえ確信するこ

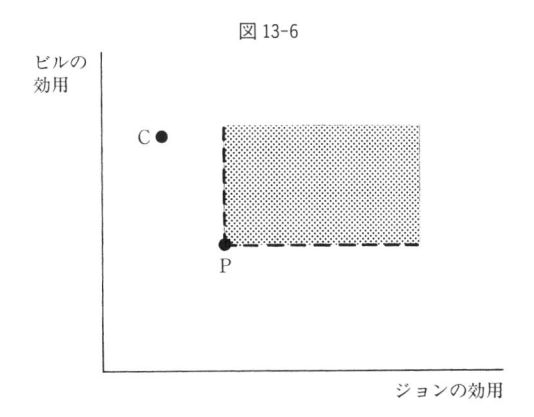

図13-6

---

[7] さまざまな政府の活動を支えることになる所得税を一部軽減すれば，政府の活動は明確に損失を受けると思われる．多数の人々によるその軽減の拒否を見よ．

とができてさえも，すべての社会的状態の完全な順位付けを定めるには基準がはるかに不足しているために，彼はほとんど確実に困難に直面するであろう．ある人が1つの状態で改善され，またある人々は別の状態で改善されるときには，パレート基準はわれわれには何の役にも立たないだろう．ビル-ジョンの事例においては，パレート基準は政策Pの下で現状にとどまるよりも政策Aか政策Bのどちらかを選好して実施することをわれわれに命じる．しかしそれはAとBの間でわれわれが選択することを可能にはしてくれない，たとえAとBが土地の開発やバスの運行表に関連していようとも．パレート基準に関するこれらの2つの欠点における共通の要素を指摘しよう：両者の場合において，意思決定者は一個人の厚生を他の人の厚生とトレードオフする政策の間での選択を強いられている，そしてパレート基準はその際には何の助けも与えない．今われわれが向かうのは，このような政策の順位付けのための手続きの創設という取り扱いにくい問題である．

社会選択のための基準の明確化：社会的厚生関数

公共的政策策定者が個人の厚生水準の可能な組み合わせの中から選択するのに役立つであろう指針を発見しようと，われわれはずっと試みてきた．2人からなる共同体という特定の場合において，パレート基準によれば政策Pは除去されるが，しかしAとBとの間の選択に至るときには彼を何らより賢明にしてくれるわけではない．彼はこの困難な決定をいかに下すことができるのか．彼はアドホックな根拠に基づいて，ケースバイケースで一方の特定の結果と他方の結果との比較を進めていくであろう．代替的に，基本的な選択モデルにしたがえば，個々人の効用水準の代替的組み合わせの中で体系的に彼の選好を表すような完全な無差別曲線図を構築することも，彼には原理的には可能であろう．その2つの接近法は，われわれが以前に行った区別，すなわち，意思決定者が3つあるいは4つの束の中のどれを一番好むかを述べることと，彼の完全な無差別曲線図を描写することとの間の区別に対応している．

個人の効用の代替的な組み合わせの中からの意思決定者の選好を記述する特定の形体の選好関数は，社会的厚生関数と呼ばれる．それはちょうど，消費者がリンゴとオレンジの間で行い，あるいは公共的意思決定者が電力と灌漑用の水との間で進んで行う体系的なトレードオフを，以前にわれわれが見た無差別曲線図が表示したように，まさに意思決定者が1人の厚生あるいは効用を別の

人のそれといかに進んでトレードオフするかを完全に表示するものである．たとえば，ビル-ジョンの町の選好曲線図に関しては，ある特定の無差別曲線によって，意思決定者の観点から同等に満足できるような，ビルの効用水準とジョンの効用水準との組み合わせを表示するすべての点が結びつけられるであろう．図 13-7 は 1 つのありうる選好曲線図を示している．この特定の社会的厚生関数によれば，政策 A が選好される．図 13-8 には，1 つの連続的効用可能性フロンティアと，異なる社会的厚生関数とが示されている；実行可能な点の中での最善の選択は明らかに T である．

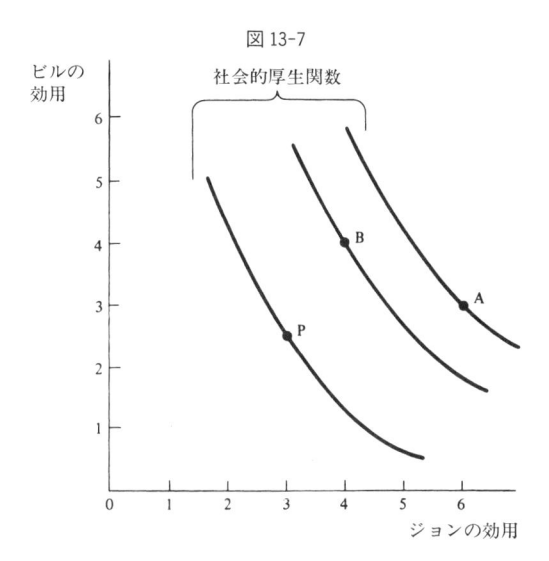

図 13-7

ついでながら，社会的厚生関数についてのわれわれの議論から否定的な含意を引き出すことができることを指摘しよう：パレート最適であるどんな点もそうではないどんな点よりも選好されると想定することは誤っている．たとえば図 13-8 では，点 Y はパレート最適であり点 S はそうでなくてさえも，S は Y よりも選好される．

これらの諸限界によって，パレート最適性の概念はほとんど価値がないという結論にあなたを導くかもしれない．そういうことではない：パレート最適でないある政策選択は先験的には，最善の可能な選択でないことは知られている．さらに，パレート基準自体はしばしば，選好される政策の方向をわれわれに示してくれる，そして常に，すべてに対してまさっているであろう結果を探求す

図 13-8

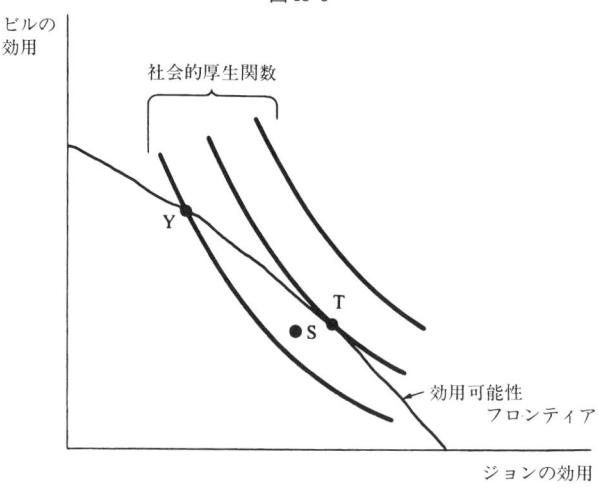

ビルの効用／社会的厚生関数／Y／T／S／効用可能性フロンティア／ジョンの効用

べくわれわれを強いる．問題は，それが地方政府による完全な順位付けを提供しないことである；パレート基準がまさにわれわれに役立たないようないくつかの選択が存在する．ポールに便益を与えるためにピーターに課税することと何もしないこと（ピーターがまったく当然に選好する方向）との間で選択がなされねばならぬときに，パレート基準はわれわれの何の役にも立つことができない．われわれが探求する社会的厚生関数は，パレート基準に重点をおくが，しかしそれを超越するであろう．

社会的厚生関数の構築の不可能性

われわれは，その状態のどれも他の状態に対してパレート優位ではないような代替的な社会的状態を順位付けるためには，社会的厚生関数を保持したいと思うことをまさに見てきた．このような関数によって，1人をより高い無差別曲線に移動させ，別の人をより低い曲線に移動させるある変化が改善であるかどうかに関して，明示的な価値判断を下すに違いない；このような価値判断は厚生の個人間比較として知られている[8]．われわれはどのようにして，探し

---

8) 社会的厚生は，われわれが論じてきたように，団体の構成員の厚生あるいは効用の水準にのみ依存すべきである．数学的表記の方法を利用して，この関係性は次のように書かれるであろう．
$$W = f(u_1, u_2, \cdots, u_n)$$

第13章 公共選択——何の目的のためにか？

求めていた社会的厚生関数の構築にとりかかることができるのか．簡潔に答えるならば，このような社会的厚生関数は原理的には存在するけれども——事実，それは遂行されているあらゆる公共選択において暗黙的に想定されている——われわれは，その構築のために論理的かつ実践的である，普遍的に受容可能な根拠を提供することはできない．

　社会的厚生を順位付けるための努力を妨げる根本的な問題は，厚生の個人間比較を行うための論証可能な正しい手続きをわれわれがもっていないことである．われわれは，別の人の無差別曲線図に示される厚生との比較を可能にするように，ある個人の無差別曲線に対して意味ある指数値を付与する方法をもっていない．たとえば，表13-2では，われわれはビルとジョンの両者に対して政策Bに4という指数値を任意に割り当てた．しかしこれは，ビルとジョンが政策Bのもとで同等の満足水準に到達することを保証してはいない．そして事実われわれは，彼らが同等の水準にあると断定的にどのように決定しうるのかをいう用意さえもない．

　たとえわれわれが厚生の諸水準を明確に定義できたとしても，厚生のさまざまな分配がどのように順位付けられるべきかに関しては，同意に至る方法は存在しない．われわれは（社会に対する意思決定者として），厚生はすべての人々に同等であるべきであると信じているのか．あるいは，より大きな厚生は，より多くの能力を示したり，より一生懸命働いたり，より長く生きたり，または両親による選択によってより幸運であったりする多くの人々にあると信じているのか．たとえば，人々から資源を取り上げる所得税や，資源を配分する福祉や食糧切符などの，移転計画を定式化するときには，個人の努力誘因を維持する必要性とより平等的な諸資源の割り当てという目的との釣り合いをわれわれはいかに保つべきか．これらの質問に関しては，もし誰も，彼が生活保護を受ける人の子供であるとか富裕な家族の子弟であるかどうか知らず，また彼が身体障害者になるか天賦の頑健な者になるかどうかも知らなかったならば，かなりの集合的な同意がより容易になるであろう．しかし，ほとんどのこのような決定はすでになされている．人々は彼らが誰であり，そして自分達の状況を

　ここではuは効用水準——すなわち，n人の社会の個々人が到達している無差別曲線を示している：Wは厚生指標であり，fは社会的厚生関数である．微積分学に親しんでいる人々は，社会的厚生関数がパレート基準を重んじるという要求は，関数fのすべての1階の導関数が正であるという条件と同値であるということを理解するであろう．

知っており，厚生に関する代替的な分配を評価するときに，この知識をしまっておくことはない．かくて，厚生の諸分配を順位付けする方法に関して，一般的な同意は期待されえない．特に根本的な問題それ自体が論理的に推論できる解答には至らないからである[9]．

哲学者や経済学者達が2世紀の間，全体的な社会的厚生の測度を提供するために，2人あるいはより多数の諸個人の厚生を測定し，結合するための明確な手続きを工夫しようと試みてきた．彼らの探求は，錬金術師が鉛を金に変える試みと同様の結果となった．折々の希望の明滅はすべて失われてきた；実行可能な手続きは何も開発されなかっただけでなく，これからの視野には何も見えていない．事実，ケネス・アローはわれわれがその探求を放棄すべきことを実際に論証した．『社会的選択と個人的評価』において[10]，彼は個々人の選好を結びつけることによって社会全体にとっての順位付けを創出するための完全に満足できる手続きが決して発見されえないことを証明している．

社会的厚生に対して明白な，そして完全に満足しうる測度をわれわれが決して発見しえないことを認めざるをえないが，さてわれわれはどうすべきであろうか．1つの可能性は，公共政策の計画を直接的に社会的厚生の増進に結びつける試みを放棄することである．たとえば，厳しい汚染制御を課することによってマディ川を浄化することを，これらの制御の費用や影響を受けるすべての人々に対するインパクトの推計を試みることなく，われわれは決定できるであろう．郊外運輸委員会は，バスの運行表を，それが何を達成するであろうかに心配することなく単に発表することができるであろう．われわれはこのような無視することによるアプローチは放棄されるべきだと主張する．むしろわれわれは積極的な方向に考えるべきである．

---

9) 最近，ジョン・ロールズは多大の注目を引き起こした．彼は「無知のヴェール」という隠喩を使用している：個人はその社会のどこに属するであろうかを知る以前に，彼らの社会のために立憲規則を選択するであろう．ロールズは，人々がそのとき彼らの選択の基準として次のことを採用するだろうと論じている：「社会の最も悪化した構成員にとって最も高い厚生を達成する規則の集合を選択せよ．」次を見よ．John Rawls, *A Theory of Justice* (Cambridge, Mass.: Harvard University Press, 1971) (矢島鈞次監訳『正義論』紀伊國屋書店，1979年)．他の人々は，人々がロールズの基準を採用しないだろうと強く論じてきた．かわりに彼らは，たとえ最低の人をもう少し悪化させるとしても，より高い平均的厚生水準を許容する規制の集合を選好するであろうと．第12章で提示された決定分析の方法論は，たとえばこのような問題を熟考するには非常に貴重である．

10) New York: John Wiley & Sons, Inc. 1963 (長名寛明訳，日本経済新聞社，1977年)．

第13章　公共選択——何の目的のためにか？

われわれはすでに社会的厚生の評価についての洞察を発展させた．社会的厚生が個々人の厚生にのみ依存するという提案をわれわれは受け入れてきた．そして，公けに同意された基本的諸原理から出発して現実の社会的厚生関数を構築することができることを意思決定者や政策分析者が期待すべきではないことを学んできた．それにもかかわらず，意思決定者の選好を所与とすれば，1つの社会状態が他方よりもまさっているかどうかを決定するためのメカニズムに関する概念は，莫大な価値がある．政府の意思決定者が完全な代替案の中から選択しているとしても，あるいは市民が彼を取り巻く世界についての彼の価値判断を表明しているとしても，政策選択のどのような状況においてもそのような順位付けは暗黙裡になされている．かくして，郊外運輸委員会が最終的にあるバスの運行表を決定するときには，それは必ず，選択された運行表が他の可能な運行表よりもより多く社会的厚生を増大させるということを——意識的にあるいは無意識的に——決定しているのだ．そして，そうすることにおいて，個々人の厚生の変化は非明示的に測定され，そして結合されて社会の厚生を推計しているのである．

社会的厚生関数という不可能な夢を心の背景にもつことで，意思決定者は現実の政策選択を遂行する上での価値ある展望を身につける．彼が社会的厚生関数をなんとか構築できないのかと考えていたことや，彼が直面するであろう諸問題に対して敏感であることは，彼が政策の代替案の中から定式化しそして選択するためにその場に応じた手続きを開発しなければならないときに，有用となる可能性が高い．

社会的厚生の推定のためのアドホックな手続きの開発

もしわれわれが公共政策は社会の厚生を増進すべきであると真に信じるならば——そしてわれわれは事実それを信じているが——，そのときには，社会的厚生を評価する試みからのがれる道はない．実践的および理論的困難にもかかわらず，経済学者は社会的厚生がいつ増大されるかを決定するための機能的な基準を開発する試みを放棄してこなかった．彼らが見るところでは，現実世界において政府はまさに意思決定を行っており，そしてこれらの決定はある程度の整合性を示している．したがって，分析者はこのような選択を支配していると思われる基準を発見し，そして明示しようと試みてきた．したがってそのことは，政策策定者の将来の決定において指針として役立つであろう．

ほとんどの実践的な社会的厚生テストは，4つの形の単純化を行っている：(1)それらはすべての可能な政策の組み合わせを考察するというよりもむしろある限定された選択対象の集合に焦点を当てている；(2)それらは，全体の社会的厚生の比較に関心をもつのではなく，どの政策が現在の厚生よりも一番大きな増分をもたらすかを決定することのみを追求している；(3)それらは，個人の厚生を評価するのに代理変数，すなわち最も頻繁には個人の実効所得（effective income）という測度を使用している；この代理変数を使用した量的比較がそれゆえ可能である；(4)社会的厚生の測度を提供するために，厚生水準そのものではなくこの代理変数を個人の厚生として集計する．

1．選択対象の限定．実際問題として，分析者達は，比較的少数の政策の選択対象に考察を限定している；郊外運輸委員会は多分その調査を自動車交通に限定しているであろう；モノレール方式はあまり注意を引くとは思われない．この選別がどのように実行されうるかは，特定の状況に依存している；それは最終的には分析者の適切な判断による．しばしば意思決定者は，部分的には政治的要因（potitical constants）に関する彼の評価に応じて，選択の範囲を精選するであろう．しかしながら，調査を進めて諸提案を除去するに際しては，分析者が純粋に革新的な政策を排除しないことに気をつけるべきである．また彼はより一層の情報を収集する諸機会に機敏であるべきである；柔軟な戦略は不変の原案より通常選好される．最後に，まったくしばしば，何もしないという可能性は見のがされる．

2．社会的厚生の変化のみの考察．社会的厚生の変化のみの考察は大きな実践的利点をもっている．われわれは，たとえ社会的厚生の絶対的測度を決して示しえなかったとしても，ある提案が別のものよりも社会の厚生を高めるであろうと判断することはしばしば可能である．たとえば，社会的厚生の現実の水準とは無関係に，もし新しく提案された政策がパレート基準を満たすならば，それは社会的厚生を増大させるであろうということをわれわれは知っている．

一般的には，個々人の厚生水準の変化を見るだけでは，社会的厚生が高められるかそれとも引き下げられるかどうかを決定することはできないであろう．たとえば，もしわれわれの2人の町がビルには便益を与えるがジョンには損失をもたらす新しい政策を考慮しているならば，われわれはその便益と損失の大きさのみでなく，2人の現在の状況も知ることを望むであろう．同様に，平日と週末のバスについてのいかなる比較も部分的には，高齢者が学童の両親に比

第13章　公共選択——何の目的のためにか？

べてどの程度改善するかに依存している．

　3．厚生の代理としての実効所得．ある政策問題の実際の分析にひとたび入ったならば，ほとんどの分析者達は個人の厚生の代理として個人の所得に関する何らかの測度を取り上げる．彼らはある代用物を，もちろんそれについては不完全な代用物を測定している．これまで開発されてきた所得という方法は，これまでに見いだされた不完全な厚生指標の中で最善である．

　提案された計画の効果を測定するうえで，分析者はそれゆえ，個々人に帰着する便益と費用に貨幣価値を割り当てることを試みねばならない．もし新しい学校が，ジェーン・ジョンソンに年当たり25ドルの追加的税額を課し，そして彼女にとって年当たり40ドルの価値があるならば（彼女は学校なしですますよりもむしろ年当たり40ドルまでは支払う用意があるであろうという意味で），そのときわれわれは，彼女の実効所得が15ドルだけ増加されるという．もしある高齢者が平日のバスサービスに対し10ドル支払いたいと思うならば，その人の実効所得はこのようなサービスが無料で提供されるならば10ドルだけ増加される．

　「所得が厚生を示す」というアプローチは，同一の所得をもつ人々が享受するその能力には差異があるかもしれないという疑問を回避している．しかしそれでも，われわれのほとんどは多分喜んでその疑問を無視する．たとえわれわれが厚生の代理変数としての所得を受け入れてさえも，われわれの仕事はまだ始まったばかりである；その数値は大皿に盛られてわれわれに手渡されてはいない．定義，発見，そして測定という多数の問題が依然として残っている．複雑な社会においては所得は多様な仕方で人々に帰着する；その用語は正確に定義しにくくなってきているのは，所得税の構造を研究した人ならどの人も知るが如くである．はるかにのろわしい問題が，提案された政策変化によって個人へ帰する便益と費用に貨幣価値を付与する試みの中に生じる．たとえば健康，空気の質，あるいは犯罪の無いことのようなわれわれにとって価値のある多くの財が市場では売買されない．たとえ実際に個人が選択の代替案をもっていても，彼らがいかに選択を行うかに関して，便利な記録は何ら残されていない．かくて，われわれがより安全な街路あるいはよりきれいな空気を提供するために税金や価格を引き上げるときに，誰がそしてどれだけ利益を得るかあるいは損失を被るかを推計することは困難である．政策分析のほとんどはこれらのような複雑な評価の問題，すなわち，実際に決定が下されるときにはいつでも明

示されることなく解決されている諸問題に巻き込まれてしまう．

4．**個々の厚生の集計**．たとえわれわれが社会のあらゆる構成員の実効所得の満足できる測度を明確に決定することができたとしても，まだ，ある所得形態が別のものよりまさっているかどうかを決めねばならぬであろう．ビルに1万ドル，ジョンに9,000ドル与える政策と，ビルとジョンに9,400ドルずつ与える代替的政策のどちらを選択することがよりまさっているのか．高齢の貧しい人々に55,000ドルの価値のあるバスサービスと，中流所得の両親に6万ドルの価値のあるサービスとでどちらに5万ドル支出することが良いのであろうか．このような選択をするための有効な基準を開発するためには実際的な妥協が計られねばならない．本章の残りは，これらの妥協を行うためのさまざまな方法を考察する．

1つのアプローチ：純便益の最大化

ある学派では，もし現在の社会状態からの変化による利得者がパレート基準を満たすようにあらゆる人を改善するように損失者を補償しえたならば，その変化は実行されるべきであると主張している．この学派は2人のイギリスの経済学者，ニコラス・カルドアとジョン・ヒックス卿の名前と結びついており，その支持者は補償が実際に実行されることを要求してはいないということを指摘しておこう．基本的には彼らは次の如く言っている：

> 総所得が増大するときに変更せよ；それがどのように分配されるかについては心配するな．

これは社会政策に対する純便益最大化のアプローチである．厚生の利得と損失が社会の全員に対して総計されて，そして全体的な実効所得の最大の純増加を生み出す政策ならどれでも選択される．もし裕福な人々のためのバスが高齢者の人々のためのバスよりも，55,000ドルに対して6万ドルとなって高得点を得るのならば，それらが選好されることになる．各人の所得が決定される必要はなく，単に特定の政策の選択から結果として生じる所得の総体的な増加あるいは減少のみが決定される必要がある．

この基準を適用してみるために，われわれの想像上の2人の社会が図13-9の点Ⅰに現在あるとしよう．新しい学校の建設は，現在の租税構造を通じて調達されたならば，社会を点Ⅱへ移動させるであろう．ビルはⅠよりもⅡを選好する；ジョンはⅠを選好する[11]．しかしながら，もし新しい学校の建設が彼

らを点IIIに移すであろうような，ビルからジョンへの100ドルの補償を条件としていたならば，彼らの両方ともこの選択案が現状よりも好ましいと見るであろう．カルドア-ヒックス基準は，補償がなされようがなされまいが，そしてビルが百万長者でありジョンが貧乏人であろうがあるまいが，学校が建設されることを要求する．

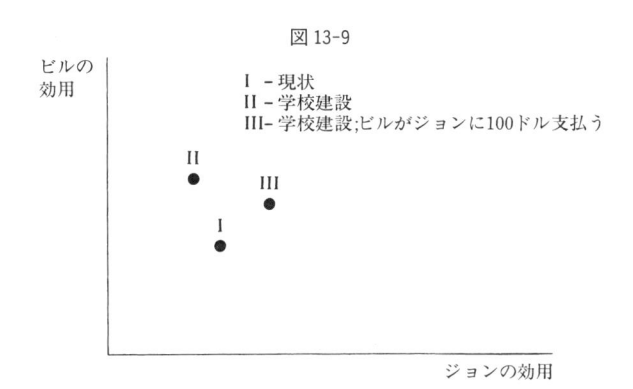

図 13-9

ビルの効用

I ‒ 現状
II ‒ 学校建設
III‒ 学校建設;ビルがジョンに100ドル支払う

ジョンの効用

　もっとも初歩的形態における便益・費用分析は，カルドア-ヒックス流のアプローチの単なる簡単な適用にすぎない．第9章で見たように，それは，すべての集団に対する総便益がその総費用を超過するときには，計画は実行されるべきであると勧告する．明らかに，もし総便益が総費用を超過するならば，計画が実行されればあらゆる人を改善するであろうような仮説的な補償形態が存在する．いま引用された学校建設の事例において，費用と便益の形態が表13-4のように示されるとしよう．総純便益（事例では70ドル）が正である限り，もしその計画が実行されれば，すべての市民が便益を得るような補償の形態が

表 13-4

	ビル	ジョン	総計
便益	350 ドル	120 ドル	470 ドル
費用	200 ドル	200 ドル	400 ドル
純便益	150 ドル	−80 ドル	70 ドル

---

11) ビルはよちよち歩きの子供でいっぱいの家庭をもっており，ジョンは子供のない独身者であると推論することは心をそそる．しかし，ニューイングランドでの町の集会の経験をもつ人々は，人々の社会的厚生関数がいつでもたいそう近視眼的な自己中心主義的であるわけではないということを発見している．

発見されうる．ここではもしビルがジョンに100ドル支払えば，ビルは50ドルの純便益を得るだろう；ジョンは20ドルだけ改善されているであろう．

　カルドア-ヒックス基準は多くの公共政策の決定，特に，利用可能な数と範囲が限定されていたり，計画が比較的小規模だったり，分配上の効果が小さいようなものにおいて満足される．しかしながら，政策変化の公平の見地，換言すれば，計画の実効所得の分配に及ぼす諸効果についての基準の鈍感さゆえに，多くの人々から反駁されてきた．もし政策変化がサウジアラビアの国王に追加的な100万ドルを与え，1,000人の普通の資力の人々に各々999ドルの費用を課すならば，純便益の最大化基準によると，その変化は実行されるべきであると言われる．国王は損失者の各々に999ドル支払っても，まだ彼自身には1,000ドル残されうるであろう．カルドア-ヒックス基準によれば，たとえ国王がこの補償の支払い計画を実行しなくても，その変化は実行されるべきである．ヒックスは長期間たてば物事は平均化するという根拠でその基準を正当化してきた．ある集団はある変化から便益を得る，そして別の集団はその後の変化から便益を得る；かくて長期的には，各人の厚生状態は結果的には改善される．それに対してケインズによって，「長期では，われわれはみな死んでいる」という批判が表明されている．

もう1つのアプローチ：個人間比較の試み

　もし「純便益のみを見ること」が十分でないならば，政策決定はいかに進められるべきであろうか．われわれは個人間の厚生比較を行うための明示的な手続きを開発しなければならない．というのは，公共政策の選択はほとんど常に，他集団の犠牲によってある集団を援助しているからである．あるときには被害を受けるグループが絶対的に損失を被る．別のときには異なる政策が選択されていたならば獲得していたであろう便益をとりそこねているだけである．たとえば，図書館の新図書購入の管理者はいつも，区分された各年齢層の読者に帰する便益と関心とを釣り合わせねばならない．同様に，港での速度制限を引き下げることは，航行する人々には便益があるが，モーターボートの運転者を制限してしまう．健康診療所をより密集した居住地域に移すことは，ある個人を不便にさせ，他の人々には通院時間を節約させる．比較的健康で貧乏な人である個人 A を定期健康診断することが，中流の資力をもつ精神障害のある高齢な市民である個人 B に追加的に精神療法の往診をすることよりも重要である

かどうかという疑問に，意思決定者はいかに立ち向かうべきであろうか．ポール・サミュエルソンが指摘するには，政府が分配について下す倫理的判断，すなわち，どの個人または集団が他者の犠牲の下で便益を得ることが許容されるであろうかについての判断は，両親が家族に所得を配分するときに下す決定に類似していると．ボビーにとってのローラースケートは，スーザンにとってのウクレレの授業や父親にとっての髪の植毛と比較されねばならない．現実世界においては，公共的意思決定者は毎日この形態の政策選択を行っている．政策策定者は実際に，厚生の個人間比較をしなければならず，そしてそのときには厚生が分配されるべき方法について判断を下さねばならない．彼らはこれらの困難な仕事をどのように遂行しているのか．個人の厚生の比較において，公共政策の策定者が信頼を置いているのは，観察や，面接や，態度に関する伝統的な知恵と現行の報告書や，そして個人の行う選択と彼らが利用できるのに選ばなかった選択肢とから導き出される推論である．

　われわれが示唆してきたように，これらの選択の知識を与える分析は，何らかの実効所得の測度，すなわち，個人に帰するであろう評価された資源についてのある指標を通常利用している．実際には，提案された社会的変化は多数の人々に影響を与えているであろう．その結果，個人1人1人を基礎に考慮することは可能ではないかもしれない．かくして意思決定者は，本質的な諸条件において類似しているところの，平均的あるいは代表的市民や集団によって考える傾向がある．このような集団には，オークランドの市民や，すべてのぜんそく患者や，合衆国の高齢者の人々の集団も入るであろう．

分配を考慮に入れること

　提案された政策に関して影響を受けるすべての集団や個人への帰結を確定できると仮定すると，このような状態の下では，どのような種類の指針が意思決定者の手助けに利用可能であろうか．以下の諸原理は，政策過程にいるほとんどの参加者とその研究者の間の現時点での総意とわれわれが信じているものを代表している．ただし，その総意はほとんど正確に表明されることがなかった．

　1．2つの集団がほぼ同等な条件の下にあり，厚生の変化がきわめて大きいというわけでもないとすれば，ある計画が一方の集団に対して他方の集団の損失よりも大きな便益を与えるであろうときには，それは採用されるべきである．他の情報が欠如しているときに，新しい園芸の本が年当たり平均5回借り出さ

れ，そして新しい鳥類学の本がたった2回であることを図書館員が発見するならば，より多くの園芸の本とより少なめの鳥類学の本を購入することが正当化されるであろう．

2．もし提案された政策の，ある集団に対する便益が別の集団に対する費用よりも大きく，そして，それが以前の政策選択の差別的効果を矯正するのであれば，その政策は実行されるべきである．かくて，健康な幼児のための診療所をある低所得の近隣から別の方へ移すことについて，もし市が最近その最初の方の地域に大きな娯楽総合施設を建設していたならば，保健副委員長はその移転に一層正当性を感じるかもしれない．この型の補償的変化は，政治的過程において積極的な多様な集団のかけひきを通じて特に解決されると思われる．合衆国においては少なくとも（そしてどこでも疑いもなく），特定の利益集団に重要な損失を被らせる政策変化は，たとえ純便益基準に基づいてどのように便益があろうとも，実行はきわめて困難である．かくて，われわれの政治家や意思決定者は，すぐに確認されうる影響を受ける組織化された当事者の厚生を増進すると思われる一連の政策を常に配慮している．未組織化集団は，最も重要なのは全体としての納税者であるが，このような結託による一連の政策から損失を受ける情勢となる人々である．

3．もし政策がある集団に便益を与えるのに，他の人々に重大な費用を課すことによってのみ実行されるならば，それらの政策が実行されるべきであるかどうかはそんなに明らかではない．ある政策変更が採択されるべきであるのは，それが2段階のテストを通る場合にのみであるとしばしば提案される：(a)それは正の純便益を生み出し，そして(b)その変化の再分配効果が有益である．このテストは，もっともらしく響くにもかかわらず，2つの主要な難点に直面する：第1に，どの形態の再分配が有益であるかに関して一般的同意がなされうるとそれは前提している[12]．第2に，それはあまりに制限的である．もしある政策が受容可能であると考えられうるために2つの望ましい基準の両方とも満たされねばならないことを要求すれば，それによって一方の基準が満たされるが他方が満たされないときのトレードオフを妨げている．たとえば，正の純便益の必要条件は，少しの管理費用をも伴うすべての再分配計画を除外するで

---

[12] 提案された政策は富裕な人々のきわめて大きな犠牲によれば，貧しい人々に便益を与えうるであろうことが想像される．再分配の努力は，誘因を維持する必要に対して釣り合わねばならない．稼得所得に対する課税の50％の限度は，この問題における議会の関心の1つの表れである．

あろう．再分配効果が「有益」でなければならないという条件によって，メアリー・ブラウンに1,000ドルの純便益をもたらすであろう計画は，ジェーン・スミスにたった1ドルの費用を課し，したがってほんのわずかに低い厚生水準にしてしまうので無効とされる．

4．純便益の最大化テストを合格しないが，好ましい再分配の努力の場合，同意はまたそんなに明確ではない．再分配上の目的についての広範な同意が存在してさえも，何らかの所与の再分配水準を達成するために，われわれがどのような水準の実物資源の犠牲を受け入れねばならないかを決定することは，困難であるかもしれない．かくて，われわれの郊外のコミュニティのすべての投票者が町の高齢市民のために運輸委員会に何かをさせることに賛成するとしても，彼らの多くは1日につき1回のバスで十分であると考えているかもしれない．この型の不一致の解決は，政治的過程によって必然的に与えられるであろう．社会選択基準は，このような状態においてはあまり助けになるとは思われない．

われわれが略述した社会選択基準のどれも，政策に対して完全に満足できる指針とはなりえない．しかし，よりすぐれた代替案が存在しないので，それらは広範な状況において，特に変化の適切な一般的方向を示すのに有用でありうる．事実，合衆国におけるほとんどの政策分析は，カルドア-ヒックス基準の蒸留物である，純便益の最大化の接近に依存している．さらに，示唆された基準が直接的に適用されないときでさえ，それらは影響を受ける人々の便益と費用との体系的な認定を何らかの政策分析に含めるようにわれわれを導くという価値があるかもしれない．合衆国における政策選択は，もし個々の厚生に対する選択の帰結の認定からいつも始まっていたならば，はるかに改善されるであろう．というのは，われわれが強調してきたように，個人的厚生は社会的厚生の決定的な構成要素だからである．

さらなる接近：社会的決定過程の強調

社会政策に関する対立を解決するための，論争の余地のない基準を発見することの不可能性によって多くの人々は，合理的と受け入れられるであろう効率的な意思決定過程の探求へと向かった．個々人の対立する願望を解決する方法にわれわれが関心をもつとき，それは通常，彼らがある社会に属しており，そこでなされねばならない選択がその構成員の多数に影響を与えるからである．

（社会は，全国家からボーリングクラブまでを含む広い包括的な用語であることを想起せよ．）社会を構成している場合には，その構成員は明示的にしろ，あるいは非明示的にしろ，これらの意思決定の過程に関して同意してきた．それゆえ，社会的厚生の測度を得るために——それはやはり不可能な仕事であるが——個人の多様な選好を結合する方法についてわれわれが苦悩するのをやめるべきであると論じられてきた．かわりに，社会で確立している決定過程によって生み出される社会の諸状態に関する順位付けを，単に受け入れるべきであると．革命は問題外として，過去，現在，そして将来の選挙もしくは任命された官吏によってわれわれのためになされた選択からは，われわれはのがれられない；かくて，その考えは多くの実践的魅力をもっている．たとえばこの議論にしたがえば，もしわれわれの正当に設立された郊外運輸委員会が週末のバス路線に反対して平日のバス路線に賛成投票するならば，その投票は町の社会的選好の有効な表明として取り上げられることになる．もしその町の人々の多数が不同意ならば，彼らの要求は選挙ということになる；彼らは委員会あるいは官吏の中からそれを任命する誰にでも投票することができる．社会のすべての構成員が社会選択を決める特定の方法に重要性を付するならば，それは，その決定方法によって生み出される順位付けを事実上の社会的厚生関数として採用するための説得力のある正当化である．

　社会に確立されている決定過程を信頼することの意味するところは，個人がどんな決定がなされるべきかについて強く不同意であるときでさえ，彼らは誰が決定をすべきか，そしてどんな過程によってなされるべきかに関して同意しているということである．いかに決定がなされるかは，その決定が何であるかよりも根本的により重要であると彼らは信じている．たとえば，以下の政策代替案を考察しよう：

1．交通法 A，商業地域の街路での夜間駐車を禁止し，市議会により通過；
2．交通法 B，同様な街路の片側での夜間駐車を許可し，市議会により通過；
3．交通法 A，警察署の行政法令として示される；
4．交通法 B，同様に警察署の行政法令として示される．

ジョーンズ氏は交通法 B を選好する．彼はまた交通法が市議会によって通過することを選好する．それゆえ，彼は代替案(1), (3), そして(4)よりも代替案(2)

を選好する．しかしながら，もし市議会が投票するならば，それは法律 A を通過させるであろう；代替案(2)は無効になる．ジョーンズ氏は，市議会によって決定を下させることを，選択方法を変更するという犠牲を払って彼のより好む決定を下させることよりも選好するであろう．要するに，彼は(4)よりも(1)を選好するであろう．

あるの状況下では，社会はテクノクラート的基礎に基づきなされる決定について，たとえば純便益最大化のような一般的分析原理を，政策選択の指針として受け入れるであろう．論争がないわけではないが，洪水制御計画についての決定に対する権限を技術者集団（technocrat）に委ねてきたことはこの原理に長い間従ってきたことである．他の状況の下では，ちょうどある法案が総選挙で選ばれた議会の場で戦い取ることによって決められるときのように，公然たる政治的過程が望ましい選択方法となる．

社会選択のための満足しうる諸過程

もし人々が，いかに決定されるかがその決定が何であるかよりも，基本的により重要であると信じているならば，受容されうる選択方法に役立つのは何であるのか．

ある決定過程に対するある人の関心は，部分的には，それによって到達される決定とそれによって起こりうる結果とに依存するかもしれない．単純化のために，決定過程はただ1つの決定を下すために選択されるかのように，われわれは話しつづけてきた．実際には，決定過程はある期間にわたり多数の決定を下すために創設される．ジョーンズ氏は，ある特定の決定によって損失を受けるかもしれなくても，その決定過程を維持することを望むかもしれない．なぜならば全体として彼は将来の一連の決定から便益を受けることを期待するからである．しかし，もし市議会が頻繁に，軽薄であるかあるいは懲罰的である交通法に投票するならば，ジョーンズ氏はその選択方法に反対するであろう．ある社会がある特定の選択方法を利用しつづけているときには，それによって示唆されるのは，全体としてその過程が適切に機能しているか，またはもし不適切であるならばその欠陥がその過程にはなく，それを執行する人々に存すると人々が信じているということである．確かに，決定過程に関する同意は硬貨をほうり上げることによって論争の決着をつけるという同意にむしろ似ており，そこでは，どんな特定の場合にも人々は個別の結果がどうなるかに関して不確

実である．

　決定過程は他のさまざまな根拠から判定されるかもしれない．公正と適正な政府とに関わるわれわれの考えに応じて，決定過程を直接的に倫理的根拠から評価し，そしてそれが生み出す結果に対して単に間接的な注意しか払わないかもしれない．要するに，われわれは過程が公平であると信ずるがゆえに，それを維持することを願望するかもしれない．ジョーンズ氏は実際，交通法がまったくないことを選好するかもしれない．彼は市議会によって現実にとられた決定から厚生の純損失を被るかもしれない．しかし依然として，決定がこの方法で下されることを重要であると考えているかもしれない．かくして，もし社会の各構成員がある倫理的に満足しうる方法で他の人々との彼の対立を解決することのできる安定的な機構から便益を得ることを認めるならば，その過程は全体的な承認を勝ち取ることができる．

　大部分の組織にとっては，多数決は受容される決定形態である；多数の人々はこれが民主主義的な物事の遂行方法であると当然視している．しかし，われわれの決定の過程をより密接に見て明らかにされることは，われわれが広く多様な選択方法を利用しており，そしてきわめて多くの思考や努力がそれらの設計に投入されているということである．合衆国憲法におとらず，ボーリングクラブの細則は，誰がどんな決定をいかに下すことになっているかを明確に説明している．最も重要な問題が単純過半数によって決定される社会においてさえも，細則の変更のためには3分の2の投票が必要とされるのを見出すこともよくあることである．過程に対する関心はこのように確認される．いく分苦痛のある決定，すなわち，誰が兵役に召集されるかというよく知られた問題に対しては，一番公平な過程であるとの信念の下，抽選によってなされるべきであると，その重大時期にわれわれは慎重に定めた．事実，過程への関心は，その政策の実際の選択における決定的な要因であった．

　選択がなされる過程は，多様な文脈における重要な，価値ある属性である．原則として，ある政策のインプットやアウトプットが市場で取引される財から離れれば離れるほど，選択過程の重要性は増大すると思われる．かくして，過程は健康や刑事上の正義を包含する決定においてはるかに重要であり，そして高速道路建設の諸技法の間での選択においてはさほど重要とはならない[13]．

---

13)　ゼックハウザーの次の論文を見よ．
　　"Procedures for Valuing Lives," *Public Policy* (Fall 1975): 419-64.

過程に関するわれわれの議論は，本章の重要な教訓を強調している：公共政策が決定されるときには，個人が価値を与えるどんな属性も考慮されるべきである．来るべき10年間に，連邦政府は生命を脅かす諸活動について多数の選択に直面するに違いない；汚染，オゾン層，そして核の安全性についての決定がただちに思いつく．このような決定がより頻繁になるにつれて，過程に関するわれわれの関心は増大する．というのは，このような決定が下される過程が，関与する生命の評価のために使用される実際の貨幣額と同じくらい重要であるとみなされることとなろう．

要　約

本章では，より広い視点から公共政策を見るために，公共選択の特定の諸状態の分析からその背後に踏み込んできた．われわれは公共政策の全体にとって根本的である次のような問題に対して焦点を当ててきた：われわれは何を達成しようとしているのか？　哲学者と大統領はこの問題を深く考察しなければならない．ゆえにまた，あるダムの計画を別のものより推奨しなければならぬ分析者も，原子力発電所に反対するか賛成するかを決める環境問題の委員も，そして高等教育のための州の奨学金における適格条件に関して投票しなければならぬ立法府の人々も同様である．

われわれが論じてきた公共政策の目的は，社会の厚生を増進することであるべきである．さらに，社会の厚生は個人の厚生に完全に依存している；考慮に入れるべきは人々である．社会的厚生は不思議な財である．社会的厚生関数は決定されるあらゆる公共選択において暗黙に含まれているが，社会的厚生は直接的には観察されることも測定されることも決して可能ではない．そこで公共的意思決定者は，社会的厚生の代理変数と，そしてそれを測定するアドホックな過程をもとにして仕事をしなければならない．本書の主要な部分は結果の予測と意思決定とに対する特定の技法に専念してきたが，しかしわれわれが本章で論じてきた広範な哲学的諸問題は常に背後に存在している．社会的厚生関数の概念を確固として心に銘記している意思決定者は，直面している課題のことをより明確に，より生産的に検討するようになるであろう．

第14章　望ましい結果の達成

　あらゆる社会は，その市民の厚生の増進のために，公共選択メカニズムと私的選択メカニズムの両者を利用している．効果的な公共選択は，本書の課題でもあるが，意思決定者がきわめて多様で複雑な諸問題に明示的な注意を払うことを必要としている．われわれの社会における公共選択の主要な道具は政府である．政府の意思決定者は，行政部門，立法部門，そして司法部門において，地方，州，そして連邦レベルに見いだされる．準公共選択は，非営利組織の意思決定者によってなされているに違いない．他方，私的選択は，市場を通じてなされている；市場メカニズムの理解は，公共選択の諸問題に知的に接近するために重要である．

　現代世界では，市場という言葉のもつ意味は多様である．経済学者には，市場は，全体としての市場システム，または時々は，リンゴや虫垂切除，あるいは建築用の鉄鋼であれ，特定の財やサービスの売買のための取り決めである．彼らは，市場の機能について語り，市場とは，財が交換される制度的な取り決めについての全体のシステムを意味している．本書では，われわれが市場について語るときは，通常全体としての市場システム，すなわち異なる諸市場の大きな集合体を意味するであろう．

　市場の働きは，並はずれて複雑である；それの完全な理解のためには，何年もの研究を必要とする．幸いにも，市場過程に直面している私的意思決定者は，公共的意思決定者とは異なり，彼らが取り扱うそのメカニズムのすべての詳細な部分まで，必ずしも理解する必要はない．会社経営者，商店所有者，靴製造者，そして主婦という4つの代表的市場参加者は，多分，長年の間，効果的に市場で選択を行ってきた．彼らがその事実に気づいていなかったのも当然であるが．誰でも，獲得しうる最高の価格で彼の財を売る者，あるいは最も安価な供給元を探しまわる者は，市場において効果的に活動しているのである．

　これらの効果的な個人の諸選択は，もし完全競争となるのに必要とされる理

想的諸条件を市場が満たしているならば，感銘深い結果をもたらす．効率的であり，パレート最適な結果が，自動的にもたらされるのである．すなわち，社会の資源と技術を所与とすれば，社会の厚生を明確に改善しうるような財やサービスの再配分は存在しない：少なくとも1人の他者の厚生を減少させることなく，ある個人の厚生をより高い水準に導くところの財の再配分は存在しない．この結果は，アダム・スミスの時代からよく知られている．それは，生産形態や実に消費形態さえもが政府によって強く（そして故意に）影響される諸システムに対置するものとして，自由主義経済を支持する根拠を提供する．

一体なぜ政府なのか？

　これらの広く知られている市場の長所を考慮して，なぜわれわれは，法と秩序を維持し，財産権を制定し，そして契約の実行をなさしめることによって市場過程を促進することのほかに，依然として政府をもつことを願うのであろうか．第1に，本章で若干詳細に再検討するように，多くの財が取引される市場は完全競争的ではない．かくして，効率的な結果は決して達成されることはない．そのときに，市場が「失敗」したこれらの諸状態に対処するために，政府が介入することは望ましいであろう．

　第2に，競争市場の主要な成果である効率性は，社会的厚生に対する1つの貢献要因にすぎない．そして，経済が完全な効率性をもって機能していても，他者の厚生を犠牲に供することなしには誰も改善されえないような財とサービスの配分に到達していることのみだけを，われわれは保証される．われわれが実際にどの配分，すなわち可能性フロンティア上のどの点に到達するかに関しては，何も保証されない．社会のもつ社会的厚生関数，そして代替的な社会状態に関するそれの順位付けは，先のフロンティア上の異なる各点間での強い選好を表すであろう．実際，第13章で（特に図13-8を見よ），フロンティア内部の多数の点は，フロンティア上の各点よりも選好されるかもしれないということを見てきた．むしろ技術的用語でのみ表してきたフロンティア上の点の位置についての問題は，社会の財やサービスの分配，または，より要約的には所得分配についての問題として，これまで議論されている．

　第3に，ある人々は，市場システムが社会的に望ましくないと思われる行動に対して報酬を与えるから，市場システム自体を好ましくないものとみなすかもしれない．市場システムは，協同的行為や共同体的価値を犠牲にして，競争

と適者生存の倫理を助長する．市場システムが生み出す財やサービスの配分がどんなに公平で効率的であろうとも，この反論は，市場システムそのものに向けられている．このような反論は，選択がなされるシステムそのものが本質的に価値づけられた１つの目的であり，リンゴとオレンジ，または余暇時間，あるいは，汚染からの自由と何ら異なることはないと考えている．われわれのほとんどは，そのシステムが重要であるとの考えに誠意をもって同意している．しかし同時に，もし市場システムに対する反論を述べる根拠として役立つとすれば，資源を配分するもっと魅力的なシステムが存在し，それの成果上の欠陥は市場システムと比較しても，それを受容不可能にするものではないということを論証することができねばならない．これらの問題は，驚くべきではなく，中央統制経済の支持者と，生産手段の私的所有を志向したより分権的なシステムを好む人々との間の論争の基石を形成している．われわれが，論理と方法論の問題からイデオロギーの問題へ踏み込むときには，思考過程は演繹的ではなくなり，個人的選好と信念をより反映するようになる．このことを離れても，著者達は，集合的選択を求める「より魅力的なシステム」の議論が経験によってよくは支持されていないというわれわれ自身の信念を肯定する．

　要約すると，社会の資源配分過程への政府の介入は，２つの根拠に基づいてのみ正当化されうると，われわれは信じている：
　　１．公平：社会の成員間での財やサービスのより望ましい分配が促進される．
　　２．効率性：市場が失敗している状態における効率性が，改善される．

市場システムと効率性

　本書でのわれわれの焦点は，政府の諸決定に関してである．さらに，政府の諸決定が私的な資源配分メカニズムに対して補完的であるとみなされるべきで，市場と価格システムが望ましい結果を達成するという見方をもっているということが本質的である．ほとんどの公共的意思決定者は，私的市場と日々互いに影響し合っているに違いない．より重要なことに，価格と市場システムがいかに機能するかを理解すると，政府の諸選択がなされるべき方法に対する洞察が得られるだろう．

　市場の成果に関する詳細な研究から明らかになる基本的な結果（われわれは強調のため再述する）は，若干の理想的諸条件の下では，自由競争が，価格シ

ステムを通して働くことによって，可能性フロンティア上の点である効率的な結果をもたらすであろうということである．この結果は，いく分，詳細に吟味する価値がある．

　競争市場の効率性を保証する理想的諸条件に関して，最も重要なことの確認から始めよう．第1に，市場における情報は完全に共有されねばならない．参加者各人は，市場で販売される財やサービスの性質に通じていなければならない．第2に，市場での財の交換は取引費用のかからない過程でなければならない．第3に，個々人が取引を願ういかなる商品の売買に対しても，市場が存在しなければならない．第4に，参加者各人は市場価格を所与のものとして考えている．一般的にこのことから必要になるのは，市場には多数の売り手と買い手が存在し，誰もきわめて大きな部分を占めず，その結果，誰もその行動をゆがめることによって市場価格に影響を与えるということができないということである．第5に，一個人の消費または生産の決定，あるいはより一般的にはある個人の行動が他者の厚生に影響を与えてはならない．すなわち，外部性はあってはならない；ブラウンの厚生は，彼が消費する財のみに依存しなければならず，スミスの消費する財やジョンの生産する財には依存してはならない．第6に，共同でのみ消費されうる，たとえば国防のような財は存在してはならない．

　市場がこれらの諸条件を満たすと想定し，そのとき，いかに効率性が達成されるかを見ることにしよう．第3章「選択のモデル」では，個々の意思決定者にとっての最善の点を，彼に利用可能なすべての点の中で一番高く順位付けされた点としてわれわれは定義した．また，そのようなどの最適な点においても保持されねばならない若干の諸条件を導出した．定義により，最適点はその周囲のきわめて近い諸点を含めたすべての利用可能な他の点よりもよりすぐれている．これは，いかなる方向におけるわずかな変化も，彼の状態を改善させえないことを意味している．かくして，個人がある財ないしある属性を別のものと喜んで代替する比率である，限界代替率（MRS）と，個人がその財ないし属性と他方のものとを代替することができる比率である，限界変換率（MRT）とに対して焦点を当てることにより，決定は単純化されよう．もし，これらの2つの比率が等しくないならば，そのときその個人は，自分のより選好する位置に自身を移動させるであろう交換をなすことができる．そのうえ，もし彼が彼自身の満足の効率的な最大者であるならば，彼はそのように実行す

2人の人々が，もし2商品間で，異なる限界代替率をもち，そして，両者が各商品をいくらかずつ手元にもっているならば，そのとき，各人をより選好される位置に移動させるであろう交換が決められうる．ジョージの桃と西洋ナシの間の限界代替率（MRS）が1個の西洋ナシに対して3個の桃であり，ピーターのMRSは1個の西洋ナシに対し4個の桃であると仮定しよう．両者が利益になるような交換が決められうるであろう．たとえば，ピーターは1個の西洋ナシと交換に，$3\frac{1}{2}$個の桃を進んで渡しても余りあるだろう．そして，ジョージは1個の西洋ナシの損失を償うのに必要である数よりも$\frac{1}{2}$個多くの桃を受け取るであろう．このような取引の各参加者は，より選好する位置に移動するので，個々の厚生の選択基準にしたがって，各人は改善されている．ある者が，他の者を悪化させることなくして，改善されるときには，ここでの場合のように，自発的交換によって社会が改善されると，パレート基準は述べている．パレート最適においては，このような改善は，決してなされえない状態にある．結果的には，パレート最適では，すべての個人において，商品の各組み合わせごとの限界代替率が等しくならねばならない．さもなければ，2人の人々を改善し，誰も悪化せしめることのない交換が決められうるであろう．

　どのような組の商品に対しても，あらゆる人が同一の限界代替率をもつのみでなく，この比率は，一方の商品が他方の商品に変換される限界比率に等しくならねばならない．たとえば，2人からなる社会において，ピーターとジョージは，桃と西洋ナシの交換をしたとする；今や各人は，$3\frac{1}{2}$個の桃に対し1個の西洋ナシを喜んで渡す．しかし，生産条件は，もし西洋ナシが1個少なく栽培されるならば，4個多くの桃が生産されうるというものである．そのとき，ピーターとジョージは2人とも，西洋ナシの栽培から桃の栽培に，いくらかの資源——土地，労働者，設備，化学肥料，殺虫剤，その他同種類のもの——を転換することによって改善されうる．実際，交換は自然になされる．パレート基準によって，社会はそのときより良くなっている．パレート最適では，このような有利な生産の変更をこれ以上行うことは不可能である．かくして，どの2財間の限界変換率も，すべての個人に共通である商品間の限界代替率と等しくなるように，産出がなされねばならない．この場合において，桃がますます多く生産され，そして西洋ナシはより少なくなるだろう．ピーターとジョージが桃のために西洋ナシをあきらめるのにつれて，西洋ナシは彼らにとって相対

的によりよく見えはじめる．結局，彼らは生産の交換比率である，1個の西洋ナシに対して4個の桃という限界代替率に到達するまで，そのトレードオフ比率が移動する．

われわれは，相対価格に関してのみ語ればよい．桃と西洋ナシの間のトレードオフの可能性は，それらの価格が各々5セントと20セント，あるいは1マルチンクローナ（Martiankroner）と4マルチンクローナであろうとも同じことである．消費者に利用可能なトレードオフは，図14-1の直線 ED によって図上で示される．ある人の所得が，もし彼が桃を買わなければ，8個の西洋ナシを買うのに十分であったと仮定しよう．相対価格が上述のごとく特定化されると，彼は4個の桃と1個の西洋ナシを交換することができ，また，予算線 ED に沿ったどの点をも選択できるだろう．無差別曲線図が描かれると，点 P が最適となる；彼は5個の西洋ナシと12個の桃を買う．あらゆる人は，彼のMRSがそれらの価格の下で可能である交換比率とに等しくなるように，彼の購入量を調整することによって，諸財の相対価格に反応する．そうしなければ，彼は満足を最大化できないだろう．

同様に，経済がある財を別の財に交換しうるその比率が，市場での交換比率に等しくなるまで，生産的な諸資源は持続的に移転される．たとえば，人形の

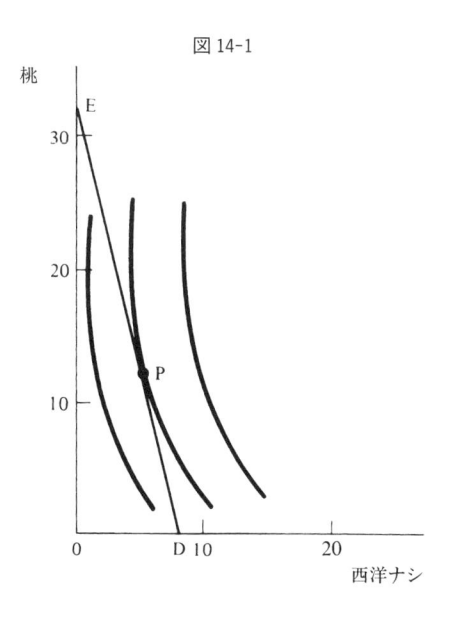

図 14-1

家は100ドル，揺り木馬は25ドルで各々売られているとしよう．玩具製造業者が，1日につき1個少なく人形の家を製造し，そして揺り木馬を作るためにその労働者と原料を使用するならば，彼は日々，余分に5個の木馬を生産することができるということを知っているとしよう．市場での交換比率である，1対4は，彼の限界変換率以上である．彼自身の変換率が市場比率以下である限り，彼は揺り木馬の生産に向けて資源を移転しつづけるべきであろう．さもなければ，彼は所得を最大化できないだろう．

　すべての組の財の間で，すべての個人の限界代替率と経済の限界変換率とがひとたび均等にされたならば，われわれはパレート最適にあるだろう．生産者間，消費者間，あるいはそれらの組み合わせの間でも，いかなる有利な交換も可能ではないであろう．指標化するメカニズムとしての価格システムの機能の遂行は，この最適な均衡をもたらすことを可能にする．

　われわれの議論で想定しているのは，これらの相対価格はある自律的な力によって設定されたが，しかし，意思決定者である人間の活動によっても，もちろん設定されているということである．実際には，大きな市場経済の中では，各消費者と大部分の生産者は，その売買が市場で交換されている財の既存の価格に対して何の影響も及ぼしていないような，小さな役割しか演じていない．小麦農家は，市場から彼の作物を引き揚げることによって，小麦の価格を高くすることはできない．同様に，家計はその購入量を増やすことによって，パンの価格に影響を与えることができない．実のところ，競争モデルの1つの重要な仮定は，すべての参加者がこの領域においては，その無力さを認めていることである．そのようなどんな市場操作を試みることよりもむしろ，彼らは価格を与えられたものとして受け取る．

　しかしながら，多数の消費者あるいは生産者の集団の行動は，価格に影響を及ぼすことが可能であり，それはちょうど，個々のドライバーでは防ぐことも造り出すこともできない交通まひを，多数のドライバーの集団移動が造り出すことができるのと同じである．あなた方のうち何人かは，市場での見えざる手の働きという，アダム・スミスの有名な隠喩を思い起こされるかもしれない．見えざる手の巧妙な働きを議論することは，本書の範囲を越えている．しかし，その機能の本質はすぐに理解されうる．先の例では，西洋ナシの価格は桃の価格のたった2倍であるとしよう．ピーターとジョージの両者は，生産が犠牲にされた西洋ナシの各1個に対し4個の桃を生産する能力を考慮すると，実質的

な安売りとなる1個の西洋ナシに対する2個の桃という比率で，市場で桃を西洋ナシと交換することを望んで，桃の生産に特化することを選択するであろう．しかし，彼らが桃を供給しようと市場に売りに出るときには，西洋ナシの供給が不足するであろう．（ここでは2人の経済であることを想起せよ——もし彼らが西洋ナシを栽培しないならば，栽培する者は誰もいないであろう．）現行価格では，きわめて多くの桃が利用可能であり，西洋ナシは十分ではない．桃の価格は，西洋ナシの価格に対比して下落するであろう．それらが生産を調整し，そして結局，西洋ナシの価格が桃の価格の4倍のところで，均衡が達成されるであろう．

一般に，もしある商品の指値がその均衡価値以上ならば，売りに出されるその商品の数量は需要される数量を超過するであろう．超過供給をもつ売り手は，価格を少しだけ引き下げるであろう．これによって少しだけ多くの需要が生じるだろう．需要と供給の諸力の相互作用によって，販売に提供される数量が購入の望まれる数量とちょうど等しくなる各財の価格が究極的に導かれる．この過程が有名な需要と供給の法則の働きである．異なる財に対する，すべての消費者の限界代替率は，同一の相対価格を反映しているであろう．そして，これらの相対価格はまた，限界変換率を表しているであろう．

市場が完全に機能している理想的な諸条件において，このすべてが達成される．購入や生産を調整するために，誰も任命される必要はない．消費者や生産者は，その直面する価格に反応し，お互いに自ら交換をするが，彼らの利己心が社会をパレート最適に導いていく．社会の資源は効率的に使用されつづけるが，しかし，誰も自分の義務を果たすように勧められる必要もない．というのは，市場システムは人々自身の本来的な性向を利用しているからである．

自由市場，また自由放任のイデオロギーのほとんどは，完全競争市場での見えざる手の働きという，この楽観的な洞察に基づいている．もちろん落とし穴は，「完全競争的」という言葉の中にある——というのは，現実世界ではこのような市場はほとんどないからである[1]．次節では，競争市場の諸条件が満

---

1) 伝統的な経済学は，それの競争市場に対する強調が，特定の生産システム，いわゆる資本主義に対する献身を意味するという理由でしばしば批判される．それは，そのメカニズムがイデオロギーに対する正当化とみなされていた過去の当時においては真実であったかもしれないが，この非難はもはや是認されない．むしろ，知的な強調は今日反対方向に向かっている．大部分の経済学者は今や，何らかの経済体制，資本主義的であろうがなかろうが，そのさまざまな部分の間で，その相互関係性を検討するための枠組みとして，競争市場のモデルを異なる目的のために使用し

たされない多くの状態が論じられる．そのような諸状態は，われわれの経済の多くの領域に広がっている．それでもなお強調されるべきは，この国では自由市場が一般的に，各人が自分自身のために厚生を最大化しつつ追求する主たる手段として，みなされているということである．もちろん，このメカニズムの成功は，競争市場の諸条件がかなりよく満たされているか，あるいは確立されているかどうかに依存している．

市場はいかに失敗するか

この簡単な競争市場についての議論によって，それが十分に働くと期待されうる諸状態での競争市場の成果をいく分理解できよう．このような場合には，市場は自由にゆだねられるべきである．たとえば，靴ひもを製造したり，すべての小売店の販路が提供されるように確保したりする仕事を，われわれは決して政府にゆだねないだろう．政府の介入に対する合理的根拠としては，特定の領域で，市場が貧弱であるか，あるいはまったく働いていないということか，または，社会が経済的効率性に付け加えて別の目標をもっているということのどちらかであらねばならない．厚生の分配に対する関心は，主要な追加的目標である．これからの諸節では，われわれは，市場の失敗の起こりうる原因を再検討し，それから，それらに対処するために実施される代替的な政策を述べる．本章では，所得分配の問題と，より平等な分配を促進するためのメカニズムとについて議論することで結びとする．

市場の失敗について所望される議論は長くなる．それゆえ，手がける前に，あなた方に，着手の計画を示しておくべきだろう．次の6つの項で，市場の失敗の起こりうる原因を議論する：(1)情報の不完全な流れ；(2)取引費用；(3)若干の財に対する市場の欠如；(4)市場支配力；(5)外部性；そして(6)公共財．

情報の不完全な流れ

価格システムがその指標化機能を完全に遂行するためには，さまざまな供給者によって課される価格についての情報を含めて，情報はすべての個人間に費

ている．彼らにとっては，それは単に便利な出発点である．たとえば，本書ではわれわれが強調するのは，競争市場の分析ではなく，市場が失敗したときに実行されるような諸政策の分析である．過激な経済学者は疑いもなく，市場の枠組みのこの使用でさえ価値を負っていると論ずるであろう．

第14章 望ましい結果の達成

用がかかることなく共有されねばならない．もちろん，不確実性は依然として残っている．誰も完全な正確さをもって天候を予測することはできない；次の世紀にどんな科学技術が信頼されることになるかを誰も確実には知らない．しかし，存在するどんな情報に関しても，その利用可能性には非対称性はあってはならない．ある仕事が，安全性の面で高い危険を伴うことを，もし雇用者が知っているならば，その被雇用者も同じくそれを知らねばならない．もし特定の電気製品が，数ヵ月で壊れそうならば，顧客は製造者と同じように，その欠陥に気づかねばならない．もしある医者が，外傷の治療に限られた経験しかもっていないとしても，彼の患者は，それを知っても驚いてはならない．ある人がある仕事に応募しているときに，彼の潜在的な雇用者は，その応募者自身がもっている有望な成果についてのすべての情報に接近できなければならない．明らかに，完全性はほとんど達成されていない．決定的な問題は，情報の非対称性がいかに重大であるかということであろう．

すべての参加者が同一の財を交換していることを保証する市場システムにとって，情報の妨げられることのない流れが必須である．1ブッシェルの2号赤麦は，どれをとっても差はないであろうが，もし同一の大学の異なる卒業生が能力においてきわめて不均等であるならば，そして，もし雇用者達がそれらの相違を識別できないならば，彼らはどの卒業生を雇うことにも気が進まないかもしれない．しかし，もし彼らが卒業生に関して完全な情報を収集できたならば，実際には多分卒業生の上位から半数を喜んで雇用したであろう．またそれゆえに，患者となる人は，その医者のサービスに関する期待される質を判断することができねばならない．消費者は電気製品の耐久性を，そして，労働者は仕事の特質を判断できねばならない．要するに，競争市場での商品の交換が効率的な結果に導きうるためには，情報の自由な流れとそれを利用する人々の能力が必須である．

取引費用

われわれが先に見たように，効率的な結果が必要とするのは，もはや実行されることのない有利な交換は存在しないということである．情報の欠陥以外にも，有利な交換に対する他の障害があるかもしれない．基本的には，交換は費用のかかる過程であろう．このような交換を行う費用は，取引費用と呼ばれている；それらは，もし顕著となれば，自由市場が効率的な結果をもたらすこと

を妨げるであろう．

　1つの例を考察しよう．ある小さな池が，農民であるファウェルと泳ぎ手であるスウィンバーンの両者の財産の境界になっている．スウィンバーンは池をきれいに維持するためならば，300ドル支払うであろう．また，ファウェルはそうするために250ドル支払われたならば，動物の死がいを投げ捨てるのをやめるだろう．汚染防止の協定を結ぶためには100ドルの費用がかかるだろう．この取引費用が，両者に利益となるであろう汚染防止協定をその2人の隣人が取り決めるのを妨げている．

　取引費用は，さまざまな方法で生成される．それらは，単に商品を市場へもっていくことだけの直接的費用を表しているかもしれない．それらは，ある結果を交渉したり取り決めたり——あるいは，交換がなされるべきその相手の人々を確認するのに，費やされた時間に起因するかもしれない．ときには労働ストライキが示すように，両当事者が非常に有益であると認めている取引も達成されないのは，両者が利用可能である以上に互いの利得の追加的分け前を得ようとするからである．すべてか無か，または代替案のない状態においては，組合側は時給5ドルを受け取ればよいとし，雇用者側は6ドルを支払ってもよいとしている．しかし，現実の交渉では，両者は5.50ドルの妥結に対して，しばらくの間はストライキを選択するかもしれない．ストライキがしばしば起こるために生じる両者にとっての損失は，取引費用を表している．

　契約を作成するためのすべての手数料は，取引費用である．法律家が稼得するほとんどのものはこの範疇に入る；だからまた，銀行が個人に貸す場合の利子率と，銀行が同タイプの個人から借りる（すなわち，預金に対して利子を支払う）場合の利子率との幅も同様である．交換が成立するのを妨げる取引費用は決して観察されないかもしれない．もう1つの池——われわれが正当には決して湖とは呼べないものよりは大きい——に，100人の潜在的泳ぎ手と50人の廃物投棄者とがいる場合を考察しよう．もし泳ぎ手が各人300ドル支払い，そしてもし投棄者が各人250ドルでその活動を控えるならば，投棄禁止協定は，$(100 \times 300 \text{ドル}) - (50 \times 250 \text{ドル}) = 17{,}500$ドルの純利得をもたらすだろう．その数字は，多くの取引費用に対する余地を残している．しかし調整をしない市場においては投棄のない状態を達成はできないであろう．いまや投棄と水泳の交渉者について，100×50の潜在的な組み合わせがあり，たとえ各組み合わせごとの取引費用が低くても，多数の交渉が調整されねばならないからである．

もし取引費用が非常に高いならば，市場が成立することは不可能である．ファウェルとスウィンバーンでさえも，取引をすることはできないだろう．自由市場が機能していてさえも，多数の人々の場合には，湖は無制限な投棄を被るかもしれない．実際には，損害を一番多く与え，そしてやめさせるのにほとんど費用がかからないような活動でさえ，続いていくかもしれない．残念ながら，そういうわけで，投げ捨てる人々はその反社会的行為からわずかな個人的利得を受けるのにすぎないのに，われわれはビールの空カンを道路沿いに発見する．取引費用が高いときには，もっとも有利な交換のみが実行されることになる．

若干の財に対する市場の欠如

もし取引費用が十分に高いならば，有利な交換が差し控えられるのみでなく，市場自体が確立されないかもしれない．たとえば，将来世代が，われわれが重要な湿地を破壊せず，オゾン層を枯渇させないことに対して，現在補償をしてくれることはほとんど不可能である．しかしながら，これらの将来世代は，もしわれわれとそのような交換を実行できさえすれば，彼らの物的資源の十二分な量以上を喜んで引き渡すかもしれないだろう．あるいは奇跡により，1世紀半も前のわれわれの先祖にエイブラハム・リンカーンが生まれた丸太小屋を保存することに対して対価を支払うことができたと仮定しよう．その必要な資金が直ちに集まるであろうということを疑う人はいるだろうか．これらの財に対しては，単に市場が存在しないだけである．

主要な不確実性が存在するときには，取引を行うのは特に困難であるか費用がかかる．それらの場合には，情報の完全な流れが特に重要である．理想的には，どんな結果が起こるかについての条件付きの交換をすることが可能であろう．たとえば，オリバーはトマトを栽培し，アンドルーはオレンジを栽培する．オリバーはアンドルーに2個のトマトを与える．反対に，アンドルーは，もし雨がひどく降ってオリバーの来年のトマトの根がくさってしまうときにのみ，オリバーに5個のオレンジを与える約束をする．かくして，交換はオリバーに保険を提供する．注意すべきは，オリバーもアンドルーも，雨が降るか否かに対しては何の影響力も及ぼさないということである．

もしその偶然が中立的でないならば，どうなるであろうか．オリバーは，彼のトマトの収穫が，雨，虫，怠慢，あるいは何であろうともどんな理由で不作になっても，アンドルーから5個のオレンジを受け取ると仮定する．実際，ほ

とんどの人々が自分で保険をかけたいと思っているのは，まさにそのような不利な個人的偶然に対してである．アンドルーは，この保険の交換をするならば，2種類の困難に直面する．第1に，オリバーは彼の働きが多かれ少なかれたいしたことがないと知っているときだけ，その作物に保険をかけるのを選択するかもしれない．第2に，オリバーは一度保険をかけたなら，誰か他の人が不作の生産費を分担してくれるので，あまり勤勉には雑草をとったり肥料を与えたりしないことを選択するかもしれない．これらの2つの問題は，時々，逆選択や逆誘因として言及される．第1のことは，保険をかけるのを選択する人々が，平均より悪いか片寄ったグループの人々である場合である．逆誘因という用語は，また，モラルハザードとしても知られており，ひとたび保険がかけられると，不幸な結果を回避しようという努力が減らされることを示唆している．これらの問題を取り扱うには，疑いもなく，アンドルーは保険契約に入る前にオリバーの農場の調査を要望するであろう．そして，契約書にはオリバーの相応の努力を必要とすることを書き込み，それから，オリバーが怠けていないかを確かめるため彼の行動をモニターすることも要望することになる．同様に，利得の対象がオリバーの不作のトマトのかわりに，その貧弱な健康であるならば，アンドルーは保険を受け入れる前に彼に医者の診察を受けさせたいであろう．そしてそのときでさえ，胸のいたみや呼吸の短かさが報告されないでいたかどうかを彼は知らないだろう．明らかに，そのようなモニターの過程は費用がかかるとともに，全体的には有効でないのである．こういう主要な理由で，さもなくば，結果についての条件付きの交換をすることが魅力的であろうと思われる多くの領域で，市場が存在しないのである．

　もちろん，重要な例外が引き出されうる．たとえば，生命，健康，そして傷害の保険に対する市場は，将来の支払いが偶発事件として生じることに依存しているところの交換を表している．しかし，保険取引と呼ばれてもよいような多くの望ましい形態のものが，私的市場では効率的に実行されることはできない．若干の領域では，私的市場の不十分さが公共政策に対する特に重要な意義をもってきた．これらの中の1つが，所得損失に対する保険である；政府の失業保険と福祉計画は，この市場の欠陥を救済する努力として考案されているといってよい．もう1つは，不具になったり，退職し，それゆえ自分の貯蓄を使い尽くしたあとの，きわめて長い生活に対する保険である；社会保障制度はこのような必要への対応として役立っている．

たとえば健康のような若干の財は，交換する技術は存在しない．他の形態の市場——たとえば，投票，ヘロイン，あるいは奴隷市場——は法律によって禁じられている．不正な取引は依然として生じてはいるのだが．市場が存在しないときにはいつでも，いかなる理由によってであれ，両当事者が有利（社会が同意しようがしまいが）とみなす若干の交換は行われないだろう．

市場支配力

　完全に機能している価格と市場のシステムについてのわれわれの記述によれば，生産者らは付加的なインプットを購入し，それらをアウトプットに変換し，そしてすべてのインプットの購入費用を越える価格で販売する方法を発見できるかどうかを常に探求していると示唆される．もしテーブル用の材木が20ドルかかり，道具をもったテーブル職人の現行の賃金が1日30ドルであるならば，そのときどのテーブル製造者も，テーブルの現行価格が50ドル以上ならば彼を雇うであろう．テーブルの生産は拡大するだろう．拡大が続くときには，材木の価格はせり上げられ，また労働の価格も同様に上がるであろう．同時に，拡大された生産を販売しようとする限り，テーブルの価格の下落が生じるだろう．これらの変化が生じるときには，インプットを購入する費用とアウトプットをもたらす価格とは均等になる；テーブルの製造者の利潤は0ドルに下落し，テーブル生産の拡大はゆっくりと停止する．

　もし多数のテーブル製造者がいるならば，われわれは市場がこのように機能することを期待できる．しかしながら，われわれの記述での鍵となる言葉は「現行価格」である；それは，テーブル製造者が現在の指値に対し何の影響も与えないということを意味している．彼はそれを与えられたものとして受け取り，市場の中での彼のシェアはきわめて小さいので，彼が生産するものはすべて売ることができるだろうと確信している．われわれが先に述べたことは，多くの生産者の集団行動は実際には価格に影響を与えるが，しかし，競争市場においては各行為者は，自分自身をきわめて大きな水たまりの中のきわめて小さな蛙なので何の影響も与えることはできないと信じているということである．重要な帰結は，このシステムが効率的な結果をもたらすということである．すべての有利な交換は実行される．テーブルを生産する資源の費用以上にテーブルに消費者が喜んで支払う限り，それは生産されるであろう．

　もしただ1つのテーブル製造者があるだけならばどうなるであろうか．もし

他の誰もテーブルを現在製造していないか，誰もテーブルの事業に参入することができないならば，そのとき，その製造者はテーブルの価格を彼が望むどんな水準にでも自由に設定することができ，そして彼がその価格でできる限り多くのテーブルを自由に売ることもできる．彼は設定するどんな価格においても，テーブルに対する需要によってのみ制約される．そして，競争者達が価格を切り下げて彼の顧客を奪うといういかなる脅威によっても制約されることはない．需要の諸条件が表14-1に示されているようであると仮定しよう．その製造者は，彼が個人的に重要な——実際唯一の——市場での問屋であり，それゆえ，テーブルの価格に影響を与えうるということを理解するであろう．（もし彼がはじめにそれを知らなくても，価格を引き下げることなしに生産を拡大しようとすればすぐにわかるだろう．）彼は3個のテーブルだけを生産するときに，最大の利潤を獲得する．彼は4個目のテーブルに関して8ドルの純利潤を得るけれども，それはその生産水準ではまだ利益のある取引が利用可能であることを意味しているが，最初の3個のテーブルの各々に関する利益よりも4ドル少ない収入となるだろう．最大利潤の結果は決して効率的ではない．思い起こしていただきたいのは，われわれの規定では生産に必要とされるインプットの費用はちょうどアウトプットの価値と等しくなるべきである；6個のテーブルが効率的な生産水準となるであろう．

表14-1

1日当たりの生産	生産された全テーブルが販売されうる価格	テーブル1個当たりの費用	テーブル1個当たりの利潤	総利潤
1個のテーブル	70ドル	50ドル	20ドル	20ドル
2個のテーブル	65ドル	50ドル	15ドル	30ドル
3個のテーブル	62ドル	50ドル	12ドル	36ドル
4個のテーブル	58ドル	50ドル	8ドル	32ドル
5個のテーブル	54ドル	50ドル	4ドル	20ドル
6個のテーブル	50ドル	50ドル	0ドル	0ドル

このことから示唆されるのは，ある商品がただ1つまたは2，3の製造者によって生産されるとき，別言すれば，独占または寡占が存在するときに，市場は満足には働かなくなるであろうということである．もし誰かがテーブル事業に容易に参入でき，既存の製造者とちょうど同じくらい安価にテーブルを生産できるならば，独占は維持できないだろう．他方，独占者が他の人々よりも安

価に生産できるような持続的な優位性をもっているならば，その独占者との競争は不可能である．販売されうる全商品量の中で大きなシェアを占めている産出水準で，アウトプットが増加するにつれて単位当たり費用が低下するときに，潜在的独占者はそのような有利さを得るであろう．たとえば，靴ひもの製造者が1組当たりの費用が逓減的に——1週間に5万組まで生産できるとしよう．それ以上では，単位費用は再び上昇しはじめる；多分，工場は規模が小さくてより大きなアウトプットをうまく取り扱うことはできないのであろう．もし靴ひもの総需要が1週間に500万足であるならば，多く製造者が市場に入る大きな余地がある[2]．彼らの間での競争が価格を引き下げていくだろう．しかし，もし靴製造者が巨大なオートメーション工場をもっており，そこでは生産が週につき400万〜500万足の水準に到達しても，単位費用が低下しつづけるときには，彼はいつでもより小規模の競争者より価格を低くつけることができるだろう．

総需要に比して高い水準にあるアウトプットにおいての逓減的単位費用は，多数の重要産業についての共通した特徴である．これらの中には，電気通信，鉄道，そして自動車製造がある．ベルシステムに対する追加的な電話の通話——実際には追加的な数百万の通話——の費用は，その競争者がそれらを提供するのにかかる費用と比較して小さい．コンレイルシステムは，1日につきもう1列車増発するのに，自分で路盤を建設しなければならない鉄道会社にかかる費用と比較すると小さな費用でできる．自動車製造工場にとって，産出水準とは独立している研究や開発，あるいは再設備化のような費用を含めて莫大な費用がかかるので，小企業が効果的に大衆自動車市場において競争することは不可能になる．

われわれが先に提示した効率性の条件であるMRT＝MRSと市場支配力の状態をどのように結びつけることができるだろうか．競争市場においては，市場の働きによって生産者の限界変換率と消費者の限界代替率との均等がもたらされるだろう．MRTがMRSと相違する限り，生産者も消費者も，その行動を変更すべきあらゆる誘因をもっている．この状態を市場支配力の場合の話と

---

[2] 諸モデルに関する章では，われわれは可能な概念上のモデルとして長除法（訳注：13以上の数で割る）に言及した．多分上述の事例では，週当たり500万足は莫大な靴ひもの印象をあなた方に与える．もっとも単純な形態の長除法によれば，アメリカ合衆国の各人に年当たり1足よりわずかに多いだけである——結局そんなに不自然ではない——ことを教えてくれる．

対照させよう．独占的テーブル製造者のテーブルとドルとの間の MRT は 1 個対 50 ドルであるが，彼は価格を 1 個 62 ドルに設定する．そして，MRT と MRS が互いの方向に収斂する根拠は何もない．消費者は，62 ドルの価格をとるか，とらないかの 2 者択一の基準に基づいて受け入れねばならない．そして独占者は，競争者がより安価なテーブルで参入し，顧客を奪うという恐れをもたない．かくして，市場支配力の存在は市場の効率化機能に反することになる．

市場支配力はいくつかの理由で生じるであろう．逓減的単位費用は，単一の生産者あるいは少数の生産者がもっとも効率的な生産形態である条件となる．別の例をあげると，商標は生産者に市場支配力を与えるかもしれない．労働契約はある特定の産業に対する労働供給の独占的な支配権を 1 つの組合に与えるかもしれない．政府は，ある航空会社に指定された航路に対する独占を許すかもしれない．独占または寡占がゆきわたっているところでは，どんな理由のためであれ，またそれらが生産要素を含むか最終財を含むかどうであれ，市場過程が効率的な結果を生み出すことはあてにはできない．

外部性

さしあたり，価格システムが完全に機能し，そこでは相対価格が限界代替率と限界変換率を反映していると仮定しよう．価格システムに導かれた個人の行為が，効率的な結果を達成することを妨げる諸条件がまだ存在するであろう．特にやっかいな種類の問題として，外部性と呼ばれるもので，一主体の行為（多分一個人，また一企業あるいは政府）が他者の厚生に影響を与えるという状態が含まれる．われわれはすでに，池に関連して外部性の状態を議論してきた．ファウェルが代替的な廃物処理方法の中から池に投棄することを選択するときには，彼はスウィンバーンの厚生に影響を与える．ファウェルが投棄の意思決定をするときに，スウィンバーンの厚生を決して考慮に入れないので効率性の損失が生じる．

多くの状態において，ある個人の行為は他者に便益か費用あるいは同時に両方を与える．便益が与えられるときには，外部性は正であるといったり，それを外部経済と呼んだりする．負担される費用は負の外部性あるいは外部不経済として言及される．もしあなたが土砂を防ぐ擁壁を建設するならば，あなたは隣人の土地への浸食を防ぐのに役立つかもしれない．もしあなたが芝生に雑草を這わせておくならば，あなたの隣人達はすぐに自分達の芝生が同じように荒

らされてしまったのに気づくかもしれない．もしあなたがあなたの個人の利益において行動するならば，これらの外部便益と外部費用を補償される場合を除いては，あなたの意思決定において考慮することはしないだろう．もし社会がそのような補償計画を実行しなかったならば——われわれは市場がこの仕事を達成するのを取引費用が妨げるであろうことを知っている——各個人の利己心に基づく行動が社会全体に関しては最適である行為とはならないことを見いだすであろう．最適な状態とは，溝もなく，雑草もない状態であると論じているのではない．もしそれらを取り除く費用がその除去によって得られる全便益を超過したならば，明らかにそれは不経済的である．むしろわれわれが論じているのは，補償計画の欠如するところでは，社会はきわめて少ない擁壁ときわめて多くの雑草とをもつに至るだろうということである．私的収益と社会的（すなわち全共同体の）収益との間の乖離のために，調整されない個人の行為は最適以下の結果に至る．

　外部性，およびそれらが生み出す市場の失敗は，私的市場に対する政府の介入の主要な根拠である．もっともなじみのあるもっとも広範囲に議論された外部性は環境に関連している．現在の価格設定の制度を所与とすると，われわれは市場の諸システムが十分に純粋な空気や水をもたらすことを期待はできない．環境はもっとも直接的に思い出されるが，われわれがいまや当然と見ている多くの政府活動は，はじめは外部性の問題に対応することから発展した．都市のゾーニングの法律は，ガソリンスタンドを住宅地の近隣から排除している．交通整理の機器や人員は，1人の運転手の選択が他の人々に不便を与える程度を緩和している．

　他方，社会的取り決めは，さもなくば存在しないであろうような外部性を時々創り出す．老人医療保険の下では，老人が病院やナーシングホームに行くときにわれわれ皆のかわりに資源を費やす．これらの私的決定は，まったく当然にも，意思決定者に対する費用のみを考慮に入れ，社会に対する全費用を考慮しているわけではない．かくして，それらを供給する費用が他の人々によって分担されるときには，資源は過大に使用される傾向がある．環境に関する物理的外部性と対比すると，この外部性は金銭的である；両方の形態とも費用がかかる．公共的意思決定者は，これらのような事例を詳しく吟味するべきである．社会的目的を達成するための多くのわれわれのメカニズムは，市場の効率化機能のために新しい道路防塞を建設するという個人的活動を奨励する傾向を

もつ．われわれの課税や福祉計画は広範囲な金銭的外部性を創り出している．もし福祉を受けているある個人が職を得て，それゆえ納税者になるのならば，社会は全体として彼の所得税の額と彼がもはや受領することのない福祉への支払いとの合計額に等しい直接的便益を確保する．同様に，ある生産性を維持している個人がより一層の訓練を受けることを選択し，その生産性を増大させるときには，その増大した税の支払いに等しい外部性を社会の構成員が獲得することになる．しかし，彼はさらにどれだけ多くの訓練を受けるべきかを，彼と彼の家族が獲得することになる便益に基づいてのみ決定する．この種の外部性は，もしそれらが補償されないままならば，人的資本に対する過小投資に導くことになる．一般に利己心に基づく市場行動は，正の外部性をもたらす活動のほんの一部を，また外部費用をもたらす活動のきわめて多くを引き起こす．

ギャレット・ハーディンは，その有名な論文「共有地の悲劇」の中で[3]，人々が他の人々に賦課する費用を考慮に入れられないときに迫りくるリスクに関して警告している．共有地の比喩は，牧草地を共有し，牛を放牧するためにそれを使用する村人達の話である．牧草は少数の牛にとっては十分である．しかし，ひとたび牛の数がある水準以上に増えると，過剰な放牧の効果が現れる．牛達はよりやせてきて，そして肉の総産出も減少する．しかし各村人は，自分自身の厚生を最大化しようと努めるので，無情にも彼が保持できる限りの牛を放牧する．すべての人々はますます貧しくなっていく．

共有地は，まったくきわめて親しみ深い1つのモデルである．高速道路で混雑する車，川に汚物を投棄する工業や住民，ジョージ・バンクで魚をとりすぎるトロール船——全員が他者に費用を課し，そして対称的な様式で行動する人々の手により費用を被ることになる．全員が共通に保持されている資源を使い尽くす．しかし，誰にもその習慣を変えようとする誘因はない．そうすることで自分に獲られる便益は，費用よりもはるかに小さい．運転や投棄や漁獲を抑制するために何らかのメカニズムが発見されねばならない．

公 共 財

もしある財が外部経済を生み出すならば，他の個人や機関がその財を購入したり提供したりするときには，ある個人は便益を得るだろう．その購入者自身

---
[3] *Science 162*, no. 3859 (December 13, 1968): 1243-48.

第 14 章　望ましい結果の達成　　　　　　　　　　　　　　305

も，いかにもそれを買うように誘因されるに十分（費用と比較して）に大きな便益を受け取っている．しかしながら，彼は――たとえば擁壁に関して――社会的に最適であるよりも少なく購入するであろう．公共財と呼ばれている若干の財については，個人はその全便益の大変小さな部分を得るのみなので，誰も自分自身でその財を購入したいと思う人はいないように思われる．

　外部性という点では，公共財はある連続体の限界に位置している．われわれが通常購入し使用する財のほとんどは，主として私的である．ニックが新しい靴下を購入したり，歯医者の治療を受けたりするときには，他の誰も彼の購入からは何ら便益を受けない．擁壁や雑草を抑える努力はどちらも公共財ではない；それらの外部効果は明確に限定された性質をもっており，私的利得は重要な私的行為を誘引するに十分である．他方，政府に特徴的な産出，すなわち市民の共通の利益に影響を及ぼすそれらの財やサービスは，公共財である．このような財を提供する必要性が，公共選択メカニズムや実は政府の存在自体に対する主要な正当性の１つである．公共財のより一層明確な事例には，森林地帯や国防，そして洪水対策計画がある．サンフランシスコへの訪問者は，たとえ維持費を支払わなくても，ゴールデン・ゲート公園を満喫するかもしれない．気象庁の天気予報は，納税者にも非納税者にも同様に利用可能である．共通して保持されている目的や共同してのみ達成されうる目的はどんなものも，公共財としてみなされるかもしれない．もし共通の目的が達成されるならば，その集団のあらゆる人は，彼がどれだけ多くの努力と支出とを払ったかに関係なく便益を得る．

　若干の公共財，たとえば情報は，その性質上無形である；天気予報がまさにそうである．特許制度による制限がなかったならば，ほとんどの科学技術上の開発や発明はあらゆる人のものとなるであろう．（特許なしでも少数の取引上の秘密は保持されうるのは確かである；コカ・コーラの製造法は多分もっとも有名である．）科学的知識のより重要な領域は，多くの場合，公共財である．その議論が，発見事実は広く知らしめられることを厳しく条件にしている国家科学財団（National Science Foundation）の創設につながった．１人にとって知識であるものは，すべての人にとっての知識となり社会の全員が便益を得る．

　過去には，公共財は厳密に定義された種類の財であり，一連の属性によって確認しうると学者によってみなされた．次第に明らかになってきたことは，いかなる属性が項目に入れられるべきかについて誰もが同意するとは限らず，と

にかく公共的であると広くみなされていたほとんどの財が，ある程度まではその本質的な特徴を保有しているということである．それにもかかわらず，その属性の項目を示すのは有益である．なぜなら，それらは単に外部性の働きにすぎないものから，公共財を区別する方法を明確にしてくれる．

1．非供給性（Nonprovision）（あるいは過少な総供給（gross underprovision））．その集団の構成員に対する総便益が総費用を超過したとしても，自由に選択できるならば，その財を供給しようとはしないであろう．人里離れたあなたの近所から村の中心地まで，あなた1人が（あるいは誰か他人が）歩道を敷設しても，値打ちがないことであろう．事実，あなたがその歩道から引き出す便益は，あなたがその供給に拠出するかどうか，あるいはどれだけ拠出するかには無関係である．もしあなたが，それはあなたの援助なしでも敷設されるであろうと確信するならば，それのために自発的に，わずかな拠出でもしようという誘因をあなたはもたないだろう．近隣のあらゆる人にその歩道がもたらす総便益がその敷設を保証する以上のものであろうとも，もしその供給のための金銭的取り決めを調整する方法が見出されえないならば，歩道は存在しえないであろう．なるほど，性質上明らかに公共的である財を自発的に，なんとか調整して提供している組織が存在する．宗教組織あるいは慈善組織が，自発的拠出に依存する現実での集合体となっている．それらの有効な機能が，それらの目的を分かちもつあらゆる人に，たとえ彼が拠出していようがいまいが便益を与える．そして，それゆえに便益を得るかもしれぬ人数には限度はない．（もちろん，拠出者は彼らが与えるサービスから若干の私的満足を得る．）しかしながら，指摘すべきことは，これらの組織はある程度の支持を受けつづけてのみ首尾よく機能しうるのである；提供者らは自分が組織の存続に重要な役割を演じていると信じているに違いない．協同をもととする多くの活動が，この程度の自発的支持も受けることができない．それらは社会の全構成員の拠出が確保されるときにのみ，基金を得られるであろう；ある強制的な要素が非常に重要となっている．たとえば，多分あなたは，1960年代には，自分の車に汚染除去装置を自発的に設置しなかっただろう．しかしもし他のすべての運転者が同様にそうすることを強制されたならば，進んでそうしたかもしれない．町の森のためにあなたは4分の1エーカーの森を買うお金を進んでは出さないかもしれない．しかしあなたは，1,000人の町の住民の全員に強制的に250エーカーの区域の購入のために非自発的に拠出させる租税の法案には投票するであ

ろう．確かに，どんな強制的方法も，課税であれ規制であれ正統化されるためには，ある程度の共通の利益の認識が必要となる．

　2．非競合性（Nonrivalry）．ある人の利用が他の人の消費を減少させない．それゆえ支払わない人々を除外することは非効率的となる．歩道は共同で利用される財である．1人の歩行者の歩道の利用は，他の人々が利用可能な量を目に見えるほどには減少させないだろう．それゆえ，歩道のコストに対して支払おうとはしない人々を除外することは非効率的である．他方，明らかに非競合性には限度がある．ある点では，追加的な歩行者は他の人々に無視できない負荷をまさに課しはじめる．そしてもし通行が本当に大量であるならば，これらの混雑の費用は大きくなる．こういうわけで，たとえば町の海水浴場は，非居住者にはしばしば閉じられる．それでも，歩道，道路，公園，海水浴場，そして同様なものは，公共財として通常認められている；それらは，たとえ接近には制限が加えられても，協同のうえで供給されるのが一番よい．

　3．非排除性（Nonexcludability）．非拠出者を排除することが不可能であるか，実際的ではない場合がある．もちろん，有刺鉄線の塀や通行人が支払う回転式入口などの方法で，道路に入るのを制限したり拠出者に限定したりするためならば設置されるかもしれない．これは決して魅力的な解決ではない；排除は，他の場合（有料道路が証明しているように）においては実行可能であっても，ここでは全体的には実際的ではない．それにもかかわらず，非排除性はかつてに比べて一層まれな現象となっていることを，われわれは認めねばならない．科学技術がより洗練されてくるにつれて，以前は排除が実行不可能であったところでも，しばしば実行可能になってきている．公共財の標準的な事例はかつては燈台であった；それが公共財とみなされたのは，どの水夫も燈台の維持のために何も支払っていなくても，その便益から排除されえなかったからである．今日では，燈台のシグナルの受信をその特典に対して支払った人々のみに限定する装置が，適度な費用で利用可能にされた．しかし，そうすることは消費者間に競合性がないゆえに，不幸にも非効率的となる；追加的な利用者は，その供給者にも，他の利用者にも，いずれにも追加的な費用を課してはいない．それゆえ，燈台は他の根拠に基づいて依然として合理的に公共財とみなされている．

　これらの3つの中で，消費における非競合性は公共財と認定するための鍵となる属性である．しかし，公共性とは程度の問題であるということは心に銘記

すべきである．政策のための重要な教訓となるのは，公共財はまさに本来的に，それらを生産させるのがあらゆる人の利益になり，それゆえ明らかに集団全体にとっては最善であるときでさえ，孤立して行動する個人の手にその課題が残されるならば，生産されないであろうということである．要するにそれらは，市場の失敗の古典的な場合である．今やわれわれは，このような失敗に対する可能な改善策に向かおう．

市場の失敗の対処策

市場が失敗した．われわれはどうすべきか．その答えは，失敗の程度と形態，およびそれを取り扱うために利用可能な手段とに依存している．

市場の失敗の対処のための私的メカニズム

ある状態においては，私的行為が市場の失敗の対処には最善の方法であるかもしれない．テニスコートは費用逓減の生産物の限定された形態である．そこでは，コートの費用のほとんどは，1日に2時間使用されようが12時間使用されようが負担されねばならない．このことを人々が理解するのは，この重大でもない市場の失敗の救済策として非営利的なテニスクラブを設立するときである．先に指摘したように，私的慈善やボランティア組織がさまざまな公共財の供給にきわめて重要な役割を果たす．アウドボン・サンクチュアリは，国内の多数の地域にかなりのオープンスペースと避難地を提供している．多数の組織があまり幸福でない市民のために，いくつかの種類の物的援助を提供している；彼らの努力は，社会の残りの人々にとっては実際には公共財である．

すべてのそのような努力にはある程度の協同や調整が必要である；それらの多くは，うまく機能してきた長い歴史をもつ組織を含む．認識すべき重要な点は，われわれの社会の自発的集合的行動のかなりの量が政府に依存することなしになされてきたことである．そしてそのような自発的行動は，しばしばある状態の市場の失敗に対処するのに利用されうるもっとも有効な手段であるということである．

私的メカニズムの可能性は同じく否定的な教訓をも示唆している．政府の努力は，たとえばある目標とされる集団のためにテニスコートや家を提供することは，同等に有効であったであろう私的行為にとってかわるであろう．政府がすでに介入しているときには，われわれはしばしば私的代替案がいかにうまく

成し遂げるかを観察するための機会をもつことはない．

市場の失敗に対処する政府の役割

　本書は公共的意思決定に焦点を当てているので，1つの中心的課題を対象にしている：それは政府はいかに社会的厚生を増進するための有効な政策を定式化すべきかということである．政府がある役割を果たすべきときと果たすべきでないときをわれわれが理解することは，その役割がいかに果たされるかを知ることと同様に重要である．単純に言えば，市場が十分なほどには機能しないときには，政府の活動すべき役割があるかもしれないということを述べてきた．

　政府に選択可能なのはどのような形態の活動であろうか．第1に，政府は何もしないことを選択するかもしれない．有効な政府の政策は，要請されていないときには活動を控えることと，正の便益が期待されうるときには介入することとの間でバランスを保たねばならない．

何もしないこと

　何もしないことが最善であると判明するかもしれない．先に指摘したように，私的行為にとってかわる政府の計画は，全体的にはほとんど成果を達成しないかもしれない．1つの主要な問題は，われわれが実際に実行しうる政策がある理想的な世界においては最善である政策と鋭く比較される可能性があることである．われわれが達成することを正当に期待しうる介入の形態は，結局事態を悪化させるかもしれない．われわれは皆，禁酒法の歴史を知っている．アルコールの消費は負の外部性を生み出し，それが政府の販売禁止に導いた．その純効果は法破りのかなりの増加であり，飲酒の減少は予期されたよりも少ない結果を伴った．禁酒法は廃止された．今やわれわれは，たとえば課税，年齢制限，酒類認可，そして販売の諸法律によってアルコールの外部性に対処している．しばしば主張されることは，売春やマリファナの使用を禁ずる法律は，禁酒法の現代版であり，どちらの場合にもまったく何もしないことが現行の規制計画よりも選好されるかもしれない．

　過去40年にわたって，市場が非競争的であると強く主張されている諸状態に対処するために，さまざまな形態の規制活動が発展させられてきた．航空，エネルギー，そして航空料金に対する連邦の統制，および工場での安全や排気口からの汚染物質に対する政府によって課された制限は，そのことを示す事例

である．これらの規制上の努力の多くは，最近，増大する批判にさらされている．それらは目的を達成してもいないし，多くの場合には，結局良くするよりも害を与えていると強く主張されている．かくして，工場での安全を増進する努力は，その高い費用にもかかわらず事故を減少させるのに何の役にも立っていない，と告発されている．

　規制緩和は，現在では有力な論争点である．非難の対象は，たとえばある規格の鋳鉄製のパイプが風呂おけからの排水管として使用されるという建築基準から，航空の料金と航路を設定する民間航空局（Civil Aeronautics Board）に至るまでの範囲にわたる．より痛烈な批判の指摘するところは，われわれが現在もっている介入の諸形態やわれわれが達成しそうないかなる他の形態よりもすぐれている規制上の介入はまったく介入しないことであろうと．政府が介入に踏み込むときに自由と私的意思決定の権限の喪失を強調することによって，多くのこれらの批判はその議論を強化している．ここは一般的な政府の不適切性や特定の規制上の努力について詳しく述べる場ではない．しかしながら読者には，市場の失敗に対処するための介入の歴史は失望の歴史であることを警告しておくのが適切であるように思われる．さまざまな領域において，計画はわれわれが期待したよりはるかに大きな犠牲を払って，われわれが期待していたよりもはるかに少しのことしか成し遂げなかった．新しい問題に対処する方法や古い問題に対処する新しい方法を考慮するときには，この教訓が心に銘記されるべきである．政府の介入が非生産的であることがわかった現実のあらゆる状態において，今指摘されるべきことは，最初の努力が誤った方向に向けられたのか，政治的要因がその効果的な働きを妨げたかである．不幸にも，無知，偏向，そして政治的圧力は，常に政策の定式化の過程を再編成するだろう．意図された目的を達成する政府の計画を創り出し機能させるわれわれの能力は，あまり大きくないことを学ぶべきであろう．さらに，市場の失敗が政府の介入を必須とはしないということを承認せねばならない；それは単に，そういう介入が便益をもたらしうるという可能性を示唆するにすぎない．

政府活動が肯定的となる諸形態

　本書は，ある政府活動の形態が便益を与えると期待される状態に関する研究に向けられている．もし活動が要請されているならば，いかなる多様な方法もとられてよいであろう．現在の成果を改善しようと試みるその手段にしたがっ

てそれらの方法は区分されよう．政府ができるのは，(1)市場の機能の改善を試みること；(2)個人や企業に特定の方法で行動することを要求すること；(3)私的な個人や企業の決定に影響を与える誘因を提供すること；そして(4)財やサービスの供給に直接的に従事することである．

市場の機能の改善を試みる政府の諸手段

　伝統的な政府の活動の多くは，市場機能をより有効にするのに役立つ努力から成っている．多くの領域では，政府は市場の参加者に情報を提供している．政府は肉を等級に分け，経済活動水準に関する情報を集め，施設を合格と認定し，さまざまな職業の構成員の免許を与え，健康と安全の標準に関する情報を提供し，そして最近では，生産物の保証をよりわかりやすくする方式を作り上げている．このようなすべての活動は，情報の流れを促進し，それゆえ市場の機能性を改善する試みとみられうる．その理論的根拠は，消費者や生産者が購入を考えている商品をよりよく理解するであろうということである．また，われわれの法体系すなわち財産と契約に関する法律をめぐる見地は，個人が単純な物々交換よりも複雑な交換にたずさわることを可能にすることにより，市場機能をより有効にするのに役立っている．

　反トラスト活動は，有効な市場行動を増進させるためのより積極的な政府の介入を示している．政府は，購入主体と販売主体とが過大な市場支配力を手に入れるのを防ぐようにしているのであろう．もし単一の生産者あるいは販売者がある市場において支配的な販売者となるならば，政府は競争を増進させるための行動をとるであろう．そのような努力は，ニューハンプシャー州のコンコード市におけるガソリン市場や，全合衆国の小型発電機市場，あるいはアルバカーキ市の左官市場に対して行われてもよかった．第1の場合には主要な石油会社が支配力をもっており，第2の場合にはある製造業者，第3の場合には労働組合が支配力をもっていたようだ．

　競争を促進するための適切な武器はさまざまである．ガソリン市場においては，「破滅的競争」，すなわちより小さな競争者をその事業から締め出すのに十分長い期間ガソリンを費用以下で販売し，それにより独占を獲得し維持するという会社の努力を政府は禁止するであろう．また政府は国内市場を分割し，それぞれの企業にあるテリトリーにおいては支配的地位を割り当てるという大規模生産者間で可能な共謀的行動を細かく調べることができる．小型発電機市場

をより競争的にするために，政府はその優秀な製造企業に対して公正な使用料金で重要な構成部分に関する特許を公開することを要求する．その結果は，競争者達がその重要部分を発明しなかったという理由のみで全市場から排除されることは不可能となる．左官達に対処するには，政府は既存の非組合員がある量の仕事をすることを認める措置を創り出すかもしれない．そのような行動は，マイノリティーの人々が組合の中で一人前の職人や徒弟の地位を獲得することを組合が認めることを要求したり，あるいは非組合員の左官が仕事上で競争するのを困難にしたり不可能にしたりする労働慣行を禁止したりする形をとることができるであろう．

個人や企業に特定の行動様式を要求する政府の諸手段

　市場の力を増強するという行動は，すべての問題に対する適切な手段であるわけではない．たとえば，もし公益事業がその生産過程の費用逓減的特性のゆえに市場支配力を獲得しているならば，実質的には効率的でないより小さな2ないし3つの公益事業に分割することを実行するのは，適切であるとはいえないであろう．30年前に2つの競争する電話会社のあった地域——フィラデルフィアもその1つである——が国内にまだ残っていた．その料金はどんなに競争的であろうとも，多くの人々はお互いに電話することができなかった．生産過程の特質により単一の生産者ないしは多分2社にすることが当然あるいは適切となるときには，政府の通常の道筋は価格を規制することである．本質的には，政府は単一の生産者にその市場支配力を手放すことを要求し，そして投資家に対して公正報酬率を保証することと，公衆を経済的搾取から保護することという，対をなす目的間に公平な解決を見出す価格を設定する．この種の価格規制が非常に取り扱いにくい仕事であることを歴史は示している．価格を設定するために使用された基準が何であれ，生産者が生産物を生産するために最も効率的な手段以外のものを追求することを助長しそうである．通常は，規制された価格は費用に基づいている．費用がどのように定義されても，必然的にある種類の費用は，他の種類の費用ほどには料金設定目的のために十分には検討されないだろう．生産者は，したがってインプットや資本調達の方法に偏向した選択をするであろう．たとえ価格の設定の定式化が高度に分析的な基礎に基づいて設定されたとしても，しかしそれはありそうにないことではあるが，この種の問題は生じるであろう．加えて，価格を設定する規制上の努力は一連の

政治的圧力に従属する．その結果は大変に浪費的であり，高価な活動となる．そのうえ，最終的に設定される価格は，いろいろな特定のヒアリングや料金設定過程において相争う諸力に強く依存して行き当たりばったりになる傾向がある．

　時には，政府は生産物の価格よりもむしろ品質を規制する．安全でないとみなす生産物を市場から追放しうる；食品添加物は最初の事例である．ある品質標準にしたがうことを要請しうる．たとえば，新車はある低燃費の能力を満たすことを要求されるかもしれない；弁護士の資格を得ていない個人は，たとえ彼らの経験がまったく明らかである（あるいは欠いている）としても，法律業務を行うことは禁じられている．そして，マリファナやセックスのような若干の生産物はまったく販売を禁じられるかもしれない．

　また政府は，生産過程の不幸な結果を避けるために，財が生産される方法をも規制することもある．環境を保護するために，政府はある型のフィルターを工場の煙突に設置することを要求し，あるいは公益事業者にある種類の燃料を燃やすことを要求する．労働者の健康と安全に配慮して，政府は今，アメリカの工場で使用されている生産設備に対して若干の安全性の特徴を規定している．かくして，政府はガードレールはある高さでなければならないとか，フォークリフト車は転倒防護をしなければならないと詳細に述べるかもしれない；同様に，労働者はある種の化学薬品の大桶を開ける際，素顔のままではしてはならないとか．これらの規制は，単なる温情主義以上のものを反映している．というのは，社会全体が不適切な安全性から生じる医療や不具の何らかの費用を分担するであろうからである．それは先にわれわれが金銭的外部性として確認した状態である．

　要するに，政府はどんな生産物をどんな方法で生産し，どんな価格で販売さるべきかを命じうる一連の手段を保持している．個人に対し消費できるものとできないものを命じることも可能である．1977年の天然ガスの不足時での経験が示唆するように，政府は人々に家をどのくらい暖かく保つべきかを命じようとさえするかもしれない．

私的な個人や企業の決定に影響を与える政府の誘因

　政府が私的行動に強制を加えようと試みるとき，主要な2種類の逆の帰結が生じる：(1)それは個人の行動の自由を制限し，多分まれではあろうが他の自由

権にも間接的な脅威となる；そして(2)政府は非効率であるか不適切である行動を要求するかもしれない．これらの逆の帰結が示唆するものは，市場の不適切な働きを補完しようという政府の努力と，基本的自由を犯すことなく効率的な方法で社会の資源を配分しようという願望との間の緊張である．もし政府が，個人の行動をこまごま指令するよりもむしろ行動に影響を与える誘因を利用するならば，その緊張は多くの重要な事態の中で緩和されるか回避されることが可能である．

政府による誘因メカニズムの背後にある原理はすぐに理解される．若干の種類の私的な行為は社会的便益をもたらしたり社会的費用を課したりする．個人と企業は，自己の利益の極大化の過程において，それらの社会的収益を考慮に入れない．要するに，外部性が存在する．そのような事態を修正する誘因は，個人がもし正の外部性を創り出すならば彼への支払いという形態をとり，もし彼が有害な外部性を生み出すならば彼に対する課税という形態をとる．

先に観察したように，ある個人がより一層の教育を求めるときは，彼はその稼得能力を増しそれゆえ将来の税収入に寄与する．こうして，教育を求める彼の決定は正の外部性を生み出す．しかし，彼の決定は自分で予想する便益に基づいているのみであり，そして多分その時点での税引後の便益に基づいているだろうと考えられる．私的利得を超える社会的利得の超過分が，政府の奨学金制度や他のより一層の教育を受ける誘因に対する1つの正当化を提供する．指摘すべきは，教育補助金は個人が学校に行くことを要求してはいない——学校からほとんど得るものはないと信じる人々はそうすることを選択しないかもしれない——しかし，より一層の教育を求めるという選択案をより魅力的なものにしている．

逆に，ある工場がその煙突から特別なものを排出するとき，それは周囲の共同体の市民に対して費用を課す．しかし，利潤の最大化を追求している工場の経営者はこれらの費用を無視する傾向があるだろう．このことは，不幸であるとともに非効率でもある．廃棄物処理の費用の1,000ドルを工場で節約するために，彼は共同体に5,000ドル以上の費用をもたらすことになる廃棄物を煙突から放出するかもしれない．政府によって指示された誘因計画は，煙突から放出する廃棄物の各単位に対して企業に料金を課することによってこの問題を処理しようとする．そのような料金は，通常，排出課徴金（effluent charges）として言及される．もし1単位が1ドルの外部費用を課すならば，適切な1単位

当たりの料金も1ドルである．（この1ドルの総費用は，各個人に賦課された費用を評価し，そしてそれらの額を合計することによって計算される．）誘因によるアプローチは実際，外部性を市場で購入されねばならない他の生産要素と同等のものとして取り扱う．生産者は，伝統的には，使用したい労働と資本の組み合わせを選択することができる．同様に，もし外部性が価格をつけられているならば，それを引き下げるための最小費用の方法を決定し，そして事実彼の最終生産物の生産の最小総費用を決定するという融通性をもつであろう．政府がその外部性の1単位当たりに設定する価格は，機械や労働の価格と同様に，それの限界費用に等しくあるべきである．この場合に，その限界費用はその1単位が社会の残りの部分に賦課する費用である．

前項で提示された強制された行動によるアプローチと誘因によるアプローチとの間の論争は，これまで活発な論争であった．経済学者における広範な多数派は誘因に強く賛同している，しかしいくらかの人々はその実用性を疑問視している．ほとんどの経済学者は，環境保護の規制は不満足な結果に至っていると信じている．

　　規制当局は，あらゆる産業のあらゆる企業にとって利用可能であるところの，費用，科学技術上の諸機会，代替的な原材料，そして生産物の種類について知ることができない．たとえそれが各企業に対して適切な削減の標準を決定できたとしても，負担費用や市場，新しい科学技術，そして経済成長に適応するために，しばしば修正しなければならないだろう[4]．

対照的に，規制当局が決して全知でないときでさえ，適当な誘因を提供するための課税は望まれた反応をより引き出すように思われる．排出課徴金に反対する主要な議論は，それらの実用性に関連している．参考にすべき経験は限定されており，たとえば下水の汚物の削減努力のような関連した領域からのいくらかの経験があるのみである．デラウェア河口の研究によれば[5]，汚染物質排出の一律削減の費用の約半分で，排出課徴金の方法はある所与の水質を達成するであろうことがわかった．環境上の領域における誘因によるアプローチの潜在的可能性は，少なくとも広大であると思われる．しかしながら，われわれ

---

[4] Allen V. Kneese and Charles L. Shultze, *Pollution, Price, and Public Policy* (Washington, D. C.: The Brookings Institution, 1975), p. 88.
[5] Ackerman et al., *The Uncertain Search for Environmental Quality* (New York: The Free Press, 1974).

が前に述べたように，規制によるアプローチの歴史は失望の歴史であった．排出課徴金に関する真の検証だけを経て，注意深く観察された文脈の中でその方法の広範な適用性が浮かび上がってくるであろう．

　強制された行動に対置されるものとしての誘因の利点は，政策の他の多くの領域にわたる．たとえば，職業上の安全を増進する現在の政府の努力は，物理的設備，柵の高さ，機械の監視などに対して標準が設定されるという制度にほぼ完全に依存している．政府の検査官はそこで，もし標準が満たされていないならば罰金を徴収し，そして関連する設備を標準に到達させるために手続きをすることになる．この制度は多くの不利益をもっている．ほとんどの企業は検査されない状態にある；その標準は費用に応じた企業間の相違を考慮に入れていない；資本設備を強調することは，そしてそれは事故のほんのわずかな部分にしか含まれていないので，安全のために重要な他の要因が見落とされることを意味する；潜在的に重要な代替的なアプローチが軽視される．要するに，これは職場の中へ政府が侵入するにはむしろ無器用な形態である．誘因によるアプローチは，職業上の安全を増進する代替的な手段として提示されてきた．基本的には，税は労働者がけがをしたときに課せられ，その税の大きさは事故のひどさに依存するであろう．このような制度の主要な利点は，それが雇用者に，たとえば訓練計画，保安事務員，仕事内容の変更などの労働者の安全を増進するすべての手段を追求する誘因を与えることである．しかしながら，注意すべきは，職業上の安全ということは，あるアプローチが真に有望であるかそれとも概念上単に魅力的であるのかどうかを立証することができるのはただ現実世界の経験のみであるという領域である．多分，そこでは雇用者の保険料が彼の事故の経験に結びつけられている場合の，労働者の補償制度からの証拠が示唆的な洞察を提供しうるであろう．

　誘因によるアプローチは，消費者の行動が外部性を生み出すときにもまた適用可能であるかもしれない．ある人の医療費の大部分が社会の他の構成員によって負担されるという，現行の公的，私的両面の入念な制度を所与とすれば，健康をおびやかすような活動に従事しようという個人の決定は負の外部性を生み出す．タバコを吸うことができようができまいが，スミスのことを考えてみよう．もし彼がタバコを吸うならば，悪い健康状態になるであろう可能性が2％ある．もし彼がタバコを吸わなければ，その確率は1％に下がる．もし彼が悪い健康状態になるならば，社会に1,000ドルの費用がかかる．そのときに，

社会がスミスに〔(0.02−0.01)×1,000ドル〕＝10ドルを負担させることは適切であろう．もしスミスの医療費が私的保険で支払われねばならないならば，この負担はより高い保険料の形態をとるであろう．もし国民健康保険であるならば，タバコを吸わない個人に「支払う」租税払い戻し計画を設定してもよいであろう．より単純には，すでにわれわれが行っているように，タバコに単に課税することもできよう．しかし，適切な外部性の計算によれば，その負担は現行の場合よりもずっと高く（あるいは低く）あるべきであるということが示されるであろう．

　要するに，誘因によるアプローチは，個人や企業に良好な方向に影響を与えることによって外部性に対処する手段として真剣に考慮する価値がある．

財とサービスの政府供給

　われわれがこれまで公共の福祉の増進のための政府の活動について論じてきたメカニズムはすべて，市場の諸機能を改善する努力を含んでいた．2つの種類の問題において，政府の市場に対する直接的な介入がより望ましい活動過程であるように思われる．それらは公共財と所得分配である．

　公共財．財の集合的供給に対する理論的根拠は何であろうか．公共財の顕著な特徴は，その供給が共通の目的であることである．その目的は，コロラドのグリーレーの公園や，アメリカ合衆国の国防や，あるいは貧者に対する所得の追加でありうる．共通の目的が達成される限りにおいて，その目的を分かちもつあらゆる人々は便益を得る——それを達成するための彼の努力には関係なくである．結果的に，自分がある計画に拠出しようがしまいが，それが実行されるであろうと信ずる個人は自発的に拠出しようという誘因をほとんどもたないかもしれない．この状況を記述する伝統的な用語は，彼がある計画の便益に対して代価を支払うことなくそれらを得ようとすることを認めて，フリー・ライダーまたはフリー・ローダーとして非拠出者を言及している．無数の組織——宗教的，慈善的，教育的——が自発的贈与に依存した長い成功の歴史をもってはいるが，われわれの大部分は，政府の本質的な事業がその維持のための自発的な拠出に依存しえないし，してはならないということに多分同意するであろう．あらゆる人々は，彼が国防に対して支払っている額に無関係にそれから便益を分かち得ている．しかし，もしその額が自発的な慈善であったならば，ほとんどの納税者は今支払っているのと同じ額だけを提供しないだろう．多くは

フリー・ライダーの立場を選択するだろう——軍事力による保護から彼らが都合よく排除されることは不可能だろうと確信して．

　いかなる根拠に基づいて，ある計画が集合的に実行されるべきであるかどうかをわれわれは決定しうるであろうか．提案されたグリーレーの公園についてさらに考えてみよう．そしてそれは 95,000 ドルの費用がかかるとしよう．グリーレーの 2 万人の市民の各人は公園に対し 5 ドルだけ拠出する意思があるとしよう．なぜあらゆる人々は簡単にその額を提供しないのだろうか．なぜならば，その提供者が残りの 19,999 人もまた提供するだろうということを確信しないならば，5 ドルの拠出は何の報酬も生まないからである．そのうえ，もし他の人々が必要とされる額を拠出するならば，彼が何も提供しなくてもその公園を享受することが可能である．この状況を所与とすれば，拠出することを当てにできる人は少ない．しかし，明らかに公園は建設されるべきである；それの全体の価値はそれの費用よりも大きい．ただ，すべての人が自分達に各々 4.75 ドルを課税する契約に同意してのみ，必要な基金は調達されることが可能となる．

　公園が建設されるべきであり，そして集合的に建設されるべきであるとひとたび明らかになったならば，その都市はいかなる程度まで施設を発展させるであろうか．われわれは第 9 章で見たように，付加的な便益が付加的な費用を超過する限り，その都市はそれに資金を支出しつづけるべきである．そして，付加的な便益は各市民の個人的限界便益の総計である．形式的用語では，発展はまさに次のような点に至るまでつづくべきである．

$$MB_1 + MB_2 + \cdots + MB_{20,000} = MC$$

その点においてのみ効率性の条件が満足される．

　すでに見たように，政府の特徴的な産出，すなわち市民の共通の利益に影響を与える財やサービスは公共財である．それらは広範な方向の活動を含んでおり，国防から橋や燈台，法と秩序の維持から所得分配にまでわたっている．公共財の効率的な産出水準を達成するためには集合的活動が必要とされる．大部分の状況において，政府は公共財が供給されることを保証する論理的な集合的単位である．競争的な自由企業体制の利点を強調する社会では，われわれの社会もおそらくそのようであるが，政府の活動の重要な範囲，また政府が直接的に財やサービスを供給する活動の全部ではなくても大部分に対して，公共財はその正当化となる．

・・・・・
　所得分配．われわれは先に，市場によって生み出された所得の分配が不満足であるとみなされるかもしれないことを言及した．すなわち，完全競争市場がわれわれを効用可能性フロンティア上の点に到達せしめるであろうことを知って安心したのであるが，なお自由市場によって到達されるその点よりも他の諸点を選好するかもしれないのである．分配は1つの主要な政策上の関心である．課税する権力によって，政府は直接的に所得と富の分配に影響を与えている．資源を特定の市民の集団に供給する計画によって，政府は財やサービスの分配やそれゆえ効果的な所得の分配に影響を与えている．（しかしながら，第13章で考察したように，1つの所得分配を別のものより選好するための論理的に演繹されうる手順は存在しない．）さらに，効果的で意味のある分配を達成するための手段に関する議論は，本書が詳細に立ち入るべき場所ではないとわれわれが信ずるような錯綜した問題をもちこむ．この課題に関するわれわれの議論は，所得分配政策の議論が洞察よりも多くの熱情をすぐに生み出しうるという観察によって強化される．

　それにもかかわらず，先の諸章で提示された手法の多くが，たとえば次のような疑問に応えるのによく適している：われわれはいかにして計画 X の分配上の帰結を評価しうるであろうか．計画のいかなる組み合わせが集団 A に対して Y ドルの便益と等価なものを最小の費用で集団 B に提供するだろうか．もし社会の中のいかなる集団も政策の変更によって被害を被るべきではないとの規定を制約としてみなすならば，代替的な政策の集合の中でどれが最も高い純便益を生み出すであろうか．われわれは次のように信ずる．すなわち，もしより多くの所得分配の問題が客観的で冷静な形で提出されたならば——そしてこれらのような質問が代表的であるが——，究極的な帰結は不利益を被った社会の構成員に対しても，はるかに大きな便益をもたらすであろう．

　・・・・・・・・・・・・・・
　公共財としての所得分配．ある集団の個人のいかなる共通の目的も公共財として考えられうることをわれわれは見てきた．このような目的の中には，グリーレーの公園や，アメリカ合衆国の国防，そして貧者に対する所得の追加があった．3つの場合における「公衆」は，グリーレーの居住者，アメリカ合衆国市民，そして所得の追加を提供する中流所得の居住者である．

　所得分配問題を定式化しよう．すべての中流所得の市民が——彼らの中の1万人が——町の東部に住んでおり，町の西部には 5,000 人の貧しい人々が住んでいる．すべての東部の人々はより貧しい彼らの町仲間が改善されることを願

っており，そしてその目的が達成されるために何がしかを支払うであろう[6]．実際，現在の所得分配の下では，各人は西部の居住者のための1,000ドルの便益を保証するために，彼自身の1ドルの貨幣を提供するであろう．ゆえに，各人はなぜ直接的に貨幣を与えないのだろうか．まったく単純に，1人の1ドルの移転は西部の人々のためのただ1ドルの便益を生むのみであろう．換言すれば，移転を価値あるものにするのに必要とみなされる1,000ドルのたった1,000分の1にすぎない．東部の各個人は自発的には何も拠出しないであろう．

　この事例における所得分配は公共財である．(より正確には，資源の西部への再分配は公共財である.)西部のために拠出されたあらゆる1ドルは，その拠出者が誰であろうと，10分の1セント（すなわち1ドルの1,000分の1）の便益を生む．かくて，スミスが1ドル拠出するときに，彼は10分の1セントの便益と等価なものを得るが，彼の隣人のジョンとハリスそして他の9,997人の東部の人々も同様である．1ドルの移転からの東部の純便益は，かくて(0.001ドル×10,000)－1ドル＝9ドルである．このような魅力的な計画を捨てることは愚行であろう．その問題からのがれる道は東部の市民に集合的に拠出してもらうことである．もし全員が自分達に各自200ドルの課税をすることに同意するならば，西部の各人々に合計400ドルを提供することができる．東部の各居住者の純便益は(0.001×200ドル×10,000)－200ドル＝1,800ドルである．

　もし便益の関係性が移転される各1ドルに対して不変のままであったならば，東部の人々は自分自身が貧者になるまで資源を移転しつづけるだろう．しかしながら，東部の人々が大きな拠出をなし，そしていく分より貧しくなっているならば，彼らの平等主義の利得は低下するかもしれない．より重要なことに西部の人々は今や実質的に改善されているのである．実際，東部の各人々の200ドルの拠出の水準においては，移転される1ドル当たりの東部の人々の便益は100分の1セント（0.0001ドル）に低下しているとしよう．東部の各人々が付加的な1ドルを拠出した集合的計画が，たとえば税収によるとすれば，東部の人々には0ドルの便益をもたらすことになろう．その点を超えた移転努力のい

---

[6] 確かに，もし彼らがフリー・ライダーでありえたならば，なおさらそれを好むであろう．ある特定の東部の人の最初の選択は，彼は何も提供しないのにもかかわらず，彼の友人である残りの居住者に西部への拠出をしてもらうことであろう．フリー・ライダーの問題は，すべての公共財について生じるのと同様に所得分配についてもいつでも生じる．

かなる増大も，付加的費用よりも少ない便益を東部の人々にもたらすであろう．いつものように形式的な条件は次式となる．

$$MB_1 + MB_2 + \cdots + MB_{10,000} = MC$$

これは，東部の各人々が200ドルの拠出をしているときに，まさに妥当する．この事例における各個人のMBはもう1ドル多く移転することから彼が受け取る便益である；限界費用はもちろん1ドルだけである．かくして，効率性の条件は満足される．

望ましい結果の達成における政府の役割に関する展望

　第13章では，社会一般そして特に政府が追求する諸目標の確認を試みた．本章では，社会が実行するその手段を略述してきた．個人や企業による私的決定は，政府の活動に補完的となる配分メカニズムである．これらの決定は，完全に機能している競争市場によって調整されて，効率的な結果を保証することになろう．社会の各個人は，他の人々によって達成される水準と矛盾することのない最大の厚生水準になるであろう．

　2つの広範な理由によって，政府の活動は市場行動に対して望ましい補完物となるかもしれない．第1に，競争的市場によって主に達成される効率性は，社会的厚生に対するただ1つの貢献者であるにすぎない．公平すなわち社会の財やサービスの分配に対する関心は，自然的競争の結果から資源の方向を向け直す政府の活動を正当化するかもしれない．第2に，市場は満足に機能することができないかもしれない：多くの財やサービスは競争市場では供給されない．かくして，効率的な結果は到達されえない．そのとき政府は，効率性を増進することを仲介するのが望ましいことを見出すかもしれない．

　市場の失敗の形態は6つの項目に入る：不完全情報，取引費用，市場の欠如，市場支配力，外部性，そして公共財．政府はそれらに対処するためにいかなる選択をするであろうか．1つの可能性は何もしないことであり，いかなる活動もそれが克服するよりも多くの問題を創り出すかもしれず，そして多分私的組織がその問題に対処するであろうと考える．より介入主義者的な傾向に立てば，4種類の活動が政府には利用可能である．それは市場の働きを向上させるように施策することができる．情報の流れが改善されそして私的市場決定がそれによって促進されるときのように政府の介入は精妙になりうる．またそれは無遠慮にも公然ともなりうる；たとえば警察サービスや貧者への貨幣のような公共

財の直接的な供給に対して政府が支払うことができるように，市民は課税されるかもしれない．多くの状況においては，政府は直接的な市場参加者になることは望まないだろう．しかし個々の活動には影響を与えることを望むであろう．ここにまた，多くの可能性が存在する．企業にその煙突からどれくらいの煙を排出できるか命じたり，あるいは消費者が保証されてないか安全でない生産物を購入することを，その財を市場から排除することによって妨げるときのように，政府はある行動を命じることができる．代替的に，煙突の排出物に対して排出課徴金を設定したり，安全でない生産物に対する負担の制度を創設するときのように，政府は誘因を変更することによって個々の決定に影響を与えることができる．

　これらのさまざまな介入の形態の中から適切な選択をするためには，偉大な技能と注意深い考察が必要である．政府は市場の失敗を補完しようとするときに，しばしば官僚的な不手ぎわや愚かさを責められる．しばしば，真の困難は不適切な介入の形態が目下の問題の対処のために選択されてきたことに存する．その特定の介入計画の管理を改善しても，ほとんど何も達成しないだろう；決定的な必要性は介入形態の変更にある．本書の大部分を通じて，われわれは政府の介入形態がすでに決定されており，そして介入自体は選択の問題ではないと仮定してきた．その理由は教育上のことであった：われわれは，横たわっている問題の議論を次から次へと始めることはしないで，本質的な分析の道具を発展させたかった．それにもかかわらず，機敏な政策策定者は本質的な問題を見失うことはないであろう：

　　1．なぜ私的市場はこの政策領域において満足に働いていないのか．
　　2．どんな形態の政府の介入が適切であるのか．

これらの横たわる問題が固く心に銘記されているならば，公共選択は改善されるであろう．先の諸章で提示された政策分析の手法は，代替的な介入の形態の帰結を予測し，評価し，そして究極的にはそれらの中から選択することに役立つことが明らかとなるだろう．

第15章　分析の適用

　　……欲するは無限，行うは有限……
　　　　　　　　　　欲望には限りがないが，その実行は限度の奴隷です．
　　　　　　　　　　　　　　　　　　　　　　　　　『トロイラスとクレシダ』
　　　　　　　　　　　　　　　　　　　　　　　　　　　　第３幕第２場

　公共的意思決定者は困難な課題をもっている．彼は，ある個人が自分自身のために選択することによるすべての問題と，その個人が他者のために行動することによる多くの追加的な問題にも同様に直面する．彼が選択をする環境は数々の方法で制約されている．資源は——税収，利用可能な空間，また才能ある人員であろうとも——稀少であり，そして効果的な配分は政治的配慮や怠惰な官僚制の限定された能力によって制約されているかもしれない．それにもかかわらず，公共的意思決定の問題の本質は，第３章において導入された選択のモデルで記述されるものである．そこでは，以下の２つの本質的な要素が確認されうるときに効果的な選択がいかになされうるかを，単純な図式を利用して示した：(1)諸属性の記述を含めて利用可能な代替案，と(2)それらの属性の代替的な組み合わせについての意思決定者の選好，とである．本章はそれらの２つの重要な情報の一部に分析者が到達するのを手助けし，そして，熟慮された公共的意思決定をするために実際にいかに組み合わされうるかを例示することが意図されている．

　本書の第１章で，公共的意思決定に対する分析的アプローチの基礎を提示し，そして政策問題を考えるための５つの段階の順序を略述した：枠組みを設定し，代替案を提示し，帰結を予測し，結果を評価し，そして選択を行う．いまや，本書の材料でその分析枠組みをいかに実地に試すかを，前に戻って見てみよう．

枠組みの設定

　取り扱われねばならない基礎をなす問題は何か？　何らかの政策領域で行動を意図するときに，第1段階はいやしくもある問題が存在するのかどうか，そしてなぜ存在するのかを決定することである．市場志向的な社会においては，疑問は次のようになる：市場はこの領域においては満足に働いているのか，そしてもしそうでないとすればなぜそうでないのか．あなた方が本書を読みはじめたとき，多分，たとえば，河川の浄化，危険な生産物やごまかしの品質保証からの消費者保護，電力料金の抑制のようなむしろ具体的な用語で政策問題を考えていた．今からはあなた方がこれらの諸問題をより概念的レベルで見るであろうし，それらを外部性，あるいは情報の不完全な流れ，あるいは市場支配力の用語で認識するであろうことをわれわれは希望している．第14章で略述された不満足な市場の成果に対しての可能な説明の範囲を復習しておくことも役に立つであろう：

1. 情報は市場におけるすべての予想される参加者の間で費用なしに共有されることはない．
2. 取引費用は有益な取引行為を著しく妨げる．
3. いくつかの財については適切な市場が存在しない．
4. 市場への参加者のいくらかは市場支配力を行使する．
5. 外部性が存在する．その結果，1人の個人の活動（一個人や一組織であろうとも）は他者の厚生に影響を与える．
6. 政策選択に含まれる財は公共財である．

これらのどの条件の下においても，あるいはもし必要な分配上の目的に役立てられるならば，政府の介入は適切であろう．政策分析はそのときには価値がある．

　問題の枠組みを定めることは，今度は世俗の詳細なことがらから，より抽象的，概念的な段階に移行することを意味する．われわれは直面する市場の失敗の形態を診断しなければならない．たとえば，ハドソン川に対する代替的な公害制御手段を探求している州の環境委員会の分析者は，疑いもなく，本質的な市場の失敗は外部性の形態で生じていることを発見するであろう．工場は産業廃棄物を川に投棄し，そして都市や町は未処理の下水汚物を川に投棄し，それゆえ川を楽しみたいと思うすべての人々に費用を課している．

問題の性質を確認したならば，それに直面して，われわれはどんな目的を追求しなければならないか？　われわれはある問題の複雑な事態に入り込んだときに，きわめてしばしば目的を見失ってしまう．問題とされる市場の失敗を確認することを自身に要求するのは，われわれが大局的な視座を銘記するのを確実にする1つの方法である．目的に対して念入りに注意を払うこととは別のことである．たとえば，内科医の地理的分布を「改善」すべきであるというありふれた問題を考察しよう．しかし，医者を分散することは目的に対する単なる一手段である．しばしば見過ごされるのは，その目的は人々の健康を改善することである．意思決定者が地理的分布にたいそう関心をもっていて盲目的に分散の何らかの手段を追求しており，そのために人々の健康が副次的問題になっていることを想像することは容易である．

目的に対して明示的な注意を払うことにより，われわれは単調さからのがれ出る．ハドソン川の問題においては，われわれはすでにその川が外部性ゆえに汚いということを知っている；工場も町もそれらの投棄を制限しようという誘因はほとんどもっていない．次の段階は，われわれが何を成し遂げようとしているのかを決定することである．「われわれは川を浄化しようとしている」ということに心をそそられるかもしれない；確かにそれは好意的な広報である．しかしそのような一般的な叙述は，いかによく意図されていようとも特別な指示はほとんど提供しない；われわれはまさに何を成し遂げようとしているのかをはるかに正確に知る必要がある．どのくらいきれいならば十分にきれいなのか．われわれはより魅力的な環境を単純に創出しようとしているのか，あるいは魚釣りや水泳が目的なのだろうか．産業を抑制したり，誘引するための努力にどれくらい多くの注意が払われるべきであろうか．都市や町に課される費用はどれくらい重大なのか．多分，これらの疑問は分析のこの段階では完全には答えられない；ほとんどは社会にとって利用可能で受け入れられるトレードオフに依存しているだろう．しかし，その疑問は問われねばならない．そしてそれにつづく分析は，それらに答えるのに役立たねばならない．さもなければわれわれは誤った問題を解いたことに数年後に気づくかもしれない．

代替案の提示

問題の枠組みを明確に銘記して，われわれは第2段階に進むことができる：活動の代替的な方向は何であるか？　政策選択の代替案は最初に思ったよりも

しばしばはるかに広範である．第14章で，政府の介入が多くの形態をとりうることを見た；どんな特定の状態においても，どの形態が最も適切であるかを決定することが重要である．

ハドソン川についてもう少し長く論及してみよう．実際的に言えば，分析者が登場する前に評価されるべき汚染の制御手段の形態が，多分より狭い範囲で設定されるであろう．そして彼はそれらの代替案の範囲内で検討しなければならないだろう．多分，彼は浄化設備のために3つの可能な用地の1つを選択するだけである；多分彼の仕事は，定常的な汚染源に対する排出基準を勧告することである．しかし実行されるかもしれないすべての介入の種類について考慮するのに，1，2時間を使うことは彼に価値のあることだろう．というのは，その問題全体の彼の理解やアプローチが，もし彼がはじめにより広い枠組みの中でその問題を考えるならば，改善されるであろうからである．

ハドソン川について何もしないことも1つの可能なことである．しかし，まさに委員会が創設されたことは，積極的な介入が要望されていることを示唆している．しかしながら，多くの形態の代替案が依然として存在するが，そのことはもしそれらが考慮のために探求されないならば，多分見過ごされるかもしれない．実際的な意思決定枠組みのほとんどにおいては，大胆な新しいアプローチは政治的あるいは歴史的諸理由によって実行可能でないであろう．しかし次のような可能性について考えてみよう：

1．政府は市場の働きを改善しようと試みるかもしれない．ハドソン川については，きっとこれは高い順位である．きれいな水に対する市場は現在存在しない；「市場の改善」は無から市場を創設することを意味する．明らかに不可能だとあなた方は言うだろう；川はあまりに大きく，汚染の源はあまりに多様であり，影響を受ける住民はあまりに多くの異なった利害をもっている．われわれも同意はする——しかしあなた方に思い起こしてほしいのは，あまり広範囲でない問題に対しては，市場が発展しうるように所有権を認めたり売ったりすること（すなわち，誰かがその水を所有するように問題を整理すること）が，実際に実行可能な代替案であるかもしれないということである[1]．その市場がすでに存在している他の状態においては，市場の改善（たとえば，情報を提

---

1) 簡単な例として，小川の隣接者は水を浄化する権利を授与される．そのとき，彼らは上流の汚染者を訴える権利をもつであろう．この制度では，隣接者が汚染者の投棄を許可するかわりに補償を要求しうるように，有利な取引の可能性を創り出す．

供することによって）は，比較的容易であり，そして驚くほど有効な介入の形態である．

2．政府は，人々に特定の方法で行動するように要求するかもしれない．未熟ではあっても，1つの明確な方法は公然たる命令である；「投棄をやめよ！」あるいは，投棄の量や許容される汚染の水準に対して制限が課されるかもしれない．この指令の形態は，標準が設定され，成果が監視され，罰則が設定され，そして規制が実施されることを必要とする．特に汚染者の数が多いならば，これらの仕事は容易でも費用がかからないわけでもない．しかし，多くの人々にとってその方法は審美的に満足するものである：それは「適切な」目的に戦いをいどむ——汚染者は悪い奴であり，そして何も不確実な条件はない．アルバニー（ニューヨーク州の首都）の分析者は，この形態の介入に努力を集中するよう教育されているであろうことはまったくありそうである．それから彼は，たとえば標準の厳格さ，汚染の種類，違反者に対する罰則，そして監視と実施の手続きなどの詳細によって，可能な活動を記述することを求められるであろう．

3．政府は，個人や組織の決定に影響を及ぼす誘因を提供することができる．汚染制御の方法に関するより技術的な文献のほとんどは，2つの一般的な形態のさまざまな誘因計画を取り扱っている．1つのアプローチでは，排出課徴金が汚染者に課される；排出量が大きければ大きいほど，彼らはより多く支払うことを要求され，そして汚染制御施設の設置の誘因もますます大きくなる．第2のアプローチは，ある量の汚染の排出権を汚染者が購入することを認めることである．他方，他のすべての排出は禁止される[2]．

きわめて多くの領域で，誘因計画は私的決定に影響を及ぼすための抜群の手段である．減反政策（Soil bank payments），投資減税，アルコールやタバコに対する課税，そしてガソリンに対する累進課税の提案は，すべて望ましい方向に私的選択を向けることを目指している．

4．政府は財やサービスの供給に直接的に従事しうる．この場合，ニューヨ

---

[2] 排出課徴金と汚染権の利点と欠点は本書の範囲をかなり越えている．理論では，両者とも標準を設定するという直接的なアプローチよりもはるかに効率的である．なぜならば，もし適切に管理されるならば，それらは最小の費用で汚染を除去する人々によって望まれる汚染の削減が実行されることを保証するからである．それらの反対者は，適切な管理は空想であり，汚染者にその極悪な行為を許しておくことは——代償を払ったとしても——道徳的に非難さるべきであると主張する．

ーク州は直接動き，そして川を浄化できるであろう．そして，他の人々が投棄した有害な物質を取り除くことができよう．現在の技術を所与とすれば，そのような方法への期待は有望ではない．しかし，直接的な活動は，たとえば道路ぎわのごみの清掃のように，別の状況においてはもっともな活動の領域となろう．

代替案を提示することは，しばしば，困難な仕事であると同様に創造的な思考の機会をも提供する．きわめてしばしば，その過程は機械的な作業として取り扱われている；そして機会は失われ，そして魅力的な政策はまったく見過ごされてしまう．最も単純な段階では，この再検討のために十分な時間を認めることが重要である．あなた方が2, 3週間を費やす政策問題を考察しはじめるときには，利用可能な代替案を探求するのに1日, 2日をとることがほぼ確実に価値がある．より伝統的に30分の時間配分をする分析者は，大きなものを見失うかもしれない；最適な選択はいつでも，すぐに明らかになるとは限らないであろう．

新しい代替案が分析中に開発されるかもしれない；これらはアプローチにおける主要な変化を示すものではない．第3章において，テニスコートとソフトボール場との間の町の選択について検討した．多分，第3の代替案が可能である：テニスコートは冬にはホッケーの競技場やバスケットボールのコートに改造できる．時には，新しい代替案は単に時期の変化を意味するにすぎない．たとえば，夏の終わり頃よりもむしろ夏の早い頃のために利用可能なコートをもつために，固いトラックの建設のための追加的費用を町が受け入れるかもしれない．あるいは新しい案は規模の変更を意味するかもしれない；多分，1時間当たり3,000ガロンの浄化設備は，単にわずかによりきれいにする計画された5,000ガロンの設備の代用とされるであろう．

われわれは汚染の制御のための代替案の中でどれが——あるいはどの型の介入でも——選好されるべきかについては何も主張しない．事実，代替案はきわめて広範囲な画筆で描かれてきた；純粋な分析は，それらをはるかに詳細に叙述しなければならないであろう．しばしば問題点が確認され，そしてより多くの情報が利用可能になるにつれ，代替案の精緻化が分析全体を通じて続くであろう．

追加的な情報が利用可能となるときに，それを利用するために代替的な活動方向が計画されうるであろうか？　意思決定者が仕事をしなければならない現

実世界についてより多くのことを学ぶにしたがって，伸縮的な決定過程の下では活動の方向を変更することも可能である[3]．たとえば，市営の下水施設はしばしば町の豪雨時の下水管を組み込んでいる．雨がひどいときには，たいそう多くの追加的な水がその施設を通って流れこむので，汚物処理設備は対応できなくなる；未処理の汚物はそのときには川に排出されねばならない．多くの町では今，この状態を（連邦政府からの財政的援助の下で）豪雨時の排水のための分離された施設を設置することによって補正しようとしている．もし分離された豪雨時の下水管が市営下水施設によって引き起こされてきた汚染をかなりの程度減少させることが判明するならば，代替的な汚水制御計画は容易な修正によって立案されるべきである．同様に，将来の技術進歩が有毒な物質を合理的な費用で無害にするような排水処理を可能とするかもしれない．汚染制御の諸戦略は，意思決定者を既存の技術に基づいた仮定の中に閉じ込めるべきではない．

　適切な政策分析は反復的な過程である；それが問題の明確化から選好される活動の選択まで直線的な形で進むことはほとんどまれである．むしろそれは，人の問題理解が深まるにつれていきつもどりつしながら進むのである．

帰結の予測

　ひとたび問題が適切に限定され，そして代替的な活動の方向が叙述されたならば，政策分析者は何が起こるであろうか予測を試みねばならない．代替的諸活動の各々の帰結は何であるか？　時には，諸活動から諸結果までの過程を跡づけるのにわずかな熟考で十分であろう．しかし多くの状況においては，助力のない直観によっては迷うのも当然である——あるいは単に空しい失敗に終わる．それではどんな技術が諸帰結を予測するのに適切であるか？　分析者はその問題の本質的諸要素を把握するように意図されている現実世界の抽象であるモデルに向かうであろう．

　若干の状況においては，そのモデルは知的指針として役立つのみであろう．ある外来患者の病院の院長は，容認できないほど長い列の人々が診療を規則的に待っていることに気づいていると仮定しよう．彼女は来院を減らすように働

[3) この種の伸縮性は明示的にデシジョン・ツリーに組み込まれており，そしてそれは決定過程のフィードバックの局面を強調する．第12章のほとんどは，継起的な方法による意思決定のための情報の利用にささげられた．

き，診療時間を速め，窓口を増やさねばならないか，または列が作られそして優先権が与えられる方法を承認せねばならないことを知っている．これらの要素が待ち行列のモデルにおいて，いかに相互に影響し合いそうであるかをただ理解するだけでも，彼女を正しい進路に着けるのに十分であるかもしれない．

　汚染制御問題のために必要とされるモデルは――そして確かにいくつかあるであろうが――はるかに複雑である．まず第1に，分析者が開発しなければならないモデルは，ハドソン川の水質が排出物のさまざまな形態や量と天候条件に対していかに反応するかに関するモデルである．（実際的には，彼は多分それの開発のための専門的知識をもった誰かに委任するであろう．）そのときにのみ，彼は水質に関し，代替的方法と制御の程度に関して，起こりうる結果を予測しうる．コンピュータ・シミュレーションはこのような事態における最も有用なモデルの型でありそうである．

　しかし，さまざまな制御手段の水質に対するインパクトは，結果の単なる一部分にすぎない．分析者はそれらのインパクトによって影響される個人や企業に対するインパクトもまた予測を試みねばならない．特にもし企業がその州外の競争者に対して著しく不利益な立場に置かれるならば，経済的効果は重大であるかもしれない．都市や町は強い圧力を受けて下水の改善のための必要資金を用意するかもしれない．要するに，提案された政策のすべての効果が考慮に入れられねばならず，単に意思決定者によって望まれる効果のみであってはならない．

　結果が不確実ならば，各々に関して推定される確率は何か？　もしある政策選択の帰結が不確実ならば，そして特に起こりうる結果が互いに大きく相違するならば，政策策定者はデシジョン・ツリーを作成し，そして各結果の確率を推計することを望む．不確実性は常にわれわれとともに存在する；たとえばハドソン川の汚染の場合，完全な正確さをもって天候や汚染制御技術の将来の開発，あるいは政治過程の気まぐれのどれも予測することは不可能であろう．

　もし最終的に選択された汚染制御戦略が議会や他の政治団体に委託されねばならないならば，徹底的な政治の分析が適切である．政治的現実を見過ごしている素朴な研究であれば，ハドソン川への排出物を減少させる最善の方法は，ある種の誘因計画を設けることであると，たとえ過去に議会がこのような計画に対して著しい熱意の欠如を示していたとしても，結論づけるであろう．もっともすばらしいと考えられる計画は，もしそれが直面する最初の議会の委員会

が否決したり，見るかげもなくめった切りにするならば，無益である．もし汚染制御の実施が州の官僚制——現在あるいは将来の——への信頼を必要とするならば，これもまた分析に含められねばならない．きわめて多くの有望な政策選択が，政策変化や仕事の負担の増大による脅威を感じる官僚によってたくみに妨害されてきた．

　要するに，あなた方が自分のモデルを構築するときには，そこの外では何が起こるか，いかに世界が実際に機能しているかを必ず理解することである．そして現実世界の理解は，関係の単なる評価の問題ではない；それはまた事実を正しくつかむという問題である．有能な分析者ならば，伝統的な知恵を点検し，そしてその分野の専門家に相談するであろう．同時に彼は，過去に特定の政策に関与してきた経験をもつ人々をあてにする前に，独立した確証を探し求めるであろう．彼はいろいろな疑問を——如才なく——たずねるであろう．「何度くらい豪雨時の下水管があふれるであろうか？」「その効果はどのくらいの期間続くであろうか？」「計画 X を調査するのにどのくらい時間がかかるであろうか？」「計画が応諾を得るには何度くらい調査しなければならぬだろうか？」それが苦痛であろうとも，彼は経験上の詳細を，たとえそれらが決定にはほとんど無関係と思われようとも十分に習得するであろう．大気汚染を議論するときにはどんな硫酸塩であるかを，あるいは原子力を考察するときにはどんな共通した形態の失敗が存在するかを，また病院の新しい設備について論じるときにはどのような返済制度が具合がよいかを，知らないことは，分析者としての彼の信頼性を致命的に傷つけるかもしれない．とりわけ，モデルに明示されていない前提と資料の背後に存する制約とを理解することが重要である．

結果の評価

　個人的な決定を行う個人は，内省によって彼の選好を定めることができる．政策分析者の仕事はもっと複雑である．彼の主要な責任の1つは意思決定者がその選好関数を定めるのを助けることであるから，本書の重要な部分はその仕事を遂行するための方法に対して向けられている．第8章は選好関数自体を考察したのに対し，第9章は計画評価へのその適用を議論した．そして第10章は長期間にわたる効果をもつ決定の問題を取り上げた．

　これらの手法は自然法則ではなく，またそれらは神の力で示されるのでもない．むしろ，それらは次に示すような根本的な疑問に関連する基本的な哲学上

の諸原理の若干から導出されてきた：公共選択の目的は何か，あるいは，同じ疑問を決定の枠組みで問えば，政策の選択が評価されるべき基準は何か．この疑問に対する究極的な解答を，それには何千もの哲学者，政治理論家，経済学者，そして公共的意思決定者らがいるので，われわれは回避してきた．事実，疑問がどのような形をとろうとも，決定的な解答は存在しえない．しかしながら，第13章において有用な推論が導出されうる若干の基礎的な諸原理を提示しておいた．

　評価はしばしばきわめて困難である．代替的選択案の相対的な利点が比較されないならば，合理的な政策選択は可能でないことは明らかではあるが，時々，分析者はまったく評価を避けようとしている．評価はかなり高度の知識を必要とするので，われわれは再び本書の課題に戻ってしまった．そして，そのつど新しい理解の水準を加えることを期待する．

　われわれはどのように各目的を追求する上での成功を判断すべきか？　よくある評価の問題を考えてみよう．ボストン空港を経営する当局であるマスポート（Massport）は，混雑がひどく重大な外部性を生み出すほどであった空港の交通を制限する手段として，駐車料金の引き上げを最近検討した．マスポートのために行われた分析の一部は，代替的な価格引き上げの空港へ来る車の数に対する効果を予測した．しかし，これのみでは彼らの知る必要のあることに関してほとんど何も教えていない：ある所与の混雑の減少の価値はどれだけか．その疑問は解答するのに困難なものである．さらにマスポートが１ドルまたは２ドル駐車料金を引き上げるかあるいは何もしないという決定は，各選択の結果をいかに評価するかに確実に依存するであろう．さもなくば，サイコロをころがしてそれの駐車料金を決める方がましである．

　ハドソン川の分析者はもし合理的決定を勧告しうるならば，彼は水質のさまざまなありうる改善の程度を評価する何らかの方法を発見しなければならない．同様に，もし汚染の制御が人々に費用を課すならば（たとえば，処理施設によって景色の展望をさえぎられることによる），それらの費用がまた評価されねばならない．われわれが第９章で見たように，原理的には適切な評価は，一方では水質の改善を達成するのに自発的に支払う最高価格であり，他方では課された費用を回避するために自発的に支払う最高価格である，ただしその額を推計するのはかなりの工夫が必要であろう．汚染制御のインパクトが多年にわたるであろうから，便益と費用のフローは割り引かれねばならない．

若干の評価の問題，特に無形のものを含んでいるものは数量化に適さない．このような場合には，分析は記述的に問題を取り扱うことができる．多分，提案された福祉計画は受給者の威厳を傷つけるとみなされている；その事実はちょうど総費用額が含めれられるように，その計画の産出の1つとして分析に含められるべきである．重要な無形のものを確定することは，明確な数字を提示することと同じように分析者の仕事の一部である．正直で善意の人々でさえ十分には同意できないから，評価の問題は常に論じられるであろう．分析者の仕事は，価値が公開でかつ明示的に割り当てられることを確保することによって，議論が規則正しくかつ適切になるであろう見込みを高めることである．

ある代替案が不可避的に，若干の目的に関しては優れており他の目的に関しては劣っているということを認めるときに，価値づけられた目的の異なる組み合わせがいかに互いに比較されるべきであろうか？　特定の属性に対して価値を割り当てることは，選好を定める際の困難の中のきわめて小さな部分である．ほとんどのあらゆる重大な政策選択において，価値づけられた属性の間で苦痛を伴うトレードオフが形成されるに違いない．ハドソン川の浄化も例外ではない．水質の改善は，かなりの犠牲を払ってのみ達成されるであろう．製造費は上昇するだろう；若干の工場は産出の減少を余儀なくされるかもしれない；若干数はまったく閉鎖さえするかもしれない．その地域の雇用は減少するかもしれない，しかし若干の仕事の損失は新しい施設の建設や新しい汚染制御サービスの供給での仕事によって相殺されるかもしれない．新しい下水管と処理施設は都市や町にとって高価である；税率およびまたは借金が上昇するであろう．州は汚染制御を管理するのに大きな費用を被るかもしれない．決定はほぼ確実に分配上の関連をもつであろう：汚染制御の便益は市民の1グループによって享受されるかもしれないが，他方費用は主に別のグループによって負担される．公共的意思決定者はこれらのような競合する目的間で困難な選択をするために選挙されたり任命される．彼は社会の構成員が彼と同じくすべての事情について知りえたならば，彼らが水質のどのくらいの改善を選択しただろうかを社会のために決定しなければならないだろう．

第8章において，意思決定者の選好を確定するために，単純な組み合わせごとの比較から十分に定式化された目的関数に至るまでの多様な手法を議論した．われわれが見たところでは，後者はある政策選択に関して予測される結果の何らかの属性（たとえば，水質や雇用）の変化が，その結果についての意思決

者による全体的な評価にいかに影響を与えるかに関しての形式的な叙述である．われわれのほとんどは，汚染制御分析者も含めて，目的関数を数学的用語で記述したいとは——もしあるとしても——ほとんど望まないであろうけれども，あらゆる行われた意思決定においてそのようなことは暗黙の内になされている．それは，われわれが望んで行いかつ特定の選択によって意味されているトレードオフを注意深く見ることを思い起こさせてくれる依然として有益な概念である．

選択の決定

　分析のすべての観点が合わせて叙述されたときに，望ましい活動の方向は何であるのか？　政策分析の最後の段階は最も満足しうるものである．というのはその分析の唯一の目的がよりよい意思決定をすることであったからである．問題の限定，目的の特定化，必要なモデルの構築，そして代替的諸結果の評価とに懸命に立ち向かった後，政策策定者はいまや望ましい選択を行うためにあらゆることを統合する．状況が簡単な場合には，各代替案に対して予測された帰結を容易に見ることができ，最善であるものを選ぶことができる．逆の極端な場合には，状況はたいそう複雑で，選択案には何があり，可能な選択に対して世界はどのように反応するのか，そして彼の選好は可能な結果の中の何であるのか，について跡づけるためにコンピュータにたよらねばならないであろう．

　1つの重要な教訓が明らかであるが，しかし容易に見過ごされる：すべての本書の目的はよりよい意思決定をすることを助けることである．しかしわれわれは皆，数えきれない政策研究がどこにも導かなかったことを知っている．容易にアクセス可能な情報を利用することに手間をかけない公共的意思決定者に問題が存在する場合もある．よりしばしば，責められるべきは分析の生産者である．多くの政策分析はちりを集めている．なぜならば状況はあまりに長期であるか，またはあまりにむずかしいので理解できないからである．思い出してほしいのは，あなたがより良いモデルを構築するだけではうまくものごとが進むということにはならないだろうということである；分析はもしそれが他の人々に伝達されえないならば無価値である．それゆえ，警告の言葉は：「単純にしておけ」である．目的は意思決定者に伝えることであり，彼を圧倒することではない．分析は本質的な点がすぐに把握され，そしてもし必要ならば討論されうるような方法で提示されるべきである．

きわめてしばしば，主要な意思決定が行われねばならないかなり後までも，分析が終えられない．もし新エネルギー政策が1978年に採用される予定であるならば，1979年に完成されうるエネルギーの利用可能性に関する広範な研究に従事することはほとんど意味がない．政策が論争されるときには手元にあるあまり野心的でない研究がはるかに価値があるであろう．タイミングの必要性は，当然のことながら完全性との間のトレードオフを示唆する．政策研究が伝統的な学問的研究の水準を希求することはほぼ不可能である．専門雑誌に発表される成果は，時間の吟味と同僚の研究者の持続的な探求に耐えうることを意図されている．政策研究の目的は，時間，情報そして能力に対する諸制約を所与として，可能な限り最善の分析を提供することであろう．

競合的な政策の代替案間での選択は決して容易ではない．というのは将来は常に不確実であり，不可避的なトレードオフは苦痛の大きいものであるからである．ここで提示された諸方法はこれらの困難を除去することはできない．しかしそれらはわれわれが困難をうまく扱うのを助けることはできる．代替的な政策の帰結を予測するわれわれの能力を改善し，それらの帰結を評価するための分析枠組みを提供することによって，政策分析の手法はわれわれをよりよい決定に向けて導いてくれる．

推薦文献

第1部 基　礎

Feiveson, Harold A., Sinden, Frank W., and Socolow, Robert H., eds. *Boundaries of Analysis.* Cambridge, Mass.: Ballinger Publishing Co., 1976. The companion volume is *When Values Conflict: Essays on Environmental Analysis, Discourse, and Decision*, edited by Laurence Tribe, Corinne S. Schelling, and John Voss.

タックス島のダムは建設されるべきかという論争を読んだ問題に対する異なる方法論の分野の学者による深い考察。

Friedman, Milton. *Essays in Positive Economics.* Chicago: University of Chicago Press, 1953. (佐藤隆三・長谷川啓之訳『実証的経済学の方法と展開』富士書房, 1977.)

第1章が, モデルを構築する際の予測や仮定についての正確さを担保する必要性について論じた, 重要なエッセイである。

Greenberger, Martin, Crenson, Matthew A., and Crissey, Brian L. *Models in the Policy Process.* New York: Russell Sage Foundation, 1976.

多くの例のある, 有用な評価できるサーベイ。

Hicks, John. *Value and Capital: An Inquiry into Some Fundamental Principles of Economic Theory.* 2nd ed., Oxford: Clarendon Press, 1965. (安井琢磨・熊谷尚夫訳『価値と資本——経済理論の若干の基本原理に関する研究——』(全2冊), 岩波文庫, 1995.)

現代ミクロ経済学の名著：新古典派のすべての長所といくつかの短所の源泉。

Mansfield, Edwin. *Microeconomics.* New York: W. W. Norton & Co., 1975.

中級レベルのミクロ経済学の良いテキストであり, この本で経済学に興味を持った人が次に進むひとつの候補。

Roberts, Marc J. "On the Nature and Condition of Social Science." *Daedalus* (Summer 1974):

47-64.

Simon, Herbert A. "Theories of Decision-Making in Economics and Behavioral Science." *American Economic Review* 49, no. 3 (June 1959): 253-283

Stigler, George J. *The Theory of Price*. 3rd ed., New York: Macmillan, 1966. (内田忠夫・宮下藤太郎訳『価格の理論』第3版 (全2冊), 有斐閣, 1974-1976.)

Zeckhauser, Richard, and Schaefer, Elmer. "Public Policy and Normative Economic Theory." In *The Study of Policy Formation*, edited by Raymond Bauer and Kenneth Gergen. New York: The Free Press, 1968, pp. 27-102.

第2部 基本的技法

Ackerman, Bruce, Rose-Ackerman, Susan, Sawyer, James W., and Henderson, Dale W. *The Uncertain Search for Environmental Quality*. New York: The Free Press, 1974.

デラウェア河口の問題における分析的手法の適切・不適切な応用の洗練された検討。

Ackoff, Russell L., and Sasieni, Maurice W. *Fundamentals of Operations Research*. New York: John Wiley & Sons, 1968. (松田武彦・西田俊夫訳『現代 OR の方法』日本経営出版会, 1970.)

Baumol, William J. *Economic Theory and Operations Analysis*. 4th ed., Englewood Cliffs N.J.: Prentice-Hall, Inc., 1977. (松田武彦・横山保監訳, 福場庸訳『経済分析と OR』(全2冊), 丸善, 1966 (ただし 2nd ed.の翻訳).)

――. "On the Discount Rate for Public Projects." In Public Expenditures and Public Analysis, edited by Robert H. Haveman and Julius Margolis. Chicago: Markham, 1970.

Benefit-Cost and Policy Analysis Annual, Aldine Publishing Company (Chicago).

1971 Arnold C. Harberger et al., eds.
1972 William A. Niskanen et al., eds.
1973 Robert H. Haveman et al., eds.
1974 Richard J. Zeckhauser et al., eds.

政策分析の優れた論文集。

Bradley, Stephen P., Hax, Arnoldo C., and Magnanti, Thomas L. *Applied Mathematical Pro-*

gramming. Reading, Mass., Addison-Wesley, 1977.

線型計画法,さらには一般的な数理計画法の有用な例が多い本。

Cole, H. S. D., Freeman, Christopher, Jehoda, Marie, and Pavitt, K. L. R. *Models of Doom*. New York: Universe Books, 1973.

「成長の限界」への議論の論文集。

Dorfman, Robert. "Mathematical or 'Linear' Programming: A Nonmathematical Exposition." *American Economic Review* 43, no. 5, pt. 1 (December 1953): 797-825.

線型計画法の古典的文献。

———. "Operations Research." *American Economic Review* 50, no. 4 (September 1960): 575-623.

Drake, Alvin W., Keeney, Ralph L., and Morse, Phillip M., eds. *Analysis of Public Systems*. Cambridge, Mass.: M.I.T. Press, 1972.

この本の「技法」部分で提示された方法論に関する多くの有用で使いやすい図・例を含む。

Eckstein, Otto. "A Survey of the Theory of Public Expenditure Criteria." In *Public Finances: Needs, Sources, and Utilization*, edited by James M. Buchanan. Princeton, N.J.: Princeton University Press, 1961, pp. 439-494.

Fagin, Allen. "The Policy Implications of Predictive Decision-Making: 'Likelihood' and 'Dangerousness' in Civil Commitment Proceedings." *Public Policy* 24, no. 4 (Fall 1976): 491-528.

Fairley, William B., and Mosteller, Frederick, eds. *Statistics and Public Policy*. Reading, Mass.: Addison-Wesley, 1977.

公共政策決定における統計学の役割についての役に立つ論文集。

Fisher, Irving. *The Theory of Interest*. New York: Macmillan, 1930. (気賀勘重・気賀健三訳『利子論』日本経済評論社, 1980.)

時間の評価についての考え方の古典というべき本であり,名著で読みやすい。

Fuller, Leonard. *Basic Matrix Theory*. Englewood Cliffs, N.J.: Prentice-Hall, Inc., 1962.

Glass, Gene, ed. *Evaluation Studies*, Vol. 1. Beverly Hills, Calif.: Sage Publications, 1976.

社会問題に比重をかけた,評価についての論文集。

Goldberg, Samuel. *Introduction to Difference Equations*. New York: John Wiley & Sons, 1961.

Hanke, Steve H., and Walker, Richard A. "Benefit-Cost Analysis Reconsidered: An Evaluation of the Mid-State Project." *Water Resources Research* 10, no. 5: 898-908.

Hansen, W. Lee, and Weisbrod, Burton A. "The Distribution of Costs and Direct Benefits of Public Higher Education: The Case of California." *Journal of Human Resources* 4, no. 2 (Spring 1969): 176-191.

実際に計算まで行ったということで知られている。

Haveman, Robert H., and Margolis, Julius, eds. *Public Expenditure and Policy Analysis*. Chicago: Markham Publishing Co., 1970.

両院経済委員会で発表された論文から選んだ最も有用な論文集。市場対非市場的資源配分,外部性,不確実性,分配,インセンティブ,割引率,影の価格,プログラム予算等概念的,実際的課題についての優れた論文集。

Hinrichs, Harley H., and Taylor, Graeme M. *Systematic Analysis: A Primer on Benefit Cost Analysis and Program Evaluation*. Pacific Palisades, Calif.: Goodyear, 1972.

Hillier, Frederick S., and Lieberman, Gerald J. *Introduction to Operations Research*. 2nd ed., San Francisco: Holden-day, 1974.

良い OR の入門書:この本の次のレベル。

Hitch, Charles J., and McKean, Roland N. *The Economics of Defense in the Nuclear Age*. New York: Atheneum, 1965.(前田寿夫訳『核時代の国防経済学』東洋政治経済研究所, 1967.)

システム分析が盛んになりかけた頃の政府分析のバイブル。いまでも新しいクラスの問題に適用できるが,内容は少し古い。

Kazmier, Leonard. *Statistical Analysis for Business and Economics*. 2nd ed., New York: McGraw-Hill, 1973.

プログラム学習の形をとった統計学の入門書。

Keeney, Ralph L. "A Decision Analysis with Multiple Objectives: The Mexico City Airport." *Bell Journal of Economics and Management Science* 4, no. 1 (Spring 1973): 101-117.

―――, and Raiffa, Howard. *Decisions with Multiple Objectives*. New York: John Wiley & Sons, 1976. (高原康彦ほか監訳『多目標問題解決の理論と実例』構造計画研究所, 1980.)

多属性効用関数の議論を数学の分野から政策分析の分野に持ってくるのに役立つが, 少し難解か? この本の中の知恵や例示が理解を助ける。

Kmenta, Jan. *Elements of Econometrics*. New York: Macmillan, 1971.

Krutilla John V. "Welfare Aspects of Benefit-Cost Anakysis." *Journal of Political Economy* 69 (June 1961): 226-335.

Krutilla, John V., and Fisher, Anthony C. *The Economics of Natural Environments: Studies in the Evaluation of Commodity and Amenity Resources*. Baltimore: Johns Hopkins, 1975.

このペーパーバックは環境問題に関する決定についての興味深い事例分析を含む。この本での多くの技法 (新しいものもある) を使って分析されている。

Leibowitz, Martin A. "Queues." *Scientific American* 219 (August 1968): 96-103.

Light, Richard. "Abused and Neglected Children in America: A Study of Alternative Policies." *Harvard Educational Review* 43, no. 4 (November 1973): 556-598.

重要な政策課題へのベイズの定理の応用例。

Maass, Arthur, et al. *Design of Water-Resources Systems*. Cambridge, Mass.: Harvard University Press, 1962.

便益・費用分析における重要な問題群への学際的な攻撃の成功例。

Manne, Alan S. "What Happens When Our Oil and Gas Run Out?" *Harvard Business Review* 53, no. 4 (July-August 1975).

McKean, Roland N. *Efficiency in Government Through Systems Analysis*. New York: John Wiley & Sons, 1958.

システム分析の基本を明快に展開。水利問題を扱う。長年無視されてきたが最近注目を集める。

Meadows, Donella H., Meadows, Dennis L., Randers, Jørgen, and Behrens, William W., III.

The Limits of Growth. New York: Universe Books, 1972. (大来佐武郎監訳『成長の限界：ローマ・クラブ「人類の危機」レポート』ダイヤモンド社, 1972.)

広く賞賛された（同時に広く批判された）悲観的予測でわれわれの成長志向を変更するように要求。大きな影響を与えたが，基本的な技法は差分方程式である。

Mishan, E. J. *Cost-Benefit Analysis: An Informal Introduction*. 3rd ed., New York: Praeger, 1976.

Nagel, Stuart, and Neef, Marian. *Legal Policy Analysis*. Lexington, Mass.: Lexington Books, 1977.

Nordhaus, William. "World Dynamics: Measurement without Data." *Economic Journal* 83, no. 322: 1156-1183.

最も力強い，「成長の限界」への理論的反論。

Raiffa, Howard. *Decision Analysis*. Reading, Mass.: Addison-Wesley, 1968. (宮沢光一・平館道子訳『決定分析入門：不確実性下の選択問題』東洋経済新報社, 1972.)

決定分析の章で不満足なら，この本を読めば知識が広がる。

Rogers, Peter. "A Game Theory Approach to the Problems of International River Basins." *Water Resources Research* (August 1969).

ガンジス-ブラーマプトラ川の河川システムの分析。わかりやすい線型計画法が全体システムの分析に使われている。

Sarewell, Philip E. "Memoir on the Reed-Frost Epidemic Theory." *American Journal of Epidemiology* 103, no. 2 (February 1976): 138.

Schlaifer, Robert. *Analysis of Decisions Under Uncertainty*. New York: McGraw-Hill, 1969. (関谷章訳『意志決定の理論：不確実性下の経営問題』（全2冊），東洋経済新報社, 1974.)

決定分析に関する最も詳細なマニュアル。

Singh, Jagjit. *Great Ideas of Operations Research*. New York: Dover Publications, Inc., 1968.

Solow, Robert. "The Economics of Research or the Resource of Economics." *American Economic Review* 64, no. 2 (May 1974).

有限の資源に対する割引という概念の関係を探究した興味深い洗練された論文。

United Nations Industrial Development Organization. *Guidelines for Evaluation*. New York: United Nations, 1972, Chapter 13, "Intertemporal Choice: The Social Rate of Discount."

Wagner, Harvey M. *Principles of Operations Research*. 2nd ed., Englewood Cliffs, N.J.: Prentice-Hall, 1975. (森村英典・伊理正夫監訳, 高橋幸雄・森雅夫・山田尭訳『確立的計画法』(オペレーションズ・リサーチ入門5), 培風館, 1978.)

上級レベルの完備したORの教科書。マルコフ・モデル, 待ち行列, 線型計画法, シミュレーション等を含む。ひどい駄洒落にひかれる人は必読。

第3部　目的と手段

Arrow, Kenneth J. *Social Choice and Individual Values*. 2nd ed., New Heaven Conn.: Yale University Press, 1963. (長名寛明訳『社会的選択と個人的評価』日本経済新聞社, 1977.)

この分野の基本的文献。

Bator, Francis M. "The Anatomy of Market Failure." *Quarterly Journal of Economics* 72, no. 3 (August 1958): 351-379.

―――. "The Simple Analytics of Welfare Economics." *American Economic Review* 47, no. 1 (March 1957): 22-49.

Bergson, Abram. "A Reformulation of Certain Aspects of Welfare Economics." *Quarterly Journal of Economics* 52, no. 2 (February 1938): 310-334.

社会的厚生関数の概念を導入した文献。

Brookings Institution (Washington, D.C.), *Setting National Priorities*.
- 1970　Charles L. Schultze et al., eds.
- 1971　Charles L. Schultze et al., eds.
- 1972　Charles L. Schultze et al., eds.
- 1973　Charles L. Schultze et al., eds.
- 1974　Edward R. Friedital et al., eds.
- 1975　Barry M. Blechman et al., eds.
- 1976　Barry M. Blechman et al., eds.
- 1977　Henry Own et al., eds.

推薦文献 343

さまざまな社会分野での政策検討や提案のためにブルッキング研究所で出された業績シリーズ。

Buchanan, James M., and Tullock, Gordon. *The Calculus of Consent*. Ann Arbor, Mich.: University of Michigan Press, 1962. (宇田川璋仁監訳『公共選択の理論：合意の経済論理』東洋経済新報社, 1979.)

政治過程への経済学の応用の初期の試み。

Coase, R. H. "The Problem of Social Cost." *Journal of Law and Economics* 3 (1960): 1-44 (Dorfman and Dorfman, *The Economics of Environment* に再録).

外部性という主題への先駆的（論争的）文献。

Demsetz, Harold. "Toward a Theory of Property Rights." *American Economic Review, Papers and Proceedings* 57, no. 2 (May 1967): 347-359.

Dorfman, Robert, and Dorfman, Nancy S. *The Economics of Environment*. 2nd ed., New York: W. W. Norton & Co., 1977.

環境経済学における優れた論文の集大成。外部性，私的所有権，交渉，価値評価等を含む。

Friedman, Milton. *Capitalism and Freedom*. Chicago: University of Chicago Press, 1962.

第2章が，自由社会における政府の役割についての古典的リベラル派の考え方を示す。

Hardin Garrett. "The Tragedy of the Common." *Science* 162, no. 3059 (December 13, 1968): 1243-1248.

過密な共有牧草地の例で外部性と公共財の問題を展開した興味深い，影響力のある寓話。

Head, John G. *Public Goods and Public Welfare*. Durham, N.C.: Duke University Press, 1974.

Hirschman, Albert O. *Exit, Voice, and Loyalty: Responses to Decline in Firms, Organizations, and States*. Cambridge, Mass.: Harvard University Press, 1970. (三浦隆之訳『組織社会の論理構造：退出・告発・ロイヤルティー』ミネルヴァ書房, 1975.)

メンバーの選好が既知でなく，メンバーシップの絆が壊れる可能性のある状況において，メンバーに対して最適なサービスを提供するための組織におけるインセ

ンティブを議論。

Hochman, Harold M., and Peterson, George E. *Redistribution Through Public Choice.* New York: Columbia University Press, 1974.

分配という課題に系統だった焦点をあてた，きわめて概念的な本。

Hochman, Harold M., and Rodgers, James D. "Pareto Optimal Redistribution." *American Economic Review* 59, no. 4 (1969): 542-557.

外部性の問題として所得分配の問題を提示。

Hotelling, Harold. "The General Welfare in Relation to Problems of Taxation and of Railway and Utility Rates." *Econometrica* 6, no. 3 (1938): 242-269.

経済学を応用した，厚生を極大化する規制的方法の研究の先駆け。

Kahn, Alfred E. *The Economics of Regulation:*
  Volume I: *Economic Principles.* New York: John Wiley & Sons, 1970.
  Volume II: *Institutional Issues.* New York: John Wiley & Sons, 1971.

第1巻では市場の失敗の議論を展開して，代案としての規制モデルを提示。これらの問題についての種々の規制メカニズムを検討している。

Kneese, Allen V., and Schultze, Charles L. *Pollution, Prices, and Public Policy.* Washington D.C.: The Brookings Institution, 1975.

環境の質の向上のために経済的インセンティブを活用することをたくみに主張している。

Musgrave, Richard A., and Muagrave, Peggy B. *Public Finance in Theory and Practice.* 2nd ed., New York: Mcgraw-Hill, 1976. (大阪大学財政研究会訳『財政理論』(全3冊)，有斐閣，1961)

Norahaus, William D., and Tobin, James. "Is Growth Obsolete." In *Economic Growth, Fiftieth Anniversary Colloquium, Vol. 5.* New York: National Bureau of Economic Research, 1972, pp. 4-17. (要約が"Measures of Economic Welfare"の表題で Dorfman and Dorfman, *The Economics and the Environment* に収録。)

市場取引に含まれないものがあるので，GNP 計算に計上されていない社会への利得と損失を考慮して GNP の再計算をいかにするかを示している。

Olson Mancur L., Jr. *The Logic of Collective Action: Public Goods and the Theory of Groups.* Cambridge, Mass.: Harvard University Press, 1971. (依田博・森脇俊雅訳『集合行為論——公共財と集団理論——』ミネルヴァ書房, 1996.)

種々の政策領域における公共活動の水準が適切ではないことを説明するために公共財の概念を適用。

Rothenberg, Jerome. *The Measurement of Social Welfare.* Englewood Cliffs, N.J.: Prentice-Hall, 1961.

公共的意思決定の目的に関する最も理解しやすい本。良い文献レビューを含む。

Samuelson, Paul A. "The Pure Theory of Public Expenditure." *Review of Economics and Statistics* 36, no. 4 (November 1954): 387-389. Also "A Diagrammatic Exposition of the Theory of Public Expenditure." *Review of Economics and Statistics* 37, no. 4 (1955): 350-356.

公共財の最適支出に関する理論的基礎。

Schelling, Thomas. "On the Ecology of Micromotives." *The Public Interest*, no. 25 (Fall 1971).

このエレガントなエッセイを読むべき。なぜ調整されていない個々の行動が望ましい結果を産まないのかを説明し、ある種の調整モードを分析している。

——. "The Life You Save May Be Your Own." In *Problems in Public Expenditure Analysis*, edited by S. B. Chase. Washington, D.C.: The Brookings Institution, 1968.

生命の価値について willingness-to-pay のアプローチを適用。

Schlesinger, James R. "Systems Analysis and the Political Process." *Journal of Law and Economics* 11 (October 1968): 281-298.

Schultze, Charles L. *The Public Use of Private Interest.* Washington, D.C.: The Brookings Institution, 1977.

政府による現在の行動の多くはぎこちなく、非効率的な直接規制という"命令・管理"方式に従っているが、よりインセンティブと分権的意思決定に依存するようになればはるかに改善が計られると主張した幅の広い評価分析。

Stigler, George J. "The Economics of Information." *Journal of Political Economy* 69, no. 3 (1961): 213-225.

当面の政策関連の分野への重要な初期の貢献。

Tobin, James. "On Limiting the Domain of Inequality." *Journal of Law and Economics* 13, no. 2 (October 1970): 263-278.

Zeckhauser, Richard. "Optimal Mechanism for Income Transfer." *American Economic Review* 61, no. 3, pt. 1 (June 1971): 324-334.

貧しい人の厚生の向上が金持ちの外部性に影響を与えるときの,所得再配分システムの概念的枠組みを提示。

――. "Procedures for Valuing Lives." *Public Policy* 23, no. 4 (Fall 1975): 419-464.

生命への危険についての意思決定に関する幅広い課題に焦点をあてている。

監訳者あとがき

　アメリカの大学には,「経済政策」と銘打った講座名はない。だからといって, 米大学経済学部で経済政策を教えないわけではないし, 経済政策を軽視しているのでもない。経済政策は必ず, ミクロやマクロあるいは応用経済学の中で, 理論の現実への応用, という形で捉えられている。つまり抽象的理論と実際的応用が一体化したものこそ経済政策なのである。理論的かつ技術的な専門教育を受けていない者が経済政策を教えることはまずないし, 理論ばかりを追って政策面に関心を示さない学者は失格と考えられている。

　時の政権の要請で経済諮問委員会等で経済政策に携わる学者は, 後にノーベル賞候補に挙げられるほどの理論家である。ケネディ大統領の経済政策のブレーンはサミュエルソンやトービンであったし, レーガン政権ではフェルドスタインだった。現在クリントン大統領のもとで経済政策を担当しているのは, 史上最年少でハーバード大学教授となったサマーズ教授である。つまり大学で経済政策を教える人たちは, 高度な専門技術を身につけた第一級のアカデミシャンで, 評論家ではない。

　日本の大学の「経済政策」の講座に最も近いのは「政策分析」と呼ばれるコースで, ここで本書が教科書として使われている。ざっと目を通しただけで明瞭なのは, 初歩的ではあるが, ツールとして数学的分析がぎっしり詰まった内容だという点だ。日本の経済政策用のテキストブックの内容とは, 本質的に異なっている。

　現代的分析においては, プラグマティズムと合理主義の哲学が主軸を成す。したがって政策決定の過程で, 科学的ロジックが求められる。本書はミクロおよびマクロの政策のための, その科学的な分析ツールを与えるものである。

　日本における経済政策のルーツを遡ると, 第1に歴史, 制度, あるいは応用経済学そのものが, 経済政策として登場しているケースがひとつ。第2に, ピグー派の厚生経済学を源として発展したケース。そして第3に, いわゆるチョイス（選択）理論を背景に発展してきた流れがある。

　本書もある程度はこうした分野を受けついでいる。だが, 各章の応用例を見

れば明らかなように，より現実的な政策課題に対応するための細々とした「道具箱」の役も果たそうとしている。

本書は，ハーバード大学ケネディ行政大学院1年目の教科書として使用されているが，学部での専門分野がまちまちな学生が集まる大学院の性質上，数学的専門教育を受けていない学生にも理解できるように配慮されている。日本の学部の3，4年生の水準があれば，十分に読みこなすことができよう。

著者のストーキーおよびゼックハウザー両教授はこの分野の権威である。特にゼックハウザー教授は，筆者との個人的な付き合いを通しての何度かの訪日の結果，日本の学生に強い関心を抱いている。

今回の日本語版出版に当たり，監訳者加藤寛教授とともに，直接翻訳を担当された青井倫一教授やその他の方々に，紙面を借りて心より御礼を申し上げる。また勁草書房の宮本詳三氏に対しては，その長期にわたるコーディネーションの労苦をねぎらいたい。

1998年4月

ハーバードにて
監訳者を代表して
佐 藤 　 隆 　 三

索　引

ア　行

後戻り（folding back）　221
後戻り法　206, 216-218, 221
アロー，ケネス　272
安定　69-71, 111
安定性　69
一括税（lump-sum tax）　258
インフレーション　184
汚染制御問題　330
汚染の排出権（汚染権）　327

カ　行

外部性　156, 302
外部費用　303
外部便益　303
学習　221
確率　214
　　枝の——（branch probability）　232
　　条件付き——（conditional probability）　234
影の価格（shadow price）　151, 199, 200, 202
価値の差違　251
価値判断アプローチ　183
活動　203
可能性フロンティア　31-32
加分性（divisibility）　191
加法性（additivity）　191
カルドア-ヒックス基準　278
感応的（sensitive）　199
頑強（robust）　243
環境保護の規制　315
完全競争市場　293
完全性　124
完全な順序（complete ordering）　129, 131
感度分析（sensitive analysis）　202, 241
機会費用　155, 159, 160, 179
　　——アプローチ　180, 183, 184
帰結の予測　6, 329
基数的効用　257
規制緩和　310
期待値（expected value）　219
　　完全情報の——　228
　　金銭的——（expected monetary value）　219
逆選択　298
逆誘因　298
吸収的状態　113-115, 117
吸収連鎖（absorbing chains）　111-115
境界的価値（boundary value）　205
強制によるアプローチ　315
共有地　13
「共有地の悲劇」　304
均衡　69-73, 75, 76, 111, 114-117
　　——の安定性　72
　　安定——　71, 75
　　長期——　117, 118
　　不安定——　71, 75
均衡確率　114-116
金銭的確実同値額　226
偶然手番（chance node）　213, 214, 234
くじ（lottery）　219
　　金銭的——（money lottery）　226
経過の状態　113, 114
経路確率（path probability）　232
結果の評価　6, 331
結合確率（joint probability）　232

350　　　　　　　　　索　　引

結合事象　232
決定手番（decision node）　213, 214
決定分析（decision analysis）　211, 234, 238
決定変数　188
限界代替率　49, 289
限界費用　146
限界分析　50
限界純便益　148
　　――曲線　151
限界便益　146, 148
限界変換率　48, 289
現在価値　170-173, 175, 178, 179
原点に対して凹　51
原点に対して凸　51
公益事業　312
公共財　304, 317
公共支出　138
公共選択　247
公共的意思決定　121, 323
厚生経済学の基本定理　266
効用可能性曲線　263
効用可能性フロンティア　266
効用理論（utility theory）　226, 236
個人的比較の試み　278
個人の厚生　254
　　――の審判者　255
国家科学財団（National Science Foundation）　305
コーナー　198
コーナー解　52
コンタジオン（contagion）　13

サ　行

在庫モデル　94
最適化　190
　部分的――　7
最適資源配分　187
最不適（pessimum）　52
再分配効果　281
サービス時間　85
差分方程式　61, 62. 64-71, 75, 77-80, 105

　　――の一般解　67
　　――の一般型　64, 65, 70
　1階の――　6
　高階の――　65
　線型――　67
　2階の――　65
資源制約　151
市場価格　156
市場システム　288
市場支配力　156, 299
市場の欠如　297
市場の失敗
　　――に対処する政府の役割　309
　　――の原因　294
　　――の対処策　308
事象のツリー（event tree）　229
辞書式順序（lexicographic ordering）
　　132, 133
慈善組織　306
実行可能集合（feasible set）　195
実効所得（effective income）　274
　　厚生の代理としての――　275
支配関係（domination）　133
シミュレーション　68, 96-99, 101-103
　　コンピュータ・――　97, 98, 102
社会　249
　　――の福利　249
　　民主主義――　250
社会状態（状態）　249
社会的決定過程　281
社会的厚生関数　268
　　――の構築の不可能性　270
社会的厚生テスト　274
社会的厚生の評価　260
社会的時間選好アプローチ　183, 184
『社会的選択と個人的評価』　272
社会的選択に対するガイドライン　253
収穫逓減の法則　147
収穫不変　191
　　規模に関する――　190
需要曲線　156

索　引

循環連鎖（cyclical chains）　111-112, 114, 115
純便益　141, 170, 176, 178
　——最大化の原則　167
　——の最大化　276
消費者余剰（consumer's surplus）　90, 157
情報　229
　——の価値　227
　——の不完全な流れ　294
初期条件　65, 67, 72, 110
初期状態　115
初期点　75
序数的順位　258
所得分配　318
　公共財としての——　319
シンプレックス法（Simplex Method）　198
推移確率　119
推移行列（transition matrix）　104-106, 108-111, 113, 116-119
　n 期間——　114
　3 期間——　109
　10 期間——　114
　多期間——　112
　2 期間——　108-110, 112
推移性（transitivity）　129
水準　203
ストック　76, 77
制御変数（control variable）　188, 203-204
政策問題の 5 つの団塊　323
正則行列　113
正則連鎖（regular chains）　111, 115
政府　287
　——の介入の根拠　288
政府供給　317
制約　194, 206
制約条件（constraints）　188, 206
接線条件（tangency condition）　198
線型計画　150
線型計画法　187
選好　129
選好関数（preference function）　39, 120, 121, 128, 129, 137

選好表　128
選択理論　120
相対価格　156
総費用　141
総便益　141
属性（attribute）　122-124, 126, 127, 133
測定可能　124

タ　行

退出率　94
代替案の提示　325
多属性問題（multiattribute problem）　122, 128
長期確率　110, 111, 113, 115, 116
長期均衡確率　109
長除法（long division）　13
ツリーのひっくり返し（tree flipping）　233
逓減的単位費用　301
デシジョン・ツリー（decision tree）　12, 212-214, 216, 223, 244
デッドウェイト・ロス　88
等価ドル価格（the equivalent dollar prices）　90
燈台　307
同値（equivalent）　135, 136
到着　84
取引費用　295
トレードオフ　6-8, 29, 135-137

ハ　行

排出課徴金（effluent charges）　314, 327
ハーディン，ガレット　13, 304
破滅的競争　311
パレート基準　265
　——の不適切性　267
パレート最適　265, 287
パレート優位　267
反トラストの諸活動　311
非供給性（nonprovision）　306
非競合性（nonrivalry）　307
非線型方程式　66

非排除性 (nonexcludability) 307
不安定　69, 70, 75
フィードバック (feedback)　13
不確実性　211
不可分性　53
複利計算　14
負の便益　141
フリードマン, ミルトン　252
フリー・ライダー　317, 320
フリー・ローダー　317
フロー　76, 77
　　流出——　77
　　流入——　77
フローチャート　10
分配　279
ペアごとの比較 (pairwise comparison)　130
平均化 (averaging out)　221
平均時間費用　91
ベイズの公式 (Bayes' formula)　233
便益・費用基準　170
便益・費用分析 (benefit-cost analysis)　138, 175, 182, 277
包括性 (comprehensiveness)　124
包括的 (comprehensive)　123
補償計画　303
ボストン空港当局 (マスポート)　332
ボトルネック　81

マ　行

待ち行列　98, 99, 102
　　——均衡　91
　　——のルール　85
　　確率型——モデル　84
待ち時間の費用　81
マルコフ過程　112, 116
マルコフ性　106, 107
マルコフ・モデル　104, 117, 119
マルコフ連鎖　105-108, 110-112, 116, 117
　　正則——　115
　　有限——　106

満足化 (satisficing)　131, 207
見えざる手　292
無差別曲線　38
無差別曲線図　39, 167
無知のヴェール　272
目的関数 (objective function)　193, 194, 202, 206
モデル　9
　　確率——　20
　　確率論的 (probabilistic) ——　19
　　基準的 (normative) ——　17
　　規範的——　16
　　記述的——　16
　　決定論的 (deterministic) ——　19
　　最適化——　17
モラルハザード　298
モンテ・カルロモデル　98

ヤ　行

誘因によるアプローチ　315
優越　31
予算制約　150
予測の差違　251

ラ　行

乱数　99, 101, 102
離散的な選択肢　44
利子率　172
リスク　171
リスク回避的 (risk averse)　224, 226
リスク中立的 (risk neutral)　216, 221, 223, 242, 243
リスク追求的 (risk seeking)　224
利得 (payoff)　213, 214
ロールズ, ジョン　272

ワ　行

枠組みの設定　324
割引　170
割引法 (discounting)　244
割引率　171, 172, 175, 176, 178, 179, 182

翻訳者紹介（五十音順）

青井　倫一（あおい　みちかず）

1947 年大阪府生まれ。現在，慶應義塾大学大学院経営管理研究科教授。
著書：『リーダー企業の興亡』（共著）ダイヤモンド社，1989 年
　　　『インタラクティブ・マネジメント』（共著）ダイヤモンド社，1996 年

植村　利男（うえむら　としお）

1951 年愛知県生まれ。現在，亜細亜大学経済学部教授。
著書：『日本の産業組織』（共著）有斐閣，1995 年
　　　『制度の経済学』（共著）中央大学出版部，1995 年

江川美紀夫（えがわ　みきお）

1952 年東京都生まれ。現在，亜細亜大学国際関係学部助教授。
著書：『日本型経済システム―市場主義への批判』学文社，2008 年

小澤　太郎（おざわ　たろう）

1958 年東京都生まれ。現在，慶應義塾大学総合政策学部教授。
著書：『公共経済学の理論と実際』（共編著）東洋経済新報社，2003 年
　　　『総合政策学の最先端Ⅱ：インターネット社会・組織革新・SFC 教育』（共著）慶應義塾大学出版会，2003 年

加藤　壽延（かとう　としのぶ）

1933 年東京都生まれ。現在，亜細亜大学名誉教授。
著書：『第三世界の人口と経済開発』（共編著）大明堂，1993 年
　　　『経済政策』（共編著）八千代出版，1994 年

須賀　晃一（すが　こういち）

1954 年大分県生まれ。現在，早稲田大学政治経済学部教授。
著書：『経済分析入門Ⅰ，Ⅱ』東洋経済新報社，1991 年
　　　ヴァリアン『入門ミクロ経済学』（共訳）勁草書房，1992 年

友野　典男（ともの　のりお）

1954 年埼玉県生まれ。現在，明治大学情報コミュニケーション学部教授。
著書：『行動経済学』光文社新書，2008 年

山内　弘隆（やまうち　ひろたか）

1955 年千葉県生まれ。現在，一橋大学商学部教授。
著書：『講座公的規制と産業④交通』（共編著）NTT 出版，1995 年
　　　『交通経済学』（共著）有斐閣，2002 年

監訳者紹介

佐藤隆三（さとう　りゅうぞう）
1931 年　秋田県湯沢市に生まれる
1954 年　一橋大学経済学部卒業
1962 年　ジョンズ・ホプキンス大学大学院卒業 Ph. D 取得
1968 年　一橋大学経済学博士号取得
　　　　ブラウン大学教授を経て，
現　在　ニューヨーク大学レナードスターン・ビジネス・スクール経済学部　C. V.スター教授 (C. V. Starr Professor)，同大学院日米経営経済研究センター前所長，東京大学大学院客員教授
　　　　毎年 10 ヵ月間日本に帰国し，研究，講演，著作活動に従事している
著訳書　『経済成長の理論』（勁草書房，1969 年），サミュエルソン『経済分析の基礎』（訳書，勁草書房，1967 年；増補版，1986 年），『技術変化と経済不変性の理論』（英語版，Academic Press, 1981；日本語版，勁草書房，1984 年），ヴァリアン『ミクロ経済分析』（三野和雄と共訳，勁草書房，1986 年），『菊と鷲』（読売論壇賞受賞，講談社，1990 年），『佐藤隆三選集』（英文，E. Elgar, 1996, 1999 年），その他英文，日本語論文多数

加藤　寛（かとう　ひろし）
1926 年　岩手県に生まれる
1950 年　慶應義塾大学経済学部卒業
　　　　慶應義塾大学経済学部教授，同総合政策学部教授，同学部長を経て，
現　在　嘉悦大学学長，慶應義塾大学名誉教授
著　書　『慶應湘南藤沢キャンパスの挑戦』（東洋経済新報社，1992 年），『官庁大改造』（佐々木晴夫＋グループ GK，PHP 研究所，1995 年），『公私混同が国を亡ぼす』（東洋経済新報社，1995 年），『官僚主導国家の失敗』（東洋経済新報社，1997 年），他多数

政策分析入門

1998 年 6 月 15 日　第 1 版第 1 刷発行
2004 年 7 月 15 日　新装版第 1 刷発行
2011 年 2 月 20 日　新装版第 2 刷発行

著　者　E. ストーキー
　　　　R. ゼックハウザー
監訳者　佐　藤　隆　三
　　　　加　藤　　　寛
発行者　井　村　寿　人

発行所　株式会社　勁　草　書　房
112-0005 東京都文京区水道 2-1-1　振替 00150-2 175253
　　（編集）電話 03-3815-5277／FAX 03-3814-6968
　　（営業）電話 03-3814-6861／FAX 03-3814-6854
壮光舎印刷・和田製本

Ⓒ SATÔ Ryûzo，KATÔ Hiroshi　1998

ISBN 4-326-50148-0　Printed in Japan

JCOPY ＜(社)出版者著作権管理機構　委託出版物＞
本書の無断複写は著作権法上での例外を除き禁じられています。複写される場合は，そのつど事前に，(社)出版者著作権管理機構（電話03-3513-6969，FAX03-3513-6979，e-mail：info@jcopy.or.jp）の許諾を得てください。

＊落丁本・乱丁本はお取替いたします。
http://www.keisoshobo.co.jp

伊藤秀史・小佐野広編著
インセンティブ設計の経済学　契約理論の応用分析　　A5判　3,990円　50243-1

B. サラニエ／細江守紀・三浦功・堀宣和訳
契約の経済学　［第二版］　　A5判　3,360円　50336-0

細江守紀・太田勝造
法の経済分析　契約、企業、政策　　A5判　3,255円　50199-1

今井晴雄・岡田章編著
ゲーム理論の新展開　　A5判　3,255円　50227-1

鈴木光男
新ゲーム理論　　A5判　5,040円　50082-6

猪原健弘
合理性と柔軟性　競争と社会の非合理戦略 I　　A5判　2,940円　50222-6

猪原健弘
感情と認識　競争と社会の非合理戦略 II　　A5判　2,730円　50223-1

D. ヴォース／長谷川専・堤盛人訳
入門リスク分析　基礎から実践　　A5判　7,140円　50241-7

H. ヴァリアン／佐藤隆三監訳
入門ミクロ経済学　［原著第7版］　　A5判　4,935円　95131-4

H. ヴァリアン／佐藤隆三・三野和雄監訳
ミクロ経済分析　　A5判　6,300円　54845-3

————勁草書房刊

＊表示価格は 2011 年 2 月現在，消費税は含まれております。